中国现象学文库

现象学原典译丛 · 海德格尔系列

哲学论稿

（从本有而来）

〔德〕海德格尔 著

孙周兴 译

Martin Heidegger

Beiträge Zur Philosophie

(Vom Ereignis)

Gesamtausgabe Band 65

Herausgegeben von Friedrich-Wilhelm von Herrmann

3., unveränderte Auflage 2003

2., durchgesehene Auflage 1994

本书根据德国维多里奥·克劳斯特曼出版社(美茵法兰克福)《海德格尔全集》第 65 卷 2003 年第三版译出。

《中国现象学文库》总序

自20世纪80年代以来,现象学在汉语学术界引发了广泛的兴趣,渐成一门显学。1994年10月在南京成立中国现象学专业委员会,此后基本上保持着每年一会一刊的运作节奏。稍后香港的现象学学者们在香港独立成立学会,与设在大陆的中国现象学专业委员会常有友好合作,共同推进汉语现象学哲学事业的发展。

中国现象学学者这些年来对域外现象学著作的翻译、对现象学哲学的介绍和研究著述,无论在数量还是在质量上均值得称道,在我国当代西学研究中占据着重要地位。然而,我们也不能不看到,中国的现象学事业才刚刚起步,即便与东亚邻国日本和韩国相比,我们的译介和研究也还差了一大截。又由于缺乏统筹规划,此间出版的翻译和著述成果散见于多家出版社,选题杂乱,不成系统,致使我国现象学翻译和研究事业未显示整体推进的全部效应和影响。

有鉴于此,中国现象学专业委员会与香港中文大学现象学与当代哲学资料中心合作,编辑出版《中国现象学文库》丛书。《文库》分为"现象学原典译丛"与"现象学研究丛书"两个系列,前者收译作,包括现象学经典与国外现象学研究著作的汉译;后者收中国学者的现象学著述。《文库》初期以整理旧译和旧作为主,逐步过渡到出版首版作品,希望汉语学术界现象学方面的主要成果能以《文库》统一格式集中推出。

我们期待着学界同仁和广大读者的关心和支持，藉《文库》这个园地，共同促进中国的现象学哲学事业的发展。

《中国现象学文库》编委会

2007 年 1 月 26 日

这里记录了在长期的踌躇中
抑制着的东西，有所暗示地
乃作为一种赋形活计的准绳。

目　　录

一、前瞻[①] 1

公开的书名“哲学论稿”与 3
本质性的标题“从本有[②]而来”

这个公开的书名现在听起来必定是苍白的、寻常的和无所言说的，而且必定会唤起一种假象，仿佛我们是在做一部关于哲学之“进步”的“科学”“论稿”。

哲学不可能以其他任何方式公开呈现出来，因为所有基本词语都被用滥了，与词语的真正关联被摧毁了，故一切本质性的书名都变得不可能了。

然则这个公开的书名也是与“实事课题”相合的，因为在形而上学向存有[③]历史性的思想的过渡时期里，我们只能冒险一试，根据存有之真理的问题范围内那种更为原始的基本立场来思想。但甚至于这种如愿以偿的尝试，依照有待启-思的东西的基本居有事件[④]，也

---

① 参看《思索》II，IV 以及 V，VI［《海德格尔全集》第 94 卷］。——原注

② “本有”（Ereignis）是本书的核心词语，在汉语翻译中已成混乱；新出《哲学论稿》英译本把 Ereignis 译作 enowing。海德格尔以此来思非形而上学意义上的“存在/存有”（Sein/Seyn）。我们考虑把它汉译为“本有”，较合英文新译名，主要取其“本来就有”和“有本己（自己）”的双重含义。——译注

③ “存有”（Seyn）是“存在”（Sein）的古式写法，大抵与“本有”（Ereignis）有同等意义，海德格尔以此来思非形而上学意义上的“存在”（Sein）和“存在历史”（Seinsgeschichte）。——译注

④ 动词“启-思”（er-denken）在本书中的用法有别于日常的 erdenken（想出、臆想），而是在“开启性的思想”意义上使用的，故英译本很笨拙地把它译作 opening-think。此处“基本居有事件”（Grundereignis）也可译为“基本本有”。——译注

必须远离于任何对于一部具有传统风格的“著作”的错误诉求。未来的思想乃是一种思想-进程（Gedanken-*gang*），通过它，迄今为止完全隐而不显的存有之本现[①]的领域得以穿越，因而才得以澄明，并且才获得其最本己的本有特征。

关键不再在于“关于”[②]某物进行论述，把某个对象性的东西描绘出来，而倒是在于被转本于本-有[③]，这就等于人的一种本质转变，即从“理性动物”（animal rationale）向此-在[④]的转变。所以，相应的标题就叫作：从本有而来[⑤]。而且，这并不是说，我们要对本有作一番报告，而倒是意味着：为本有所居-有，[⑥]有一种有所运思和有所道说的归属，一种对于存有和存有“之”词语的归属。

---

① 此处“存有之本现”原文为 Wesung des Seyns，其中“本现”（Wesung）是动词 wesen 的名词化。海德格尔在本书中把传统哲学的“本质”（Wesen）做了动词化处理，我们把海氏意义上的动词 wesen 译为“本质现身、本现、本质性地现身”，把海氏意义上的动名词 das Wesen 译为“本质现身”，而把名词 die Wesung 译为“本现”。而当海德格尔在传统哲学意义上使用 Wesen 时，我们仍译之为“本质”。——译注

② 此处“关于”为德文介词 über。在海德格尔的词语用法中，该介词被用于指称作对象性的思想与表达方式，以此区别于具有“归属”意义的介词 von。——译注

③ “本-有”（Er-eignis）是“本有”（Ereignis）的分写，“转本”是我们对动词 übereignen 的翻译，海德格尔常以这个动词来表达人之于“本有”的归属关系。——译注

④ “此-在”（Da-sein）是“此在”（Dasein）的分写，其义区别于“此在”又联系于“此在”，不再单纯指人的存在，而是意指人（此在）进入其中而得以展开的那个状态（境界）。曾有旧译“此之在”（译者本人也曾采此法），我以为不妨维持德文原样。此外值得注意的是，海德格尔在本书中大量地使用了德文连字符号“-”，如“此-在”（Da-sein）、“本-有”（Er-eignis）等，甚至也用在动词上，其意图或许在于：由此来拆解、松动词语的习惯用法和固定用法。——译注

⑤ “从本有而来”原文为：Vom Ereignis，为本书副标题。作者在此用的是介词 von，并且取“从……而来”之义，而非“关于”之义，从而区别于介词 über（关于、对于）。——译注

⑥ 此处“居-有”（er-eignen）是动词“居有”（ereignen）的分写，海德格尔用 ereignen 表示“本有”的运作，特别是“本有”对人的占有。英译本把动词 ereignen 译为 enown。——译注

1. 本"论稿"乃在一条轨道上追问…… 4

本"论稿"乃在一条轨道上追问,此轨道通过向西方思想现在进驻其中的另一开端的过渡才得以开辟出来。此轨道把那个过渡带入历史之敞开域中,并且把那个过渡建立为一种也许十分漫长的逗留;而在这种逗留的实行中,思想的另一开端始终只还是一种被猜度的、但已然决定了的东西。

因此,尽管本"论稿"始终仅仅道说存有之本质现身,亦即道说"本-有",[①]但还不能根据存有本身把存有之真理的自由关节[②]接合起来。如若将来能成功地做到这一点,则存有之本质现身的颤动就将规定思想作品本身的结构。进而,这种颤动会得到加强,变成那种释放出来的柔和性(Milde)之权力,即那种诸神之神的神化[③]的亲密性(*Innigkeit*)的柔和性之权力;而正是基于这种神化,把此-在作为存有之真理的建基指派(*Zuweisung*)给存有的过程才得以发生出来。

不过,即便在这里,已然像在一种预备练习当中,哲学的那种思想道说也必须在另一开端中得到试验。对于这种道说来说,事关宏旨的不是描写和说明,不是宣告和传授;在这里,道说并不是有待道说者的对立面,而毋宁就是作为存有之本现(Wesung)的有待道说者本身。

这种道说把存有聚集到其本质现身(Wesen)的第一次回响中,

---

① 海德格尔在此使用了介词 von(从……而来),或更应译为:"从存有之本质现身而来道,亦即从'本-有'而来道说"。——译注

② 此处"关节"(Fuge)在日常德语中的含义是"接缝、复合处"以及音乐里的"赋格曲"。我们试以中文的"关节"译之。英译本作 jointure。——译注

③ 此处"诸神之神的神化"原文为 Götterung des Gottes der Götter,此说应联系于海德格尔有关"最后之神"的思想,参看本书第七部分。——译注

但它本身只有从这种本质现身而来才能鸣响。

在预备性的练习中，所道说的乃一种追问，它不是某个个体的有目的的行为，也不是某个群体的有限计算，而不如说，它首先是一种暗示（Winke）的继续传递，这种暗示来自最值得追问者，而且总是被指派给这个最值得追问者了。

从任何一种“个人的”制品中摆脱出来，这事唯有基于那种最早的归属之亲密性才能成功。无法给出任何一种建基，它在这样一种摆脱中或许是未经确保的。

5　“体系”时代已经过去了。[①] 而根据存有之真理来建造存在者之本质形态的时代尚未到来。在此期间，在向另一开端的过渡中，哲学必须已经完成了一件关键性的事，那就是：开抛[②]，亦即对存有之真理的时间-游戏-空间[③]的建基性开启。这件独一无二的事体该如何来完成呢？在这方面我们依然既无先驱亦无依靠。对以往事物的单纯改变，即便这种改变是借助于对历史上有名的思想方式所做的可能最伟大的混合来进行的，那也是动不了什么的。而且，尤其是任何一种世界观的烦琐阔论都置身于哲学之外，因为它们唯有根据对存有之可疑问性的否定才可能持存。在对这个值得追问者的评估方面，哲学自有其不可推导、也不可清算的尊严。关于哲学行为的全部决断，都是基于对这种尊严的维持、并且都是**作为**对这种尊严的维持而做出的。然则在这个最值得追问者的领域内，哲学行为只可能是

---

① 本书没有传统意义上的“体系”，但也决不是任意的，而是有其思想的内在严格性的，因为它是由“回响”、“传送”、“跳跃”、“建基”、“将-来者”和“最后之神”六个“关节”组成的。——译注

② 此处“开抛”（Entwurf），英译本作“筹划性开启”（projecting-open），汉语学界通常译之为“筹划”。我们试着新创“开抛”一词，取其“开启”和“抛投”双重含义。——译注

③ 此处“时间-游戏-空间”原文为 Zeit-Spiel-Raum，我们按字面直译之。英译本译作“时空-空间的自由游戏”（the free-play of the time-space）。——译注

一种独一无二的追问。如若是在哲学的某个隐蔽时代里,那么,在向另一开端的过渡中,哲学必须已经根据自己的知识的光亮,对自身的本质做出了决断。

思想的另一开端之所以如是得到命名,并不是因为它仅仅在形态上另类,有异于以往任何其他哲学,而倒是因为,根据与唯一一个、也是第一个开端的关联,它必须是唯一的另一开端。基于一个开端与另一开端的这样一种相互指派的状态,也就已经规定了过渡中的有所运思的沉思(Besinnung)的方式。过渡性的思想,作为历史性的沉思,要完成对存有之真理的有所建基的开抛。在这里,历史并不是一种考察工作的对象和区域,而是那样一个东西,它首先唤起和促成了有所运思的追问,成了这种追问的种种决断的场所。过渡中的思想把真理之存有的最初曾在与存有之真理的极端将来置入对话 6
中,[①]并且在此对话中把迄今未经探问的存有之本质现身带向词语。在过渡性思想的知晓[②]中,第一开端之为第一开端依然是决定性的,但作为开端已经被克服掉了。对于这种思想来说,对于第一开端的敬畏,那最清晰的、首先把第一开端的唯一性揭示出来的对于第一开端的敬畏,必定是与背弃另一种追问和道说的冷酷态度结伴而行的。

本"论稿"是为这种过渡做准备的,其剖面图采自这种过渡本身之历史性的尚未被掌握的轮廓[③]:

回响

① 此句中的"最初曾在"(das erste Gewesene)与"极端将来"(das äußerste Zukünftige)显然指向存在/存有历史意义上的"第一开端"与"另一开端"。——译注

② 此处"知晓"原文为das Wissen,通常含义为"知识、知道"。本书中的das Wissen一词殊难处理,凡作者明显地在存在/存有历史性的思想意义上使用该词的地方,我们译之为"知晓",其他情况下则仍译为"知识"。但一词两译已显被动,更何况这种区分常难得明朗。——译注

③ 中译文未能充分显明"剖面图"(Aufriß)、"轮廓"(Grundriß)以及下文的"预备图样"(Vorriß)之间的词根联系,三者均以Riß(裂隙)为词根。——译注

传送
跳跃
建基
将来者
最后之神[1]

这个剖面图并没有给出有关不同对象的不同考察的任何排列；它也不是一个从某个下部到某个上部的引导性的递升。它乃是时间-游戏-空间的一个预备图样，过渡之历史首先把这个时间-游戏-空间当作自己的领域而创造出来，为的是从它自己的法则出发对无将来者、亦即始终只是“永恒者”做出决断，也对将来者、亦即无与伦比者做出决断。

2. 本有之道说[2]乃作为对存在问题的第一个应答

存在问题乃是存有之真理的问题。历史地来实行和把握，相对于以往哲学关于存在者的问题（主导问题），存在问题就成为**基础问题**[3]。

---

① 此处“回响”（der Anklang）、“传送”（das Zuspiel）、“跳跃”（der Sprung）、“建基”（die Gründung）、“将来者”（die Zukünftigen）和“最后之神”（der letzte Gott）构成六个“关节”（Fuge），也构成海德格尔《哲学论稿》的主体（第 2—7 部分）。英译本把这六个“关节”依次译为：echo，playing-forth，leap，grounding，the ones to come，the last god。——译注

② “本有之道说”（das Sagen vom Ereignis）或应译为“从本有而来的道说”。——译注

③ 海德格尔在本书中把形而上学意义上的存在者之存在的问题称为“主导问题”（Leitfrage），其提问形式为“存在者是什么？”（τί τὸ ὄν；），又把“存在/存有本身之真理”或者“存有之本质现身”的问题称为“基础问题”（Grundfrage）。——译注

诚然，关于存有之真理的问题是向某个被保存者的突入（Eindrängnis）；因为存有之真理——作为运思性的东西，它乃是关于 7
存有如何本质性地现身的内立性知晓——也许连诸神也无权享有，相反，它唯一地属于那种连诸神都得臣服的命运安排①的离基深渊般的东西。

不过：如果存在者存在（*ist*），那么，存有就必定本现（wesen）。然则存有如何本现呢？然则存在者存在（*ist*）吗？在这里，要不是根据存有之真理，思想从哪里做出决断呢？所以，存有是不再能从存在者而来得到思考的，它必须从它自身而来才得启思。

不时地，离基深渊②的那些建基者必定在被保存者的火焰中被耗尽，方使得此-在对人而言成为可能的，因而在存在者中间的持存状态得以被挽救，方使得存在者本身在大地与世界的争执的敞开域中得以回归。③

相应地，存在者通过存有之真理的建基者的没落（*Untergang*）而被移置入自身的持存状态之中。存有本身要求这样。它需要没落者，而且在存在者显现之际，已经居-有这些没落者，已经把这些没

① 此处“命运安排”原文为 Fügung，当与 Fuge（关节、接缝）相关。英译本译作 destiny（命运），在本书别处也译作“接缝”（joinings）。——译注

② 此处“离基深渊”是我们对原文 Abgrund（海德格尔也经常书作 Ab-grund）的尝试性翻译，在日常德语中，Abgrund 意为“深渊、深谷、堕落”，但诚如英译者所指出的，Abgrund 乃是在“离开”（staying away）之际“盛行、呈现”（prevails）的“基础”，故不能以英文的 abyss 和 non-ground 译之，两者均不能反映 Abgrund 所具有的“离开”（staying away）中的“逗留”（staying）之义（M. Heidegger, Contributions to Philosophy (From Enowing), Indiana University Press, 1999, xxxi。）。英译本译作 abground，我们则以生造词“离基”译 Abgrund，以“离-基”译 Ab-grund，也译作“离基深渊”。——译注

③ 此处所谓“大地”与“世界”之“争执”（Streit），是海德格尔后期关于存在者之真理发生的基本思想，特别在《艺术作品的本源》（1935/1936 年）中得到了充分表述。可参看海德格尔：《林中路》，中译本（修订本），孙周兴译，世纪出版集团 · 上海译文出版社 2008 年，第 1 页以下。——译注

落者指派给自身了。这就是存有本身的本现,我们称之为本有。存有与为之所居有的此-在的转向性关联的丰富性乃是不可测量的,本有过程[1]之全幅是不可计算的。在这里,在这种开端性的思想中,“从本有而来”所能道说的只是一丁点儿。所道说者乃是在第一开端与另一开端的相互“传送”中被追问和被思想的东西,而此所谓“传送”,则是根据在存在离弃状态的急难[2]中的存有之“回响”,为的是向存有的“跳跃”,以便为存有之真理“建基”,以之作为一种对“最后之神”的“将来者”的准备。

这种运思性的道说乃是一种**指引**(*Weisung*)。它把存有之真理的庇护之自由指示到作为某个必然之物的存在者之中,而又没有成为一种命令。这样一种思想决不能把自己弄成一种学说,它完全避开公共意见的偶然性;但如果说要紧之事在于,把人从非存在者的纷乱中召回来,使之进入一种有所抑制的场所之创造的温顺
8 (Fügsamkeit)之中(此所谓场所乃是为最后之神的掠过[3]而设定的),那么,这种思想就能给予少数人及其知晓以指引。

可是,如果说本有构成存有之本现,则下面这样一种危险就会多么切近,也即:存有拒不给予、并且必定拒不给予本-有过程(Ereignung),因为人已经变得无力应对此-在了,而这又是由于,以“伟大”为假象,在硕大之物中迸发出来的咆哮力量已经把人征服了。

但如果本有变成拒绝和拒予,那么,难道这只不过是存有之隐匿

---

① “本有过程”(Ereignung)是海德格尔对“本有”(Ereignis)的发生、展开和运动的表述,也可考虑译为“本有化”或“本有发生”。英译本作 enowning。——译注

② “急难”(Not)在日常德语中意谓“困苦、匮乏、困境、危急、急需”,是海德格尔在所谓“存在离弃状态”和“存在/存有之被遗忘状态”的表征,我们建议把它译为“急难”。英译本作 Distress。——译注

③ 此处“掠过”(Vorbeigang)或可译“消逝、路过”,字面上有“交臂而过”的意思。英译本作 passing。——译注

和存在者之放弃(存在者被交给非存在者),抑或,这种拒予[①](即存有之不性[②])在极端的情形下可能成为最遥远的本-有过程——假定人把握住这种本有,并且畏惧之惊恐把人置回到抑制的基本情调[③]中,因而已经把人置出去,使之进入此-在(Da-*sein*)中了?

知晓作为本有的存有之本质现身,意味着不仅要了解拒予的危险,而且要为克服做好准备。远远先行的是,这里第一位的东西依然只能是:要把存有置入问题之中。

无人能理解"我"在这里思考的东西,那就是:从存有之真理而来(而且也即从真理之本现而来)让此-在得以出现,为的是把存在者整体以及存在者之为存在者建基于其中,而把人建基于存在者整体中间。

无人能把握这一点,因为人人都力求仅仅在历史学上说明"我的"尝试,并且援引过去之物——这个过去之物是他们自以为要把握的,因为它似乎已经落在他们身后了。

而且,将在今后把握住这一点的人,是不需要"我的"尝试的;因为他必须已经亲自为自己开辟了通向那儿的道路。人们必须能够如此这般地来思考所尝试的东西,即他要以为,所尝试的东西远远而来接近于他,但却是它的最本己之物,他已经转本于这个最本己之物而成为这样一个人,这个人被需要,因此没有兴趣和机会去意指"自身"。

---

① 此处"拒予"(Verweigerung)也可译为"拒绝、拒不给予"。英译本作 refusal 或 not-granting。——译注

② 此处"不性"(das Nichthafte)或可译为"不之性质",英译本作 not-character。——译注

③ 在本书中,海德格尔把"抑制"(Verhaltenheit,或可译为"压抑")规定为存在历史的"另一开端"的"基本情调"(Grundstimmung)。至少就后尼采的思想基本词语的低调、消极和离心倾向而言,海德格尔的这个规定是具有指向意义的。——译注

根据本质性思想的一种简单**推移**[1]，存有之真理的发生必须被
9 移置，从第一开端移置入另一开端，以便在传送中奏响完全不同的存
有之歌。

因此，在这里处处现实地存在的乃是**历史**，它拒绝委身于历史学上的东西，[2]因为它不是让过去之物出现，相反，它在所有方面都是向将来之物的溢流。

3. 从本有而来

回响
传送
跳跃
建基
将来者
最后之神

存有之**回响**之为拒予之回响。

存有之追问的**传送**。传送首先是第一开端的传送，以便这第一开端把另一开端带入游戏之中，并且根据这种相互传送而形成跳跃之准备。

---

① 此处“推移”（Ruck）属于海德格尔在本书中常用的一组词，rücken，entrücken，Entrückung，verrücken，Verrückung，Ruck，Rückung，berücken，Berückung 等，英译者基本上使用了 move，displace，shift 三个词来译这组词语的词根 rück（ruck）。我们把 rücken 译为“推移”或“挪移”，把动词 entrücken 和名词 Entrückung 都译为“移离”，把动词 verrücken 译为“移置”，把名词 Verrückung 译为“移位”（自然也可以与动词 verrücken 统一译为“移置”），把名词 Ruck 和 Rückung 译为“推移”，把动词 berücken 和名词 Berückung 译为“迷移”。——译注

② 此处“历史学上的东西”（das Historische）或可译为“历史学的历史”。海德格尔在此明确区分使用了“历史”（Geschichte）与“历史学（的历史）”（Historie）。——译注

进入存有的**跳跃**。跳跃使开裂[①]之离基深渊跳动起来，并且因而才有对从存有而来被指定的此-在的建基的必然性。

对真理（作为存有之真理）的**建基**（此-在）。

4. 从本有而来 10

在这里，一切皆投向关于存有之真理的独一**问题**：投向**追问**。为了使这种尝试变成一种推动力，实行中的追问的**奇迹**（*Wunder*）必须得到经验，并且必须为唤醒和加强追问力量而发挥效力。

追问立即就会唤起一种怀疑，以为我们在此是空洞地寄望于不可靠之物、未决定之物和不可决断之物。它看起来就仿佛把"知识"（Wissen）扯回到一种停滞的沉思之中了。它具有收缩、阻碍甚至于否定的假象。

不过：在追问的推动性冲锋中，乃有对未被解决者的肯定，向尚未称量的有待考量者的扩展。在这里起支配作用的，乃是向那种把我们提高起来的东西的越出自身之外的运行。追问是向着隐蔽的强制者的解放。

在其难得经验的本质中，追问全然不同于其非本质（Unwesen）之假象，假装经常剥夺了丧失勇气者（die Unmutigen）的最终勇气。但即便这样，他们也并不属于那不可见的圆环，这圆环包围着那些在追问中应答存有之暗示的人们。

对存有之真理的追问不能根据以往之物计算出来。而且，如果这种追问应当为另一种历史的开端做准备，那么其实行就必须是原

---

① 此处"开裂"（Zerklüftung）是海德格尔在描述"离基深渊"（Abgrund，Ab-grund）时使用的一个词语，也可译为"裂缝"。英译本作 cleavage。——译注

始的。正如与思想之历史的第一开端的争辩是无可回避的，同样确凿无疑地，追问本身只需思量其急难形势，忘掉自己周边的一切。

唯在对“历史学上的东西”的直接跳越中，才生成历史。

关于“意义”的问题，根据《存在与时间》的解说，亦即关于开抛之领域的建基问题，简言之就是关于存有之真理的问题，依然是我的问题，而且是我的独一问题，因为这个问题其实关乎那个最独一无二
11 者。在一切皆完全无可疑问的时代里，首先来追问一下一切问题中的这个问题就足矣。

在起于无急难状态之隐蔽急难的无尽需要的时代里，这个问题必定表现为最无用的闲谈——关于这种闲谈，人们也已经及时地采取了不予理睬的态度。

而任务依然是：从存有之真理而来把存在者带回来[①]。

关于“存有之意义”的问题乃是一切问题中的问题。在这个问题之展开的实行中，在此所谓“意义”(Sinn)的本质得到了规定，也就是这个问题作为沉思持留之处，也就是这个问题本身所开启出来的东西：对于自行遮蔽而言的敞开状态，即真理。

存在问题乃是这种进入存有的跳跃，人作为存有之寻求者来实行这种跳跃，因为人是一个思想中的创造者。存有的寻求者，在最本己的寻求力量的充沛溢出中，乃是“创建”[②]存有的诗人。

而我们今人只有这一个义务：通过一种远远抢先的建基，也就是对一种为最值得追问者而备的更可靠的期备状态的建基，为那个思想家做好准备。

---

① 此句德语原文为：Die Wiederbringung des Seienden aus der Wahrheit des Seyns，英译本作 to restore beings from within the truth of be-ing。——译注

② 此处动词“创建”(stiften)应与荷尔德林的诗句“诗人创建，那持存的东西”相关。——译注

5. 对于少数人——对于稀罕者

对于少数人,他们有时候重又发起追问,亦即对真理之本质现身重新进行决断。

对于稀罕者,他们携带着那种对于孤独的最高勇气,要去思考存有的高贵,要去道说存有的唯一性。

以一种唯一的方式,另一开端中的思想原始地是历史性的:对存有之本现的自行接合的支配。①

我们必须冒险一试一种开抛,即对作为本有的存有之本现的开抛,因为我们并不知道我们的历史的使命。但愿我们能够彻底地经验这个在其自行遮蔽中的未知者的本现。

或许我们其实是想要把这种知晓展开出来,使得这个未知的使 12
命让我们获得孤独状态中的意志,因而强制此-在之持存达乎对自行遮蔽者的最高抑制。

对最后之神的切近乃是隐瞒(Verschweigung)。这种隐瞒必须具有抑制的风格,必须被置入作品和词语之中。

在神之切近处存在——而且哪怕这种切近是关于诸神之逃遁或到达的不可决断性的最遥远的遥远——,这不能被清算为一种"幸福"或者一种"不幸"。存有本身的持存性于自身中带着自己的尺度——如果它竟还需要一种尺度的话。

但在我们今人当中,谁被赐予了这种持存性呢?我们几乎不能为这种持存性的必然性做好期备,或者哪怕只是暗示这种期备,作为

① 此处"自行接合的支配"原文为 die sich fügende Verfügung,英译本作 the self-joining enjoining。——译注

另一种历史轨道的开始。

倒退到形而上学停滞不前的思想方式和要求中去,这件事还将继续起扰乱作用,并且还将阻碍道路的清晰性和道说的确定性。不过,过渡的历史性瞬间的实行必须基于以下知识,即:一切形而上学(建基于“存在者是什么?”这个主导问题之上)依然不能把人挪移入那种与存在者的基本关联之中。形而上学如何能够做到这一点呢?只要存有之真理以及存有之唯一性没有变成急难,则甚至连要求做到这一点的意志,也是找不到任何支持的。然则思想应当如何成功地获得先前一直拒绝诗人(荷尔德林)的东西呢?抑或,我们只是必须以存有之真理为指向,从掩埋中夺取诗人的轨道和作品?我们为此做好准备了吗?

存有之真理唯有通过那些追问者才能变成急难。他们是本真的信仰者,因为他们在开启真理之本质之际持守着基础(参看本书“建基”部分,第 237 节,“信仰与真理”)。

追问者——孤独地,并且没有任何蛊惑魔力的帮助——把内立
13 状态[①]的全新的和至高的等级设置起来,即在存有之中心、在作为中心的存有之本现(即本有)当中的内立状态。

追问者抛弃了所有的好奇心;他们的寻求热爱那离基深渊,而在此离基深渊中,他们知道最古老的基础。

如若一种历史还能再次被赐予我们,也就是说,如若我们还能基于那种与存在的归属状态而创造性地遭受存在者,那么,我们就不能避开这种使命,即:为那最后之决断的时间-空间做准备——此所谓最后之决断是要决定,我们是否以及如何经验这种归属状态并且为

① 此处“内立状态”原文为 Inständigkeit,日常含义为“急切性、迫切性”,但海德格尔在此是别有赋义的,或者说是取其字面义,意指人处身于存在/存有中的状态。——译注

之建基。这其中也包括:通过对作为此-在的真理之本质现身的建基,在思想上为关于本有的知晓建基。

无论人们能够如何做出关于历史性和无历史性的决断,追问者,即在思想上为那种决断做准备者,都必须存在(*sein*);每个人都把孤独带入自己最伟大的时刻。

何种道说来完成那最高的思想上的静默(Erschweigung)呢?何种做法最能获取关于存有的沉思呢?是关于真理的道说;因为真理乃是对存有之本现与存在者之存在状态而言的“之间”[1]。这个“之间”把存在者之存在状态建基于存有之中。

然则存有不是某个“更早先的东西”——自为地、自在地持存着——,而毋宁说,本有乃是对存有和存在者而言的时空上的同时性(参看本书“传送”部分,第112节,“先天性”)。

在哲学中,命题决不能得到固定证明;而且情形之所以如此,不仅仅是因为没有什么最高的命题,从中可以推出其他命题,而倒是因为在这里真实的东西根本不是“命题”,也不简单地是“命题”所陈述的那个东西。一切“证明”皆有前提,都预设了一点:理解者,如他在表象之际面对命题内涵一样,在对具有证明作用的表象联系的理解中依然毫无变化地保持为同一个人。而且,唯有证明过程的“结果”才能要求一种改变了的表象方式,或者不如说对迄今为止未被注意到的东西的表象。

相反,在哲学认识中,从第一步就开始了理解之人的一种转变, 14
而且并不是在道德的-“实存的”意义上,而是以此-在为尺度。这就是说:与存有的关联,而且首先始终是与存有之真理的关联,通过向

① 此处“之间”(das Zwischen)是介词 zwischen 的名词化,用来表示和强调“存在/存有之真理”的差异化运动。——译注

此-在本身的移置而发生了转变。因为在哲学认识中,一切每每同时地——持立于真理之中的人,真理本身,从而还有与存有的关联——进入移置之中,因而绝不可能有一种关于某个现成之物的直接表象,所以,哲学的思想依然是令人诧异的。

尤其是在另一开端中——依照对存有之真理的追问——向那个"之间"的跳跃是必须立即得到实行的。此-在的"之间"克服掉χωρισμός[分离],并不是由于它在存有(存在状态)与存在者(作为仿佛现成的河岸)之间架起了一座桥,而是由于它把存有与存在者同时转变入它们的同时性之中。向"之间"的跳跃首先让此-在跳起来,而且并不占有一个已经确立的立足点。

另一开端中的思想的基本情调回荡于下列情调中,它们还只能隐约地得到命名:

惊恐
抑制(参看本书"前瞻"部分,第13节,"抑制") } 预感

畏惧(参看本书"前瞻"部分,第6节,"基本情调")①

这些情调的内在关联要得到经验,只有通过彻底地思考具体的关节,即对存有之真理和真理之本现的建基必须适应的那些关节。还没有一个词语来表示这些情调的统一性,而且实际上,或许必须找到这个词语,以防止那种轻易的误解,就仿佛在这里,一切都被投向一种胆怯的虚弱了。吵吵嚷嚷的"英雄主义"可能会如此判断。

15 **惊恐**(*das Erschrecken*):在与第一开端的基本情调即**惊奇**(*Erstaunen*)的对照中,惊恐是最容易解说清楚的。但对于一种情调的

① 此处"惊恐"(das Erschrecken)、"抑制"(die Verhaltenheit)、"畏惧"(die Scheu)、"预感"(die Ahnung)是海德格尔对"另一开端"之基本情调的预先规定,后文对此还有进一步讨论。——译注

解说决不能担保这种情调真的相称[①]，而不是仅仅得到了表象。

惊恐乃是那种回行，也就是从处于亲熟者当中的行为的流俗状态，返回到自行遮蔽者之涌迫(Andrang)的敞开状态之中，而在这种敞开状态中，迄今为止流俗的东西同时证明自身为令人诧异的和起束缚作用的。但最流俗的、并且因此最不熟知的东西乃是存在之离弃状态。惊恐使人回行，使之直面以下事实：存在者存在(*ist*)，而先前对人来说存在者恰好就是一个存在者，即是说：存在者存在，这个——存有——已经离弃和避开了所有"存在者"以及似乎是存在者的东西。

然则这种惊恐绝不是一种单纯的退缩，也不是束手无策地放弃"意志"，而毋宁说，因为在这种惊恐中恰恰开启出存有之自行遮蔽，因为存在者本身以及与存在者的关联想要得到保存，所以与这种从其本身而来的惊恐相伴的，乃是它最本己的"意志"，而且这就是我们在这里所谓的抑制了。

抑制(*die Verhaltenheit*)(参看本书"前瞻"部分，第13节，"抑制")，乃是对作为赠予的拒予[②]的期备状态的先行-情调(Vor-stimmung)。在抑制中——并没有消除那种回行——起支配作用的乃是转向作为存有之本现的有所踌躇的自行弃绝。对惊恐和畏惧而言，抑制乃是中心(die *Mitte*)(参看下文)。这些只是更明确地标示原始地归属于抑制的东西是什么。抑制规定着另一开端中的开端性思想的风格。

但根据上述，畏惧(*die Scheu*)是断不能与胆怯混为一谈的，或者哪怕仅仅在此方向上来理解〈也是不行的〉。这是完全不容许的，

---

① 此处"相称"(stimmen)或可译为"合调"。——译注

② 此处"作为赠予的拒予"原文为 die Verweigerung als Schenkung，一个听来矛盾的说法。——译注

以至于可以说,这里所指的畏惧甚至还超过抑制之"意志"而生长起来,而且,这是起于那统一性的基本情调的基础深处。从这种统一性的基本情调中,特别是从畏惧中,产生出隐瞒的必然性,而且,这种隐瞒就是让作为本有的存有本质性地现身,[①]这种"让本现"彻底地调
16 校着一切在存在者中间的态度和一切对存在者的行为。

畏惧乃是接近于最遥远者本身并且保持这种切近的方式(参看本书"最后之神"部分[②]),而这个最遥远者在其暗示中——如若它被保持在畏惧中——仍然会变成最切近者,并且于自身中把一切与存有的关联聚集起来(参看本书"跳跃"部分,第 115 节,"跳跃的主导情调")。

然则谁能够奏响这样一种在本质性的人身上既惊恐又畏惧的抑制[③]的基本情调呢?并且,还有多少人会去估量,这种通过存有的情调并不能为任何对存在者的逃避做出论证,而倒是相反?因为它构成对存在者之质朴性和伟大性的开启,以及那种原始地必需的必然性,即必须把存有之真理庇护在存在者中,从而再度赋予历史性的人以一个目标,那就是:成为存有之真理的建基者和保存者,成为那个"此"(das Da),后者乃作为为存有本身之本质现身所使用的基础:即成为这样一种烦忧[④],并非作为对某个任意之物的小小忧虑,也不是作为对欢腾和力量的否定,而倒是比所有这一切都更原始,因为这种烦忧乃唯一地"为存有的缘故",并非只为人之存有,而是为存在

---

① 此处"让作为本有的存有本质性地现身"原文为 Wesenlassen des Seyns als Ereignis,也可译为"让作为本有的存有本现"。——译注

② 即本书第七部分。——译注

③ 此处"既惊恐又畏惧的抑制"(erschreckend-scheuen Verhaltenheit)是海德格尔对我们时代的"基本情调"的更准确的规定,可参看下文第 6 节"基本情调"的进一步讨论。——译注

④ 此处"烦忧"(Sorge)是海德格尔前期哲学(特别是《存在与时间》)中的基本词语,以此来规定此在在世的整体结构。中文世界也有"烦、操心"等译法。——译注

者整体之存有。

这是我们已然经常重复提示过的,我们指出:“烦忧”只能在存在问题的开端性区域里才能得到思考,而不是作为一个任意的、人格上偶然的“世界观的”或“人类学的”关于人的观点。只消那些仅仅“书写”一种对存在问题的“批判”的人们还没有经验、也不愿经验存在之离弃状态的急难,那么,上述提示也还将是毫无作用的。因为在一种十分糟糕地被炫耀和张扬的“乐观主义”时代里,光是“烦忧”和“存在之离弃状态”之类的说辞,听起来就已然是“悲观主义的”了。但现在,恰恰是由这些名称所指示的情调,连同它们的对立面,在开端性的追问区域里已经彻底地变得不可能的了,因为它们是以价值思想(ἀγαθόν[善、价值])、以往的存在者解释以及关于人的流俗理 17
解为前提的——谁还能如此深远地思索,使得这一点至少成为一个问题呢?

尤其在开端性的思想中,存有之真理的区域是必须被穿越的,为的是随后——当存在者得以闪亮之时——重又回到遮蔽状态之中。这种越位本质上乃归属于一切哲学的“作用”的间接性。

在哲学中,本质性的东西——在它几乎隐蔽地获得冲力之后——必须回到不可通达的东西(对许多人来说)之中,因为这种本质性的东西是不可赶超的,并且因此必须隐匿于使开端可能的过程之中。因为存有及其真理是必须一再重新开始的。

所有开端于自身中都是不可赶超的和被完成了的。它们为历史学所不逮,并不是因为它们是超时间的和永恒的,而是因为它们比永恒更伟大:它们是时间的冲力(*Stöße*),为存在设置了其自行遮蔽的敞开状态的空间。对这种时间-空间(Zeit-Raum)的本己建基,即是所谓:此-在(Da-*sein*)。

抑制,惊恐和畏惧的调校中心,亦即基本情调的基本特征,在其中此-在使自身相称于最后之神的掠过的寂静（*Stille*）。在这种此在之基本情调中进行创造之际，人就变成这种寂静的守护者。

于是，开端性的思想之沉思必然会成为真正的思想，可以说是一种设定目标的思想。所设定的并不是无论哪一个目标，也根本不是这个目标，而是我们的历史的唯一的、因而个别的目标。这个目标乃是寻求本身，即存有之寻求。当人成为存有之真理的保存者（Wahrer），成为那种寂静的守护者（Wächter），并且被裁定于之际，这种寻求就发生了，而且本身就成了最深的发现物。

成为寻求者、保存者、守护者——此即作为此在之基本特征的烦
18 忧的意思。在这些名称中聚集了人的规定性，只要人是从其基础中、亦即从此-在而来被把握的；这个此-在在转向中为作为存有之本质现身的本有所居有，而且唯有借助于这个作为时间-空间（时间状态）之建基的本源才能成为内立的，为的是把存在之离弃状态的急难转变为那种创造（作为存在者之带回）的必然性。

而且，在顺应于存有之关节之际，我们便随时可为诸神效力。

寻求本身乃是目标。而且这意味着："目标"还太过表层，总是还要置自身于存有面前——并且掩埋了必然的东西。

如若诸神是未经裁定的东西，因为神性化之敞开域①首先依然拒不给出，那么，所谓为诸神效力是什么意思呢？这话的意思是说：效力于那种被使用，即在这个敞开域的开启过程中的被使用。而且，最难以被使用的是那些人，他们必须首先通过对真理之本质现身的启思和发问，预先规定这个敞开域的敞开状态，完成针对这种敞开状态的情调。"为诸神效力"——这意味着：远离和在外面——置身于

① "神性化之敞开域"原文为 das Offene der Götterung，英译本作 the opening for godding。——译注

"存在者"之流俗状态及其解说之外；归属于那些最遥远者，而对于这些最遥远者来说，诸神之逃遁在其最远的隐匿中依然是最切近者。

虽然还是过渡性的，但我们已然活动于另一种真理中了（在"真实"和"正确"的更原始地转变了的本质中）。

诚然，对这种本质的建基要求一种思想的用力，正如这种建基必定只有在西方思想的第一开端中得到实行一样。这种用力是令我们诧异的，因为我们丝毫没有猜度到对单一者[①]的掌握所要求的东西。今天的人们——他们由于受到抛弃而几乎不值得一提——竟依然被排除在外，不可能知道思想的道路；他们逃遁入"新的"内容中，并且以"政治"和"种族"因素的安排，为自己提供一种一直不为人所知的 19
学院哲学陈旧装饰品的盛装。

人们求助于"体验"的浅水，无能于估量思想空间的广大结构，无能于在这样一种开启中思考存有的深度和高度。而且，在人们相信自己优越于"体验"的地方，是能通过求助于一种空洞的机敏而来做这件事的。

但对本质性思想的教育当从何而来呢？来自一种对决定性路径的预先思考和行走。

举例说，谁在一道行走存有之真理的建基的漫长路径呢？谁对于那种思想和追问的必然性——一种不需要何故的拐杖和为何的支撑的必然性[②]——有所猜度呢？

存有之思想道说愈是必然，则那种贯通追问之行进的关于存有之真理的静默就变得愈加不可避免。

诗人比其他人更容易把真理掩蔽入形象之中，因而把真理赠送

① 此处"单一者"（das Einfache）或也可译为"单纯者"，英译本作 the simple onefold。——译注

② 此处"何故"（Warum）表原因，"为何"（Wozu）表目的。——译注

给我们的目光而使之得以保持。

但思想家若没有进入到他的追问步骤及其相关后果的那条道路的艰难和缓慢之中，又怎样来庇护存有之真理呢？毫不显眼地，犹如在孤寂的田野上，在伟大的天空下，播种者以一种沉重的、停顿的、时刻放慢的脚步，巡视田野上的垄沟，并且用手臂的投掷来仔细测量和构想一切生长和成熟的空间。谁还能够在思想中实行这种做法，以之作为其力量的最原初的东西和作为他最高的将来呢？

如果一个思想问题并不是如此简单和如此凸出，以至于它赋予几百年来的思想意志和思想风格以最高的东西，由此规定着这些思想意志和思想风格，那么，它最好就保持为未经追问的。因为它——
20 只是顺口一说——仅仅增加了持续不断的集市，即变化多端的“难题”的集市，那些并不切中任何东西、也不切中任何人的“指责”。

如此这般来衡量，则存有问题作为存有之真理的问题的情形如何呢？——这个问题自身在转向中同时也要探问真理之存有。不过，真理问题唯有借助于某条道路才能被找到，这条道路必定会变得多长呢？

凡在将来实际上可以被叫做哲学的东西，其第一位的和唯一的任务不外乎是：首先发现那个复现的原初问题的思想追问的位置，亦即首先为此-在建基（参看本书“跳跃”部分）。

关于存有之真理的思想问题乃是一个承荷着过渡的时机。这个时机决不能现实地被固定起来，更不能被计算出来。它首先设定本有之时间。这样一种过渡的唯一的单一性，是绝不能在历史学意义上得到把握的，因为公开的历史学上的“历史”①早已与这种过渡擦

① 此处“历史”虽然用了 Geschichte，但却是在历史学意义上的（historisch），故被加了引号。——译注

肩而过了——如果这种过渡能够间接地向这种“历史”显示的话。所以，依然还要为这个时机贮备一个漫长的将来——假如存在者的存在之离弃状态要再度被打破的话。

在此-在中，并且作**为**此-在，存有居有真理，这种真理本身把存有揭示为那种拒予，那种暗示和隐匿之领域，亦即寂静之领域，而在其中，最后之神的到达和逃遁才首先得到了裁定。**为此**，人是做不了什么的——当人已经受命去为此-在之建基做准备，而且这种使命重又原初地规定了人的本质时，人能做的少之又少。

6. 基本情调

在第一开端中：惊-奇（Er-staunen）。

在另一开端中：猜-度（Er-ahnen）[①]。

倘若我们想要借助于一种分析甚或“定义”来为基本情调做准 21
备，并且把它带入其具有调谐作用的强力的自由之境中，那么，一切都会被误解，都会归于失败。这只是因为以“情调”（Stimmung）一词所表明的东西，长久以来都受到了“心理学”的阻碍，只是因为在今天，对于“体验”（Erlebnis）的嗜好必定变本加厉，混淆了人们不假思索地关于情调所说出的一切——只是因此，“关于”情调，时而还必得说出一个指引性的词语。

一切本质性的思想都要求，其思想内容和命题要像青铜一样，常新地从基本情调中被雕刻出来。如若基本情调悬缺未至，则一切都不过是对于概念和空洞词语的一种被迫无奈的喋喋不休而已。

---

① 注意此处“猜-度”（Er-ahnen）与“预感”（Ahnung）之间的字面和意义联系。——译注

假如现在竟早就有一种关于“思想”的非概念（Unbegriff）支配了关于“哲学”的意见，那么，关于情调的表象和判断说到底就只可能是对思想的误解的一个分支（情调是一种软弱、一种游离、一种模糊和一种沉闷，对立于“思想”的敏锐、正确性、清晰性和轻松）。充其量，情调只能作为思想的点缀而得到容忍。

然而，基本情调却为此-在**调谐**，因而在词语和概念中为作为存有之真理的开抛的**思想调谐**。

情调乃是作为本有的存有在此-在中的颤动的消散。消散（Versprühung）：并非作为一种单纯的消失和熄灭，而倒是相反：乃是作为火花的保存，在依据存有之完全开裂的“此”之澄明意义上。①

另一开端的基本情调几乎不能仅仅用一个名称来加以命名，尤其是在向这另一开端的过渡中。然而，多名称性并不否认这种基本情调的单一性，它仅仅指示着一切单一的东西的不可把握性。这种
22 基本情调召唤我们：惊恐、抑制、畏惧、预感、猜-度。

预感（Ahnen）揭示出被指派的、而且也许被拒绝的东西的遮蔽的广度。

依照基本情调来理解，预感根本就不像通常以计算方式被设想的预感，只是朝向将来的和仅仅站在面前的东西，而不如说，它仔细测量和衡量整个时间性，即：“此”之时间-游戏-空间。②

预感在自身中保留着那种具有调谐作用的强力，并且把它置回到自身中来加以建基。有所踌躇但已然越出空洞意见的一切不确定性而耸立，预感乃是对遮蔽者本身（即拒予）的解蔽的**庇护**。

---

① 此句中的“开裂”原文为 Zerklüftung；“‘此’之澄明”原文为 Lichtung des Da。“此”一词上的引号为译者所加。——译注

② 此处“‘此’之时间-游戏-空间”原文为 Zeit-Spiel-Raum des Da，英译本作 the free-play of the time-space for the “t/here”。——译注

预感把原初的内立状态置入此-在中。它在自身中既是惊恐又是振奋——总是假定在这里它作为基本情调奏响和规定[1]存有在作为此-在的此-在[2]中的颤动。

任何以唯一一个词语对基本情调的命名都基于一种谬见。任何一个词语向来都采自传统。另一开端的基本情调必定是多名称的，这一事实并不与它的单一性相冲突，而倒是证明了它的丰富性和令人诧异性。

对这种基本情调的任何一种沉思，始终只不过是一种对于基本情调——它根本上必定保持为一种偶-然——的具有调谐作用的插入的轻柔准备。[3] 诚然，依照情调的本质，对于这样一种偶-然的准备，只可能存在于一种过渡性的思想行动中；而且这种思想行动必定是从本真的知晓（对存有之真理的保存的本真知晓）中成长起来的。

但如果存有作为拒予而本现，如果这种拒予本身要进入其澄明之中而耸立起来，并且作为拒予而得到保存，那么，对于拒予的期备就只能作为放弃而存在。不过，放弃在这里并不是单纯的不愿拥有和弃于一旁，而倒是作为最高的占有形式而发生的，其高度乃在那种对于拒予的不可设想的赠予的坦率热情中得到了决断。 23

在这种决断状态中，过渡之敞开域得到了坚持和建基——那是第一开端及其历史的“不再”与另一开端之实现的“尚未”之间的深渊般的中心。

---

① 此处“奏响”原文为 anstimmen，“规定”原文为 be-stimmen，词根均为 stimmen，但中译文未能显示两词与“调谐、调音”（stimmen）和“情调”（Stimmung）的意义联系。——译注

② 这里“作为此-在的此-在”原文为 *Da*-sein als Da-*sein*，两词只是重点符号不同。——译注

③ 此处译文未能显示句中“偶-然”（Zu-fall）与“插入”（Einfall）之间的字面和意义联系。——译注

在这种决断状态中，对此-在的全部守护都必定已经扎下了根，只要人作为此-在的建基者，必定会成为最后之神的掠过之寂静的看守者（参看本书“建基”部分）。

然而，作为一种有所猜度的裁定状态，这种裁定状态只不过是创造者的承受力的清醒状态，而这里所谓创造者，就是存有之真理的开抛者，存有之真理为存在者的本质力量开放出那种寂静，由此寂静而来，存有（作为本有）才成为可觉知的。

7. 从本有而来

上帝[①]离我们有多远，那个因为本质上需要我们、而把我们指派为建基者和创造者的上帝？

上帝是如此遥远，以至于我们不能决定，它是向着我们运动还是离开我们运动。

而且，完全地思考*这种*在其本现中的遥远本身，把它思考为至高的决断的时间-空间，意思就是追问存有之真理，追问本有本身；一切将来的历史皆源起于本有——如果历史还将存在的话。

极端和首要的东西的不可决断状态的这样一种遥远，乃是为自行遮蔽的被澄明者，乃是作为存有之真理的真理本身的本现。

因为这种澄明的自行遮蔽者，不可决断状态的遥远，绝不是一种单纯现成的和无关紧要的空洞，而倒是作为本有之本质现身的本有
24 之本现本身[②]——有所踌躇的拒绝，后者已然居有此-在，使之归属

① “上帝”（der Gott）亦作“神”。译者在本书译文中对“上帝”和“神”两个汉译名未作专门和严格的区分，主要视语境和语感来决定译名。——译注

② 此句中的“本有之本质现身”原文为 Wesen des Ereignisses，“本有之本现本身”原文为 die Wesung selbst des Ereignisses，作者显然意在强调“本有之本现”的动词性。——译注

于己;对第一位的决断的时机和场所的遵守。

在本有之真理的本质现身中,一切真实者同时都得到决断和建基,一切存在者都变成存在着的,非存在者滑入存有之假象中。这种遥远就是:最宽广的、对我们来说第一位的对于上帝的切近,不过也是存在之离弃状态的急难,通过无急难状态而被掩蔽起来,而这种无急难状态是通过逃避沉思而得到证明的。在存有之真理的本现中,在本有中并且作为本有,最后之神得以遮蔽自身。

对上帝的长期基督教化,以及对一切与存在者的调谐关联的不断增长的公开,既顽固又隐蔽地损害了那个先决条件,即某物藉以处身于那种关于上帝之逃遁或者到达的无决断状态的遥远中的先决条件;而这个上帝的本现,却得到了最亲密的经验,诚然是对于一种知晓而言,这种知晓唯有作为创造性的知晓才处于真理之中。创造——在此乃是在最广大的意义上来讲的——意味着真理在存在者中的每一种庇护。

当我们说到上帝和诸神时,我们是按照长期的表象思维习惯,以那种形式来进行思考的,即那个本身就十分多义的名称“超越”(Transzendenz)依然最好地显示出来的形式。以此名称,人们意指那个逾越现成存在者的东西,尤其是逾越人类的东西。即便在逾越者和逾越的特殊方式被否定的地方,这种思想方式本身还是不可否定的。据此思想方式,我们甚至可以轻松地获得一个关于今天的“世界观”的综观:

1. 超验者(它也被不准确地命名为“超越”)① 乃是基督教的上帝。

---

① 此处“超验者”原文为 das Transzendente,“超越”原文为 die Transzendenz,后者也被译成“超越者、超越性”。在基督教神学意义上,das Transzendente(超验者)与 die Transzendenz(超越、超越者)是一回事。——译注

2. 这个“超越”被否定,“民族”本身——在其本质方面十分不确定地——被设定为一切历史的目标和目的。这种反基督教的“世界

25 观”只是*在表面上*非基督教的;因为它*本质上*倒是与那种被标识为“自由主义”的思想方式相一致的。

3. 在这里,超验者乃是一个“理念”或“价值”,或者一种“意义”,就是这样一个东西,对于它来说,人们不得生也不得死,而它本身却要通过“文化”来实现。

4. 此种超越者[①]中的每两个——民族理念与基督教,或者民族理念与文化政治,或者基督教与文化——也或者,所有这三者,以不同的确定性程度被混合起来。而且,这种混合物就是今天平均的和主导的“世界观”,后者也意指一切,却再也不能对一切做出决断。

不论此类“世界观”是多么缤纷多样,不论它们之间多么激烈地进行着或公开或隐蔽的斗争——如若在未经裁定的东西中间的折腾还能称得上一种斗争的话——,所有这些“世界观”在毫不知情和毫不思量的情况下,首先都同意了一点,即:人类被设定为其本质已得到认识的东西,被设定为这样一个存在者,朝之而去并且由之而来,任何“超越”方得到规定,而且被规定为说到底首先规定着人类的东西。然而,这一点根本上是不可能达到的,因为人类的规定性已经被确定下来了,而不是说,为了首先与某种规定性相调谐,就要把人类规定为那个必须从以往的确定性中被移置出来的东西。

但人类当怎样从其抛锚处被移置出来,首要地是摆脱那种“超越”及其混合物的统治地位呢?如果说人类必须自己来完成这一点,那么,个中尺度之僭越不是比人类径直被设定为尺度之际*还*要大吗?

抑或,这种移置有可能攫住人类么?确实如此。而且这就是存

---

① 此处“超越者”为复数 Transzendenzen,显然不合基督教神学的用法。——译注

在之离弃状态的急难。这种急难首先并不需要一种帮助，而倒是必须自己预先成为帮助者。但这种急难却必须得到经验。而如果人类 26
冷酷无情地反对这种急难，看起来是前所未有地顽固，那又会如何呢？那就必须有那些唤醒者出现了，他们终于以为自己已经发现了急难，因为他们知道自己要忍受这种急难。

对这种急难的唤醒乃是把人类首次移置入那个“之间”(*Zwischen*)中，在那里混乱咄咄逼人，同时上帝依然在逃遁中。但这种“之间”并不是与人类相关联的“超越”，相反地倒是作为建基者和保存者的人类所归属的那个敞开者，因为人类作为此-在为存有本身所居有，而存有本身无非是作为本有而本质性地现身。

如果人类通过这种移置而得以立身于本有中，并且内立于存有之真理中，那么，人类首先就始终还只是准备向那种决定性的经验跳跃，意在经验：是否在本有中，上帝之悬缺或者上帝之爆发决定支持或反对上帝。

唯当我们估量到存在是如何唯一必然的，而存在又如何不是作为上帝本身而本质性地现身的，唯当我们已经使我们的本质调谐于人类与存有、存有与上帝之间的这样一个离基深渊时，一种“历史”的“前提”才能重新开始成为现实的。因此之故，唯有对“本有”的沉思才适合于思想。

最后而且首要地，唯有当存有本身已经被把握为最后之神的掠过与此-在的“之间”时，“本有”才能得到启思（被逼到开端性的思想面前）。

本有通过使人类归本于上帝而把上帝转本给人类。[1] 这种有所

---

① 此句中的两个动词“归本”和“转本”原文分别为 zueignen 和 übereignen，都是与“本有”(Ereignis)相关的词语。依照语境，此处“上帝”似更应译作“神”。——译注

转本的归本就是本有，在其中，存有之**真理**作为此-在而得到建基（人类转变之际被推移入此-在和离开-之在的决断中），而历史从存有中取得了它的另一开端。但作为自行遮蔽的敞开状态，存有之真
27 理同时也是进入诸神之遥远与切近的决断之中的移离，因而也是对最后之神的掠过的期备。

本有乃是关乎上帝之掠过与人类历史的“之间”。但不是无关紧要的中间区域，而不如说，与掠过的关联乃是为上帝所需要的开裂之开启（参看本书“跳跃”部分，第 157 节和第 158 节。“开裂与‘样态’”），与人类的关联乃是此-在之建基的有所居有的让起源，①因而是存有之真理在存在者中的庇护（作为存在者的回归）的必然性的有所居有的让起源。

掠过不是历史，历史不是本有，本有不是掠过，而实际上，所有这三者（如果我们竟可以把它们贬降到数字面上的话）只有在它们的关联中，亦即根据本有本身才能够得到经验，得到启-思。

诚然，无决断状态的遥远并不是一个“彼岸之物”，而倒是与尚未得到建基的此-在之“此”（Da）**最切近的东西**，它在对作为存有之本现的拒予的期备中变成内立的了。

这个最切近的东西是如此切近，以至于所有无可回避的谋制②和体验的推动必然已经与它交臂而过，因此也决不能直接被召回到它那里。本有依然是最可诧异的东西。

---

① 此处“有所居有的让起源”原文为 das ereignende Entspringenlassen，英译本作 the enowing-letting-spring- forth。——译注

② 此处“谋制”是中译者对海德格尔生造的德文词语 Machenschaft 的尝试性翻译。Machenschaft 是日常德语中没有的词，在英语中有 machination 一词，《哲学论稿》英译本也以此对译，其意为“阴谋诡计”。但海德格尔使用的 Machenschaft 显然不取“阴谋诡计”之义，而倒是与希腊的 techne（技艺）和 poiesis（制作）相关，是指人对存在者的制作（制做）——诚然海德格尔强调这种制作是以某种存在者解释为基础的。故我们试译为“谋制”。关于该词的含义，特别可参看本书第 61 节“谋制”。——译注

8. 从本有而来[1]

诸神之逃遁必须得到经验和经受。

这种持存(Beständnis)为那种与本有的最遥远的切近建基。

这种本有乃是存有之真理。

在这种真理中首先开启出存在之离弃状态的急难。

从这种急难而来,存在之真理的建基、此-在的建基便成为必 28
然的。

这种必然性完成于那种持续不断的、贯穿并支配着一切历史性的人之存在的决断中:不论人将来是否归属于存在之真理,因而从这种归属状态并且为这种归属状态而把作为真实者的真理庇护入存在者之中,抑或最后之人的开始是否把人逐入一种被伪装的动物性中,并且拒不把最后之神允诺给历史性的人。

当围绕尺度的斗争渐渐止息时,当相同的意愿不再想要任何一种伟大时,亦即说,不再产生任何对于道路的最大差异性的意志时,会发生什么事呢?

如若另一开端还在酝酿中,那么,这种酝酿作为一种伟大的转变就是隐蔽的,而且事件愈是伟大,它就愈加隐蔽。当然,错误在于那种想法,即:一种本质性的突变——它根本上攫住了一切——必定也会立即从根本上为所有人所认识和把握,并且在公众状态中发生。唯有少数人能始终处于这种闪电的光亮中。

多数人拥有那种"好运",得以置身于某个现成之物中,并且因而得以通过追踪对于某个整体的用处来推动他们自己所具有的

① 参看本书"前瞻"部分,第16节,"哲学"。——原注

东西。

在另一开端中,那个完全不同的东西得到了预先思考,它被命名为决断领域,在其中民众的真正历史性的存有赢获自身或者丧失自身。

这种存在——历史性——并非在每个时代里都是同一的。现在,它就面临一种本质性的转变,因为它获得了一个使命,要为那个决断领域建基,也即要为那种本有联系建基,正是借助于这种本有联系,历史性的人的存在才首先达乎自身。对这个领域的建基,要求一种放弃(Entäußerung),这种放弃乃是自暴自弃的反面。它唯有基于那种直面离基深渊的勇气才能得到完成。这个领域——如果此类标
29 识根本上绰绰有余的话——就是此-在(*Da-sein*),是那种"之间",后者首先为自身建基,使人与上帝分离、并存和相互居有。在此-在之建基中开启自身的东西,乃是本有。借此我们并不是指一种"对立"、某个可直观的东西和一个"理念",而是指暗示到和保持到"此-"之敞开域中去①——这个"此-"恰恰就是在这种转向中的澄明着和遮蔽着的转折点。

这种转向之所以能赢得自己的真理,唯由于它作为大地与世界②的争执而得到纷争,并且因而把真实者庇护入存在者之中。唯在此-在中自行建基的历史,才具有对一种归属于存在之真理的状态的保证。

---

① 此处"暗示到和保持到'此-'之敞开域中去"原文为 das Herüberwinken und das Hinübersichhalten im Offenen des Da-。英译本译作 the beckoning-inviting and a holding-over across into the open of the "t/here"。——译注

② 此处"大地与世界"(Erde und Welt)是海德格尔30年代中期(特别是在"艺术作品的本源"中)的说法,后来改说"大地与天空"(Erde und Himmel)。——译注

9. 洞见

存有作为本有——有所踌躇的弃绝(作为拒予)。成熟:果实与赠送。存有中的不性与反冲[①];有争执的(存有或非存在)。

存有在真理中本质性地现身:为自行遮蔽的澄明。

真理作为基础之本质现身:基础——建基之所(而不是作为原因的来源)。

基础作为离基-深渊而建基:急难作为自行遮蔽之敞开域(不是"空虚",而是离基-深渊般的不可穷尽性)。

离基-深渊作为时间-空间。

时间-空间〈乃是〉争执的时机之所(存有或非存在)。

争执作为大地与世界的争执,因为存有之真理唯〈发生在〉庇护中,而这种庇护乃作为在存在者中有所建基的"之间"。大地与世界的分离。

庇护的轨道和方式——存在者。

10. 从本有而来 30

存有作为本有而本质性地现身。

本现在转向中有其中心和幅度。争执与照面之分解[②]。

---

① 此处"存有中的不性与反冲"原文为 das Nichthafte im Seyn und der Gegenschwung,英译本作 the nihilating in be-ing and counter-resonance。——译注

② 此处"分解"原文为 Austrag,系海德格尔后期思想中表示存在(存有)之差异化运动(二重性运动)的基本词语之一。特别可参看海德格尔:《同一与差异》,美茵法兰克福 2006 年,第 51 页以下。——译注

本现在真理中获得担保和庇护。

真理乃作为有所澄明的遮蔽而发生。

这种发生的基本结构乃是从中产生的时间-空间。

时间-空间乃是对于存有之开裂的判估而言的耸立者(das Aus-ragende)。

作为真理之接合(Fügung),时间-空间原始地是本有的时机之所。

这个时机之所乃从作为大地与世界之争执的本有中本质性地现身。

争执之纷争即是此-在。

此-在以真理之庇护的诸方式,从被澄明-被遮蔽的本有的担保而来发生出来。

真理之庇护让作为存在者的真实者进入敞开域和被伪装者之中。

于是,存在者首先处于存有中。

存在者存在。存有本质性现身。

存有(作为本有)需要存在者,方使得存有本质性现身。存在者则并不同样地需要存有。存在者依然能够在存在之离弃状态中"存在"(sein),在这种存在之离弃状态的统治下,直接的可把握性、可用性以及任何种类的有用性(例如,一切须为人民服务),明显地决定了什么存在[1]以及什么不存在。

然而,存在者的这样一种相对于存有的虚假独立性——仿佛存有只不过是表象性的、"抽象"思维的一个增补而已——并不是一种优先地位,而只是标志着一种令人目眩的沉沦的优先权。

---

① 此处"什么存在"原文为 was seiend ist,直译应为"什么是存在着的"。——译注

从存有之真理来理解，这种“现实的”存在者乃是在那个假象之非本质的统治地位之下的非-存在者(das Un-seiende)——而这个假象的起源在此还是被掩蔽着的。

作为那种使争执之纷争进入由之开启出来的东西之中的建基， 31
此-在为人所企盼，被载入那种经受着“此”、归属于本有的内立状态之中。

关于作为本有的存有的思想乃是开端性的思想，作为与第一开端的争辩[①]，它为另一开端做准备。

第一开端把存有思考为在场状态，其依据是那种呈现为一种存有之本现的首次闪亮的在场化。

11. 本有——此在——人[②]

1. 本有：在历史性的人最内在急难的极端视界内的存有之本现的可靠光亮。

2. 此在：具有中心特性的-敞开的并且因而遮蔽着的“之间”，在诸神之到达和逃遁与植根于这个“之间”中的人之间。

3. 此在之本源在于本有及其转向。

4. 此在因此只能作为存有之真理并且在存有之真理中被建基。

5. 从人这一边而来，建基——而不是创造——就是让-基础-存在[③](可参照“个别者、少数人……”[④])，人因而才重又获得自身，重

---

① 此处“争辩”原文为 Auseinandersetzung，此词难译，英译本有 deciding encounter，setting apart，debate 等多种译法。——译注

② 参看本书“建基”部分。——原注

③ 此处“让-基础-存在”原文为 Grund-sein-lassen，英译本作 letting the ground be。——译注

④ 似指前文“对于少数人——对于稀罕者”一节。——译注

获自身-存在(Selbst-sein)。

6. 被建基的基础,同时乃是存有之开裂的离基深渊和存在者的存在之离弃状态的无基[①]。

7. 建基的基本情调乃是**抑制**(参看上文相关讨论)。

8. 抑制乃是别具一格的、瞬间性的与本有的关联,在被本有之召唤所呼唤的状态中。

32 9. 此在乃是将来历史的基本生发(Grundgeschehnis)。这种生发源起于本有,并且成为那种关于人的决断的可能的时机之所——其历史或者无历史即是其向没落的过渡。

10. 在它们的本质现身中,亦即在它们作为历史之基础的归属状态中,本有与此在还是完全蔽而不显的,长久地令人诧异的。没有桥梁;弹跳尚未完成。依然悬缺的是那种能够满足两者的真理经验和沉思的深度:崇高**决断**的力量(参看相关讨论[②])。相反,在道路上层出不穷只是误解的机会和手段,因为关于那个在第一开端中发生的东西的知晓也还付诸阙如。

12. 本有与历史

历史在这里并不意指一个与其他领域并肩而立的存在者领域,而是唯一地着眼于存有本身之本现。所以,即便在《存在与时间》中,此-在的历史性已然只能根据基本存在学[③]的意图来理解,而不

---

① 此处"无基"(Ungrund)或也可译为"非基础",英译本径直译作 unground。——译注

② 如可参看本书第43-49节。——译注

③ 此处"基本存在学"(Fundamental-ontologie)通译"基本存在论",是海德格尔在《存在与时间》(以及早期弗莱堡讲座和马堡讲座)中完成的哲学的主体部分。——译注

能被理解为一种对现成历史哲学的贡献。

本-有就是原始的历史本身——这话或许可以暗示着，在这里，存有的本质现身乃是“历史性地”被把握的。不过，固然是“历史性地”，但并不是通过对某个历史概念的截获；而毋宁说，之所以是**历史性地**，是因为现在存有之本质现身不再仅仅意指在场状态，而是指时间-空间的离基深渊的完全本现，因而也是真理的完全本现。与之一体地，便得出了一种关于存有之**唯一性**的知晓。但由此绝不是要把“自然”置放回去，而是要同样原始地转变“自然”。在这种原始的历史概念中，我们首先赢获了那个领域，在其中可以显明，历史为 33
什么以及如何比行为和意志“更多”。甚至，“命运”也归属于历史，而未穷尽历史的本质。

根据存有本身之本现来理解，通向历史之本质的道路已经在“基本存在学意义上”得到了准备，其做法是把历史性建基于时间性。在唯一地引导着《存在与时间》的“存在问题”意义上，这就意味着：作为**时间-空间**，时间把历史之本质回收到自身中；但只要时间-空间是基础的离基深渊[1]，亦即存在之真理的离基深渊，则它的历史性解释就包含着向存在本身之本质现身的指引，而对存在之本质现身的追问乃是其中唯一的努力——它既非一种历史理论也非一种历史哲学。

13. 抑制[2]

抑制之所以是开端性思想的风格，只是因为它必将成为将来的、

---

① 此处“基础的离基深渊”原文为 der Abgrund des Grundes，英译本径直译作 the abground of the ground。——译注

② 参看上文第 5 节，“对于少数人——对于稀罕者”，第 14 页以下；参看下文，“建基”部分，第 193 节，“此-在与人”。——原注

建基于此-在的人之存在的风格,亦即说,它彻底地调谐和承载着这种建基。

抑制——作为风格——乃是此在的建基性尺度和怒火持存性(Grimmbeständnis)的自身确信。它规定着风格,因为它是**基本情调**。

在这里,情调(参看荷尔德林讲座①)是在内立意义上讲的:一切迷移之实现、一切移离之开抛和带入(Eintrag)的统一性,以及**存有之真理的持存**和**实行**。在这里必须避免任何其他外部的和"心理学上的"关于"情调"的表象。因此,情调决不只是那种方式,那种伴随、照亮和遮住人类一切或许已经被固定起来的所作所为的方式,而
34 不如说,唯通过情调,此在之移离的规模才能得到测度,迷移的质朴性才被归于此在——只要我们在这里探讨的是作为基本情调的**抑制**。

抑制之所以是基本情调,是因为它调谐着此-在之基础的探基、本有的探基,因而也调谐着此-在的建基。②

抑制乃是最强大的、同时也最温柔的此在之期备状态,即期备于本-有过程,期备于被抛入那种本真内立之中,就是在真理(**本有中的转向的真理**)中的本真内立(参看本书"最后之神"部分)。最后之神的主宰地位唯有朝向抑制才出现;抑制为主宰地位和最后之神创造了**伟大的寂静**。

抑制调谐着一种在将来的人之此在中的真理之庇护的各个建基时机。这种建基于此-在中的历史,乃是伟大寂静的隐蔽历史。唯

① 1934/1935 年冬季学期讲座《荷尔德林的赞美诗〈日耳曼尼亚〉与〈莱茵河〉》(《海德格尔全集》第 39 卷)。——原注

② 此句中的"探基"原文为 Ergründung,"建基"原文为 Gründung,英译本分别作 engrounding 和 grounding。——译注

在其中，才还可能有一个民族存在。

唯有这种抑制才能够聚集人之本质和人向自身的集中，亦即人进入其使命的规定性之中：最后之神的持存性。

难道我们将来依然命定要获得一种历史，一个完全不同的东西，不同于现在似乎被看作历史的那个东西：对各种自我吞噬着的、唯有通过最喧哗的噪声才还能得到短暂确定的事件的阴暗追猎？

如果一种历史，亦即一种此-在之风格，依然还要被赠予给我们，那么，这可能只是那种伟大寂静的隐蔽历史——在这种伟大寂静中并且作为这种伟大寂静，最后之神的主宰地位才开启和构成存在者。

可见，伟大的寂静首先必须袭向对于大地而言的世界。这种寂静只起于沉默。而且这种静默只能从抑制中成长起来。[1] 作为基本情调，抑制贯通并调谐着世界与大地之争执的亲密性，因而也调谐着本有过程之突发的纷争。

作为这种争执的纷争，此-在的本质就在于：把存有之真理，亦 35
即最后之神，庇护入存在者之中（参看本书“建基”部分）。

抑制与烦忧

抑制乃是烦忧的基础。此-在之抑制首先为烦忧——作为经受着“此”（das Da）的内立状态——建立基础。不过，我们必得再三重复地指出，烦忧并不是指沮丧、抑郁，以及苦恼地操心于这事那事。所有这些都只不过是烦忧的非本质，因为烦忧依然被置入另一种误解之中，即它是种种“情绪”和“态度”当中的一种。

---

① 上句中的“沉默”原文为 Schweigen，此句中的“静默”原文为 Erschweigen，英译本未加以区分，统一译作 reticence。——译注

在“他负责秩序”或“照管秩序”这个表达中①，烦忧之本质的某个东西得以显露出来了，那就是：抢先的决定状态。但同时，烦忧也不是一种单纯的意志态度，它根本上是不能被算作一种心灵能力的。

作为此-在之持存性，烦忧乃是对于存有之真理的抢先的决定状态，尤其是那种使被指派者得以实现地进入“此”之中的扎根。此所谓“尤其”，其基础乃是此在的抑制。抑制唯作为被居有的对于存在之真理的归属状态而起调谐作用。

抑制作为寂静的本源，以及作为聚集的法则。在寂静中的聚集与真理之庇护。真理之庇护及其向烦忙和交道的发展。

抑制作为对于存有之本现的隐秘切近的敞开状态，调谐于那种从不可决断者之遥远而来居有自己的暗示的最远之颤动。

抑制与寻求；在寻求本身中的至高发现〈乃是〉切近于决断。

36 抑制：向本有之转向的克制着的先行跳跃（因此不是浪漫的逃遁或者市侩的休息）。

抑制、沉默与语言

人常无言——这不是一个偶然的事件，其间一个可实行的话语和表述没有发生，哪怕只是对于已经被道说的和可道说的东西的表达和重复也未能实行；相反地，这是具有原始意义的〈事件〉。言语甚至根本没有传达出，它是否恰恰通过无言而达到了首次跳跃。②无言乃是作为存有之暗示和突发的本有。

无言乃是一种原始的——诗意的——存有之命名的自行展开的

① 中译文未能完全显明此处“负责”（sorgen für）和“照管”（Sorgen tragen）中的“烦忧”（Sorge）之义。——译注

② 此处“言语”原文为 das Wort（或译为“词语”），“无言”原文为 das Verschlagen，英译本把后者译为 the word escapes。——译注

可能性的原初条件。

唯当言语重又起作用时,〈才有〉语言与伟大的寂静,本质现身之最质朴的切近与存在者之明亮的遥远。何时才有这样的时代呢?(参看“开端性的思想作为非概念性的思想”[①])

抑制:在离-基深渊中的创造性的经受(参看本书“建基”部分,第 238–242 节,“时间-空间”)。

14. 哲学与世界观

哲学乃是无用的、但又支配性的知识。

哲学乃是可怕的、但又稀罕的关于存有之真理的追问。

哲学乃是真理之建基,同时又是真实之缺失。

哲学乃是回归历史之开端的意愿,因而也是越出自身的意愿。

因此,从外部来看,哲学只是一种装饰,也许是一种文化的教本和展示品,也许还是一种已经丧失了根基的遗产。**所以**,许多人**必须** 37
取得哲学——而且,尤其是当哲学对少数人来说是一种急难之际。

“世界观”把经验安排到一个特定的轨道和范围里,这种安排始终要达到这样的深度,以至于世界观决不会受到质疑了;因此,世界观限制和束缚了本真的经验。从世界观角度来看,此乃它的强大之处。

哲学**开启**经验,但正因此,哲学恰恰**不能直接**地为历史建基。

世界观始终是一个终结,多半是一个长久延续的和本身没有得到认识的终结。

哲学始终是一个开端,并且要求对它本身的克服。

---

① 特别可参看下文第 27 节“开端性的思想”。——译注

世界观必须拒绝新的可能性,方得以保持自身。

哲学可能长久地停滞,似乎归于湮没。

两者各有不同的时代,在历史中保持在完全不同的此-在阶段上。“科学哲学”与“世界观哲学”的区分,乃是19世纪在哲学上的束手无策状况的最后末端,因为在19世纪的进程中,“科学”获得了一种特有的技术上的文化意义,而另一方面,个人的“世界观”作为已然消失了的根基——十分无力地——还能把“价值”和“理想”集合在一起。

作为最后的真正残余隐藏在“科学的”哲学观念中的东西(参照在费希特和黑格尔那里的更深理解),就是:要根据和依照关于作为确定性(自身确定性)的知识的理念,对可知之物作统一的、系统的(数学的)奠基和构造。在这个“科学的”哲学的意图中,依然存活着哲学本身的一种冲动,即:面对变得专横的世界观意见的任意性以及必然有限的和独断的一般世界观方式的任意性,仍然要去挽救哲学
38 **最本己的实事**。因为即便在“自由的”世界观中,也还隐藏着这种自以为是,而这是在如下意义上讲的,即:这种世界观要求让每个人各抒己见。但任意性乃是“偶然之物”的奴隶。

然则哲学最本己的实事被遗忘了,通过“认识论”而受到了曲解;而且,在“存在学”还得到理解的地方(如在洛采[①]那里),它却依然是各门学科当中的**一门**学科。在这里,古老的主导问题(τί τὸ ὄν;[存在者是什么?])通过整个现代哲学而得到挽救,但也得到了转换,个中情况并没有获得清晰的意识,因为哲学已经缺乏必然性,它把自己的“保养”归功于它作为“文化财富”的特性。

---

① 赫尔曼·洛采(Hermann Lotze,1817—1881年):德国哲学家,以价值哲学著称,著有《小宇宙》、《形而上学》等。——译注

就如同“世界图像”①的统治地位一样，“世界观”也是现代的一个产物，是现代形而上学的一个后果。这其中也含着一个原因，说明为什么“世界观”进而试图凌驾于哲学之上。因为随着“世界观”的兴起，一种追求哲学的意志的可能性消失掉了，已经到了这样一个地步，以至于世界观最后必定要抗拒哲学。此间哲学本身愈是必然地堕落下去，只还能充当博学，则世界观就愈是能做到这一点。“世界观”的这种奇怪的统治现象——而且并非偶然地——也曾试图利用那种最后的伟大哲学：尼采的哲学。这一点是十分容易做到的，因为尼采本人否定哲学是“博学”，因而表面看来是赞成“世界观”的（作为“诗人哲学家”！）。

相对于流传之物，“世界观”始终是“谋制”，为的是克服和驯服流传之物，用的则是流传之物所特有的、由它所酝酿但未及实现出来的手段——一切都滑落入“体验”中了。

作为存有之真理的建基，哲学在它自身中有其本源；它必须把自 39
身置回到它所建基的东西中，并且唯一地从中把自己建造起来。

哲学与世界观是如此无可比拟，以至于没有一个可能的比喻可以形象地说明这种差异。任何比喻都还总是会把两者弄得过于密切。

隐蔽而老朽的教会之“统治地位”，“世界观”对于大众而言的流俗普通和平易近人（作为早就缺乏的“精神”以及与“理念”的关联的替代品），对哲学的无关痛痒的继续推动（作为博学的哲学，以及同时间接直接地作为教会经学和世界观学究的哲学），所有这一切，都

---

① 此处“世界图像”原文为 Weltbilder。海德格尔曾于 1938 年做过一个题为“形而上学对现代世界图像的奠基”的演讲，后以“世界图像的时代”为题收入文集《林中路》中。可参看海德格尔：《林中路》，中译本（修订本），孙周兴译，世纪出版集团·上海译文出版社 2008 年，第 66 页以下。——译注

将在长期内使哲学作为此-在的创造性的共同建基,远离于公共意见那种流俗而机智的无所不知派头。诚然,这没有什么好"遗憾"的,而只是一个标志,标明哲学正在走向其本质的一个真正命运。而且,一切皆取决于,我们并没有干扰这种命运,根本也没有用一种对哲学的"辩护",一种必然总是还处于哲学地位之下的谋制来蔑视这种命运。

但急难之处可能在于对哲学这样一种命运的临近的沉思,对具有干扰和丑化作用,并且或许会使哲学的一种虚假本质产生效力的东西的认识。不过,倘若这种认识听任诱惑,去把那个逆反之物弄成反驳和争辩的对象,那么,它就会误解自己。在这里,对非本质的认识必定始终是一种错失。

世界观的谋制-体验本质迫使各个世界观的形成在种种最广大的对立中来回晃动,因此也总是在平衡中把自己固定下来。"世界
40 观"恰恰可能是个人及其各自生命经验和最本己之意见构成的最本己之事情,与此相对立,"世界观"也可能表现为一种总体的、把全部个人意见都消灭掉的世界观,这一点乃属于一般世界观的同一个本质。前者在其任意性方面是那么无边无际,后者在其最终有效性方面是那么顽固不化。[①] 其实,在这里容易把握的倒是对立与同一的东西:最终有效性只不过是扩大到普遍有效性之完备状态中的唯一性,而任意性则是一个仅仅对每个人最终有效的东西的对每个人都可能的个别化。处处都缺失的是已然成长者的必然性,但因此也缺乏创造者的离基深渊特性。

在任何情况下,对哲学的怀疑和不信任都一样大,也一样各有

---

① 此处"前者"与"后者"指上句中所讲的两种不同表现方式的"世界观"。——译注

千秋。

每一种态度，每一种要求决定和调节任何种类的行动和思想的“总体”态度，都必定无可避免地把此外还可能作为必然性而出现的一切当作对立的甚至要贬低的东西。一种“总体的”世界观如何能够应付这样一种甚至仅仅可能的东西（更不消说本质性的东西了），这种东西乃是世界观本身同时要降低和拔高、纳入其他必然性之中的东西——而此所谓其他必然性，乃是不能从外部提供给世界观的，而倒是起源于其隐蔽的根基（例如起源于民族的本质）。[①]

于是，在此就生出一个不可逾越的困难，任何一种平衡和协议都消除不了的一个困难。总体的世界观必须对其根据之开启和对其“创造”领域之探基不加理睬；也就是说，它的创造决不能达到本质之境，成为超越自身的创造，因为这种总体的世界观必定因此会对自身质疑。结果是：创造预先被运作[②]取而代之了。从前的创造的路径和冒险被设置入谋制的巨大之物中，而且，这种谋制性的东西给出 41
那种创造之生机的假象。[③]

与“世界观”相对抗的，可能只有追问和对于值得追问状态的决心。任何一种调解的努力——不论它来自哪一方面——都将削弱立场，消除真正斗争的领域之可能性。

不过，总体的政治信仰以及同样总体的基督教信仰，尽管有其互不相容性，但却投身于平衡和手法，这一点是用不着奇怪的。因为它

---

① 此处按理应为一个问号，英译本即作如此处理。——译注

② 此处“运作”原文为 Betrieb，其日常含义为“企业、工厂、生产、运行、忙碌”等，或可译为“企业活动”，英译本作 endless operations。海德格尔在“世界图像的时代”一文中曾对此有更多的描述。可参看海德格尔：《林中路》，中译本（修订本），孙周兴译，世纪出版集团·上海译文出版社 2008 年，第 66 页以下。——译注

③ 此句中前一个“创造”原文为 das Schaffen，后一个“创造”原文为 das Schöpferische，英译本未作区分，统一译作 creating。——译注

们有着相同的本质。作为总体态度，它们是以对本质性决断的放弃为基础的。它们的斗争不是创造性的斗争，而是“宣传”和“辩护”。

然则哲学不也有甚至首要地有对“总体性”的要求么——尤其是当我们把哲学规定为关于存在者之为存在者*整体*的知识时？只要我们以迄今为止的哲学（形而上学）的形式来思考，只要我们在其基督教的表现中（在德国唯心论的系统中）来看待哲学，那么，事情就确实如此。但恰恰在这里，哲学（现代的）已经走在通往“世界观”的道路上了（并非偶然地，这个词在这种“思想”的范围内变得越来越有效了）。

然而，只要——一旦——哲学找到了回到其原初本质的道路（在另一开端中），有关存有之真理的问题成了有所建基的中心，则哲学的离基深渊特征就将自行显露出来——这种哲学必须回到开端之中，方能把开裂和逾越、奇异和始终异乎寻常的东西带入其沉思的自由之境中。

42 15. 哲学之为“一个民族的哲学”

谁会否认哲学是“一个民族的哲学”呢？而且，作为消除任何一种相反意见的证据，我们不是能求助于西方哲学的伟大开端么？它不就是*希腊*民族“的”哲学么？还有西方哲学的伟大终结，“德国唯心论”和“尼采”，不就是*德意志*民族的哲学么？

然而，以这样一些显而易见的断言，我们说的是什么啊？我们丝毫没有说出哲学本身的本质。相反，这样一种描述只是把哲学平整了，使之进入一种无关痛痒的“成就”、“实行”、行为方式中了——与此类似，人们也蛮可以举出衣食住行之类的民族风格。这种明显地归属于“民族”的特性会诱发下面的意见：通过指出这种归属性，我们也对哲学道出了某种本质性的东西，甚或还对一种未来哲学的创造道出了某种本质性的东西。

“一个民族的哲学”的说法立即表明自己是十分多义和十分模糊的。在此我们还完全撇开了“民族”这个说法的不确定性。

一个民族通过什么成为一个民族？一个民族只成为它所*是*的东西吗？如果是，那么它*是*什么呢？我们如何能知晓这一点呢？1. 一个民族究竟是什么？2. 这个或那个民族是什么？3. 我们本身是什么？

在这里，一切柏拉图主义化的思想方式都失灵了，因为此类思想方式为一个民族的躯体预设了一个理念、一种意义和一种价值，一个民族应当据此来“生成”。这种预设从何而来又是怎样发生的呢？

对于民族性因素的沉思乃是一个本质性的通道。我们切不可错认这一点，同样十分要紧的是，我们要知道，如果要掌握一个“民族原则”，并且使之作为历史性此-在的尺度而发挥作用，那就必须已经争得了一个最高的存有等级。①

只有当民族中最独一无二者到来，并且开始预感时，这个民族才 43
成为民族。于是，这个民族对于它的法则而言才变得自由——它必须夺取这种法则，作为它的最高时机的终极必然性。一个民族的哲学乃是那种东西，它使这个民族成为一种哲学的民族，历史性地把这个民族建基于其此-在中，而且规定这个民族去守护存有之真理。

“一个”民族的哲学是那种自由而唯一的东西，它在同样程度上既*超然于*这个民族又“来自于”这个民族——只要这个民族已然决定成为自身、成为此-在。

---

① 此处“一个最高的存有等级”原文为 ein höchster Rang des Seyns。海德格尔这里的表态显然与他当时的国家社会主义立场相关。——译注

因此，“一个”民族的哲学是不能根据无论何种资质和能力来计算和规定的，相反，在这里，只有当关于哲学的思考把握到，哲学必定源发于它最本己的本源本身，而且这一点只有当哲学根本上依然归属于它第一个本质性的开端时才可能成功，这时候，关于哲学的思考才是民族性的。唯有这样，哲学才能够把“民族”推移入存有之真理中，而不是相反地，被一个所谓的民族（作为一个存在着的民族）所强奸，从而被逐入非本质之境。

16. 哲学[①]

〈哲学〉乃是径直无用的、但同时支配性的基于沉思的知识。

沉思乃是对**意义**的追问，亦即（参看《存在与时间》）对存有之真理的追问。

对真理的追问乃是跳跃入真理之本质现身中，因而跳跃入存有本身之中（参看本书“建基”部分，第227节，“关于真理的本质现身”）。

问题是：我们是否、何时以及如何归属于存在（作为本有）。

44 这个问题必须得到追问，因为**那种需要着我们的存在之本质现身的缘故**，而且，这里所谓“我们”，并不是刚好还现成的东西，相反地，那是就我们在忍受之际内立地经受此-**在**（Da-*sein*）并且把它建基为存有之真理来讲的。所以，沉思——跳跃入存在之真理中——必然地是自身-沉思（Selbst-besinnung）。这并不意味着（参看本书“建基”部分）一种对作为“被给定者”的我们的反转过来的考察，而

① 参看本书“前瞻”部分，第7节，“从本有而来”，第26—30页；《思索》IV，第86页以下。——原注

倒是根据此-在之本己性对自身存在之真理的建基。

根据上述，我们是否归属于存在的问题，本身也就是存有之本质现身的问题。这个有关归属状态的问题乃是一个决断问题，即在首先要规定的归属状态与存在之离弃状态（即固执于作为存在者之假象的非存在者）之间的决断问题。

因为哲学乃是这样一种沉思，所以，它先行跳跃入极端的、毕竟可能的决断之中，并且以它〈自己的〉开启作用，预先控制着一切对在存在者中的真理以及作为存在者的真理的庇护。因此，哲学地地道道是**支配性的知识**，虽然并不是德国唯心论哲学意义上的"绝对的"知识。

但因为沉思乃是自身-沉思，从而我们一道被挪移入我们是谁的问题之中，因为我们的存在乃是一种历史性的存在，而且是流传下来的、曾在的存在，所以，沉思就必然地成为关于哲学历史之真理的问题，成为对哲学的赶超一切的第一开端及其向终结的展开的沉思。

一种关于当今之物的沉思总是过于短暂了。本质性的事体乃是对于那个开端的沉思，这个开端预先勾画出自己的终结，并且还把"当今之物"当作终结之结束包括进去了，而且如此这般地，唯从开端而来，当今之物才变成在存在历史上昭然若揭的（参看本书"回响"部分，第57节，"存有之历史与存在之离弃状态"）。

还更为短暂的，是那种自近代之肇始以来——并非偶然地——变得通常的哲学借助于"科学"的校准。这一问题方向——不只是 45
人们明言的"科学理论的"方式——必须被完全地放弃掉。

哲学从来不能直接在存在者身上建造起来，哲学为存在之真理做准备，并且借着在此开启出来的视角和视野而做好准备。

作为向着存有自行接合着的对存有之真理的支配，哲学乃是一

个在存在者中的关节。[①]

17. 哲学的必然性

所有必然性都植根于一种急难。[②] 作为对存有之真理和真理之存有的最初的和极端的沉思,哲学的必然性在于最初的和极端的急难中。

这种急难是那样一个东西,它把人在存在者中赶来赶去,把人首先带向存在者整体,带入存在者之中心,从而把人带向自身,并且因此总是让历史发端或者让历史没落。

这种赶来赶去就是人进入存在者之中的被抛状态,后者把人规定为存在(存有之真理)的抛者。

这个被抛的抛者实行那最初的、亦即建基性的抛投——作为存在者向着存有的开抛(参看本书“建基”,第 203 节,“开抛与此-在”)。在第一开端中——人在那儿首先根本上得以置身于存在者面前——,开抛本身及其方式,以及它的必然性和急难,还是模糊的、被掩蔽的,但却是强有力的:φύσις[涌现、自然]—ἀλήθεια[无蔽、真理]—ἕν[一]—πᾶν[一切]—λόγος[逻各斯]—νοῦς[心灵、奴斯]—πόλεμος[斗争、战争]—μὴ ὄν[非存在者]—δίκη[正义]—ἀδικία[非正义]。[③]

---

① 此处“支配”原文为 Verfügung,“关节”原文为 Fuge,英译本把前者译为 conjoining,把后者译为 joining。中译文未显明两者之间可能有的字面和意义联系。——译注

② 此处译文未显明“必然性”(Notwendigkeit)与“急难”(Not)的字面和意义联系。——译注

③ 此处列出的希腊文词语是海德格尔眼里的前苏格拉底的希腊思想的基本词语,海氏对它们多半做了独特的重释,特别可参看海德格尔:《演讲与论文集》(《海德格尔全集》第 7 卷),美茵法兰克福 2000 年。我们在方括号里给出的只是建议性的译名。——译注

哲学的必然性在于以下事实，即：哲学作为沉思不必排除那种急难，而是必须忍受之，为之奠基，必须使之成为人的历史的基础。

诚然，那种急难在人的历史的本质性开端和过渡中是各不相同 46
的。但它决不能肤浅地和简短地来计算，绝不能被看作一种缺失、贫困或诸如此类。它处于任何一种“悲观主义的”或者“乐观主义的”可评价性之外。根据对这种急难的开端性经验，向着必然性进行调谐的基本情调也是不同的。

第一开端的基本情调乃是**惊奇**，惊奇于存在者存在，惊奇于人本身存在着，在**人**所不是的存在者中存在着。

另一开端的基本情调乃是**惊恐**。在存在之离弃状态中的惊恐（参看本书“回响”部分）与在植根于这样一种创造性的惊恐中的**抑制**。

急难乃是那种赶来赶去，它首先迫使决断和作为一个存在者的人与存在者的分离，而且在存在者中间把那种决断重又带回到存在者那里。这种急难属于存有之真理本身。最原始地，它是在那种对最高可能性之必然性的强求中的急难，而在这些最高可能性的道路上，人有所创造、有所建基地超出自身而回到存在者之基础中。在这种急难登峰造极处，它强求此-在及其建基（现在可参看 1937/1938 年冬季学期讲座，第 18 页以下）①。

急难，那种赶来赶去、那种本质现身——倘若它是存有本身的真理，则情形如何呢？倘若随着对真理的更原始的建基，**存有**同时会变得比本有**更具本现作用**，则情形又如何呢？而且，倘若急难因此会变得更具强迫作用、更有赶来赶去的作用，而这种赶来赶去以这样一种强度只不过是那种争执，后者在存在者与存有的亲密性之过度

① 1937/1938 年冬季学期讲座《哲学的基本问题。“逻辑问题”选讲》（《海德格尔全集》第 45 卷，第 67 页以下）。——原注

(Übermaß)中有其自行拒绝的基础,那又会如何呢?

47

18. 思想之无力

这种无力似乎是显然的,尤其是,如果“有力”意味着直接作用和直接贯彻的力量。但如果“有力”说的是根据转变之“能力”而建基和固定入本质现身之中,那又如何呢?即便在这个时候,思想的无力与有力也还没有得到裁定。

在惯常意义上被理解的思想之无力有多重原因:

1. 目前根本没有一种本质性的思想得到实行而且是可实行的。

2. 谋制与体验要求成为唯一起作用的、因而“有力的”东西,并且没有给真正的强力提供任何空间。

3. 假如一种本质性的思想会获得成功,我们依然根本没有力量向其真理开启自身,因为这也包含着此在的一个本己等级。

4. 有了不断增长的对于本质性沉思之质朴性的麻木不仁,以及追问之毅力的缺失,则每一种行进和每一条通道,只要它第一步没有带来某个“成果”,就都会受到蔑视——此所谓“成果”,就是某物借以被“做成”和某物赖以被“体验”的某个“成果”。①

因此,“无力”还并非径直就是一种对“思想”的抗辩,而只是对蔑视思想者的责难。

而另一方面,思想(作为存有之真理的启思)的真正强力容忍不了任何一种直接的断定和利用,尤其是因为思想必须被置入存有之中,必须使存有的全部奇异性发挥作用,因此决不能安于一种存在者

① 此处所谓“做成”(machen)和“体验”(erleben)显然与海德格尔在本书使用的“谋制”(Machenschaft)和“体验”(Erlebnis)相关,特别可参看本书第61-69节。——译注

方面的效果。

这乃是思想追问之孤独状态的最隐蔽基础。这种聚讼纷纭的思想家的孤独状态只不过是一个结果，亦即说，它并不是通过一种自行隐匿、一种“离开……”而形成的，而是起于那个来自存有领域的渊源。因此，这种孤独状态也决不能通过一位思想家所取得的“效果” 48
和“成果”而得到消除，相反，它只可能由此得到增加——假如在此谈论“增加”竟有某种意义的话。

19. 哲学
（关于问题：我们是谁？）

〈哲学〉作为对存有的沉思必然是自身沉思（Selbstbesinnung）。有关这种联系的先行论证根本上区别于任何方式的对“自我”之“自身”-确定性的保障，恰恰是为“确定性”之故，而并非为存有之真理的缘故。可是，这种论证也还要深入下去，回到一个更为原始的领域里，它比我在《存在与时间》中对此-在的“基本存在学”意义上的设定必须在过渡当中实行的那个领域更为原始——而甚至直到现在，这种此-在设定也还没有充分地得到展开，也还没有被提升到那些追问者的认识中。

但现在，在对作为自身-沉思的沉思的本质作了原始论证之后，只要“我们”一道移入追问之领域，那么由此来看，哲学问题就可能被带向如下问题形式：我们是谁？

撇开谁之问题不谈，我们以这个“我们”指的是谁呢？（参看1934 年夏季学期讲座，《逻辑学》[1]）是指我们自己，恰恰现成的今日

---

① 1934 年夏季学期讲座《论作为语言问题的逻辑》（《海德格尔全集》第 38 卷）。——原注

现时的我们吗？这个有着限定作用的循环在哪里进行呢？抑或我们是指“这个”人本身么？但“这个”人确实只有作为历史性的人才“是”非历史性的。我们指的是作为本己民族的我们吗？不过，即便这样，我们也不是唯一的，而是作为其他民族当中的一个民族。而一个民族的本质何以得到规定呢？立即可以明见的是：在问题中所究问者得以被设定的方式：“我们”，已然包含着一种关于谁的决断。
49 这意思是说：我们不可能——不受谁之问题的影响——把“我们”和“我们自己”[①]设定为一个仿佛现成的东西，只还缺少谁之规定了。甚至在这个问题中也包含着转向之反光。这个问题既不能径直被提出来，也不能径直得到解答。不过，只要哲学之本质没有被把握为对存有之真理的沉思，因而由此源起的自身沉思的必然性没有变成有效的，那么，这个问题就已经作为问题而遭受到沉重的思量了。

1. 尽管有“我们”，但这个问题实际上**回**指、因而“反射”[②]到我们自身身上，它要求一种与行动和作用的直接性背道而驰的回转姿态。

2. 但不只是因为这种被反射的态度，这个问题才似乎是一条歧途，而毋宁说，作为问题，它根本上就是一条歧途。即便它并不“反射”，而只是“关注着”“我们”，它或许也是人的一种“理论上的”冥思苦想，能使人摆脱行动和作用，在任何情况下都削弱了行动和作用。两种思量联结为这样一种要求：我们应当在行动和作用之际亲身**存在**，而不要究问和侵蚀自己。

3. 于是也就已经表明，这个问题**为何**而受到追问，这个困难与什么相联系，那是不清晰的；要确定我们究竟应当**从哪里**取得一个答

---

① 此处前一个“我们”为第一格的 wir，后一个“我们自己”为第四格的 uns。——译注

② 此处“反射”（reflektieren）有“反思”义。——译注

案,也是不清晰的。

即便在这里,最明白易解的答案似乎也包含在前述的要求中:我们应当——在行动之际——亲身存在,正是这种存在能解答我们是谁的问题,甚至在它仅仅被提出来之前〈就把它解答掉〉。

求自身-存在的意志使问题失效了。

这种思索是清楚的,但只是因为它努力——几乎不带意图地——停留在表面上。

因为,到底什么叫自身-存在呢?如果人存在,那么,是不是仅
仅由于我们径直对附着在我们身上的东西和我们植根于其中的东西 50
采取听其自然的态度,我们才存在呢?在何种意义上人存在,我们如何存在,这些是完全不清晰的。甚至指出一种行动和作用也是不够的。每一种“运作”,每一种寻觅,都推动着人,而人是否因此就已经“存在”,却依然成为一个问题。诚然,不能否认的是,人以此方式存在就是一个存在者了,但恰恰因此,问题就被尖锐化了:当人只是如此“存在”和出现时,人是否已然“存在”;一个民族是否由于它仅仅增减自己的持存(Bestand)而成为它自身。显然,民族的“存在”内涵要“更多些”,这种“存在”本身具有某种本己的本质规定性方面的关联性,而这些规定性的“统一”是更加晦暗不明的。举例说,通过设置和“组织”把现成的民族躯体带向“形式”的努力,究竟会从何而来呢?人是由身体—灵魂—精神“组成”的,这样说并没有多少意思。因为关于这种统一持存物的存在的问题由此被回避掉了,更不用说这些“持存部分”及其作为人之规定性的设定,实际上完全是以人本己的历史性经验及其与存在者的关系为前提的。“灵魂”——anima[灵魂、生命]——ψυχή[灵魂、心灵]意味着什么?精神——animus[灵魂、心灵],spiritus[灵魂]——πνεῦμα[魂、气息]意味着什么?

如果我们在这里哪怕只是在一种超越单纯的、麻烦的词语用法之外的清晰性方向上走出或者企图走出最切近的一步，那也会生出那种本质性的廓清任务，后者说到底对于人之存在和民族之存在的承担和实行来说并非无关紧要，而是特别决定性的。

然则且让我们把以此方式提出来的关于人之"存在"的问题撇在一边。〈我们倒是要问：〉在所要求的自身-存在中，这个自身的情形如何？

自身——难道它不是指我们把自己带入存在之投入(Einsatz)中，也就是先行看见和掌握"我们自己"，寓于我们自己？人通过什么并且如何确信他寓于自身，而不只是寓于其本质的一种假象和一
51 个表层呢？我们知道自己——自身吗？如果我们并不自身存在，我们如何可能是自身呢？在不知道我们是谁，从而确信是我们所是谁人的情况下，我们又如何可能是自身呢？

谁之问题因此不是一个外部加进来的问题，仿佛通过对此问题的解答，我们此外还能获得关于人的信息，"在实践上"多余的信息；而不如说，谁之问题追问的是自身-存在，从而追问的是自身性(Selbstheit)的本质。

在"我们是谁"的问题中包含着我们是否存在的问题。两个问题是不可分离的，而且这种不可分离性又一次指示着人之存在的隐蔽本质，而且是历史性的人之存在的隐蔽本质。

在此开启出对那些完全不同种类的联系的洞察，这些联系是不同地形成的，不同于对现成的人之本质的单纯计算和控制所认识的联系——仿佛要紧的向来只是对人之本质的改造，有如陶匠用一团黏土来进行重塑。

人之自身性——作为民族之自身性的历史性的人之自身性——乃是一个发生领域，在其中，只有当人自身进入一种居有过程(Eignung)得以发生的开放的时间-空间时,人才被归本于自身。

因此,人最本己的“存在”植根于一种与存在本身之真理的归属性中,而且这又是因为存在本身的本质现身——而不是人的本质[1]——于自身中包含着对人的呼唤,那种使人定调于历史的呼唤(参看本书“建基”部分,第197节,“此-在—本己性—自身性”)。

由此可以明见:那个谁之问题作为自身沉思的实行,与一种好奇的、自我癖的进入“本己”体验中的迷失是毫无共同之处的,而毋宁说,它是关于最值得追问者之问题的实行的一个本质性轨道——此问题也就是那个首先开启出对最值得追问者之重视的问题,即存在之真理的问题。

唯当有谁理解了人必须通过此-在之建基历史性地为自己的本 52
质建基,唯当有谁理解了此-在之忍受的内立状态,无非是在那个作为诸神之逃遁而发生出来的事件的时间-空间中的寓居,唯当有谁在创造之际把本有之震惊和喜悦置回到作为基本情调的抑制之中,他才能猜度存在之本质现身,并且在这样一种沉思中为将来真实者的真理做准备。

谁若为这种准备牺牲自己,他就处于过渡之中,必定已经远远地预先有所把握了,并且决不会期望今天的人们——无论这是多么直接而紧迫——有一种直接的理解,相反,充其量只能期望一种抵抗。

沉思作为自身-沉思,正如它在此基于存有之本质现身的追问而变得必然的那样,是远离于那种使 *ego*[自我]升起并且变得确定的 clara et distincta perceptio[清楚明白的知觉]的。因为自身性——呼唤与归属的瞬间场所——必须首先被置于决断中,所以处于过渡

① 此处“本质现身”与“本质”原文都是 das Wesen,我们却分别译之。——译注

中〈的人们〉就不能把握什么东西向他走来。

所有对过去之物的"回溯",如若它们并非源起于那些极端的决断,而只是效力于通过尽可能多的混合物来回避那些决断,那么,它们就还是非创造性的。

在沉思中并且通过沉思,必然地发生出那种始终还不同的东西,对于这个东西的准备是真正关键性的,但倘若没有一种对于遮蔽者而言的澄明,则这个东西就还找不到本有之所①。以上面刚刚指明的方式,哲学作为自身-沉思,就只有作为另一开端的开端性思想才是可实行的。

这种自身-沉思把所有的"主体主义"都抛在了后面,包括那种最危险地隐藏在"人格"崇拜中的"主体主义"。在这种"人格"被设定起来的地方,相应地在艺术中,就是"天才"被设定起来的地方,一切都动荡起来了——尽管在现代关于"自我"和意识的思想轨道中
53 有相反的保证。人们是把人格理解为"精神—灵魂—身体"的统一体,还是把这种混合物颠倒过来,只是断言式地首先设定身体,都丝毫没有改变在此起支配作用的、回避任何问题的思想的混乱。在这里,"精神"总是被看作"理性",被看作"我能够言说"的能力。在这里,甚至康德也已经比这种生物学的自由主义走得更远。康德看到:人格比"自我"更丰富;人格植根于自身立法。诚然,这也脱不了是柏拉图主义。

那么,人们是要以生物学的方式来为自我-言说(Ich-Sagen)奠基和论证吗?如果不是,那这种颠倒就只不过是一种游戏——即便没有这种颠倒也还如此,因为在这里,依然未经追问地预设了关于

① 此处"本有之所"原文为 Ereignisstätte,或译为"本有之场所",英译本作 the site for the enowning。——译注

"身体"和"感性"、"灵魂"和"精神"的隐蔽形而上学。

自身-沉思作为对自身性的奠基处于上述学说之外。诚然，这种沉思知道，某种本质性的东西得到了决定，那就是："我们是谁?"的问题是否受到追问，抑或这个问题不仅受到阻挡，而且竟作为问题而被否定掉了。

不愿追问这个问题意味着：要么回避这种成问题的关于人的真理，要么散布那样一种信念，即：我们是谁的问题已经一劳永逸地得到了决断。

若是出现后一种情况，则一切经验和成就都只是作为"自身"确信的"生命"的**表达**而得到实行，因而被视为可组织的。原则上没有一种经验曾经使人超越自身而投身于某个未曾进入的领域，由此领域而来，以往的人才可能成为可疑问的。这——即那种自身可靠性——乃是"自由主义"的最内在本质，而"自由主义"恰恰因此能够在表面上自由地展开自己，并且能够永远地献身于进步。所以，"世界观"、"人格"、"天才"和"文化"，乃是要以这样那样的方式来实现的装饰品和"价值"。

在这里，对"我们是谁"的问题的追问，实际上比其他任何一个 54
敌对立场，即人们向来在关于人的确定性的同一个层面上碰到的任何敌对立场，都**更为危险**[马克思主义的最终形式，它本质上既与犹太教毫无干系，根本上也与俄罗斯毫无干系；如果说在某个地方还潜伏着一种未展开的唯灵论，那就在俄罗斯民族身上；布尔什维主义[①]原本是西方的，是欧洲的可能性：群众的升起、工业、技术、基督教的枯萎；但只要对所有人一视同仁的理性之主宰地位只不过是基督教

① 布尔什维主义(Bolschewismus)：以列宁为领袖的俄国社会民主工党(布尔什维克)的理论和策略，其核心是马克思主义的无产阶级革命理论以及社会主义和共产主义建设理论。——译注

的一个后果,而基督教根本上是有着犹太教的起源的(参看尼采关于道德的奴隶起义的思想)[1],那么,布尔什维主义实际上就是犹太教的;然而这样一来,甚至基督教根本上也是布尔什维主义的!还有,由此而来,何种决断成为必然的?]。

但"我们是谁"的问题的危险性——如果危险能够强求至高之物——同时也是达到我们自身、因而开辟出原始拯救(亦即根据历史对西方的辩护)的唯一道路。

对我们来说,这个问题的危险性本身是如此根本,以至于它失去了与新德国意志的敌对态度的假象。

但这个问题作为哲学问题,必须有长期的酝酿,而不能像它自我理解的那样,要求替代或者哪怕只是规定径直在瞬间必需的行为。

尤其是因为,"我们是谁"的问题必须纯粹地和完全地被嵌入"存有如何本质性地现身?"[2]这一基本问题的追问中。

55 20. 开端与开端性的思想[3]

开端乃是自行建基者和抢先者;在通过开端而得到探基的基础中自行建基;作为建基的抢先,而且因而是不可赶超的。因为每一个开端都是不可赶超的,所以它必须总是重复地、在争辩中被置入它的开端状态的唯一性之中,因而也被置入它无可回避的抢先的唯一性

① 特别可参看尼采:《论道德的谱系》,科利版《尼采著作全集》第5卷,柏林1988年,第245页以下。——译注

② 此处"存有如何本质性地现身?"原文为:wie west das Seyn? 自然也可以译为:"存有如何本现?"——译注

③ 关于"开端",参看1932年夏季学期讲座《西方哲学的开端》(《海德格尔全集》第35卷);1933年校长就职演讲《德国大学的自我主张》(《海德格尔全集》第16卷);1935年弗莱堡演讲《艺术作品的本源》。——原注

之中。如若这种争辩本身是开端性的,那它就是原始的争辩——但必然地作为**另一开端**。

唯有一次性的东西才是可重-演的。唯有它才于自身中拥有那种必然性的基础,即必然回到自身并且采纳自身的开端状态。在这里,重-演(Wieder-holung)并不是指那种蠢笨的表面性和不可能性,即**同一个**东西第二次和第三次单纯地出现的表面性和不可能性。因为开端决不能被理解为**同一个**东西,原因在于它是抢先的,从而向来不同地跨越了通过它而发端的东西,并且因此规定了它自己的重-演。

开端性的东西绝不是新东西,因为所谓新东西只不过是稍纵即逝的昨日之物。开端也绝不是"永恒的东西",因为它恰恰不是从历史中被摆置出来和移置出来的。

然则什么是思想的开端——在对存在者之为存在者以及存有之真理的沉思意义上?

21. 开端性的思想[①] 56
(开抛)

存有之真理的启思本质上乃是开-抛(Ent-wurf)。在这样一种开抛的本质中包含着如下实情,即:它在实行和展开中必须把自身置回到它所开启出来的东西之中。于是就可能出现一个假象,即:在开抛起支配作用的地方,就有任意性和向无根无基的漂浮。然而,开抛恰恰是把自身带向基础,从而首先把自身转变入那种**必然性**,它从基础而来与这种必然性相联系——尽管先于它的实行,这个基础还是

① 参看本书"建基"部分。——原注

隐而不显的。

存有之本质现身的开抛只是一种对呼声的回应。这种开抛展开出来，即失去了任何一种专横武断的假象，但又决没有变成迷失和沉溺。它的敞开域唯在对历史具有构成作用的建基中才有其持存。在开抛中被开抛出来的东西制服了开抛本身，并且对之进行矫正。

开抛把开抛者展开出来，同时又把它捕捉到它所开启出来的东西之中。这种归属于本质性开抛的捕捉，乃是对在开抛中获得的真理的建基的开端。

开抛者"是"什么，开抛者"是"谁，这一点只有根据开抛之真理才能得到把握，但同时也是隐而不显的。因为最本质性的东西乃是：作为澄明的开启使自行遮蔽发生出来，真理之庇护因而才获得其基础和刺激(参看本书"建基"部分，第244节和第245节，"真理与庇护")。

22. 开端性的思想

〈开端性的思想〉乃是存有之真理的启-思，因而是基础之探
57 基[①]。由于坐落在基础之上，这种思想才首先启示出它建基、聚集和保持的力量。

但存有之启-思如何是一种坐落呢？由于这种启思开启出最值得追问者，它便实行评估和最高的美化，即对追问坐落于其中、亦即并非在其中**终止**的东西的评估和美化。因为不然的话，它作为一种有所开启的追问就会无所着落了。

坐落意味着，这种追问找到了进入极端的回荡领域之中的道路，

① 此处"启思"(Er-denken)和"探基"(Ergründung)均有前缀 er-，英译本干脆就分别译为 enthinking 和 engrounding。——译注

找到了进入那种归属于极端发生事件(此即**本有中的转向**)的状态之中的道路(参看本书“最后之神”部分,第255节,“本有中的转向”)。这种“找到道路”是在跳跃中发生的,而跳跃乃作为此-在之建基而展开自身。

23. 开端性的思想。为什么思想来自开端?

一种对第一开端的更原始的重演是为什么?

对其历史的沉思是为什么?

对其终结的争辩是为什么?

是因为另一开端(从存在之真理而来)已经成为必然的了?

开端究竟为什么?(参看《思索》IV,“关于开端和过渡”)。

因为唯有最伟大的发生,最亲密的本有,才能把我们从那种迷失于单纯事件和谋制之忙碌活动的状态中拯救出来。此类东西必定发生出来,它为我们开启存在,并且把我们回置入存在中,从而把我们带向我们自身,带到作品和牺牲品面前。

但现在,最伟大的本有始终是开端,哪怕它是最后之神的开端。因为这个开端乃是**遮蔽者**,是尚未被滥用和尚未受逼促的本源,它总是在隐匿之际最远地抢先,因而于自身中保存着最高的统治地位。
勇气(即对本有的被调谐的知晓意志)的最丰富可能性之锁闭状态 58
的这样一种未被耗尽的强力,乃是唯一的拯救和考验。

由于这个原因,作为首先要赢获回来的第一开端与有待展开的另一开端之间的争辩,**开端性**的思想乃是必然的;而且,在这种必然性中,开端性的思想要求那种最广大、最鲜明和最持久的沉思,并且禁阻一切对决断和出路的逃避。

开端性的思想有着一种完全怪僻和无用的假象。不过,即使人们想的是一种用场,还有什么比那种进入存在的拯救更有用呢?

那么,这个开端是什么,竟然能够成为一切存在者中最高的东西?它就是存在本身的本现(Wesung)。但是,这个开端首先要作为另一开端、在与第一开端的争辩中才变成可实行的。原初地来把握,开端就是存有本身。与之相应地,思想也比表象和判断更为原始。

开端乃是作为本有的存有本身,是存在者之为存在者的真理的本源的隐蔽统治地位。而且,存有作为本有就是开端。

开端性的思想乃是:

1. 让存有出于把握性[①]词语的静默言说而耸突入存在者之中(在此山脉上进行建造)。

2. 通过对另一开端的准备而为这种建造做好准备。

3. 通过在其更为原始的重演中与第一开端的争辩,把另一开端提升起来。

4. 它本身就是默秘学的[②],在最明确的沉思中恰恰是静默的。

另一开端必须完全从作为本有的存有和存有之真理及其历史的本现而来被获取(如可参看"另一开端及其与德国唯心主义的关系"[③])。

59 开端性的思想把自己对存有之真理的追问远远地置回到作为哲学之本源的第一开端中。它因此保证自己在其另一开端中远远地到来,并且在被掌握的遗产中找到它最高的将来的持存状态,因此在一

① 此处"把握性的"原文为分词 begreifend,英译本作 grasping。海德格尔经常把动词 begreifen(把握)与名词 Begriff(概念)联系起来,但在这里似乎没有强调这种联系。——译注

② 此处"默秘学的"原文为 sigetisch,可参看下文第 37 节"存有与它的静默",海德格尔在那里生造了一个词语 Sigetik,我们尝试把它译为"默秘学"。——译注

③ 似可参看本书第三部分"传送"第 103 节以下。——译注

种转变了的(相对于第一开端)必然性中回到它自身。

开端性的思想的别具一格之处乃是它的支配性的本质,在最高者和最简单者中进行的争辩由此才得到强制和实行。开端性的思想乃是支配性的知识。一个伟大的将来必须于自身中预先思考和澄清,谁愿意远远地回去——回到第一开端之中。

哲学思想的要求决不能朝向不可延误的、对所有人都共同的共同实行。它不能忍受任何利用。因为这样一种思想思考的是在其奇异性中的最独一无二的东西,即存有,也即那种在通常的存在理解中最普通和最流行的东西,所以,这种思想必然地是稀罕的和陌生的。但因为这种思想本身就具有这样一种无用性,所以,它必定直接而先行地要求和肯定那些人,他们能够耕作和狩猎,手工和行驶,建造和布置。这种思想本身必须知道,它随时都会被视为枉费心机。

在另一开端的领域里,既没有"存在学",也根本没有什么"形而上学"。没有"存在学",是因为主导问题不再有制定标准和给出区域的作用。没有"形而上学",是因为人们根本就没有从作为现成者的存在者或者被意识的对象(唯心主义)出发,进而迈过去,迈向另一个东西(参看本书"传送"部分)。两者只还是表示根本上依然能引导一种理解的过渡名称。

关于开端性思想之关节的描述和传达的途径与方式是什么呢?对此关节的第一次完全赋形(从"回响"到"最后之神"),不可能避
免被解读和认作一个广大的"体系"的危险。对于个别问题的强调 60
(诸如艺术作品的本源),必须放弃对整个关节领域作一种均匀的开启和完全的赋形。

对两者的增补始终只不过是一条应急之路[1]。然则在急难时代

---

① 此处"应急之路"(Notweg)也可译为"急难之路"。——译注

里还有其他道路可走吗？在这里，有何种运道留给了诗人啊！标志和形象可以成为诗人最内在的东西，而“诗歌”一目了然的形态向来能够把它本质性的东西置入自身之中。①

然而，在概念想要细细测量必然性的地方，在问题想要细细测量它的轨道的地方，情形又如何呢？

24. 对开端性思想的迷误诉求

这样一个诉求就是要求：人们要能直接地说出决断处于何方（而没有忍受急难）；人们要能说明应当做什么，而不曾从根本上为将来历史的历史性位置建基；人们要能直接地设法实现一种拯救，而这种拯救不能冲向一种伸展甚广的对于一种变换的目标设定的意志。

在有关思想的表态方面，有一双重的错误估计：

1. 一种高估，只要对于一种想要为自己节省追问（对于沉思和急难之忍受的决心）的态度，人们指望着直接的答案。

2. 一种低估，因为思想是根据通常的表-象被衡量的，而为时间-空间建基的思想力量，即准备特性，被低估和错认了。

谁若竟想成为开端性思想领域里的导师，他就必须拥有那种能够放弃“效果”的抑制态度，就决不能为那种被广为流传和讨论的虚假成功所迷惑。

61 但开端性的思想却在今天人类未曾明言的自身理解中碰到了它最顽固的障碍。完全撇开具体的解释和企图不谈，人类把自身当作

① 此句中的“标志”、“形象”和“形态”原文分别是 Zeichen、Bilder、Gestalt，英译本依次作 marking、image 和 shape。——译注

“人”这个种类的一个现成的“样本”。这一点也被传布到作为在一种已经生成的共属状态范围内的某个事件的历史性存在上面。这样一种关于人之存在的解释(因而也是关于某个民族存在的解释)占据支配地位的地方,就缺少任何出发点和任何对一种上帝之到达的要求,更不用说对诸神之逃遁的经验的要求了。恰恰这种经验做出假定:历史性的人类知道自己被移离出来,进入存在者之敞开中心中——而这个存在者已然为存在者之存在的真理所离弃。

那种诉求之谜误源自对于真理——作为“此”(Da)之澄明着的遮蔽的真理——之本质现身的错误认识;这个“此”必须在追问的内立状态中被忍受。

而每一种向更为原始的共属状态的聚集都可能是为此-在的基本经验做准备。

25. 历史性与存在

历史性在这里被把握为一种真理,即存在之为存在的澄明着的遮蔽。开端性的思想〈乃是〉历史性的思想,亦即在自行接合的支配[①]中共同为历史建基的思想。

对于已经变得自由(即无根和自私)的大众的主宰,必须借助于“组织”的枷锁来建立和维持。以此途径,如此这般“被组织起来的东西”能够长回到它原始的根基中吗——不光是阻挡大众因素,而是转变之?有鉴于不断增长的生活的“做作”,而这种“做作”使那种 62
大众的“自由”(即一切皆可为所有人任意使用)变得轻而易举,并且

① 此处“自行接合的支配”原文为 die sich fügende Verfügung,英译本作 a self-joining injunction。——译注

本身就是对这种"自由"的组织,则上面讲的这样一种可能性竟还有某种前景吗?谁也不应低估对那种无可阻挡的连根拔起过程的抵抗和斗争,那是必须做的首要事体。然而,这种做法——而且首要地是此种行动所必需的手段——也能保证把连根拔起过程转变为一个扎根过程吗?

在这里还需要有另一种主宰,一种隐蔽而抑制的、长期零星而静静地出现的主宰。在这里必须为那些将来者做好准备,他们将创造出在存在本身之中的新位置,而从这些新位置而来,一种在大地与世界之争执中的持存状态将重又发生出来。

两种根本不同的主宰形式必须为有识之士所意愿,同时也为他们所肯定。在这里也有一种真理,存有之本质现身即在这种真理中得到猜度:在存有中本质性地现身的开裂,进入最高的唯一性与最浅薄的普遍性中。

26. 哲学之为知晓[1]

如若作为对真实者之真理(在此-在中的真理之本质现身)的保存,知晓标志着将来之人的特性(相对于以往的理性动物),并且把将来之人提升到存有之守护的位置上,那么,最高的知晓就是那种知晓,它强大到足以成为一种放弃(*Verzicht*)的本源。诚然,我们把放弃视为一种软弱和逃避,视为意志的解除;如是来经验,放弃就是让路和脱弃了。

然而有一种放弃,它不仅坚守,而且竟至于通过斗争和遭受而获

① 此处"知晓"(Wissen)显然不是在通常的科学知识(Wissenschaft)意义上讲的,英译本把它译为 knowing Awareness。——译注

取；这样一种放弃之出现，乃作为对于**拒予**的期备，期备于对这个以此形态、作为**存有本身**而本质性现身的奇异之物的坚守——即那种“在……中间”（Inmitten），在存在者与神化中间，这种置身其中为敞开的“之间”（Zwischen）提供空间，而在此“之间”的时间-游戏-空 63
间中，真理进入存在者之中的庇护与诸神的逃遁和到达交相搏动。关于拒予（作为放弃的此-**在**）的知晓展开自身为对真理之决断的漫长准备，即要决断：是否真理能再度成为真实者（即正确之物）的主宰，抑或真理本身只是根据真实者、因而也就是根据从属于真理的东西而得到衡量的，是否真理不只是技术-实践性认识的目标（一种“价值”和一个“理念”），而不如说要变成对拒予之动荡的建基。

这种知晓展开自身为一种远远抢先的对存有的**追问**，而存有的可疑问性把一切创造都逼入急难之中，为存在者树立一个世界，并且拯救大地的可靠性。

27. 开端性的思想
（概念）

在通常的、长期流行的规定中，“思想”乃是对某物的表-象，把某物在其作为κοινόν［共相、普遍者］的ἰδέα［相、理念］中表-象出来，也就是对一般某物的表-象。

然而，一方面，这种思想与现成之物、已经在场之物相联系（一种关于存在者的确定解释）。而另一方面，这种思想始终是**增补性的**，因为它只是为已经被解释的东西提供了对后者而言最普遍的东西。这种思想以不同方式在科学中起着支配作用。这种对于“普遍者”的把握是有歧义的，尤其是因为把所思之物的特性刻画为κοινόν［共相、普遍者］，这种做法就并不是原始地从“普遍者”本身出发的，而是从“杂多”(Vielen)、从“存在者”(作为μὴ ὄν[非存在者])出发来看的。以杂多为出发点,以及与杂多的基本关联,乃是决定性的,而且即便从意识立场来看首先也是如此,即:杂多乃是一个对立面(*Gegenüber*),而没有真正地在其真理方面预先得到规定和论证。
64 后者首先要借助于“普遍者”才能取得。这样一种关于思想的理解进而是怎样与“范畴”的设定和赢获联合在一起,变成陈述(Aussage)这种“思想方式”的标尺的呢?

这种思想一度——在第一开端中——在柏拉图和亚里士多德那里还是创造性的。不过,它恰恰创造了这样一个领域,此后关于存在者之为存在者的表象就保持在这个领域中,进而存在之离弃状态越来越隐蔽地展开于这个领域中。

开端性的思想乃是对由回响、传送、跳跃与建基组成的统一体的原始实行。在这里,所谓“实行”是想说,这些东西——在统一体中的回响、传送、跳跃与建基——向来只能为人所采纳和忍受,以至于它们本身本质上始终是另一个东西,归属于此-在之发生事件。

在这种思想中道说的敏锐性和具有烙印作用的词语的简单性,是以一种概念机制为尺度的,这种概念机制拒斥任何一种作为空洞的胡搅蛮缠的单纯机敏。在这里被把握的东西,以及在这里唯一地和总是要得到把握的东西,乃是向来仅仅在那些关节之接合中的存有。这种思想的支配性知识从来不能在一个命题中得到言说。但有待知晓者同样也不能被交付给一种不确定的、飘忽不定的表象。

概念在这里原始地是“在把握中”,这种“在把握中”首先而且始终联系于对在本有中的转向的伴随而来的共同把握。①

① 此处译文未充分显明“概念”(Begriff)、“在把握中”(Inbegriff)、“共同把握”(Zusammengriff)之间的字面和意义联系。德语中的“把握”(begreifen)可视为名词“概念”(Begriff)的动词形式。——译注

“在把握中”[①]首先可以通过那种关联而得到显示，这种关联是每一个存在概念——作为概念，亦即在其真理中——都具有的与此-在的关联，因而也是与历史性的人的内立状态的关联。但只要此-在首先作为归属于本有之转向的呼声的东西而为自身建基，则“在把握中”(*In*begriff)的最亲密之物就处于转向本身的把握中，处于那种知晓中，后者在忍受存在之离弃状态的急难之际内立于对于呼声的期备状态中——亦即处于那种知晓中，后者通过预先沉默于在此-在中的有所忍受的内立状态而说话。

在这里，“在把握中”绝不是在按照种类的包涵意义上的内涵把握[②]，而是指来自内立状态的、并且把转向之亲密性提升入有所澄明的遮蔽之中的知晓。 65

28. 作为终结性思想的开端性思想的不可测度性

这种思想以及由它展开出来的秩序，处于它是否包含着一个体系这样一个问题之外。“体系”只有作为(广义的)数学思维的统治地位的结果才是可能的(参看1935/1936年冬季学期讲座[③])。所以，一种处于这个领域及其相应的作为确信的真理的规定之外的思想，本质上是无体系的，是非体系的；但它并非因此就是任意的和混乱的。只有当人们以体系为标尺来衡量时，所谓“非体系的”才意同

① 此处“在把握中”原文为Inbegrifflichkeit，英译本作ingrasping。——译注

② 此处“内涵把握”(Ein-begreifen)的通常意义为“包含在内、计算在内”。——译注

③ 1935/1936年冬季学期讲座《物的追问。论康德的先验原理学说》(《海德格尔全集》第41卷)。——原注

"混乱的"和无序的。

另一开端中的开端性思想具有另一种**严格性**,即:其关节之接合方面的自由。在这里,根据那种对呼声的有所追问的归属的支配地位,一方与另一方接合起来。

抑制之严格不同于"**精确性**"之严格,亦即那种被释放的、人人都同样具有的、漠然无殊的"推理"(Raisonieren)的"精确性",这种"推理"的结果对于这样一种确信要求来说是强制性的。这里之所以有一个强制性的东西,只是因为对真理的要求满足于对一种被树立和可计算的秩序的推导和适应的**正确性**。这种满足〈乃是〉强制性的基础。

66

29. 开端性的思想[1]
(关于本质的问题)

在主导问题的领域里,关于本质(Wesen)的理解是从存在状态(即οὐσία[在场、实体]—κοινόν[共相、普遍者])角度得到规定的;而且,本质的本质性处于它最大可能的普遍性中。从相反方向来看,这就是说:个别之物和多样之物——它们被置于本质概念之下,并且使本质概念得以确定——是任意的;其实,恰恰存在者的任意性——不过这种任意性恰恰指示着与本质的归属关系——是本质性的。

与之相反,在存有被把握为本有之际,本质性就取决于存有本身的原始性和唯一性。本质并不是普遍者,而恰恰是存在者的当下唯一性和等级的本现。

本质问题于自身中包含着决断性(das Entscheidungshafte),后者

① 参看本书"跳跃"部分:"本质之存有"。——原注

现在从根本上贯通并且支配着存在问题。

开抛乃是设定等级和决断。

开端性思想的原理因此就是双重的:一切本质都是本现。[1]

一切本现皆取决于原始和唯一的东西意义上的本质性的东西。

30. 开端性的思想（作为沉思）

作为对回响和传送的实行和准备,〈开端性的思想〉本质上首先是过渡,而且——作为这样一种过渡——就是一种没-落[2]。

在过渡中沉思得以实行,而沉思必然是自身-沉思。但这一点却表明,这种思想实际上是与我们本身相关涉的,因而就是取决于人的,并且要求一种关于人之本质的全新规定。只要人之本质在现代 67
被设定为意识和自身意识,那么,过渡性的沉思似乎就必得成为一种关于自身意识的全新说明。尤其是因为,我们不可能径直摆脱更多地作为一种计算的自身意识的当今状况。于是,开端性思想的基本经验实为在当今之人及其处境意义上的存在者,因而是人对于“自身”的“反思”。

在上述思索中隐藏着某种正确的东西,不过这种思索却是不真实的。只要历史和历史性的沉思承载和控制着人,则一切沉思也是自身深思。然而,必须在开端性的思想中实行的沉思并不把当今之人的自身存在(*Selbst*sein)看作被给定的,看作在关于“自我”、我们

① 此句德语原文为:alles Wesen ist Wesung。英译本作:Everything of the ownmost is essential swaying。——译注

② 此处中译文未能显明“过渡”(Übergang)与“没-落”(Unter-gang)之间的字面和意义联系。——译注

及其处境的表象中直接可以获得的。因为恰恰这样一来，自身性并没有被赢获，而是最终被遗失和被伪装了（参看本书“建基”部分，第197节，“此-在—本己性—自身性”）。

另一方面，开端性思想的沉思是如此原始，以至于它首先要追问这个自身如何得到奠基——“我们”，我与你，向来在这个自身的领域里达到我们自身。因此成问题的是，我们是否能通过对“我们”的反思找到我们自身（*selbst*），即我们的自身（*Selbst*），此-在之开抛是否因此竟与关于“自身”意识的说明有某种关系。

眼下根本就还没有确定，“自身”是否每每可以通过自我表象的途径来得到规定。关键毋宁是要认识到，自身性首先起于此-在之建基，而这种建基乃作为归属于召唤的本有过程而得到实行的。因此，敞开状态和自身之建基乃起于存有之真理，并且作为存有之真理（参看本书“建基”部分，第197节，“此-在—本己性—自身性”）。在这里提供出自身-沉思的，并不是不同定向的对人之本质的分析，
68 并不是对人的不同存在方式的显明——就本身来看，这一切都无非是改善了的人类学；而不如说，是关于存在之真理的问题提供出那个自身性领域，在其中，人——我们——在历史性地作用和行动之际、并且构成为民族之后，才首先达到自身。

诚然，被建基于自身存在之中的此-在的本己性（*Eigenheit*），首先能够在过渡中、从迄今为止具有自我性质的自身意识出发，并且仅仅从这种自身意识出发而得到显明；此-在作为向来我的〈此-在〉。同时我们必须思量，这种具有自我性质的自身意识，通过康德和德国唯心主义也已经获得了一个完全不同的形态，在此形态中已经共同设定了一种被指派状态，也就是被指派给“我们”、被指派给历史性的和绝对的东西的状态。此外，随着此-在一道，立即就给定了那种向敞开域的移置。完全撇开别的不谈，想要在这里找到一种“主体

主义”，都是不免肤浅之举了。

开端性思想的沉思朝向我们（自身），但又没有〈朝向我们〉。没有朝向我们，是为了由此提取决定性的规定，但又朝向我们，这个我们乃作为历史性存在者、并且处于存在之离弃状态的急难中（首先是存在理解的沦丧和存在之被遗忘状态）。朝向如此这般地已经遭受到存在者的我们，以这种方式朝向我们，是为了一条越出我们之外通向自身存在的道路。

开端性思想的过渡特征无可避免地具有这样一种模棱两可性，仿佛事关宏旨的是一种流俗意义上的人类学的、实存状态上的沉思。而实际上，每一个步骤都是由关于存有之真理的问题来贯穿的。

这道朝向我们的目光，乃是根据进入此-在之中的先跳（*Vorsprung in das Da-sein*）来实行的。但一种初步的沉思必须做出尝试，努力从根本上依照人类极端的存在方式，把此在与一切“体验”和“意识”的异质性提取出来。

不难理解还会有这样一种诱惑：人们仍然不免把《存在与时间》 69
第一部中的整个沉思都限于一种仅仅取向不同的人类学的范围里面。[①]

31. 开端性思想的风格

风格：在其建基性立法和在其怒火之持存性[②]中的此在的自身确信。

① 海德格尔在此批评的是一种对《存在与时间》中的“此在分析”——“基本存在学”——所做的人类学或者哲学人类学式的理解。——译注

② 此处“怒火之持存性”原文为 Beständnis des Grimmes，其意难解，英译本作 withstanding the fury。上文第 13 节中表述为“怒火持存性”（Grimmbeständnis）。——译注

抑制之风格乃是对本有的回忆性期待，因为抑制贯通内立状态并为之定调。

这种抑制也贯通世界与大地之间的争执的一切纷争并为之定调。

抑制服从——沉默着——温柔的尺度，并且于自身中实现那种凶恶的怒火，这两者——相互归属——从大地而来也从世界而来不同地照面。

作为生长起来的确信，风格乃是在庇护入存在者之中意义上的真理之实行的法则。举例说来，因为艺术是真理之自行设置入作品之中[①]，在作品中那进入自身之中的庇护得以达乎自身而站立，所以“风格”——尽管难以把握——特别在艺术领域里是可见的。然而在这里，〈我们〉并不是要把风格思想进一步扩展，〈把它〉从艺术转嫁到此-在本身上。

32. 本有

在实行回响和传送之后的一个决定性洞见

关键是要先行洞察存在与真理的关联，并且追踪时间与空间如何由此出发——尽管有种种异己性——建基于其原始的归属状态中。

70 真理乃是澄明着的遮蔽，这种遮蔽作为移离和迷移而发生[②]。移离和迷移，在它们的统一性中以及在它们的过渡中，为存在者之游

---

① 此为海德格尔在“艺术作品的本源”一文中对艺术的基本规定，参看海德格尔：《林中路》，中译本，孙周兴译，世纪出版集团·上海译文出版社2008年，第21页。——译注

② 此处“移离”和“迷移”原文为Entrückung和Berückung（见上文第2节的相关注释），英译本作removal-unto和charming-moving-unto。——译注

戏提供出转换了的敞开域，而存在者是在其真理的庇护中作为物、器具、谋制、作品、行为、牺牲而变成存在者的。

不过，移离和迷移也可能凝固于一种**漠然无殊状态**中，进而，敞开域便被视为一般现成之物，后者给人一个假象：它是**这个**存在者，因为它是现实之物。从虚假的无移离状态和无迷移状态的这样一种本身遮蔽着的漠然无殊状态出发，移离和迷移便显现为特例和奇特的，而实际上，它们在那里显示的是真理的基础和本质。那种漠然无殊状态也是一切表象、意见、一切正确性发生的领域（参看本书“建基”部分：关于**空间**）。

然而，那种真理的本质现身，作为“此”之本源的移离着-迷移着的澄明与遮蔽，在其被我们经验为本-有过程的基础中本质性地现身。诸神的临近与逃遁、到达与溜掉、或者简单的悬缺；对我们来说，在主宰状态中，亦即作为开端和对这一事件的主宰中，这种开端性的大地之主宰状态将作为最后之神显示自身。在最后之神的暗示中，存在本身、亦即本有之为本有，首次成为可见的，而且，这种闪耀需要对作为澄明与遮蔽的真理之本质现身的建基，需要真理在改变了的存在者形态中的**最后庇护**。

迄今为止人们通常关于空间和时间（它们回属于这种真理本源）所思考的东西，正如亚里士多德在《物理学》中详细表明的那样，已经是作为οὐσία［在场、实体］的存在者、作为正确性的真理，以及一切从中作为“范畴”而得出来的东西的早已被确定的本质的一个结果。如果说康德把空间和时间标识为“直观”，那么，在这种历史范围内，这只不过是一种从根本上挽救空间和时间的固有本质的微弱努力。但康德并没有找到进入空间和时间之**本质现身**的通道。以 71
“自我”和“意识”和表-象为定向，这总归阻挡了所有的路径。

真理[①]

在关于艺术作品的演讲[②]期间有关真理所暗示的、并且被把握为“设置”的东西，已然是那种真正地把被澄明和被遮蔽的东西保存下来的庇护的后果。这种保存恰恰首先让存在者存在——而且是这样一种存在者，它在尚未被提显出来的存在的真理中以及在这种真理的展开方式中存在并且能够存在。（被视为具有存在性的东西、在场者、现实之物，与之相联系的只是必然之物和可能之物，通常的例子来自第一开端之历史。）

庇护本身在此-在中并且作为此-在而实行自己。而且，这一点发生——赢获和丧失历史——在内立的、预先归属于本有的、但几乎对本有毫无知晓的烦-忙[③]中。这种烦-忙不是从日常状态角度被把握的，而是根据此在的自身性被把握的；这种烦-忙以多样的、相互要求的方式保持自己，诸如：器具制作、谋制设置（技术）、作品创造、建国行动、思想牺牲。在所有这一切中，各各不同地〈包含着〉作为真理之建基的认识和本质性知晓[④]的预先构成和共同构成。“科学”只不过是器具制作等等方式的某种确定渗透的一个遥远分支而已；〈在科学中〉全无独立的东西，〈后者〉也从来都没有被带入与存在之启思的本质性知晓（哲学）的联系之中。

不过，庇护不仅以生产的方式保持自己，而且也同样原始地以那

---

① 参看本书“建基”部分。——原注

② 指作者的演讲“艺术作品的本源”，可参看中译本《林中路》，孙周兴译，世纪出版集团·上海译文出版社 2008 年，第 1 页以下。——译注

③ 此处“烦-忙”（Be-sorgung）显然有别于海德格尔在《存在与时间》中使用的“烦忙”（Besorgen），后者多半限于此在日常的使用境域。——译注

④ 此处“认识和本质性知识”原文为 Erkenntnis und wesentliches Wissen，显然是在希腊的 episteme（知识）意义上来讲的。——译注

种把无生命体与有生命体(石头、植物、动物、人类)之间的遭遇接受下来的方式保持自己。在这里发生着被撤回入自行锁闭的大地之中 72
的过程。只不过,这种此-在之发生绝不是自为的,而是归属于对大地与世界之争执的点燃,也即对本有中的内立状态的点燃。

哲学:要找到简单的景象和隐秘的形态,使它们显露出来,在其中存有之本现得到了庇护并且被提升入核心地位中。

谁能做到**两者**:最遥远地洞见到那最隐蔽的存有之本质现身,与有所庇护的存在者之闪现形态的最切近之成功。

我们如何在先行跳入存有之本现中之际为存有创造其存在者的涌迫(Andrang),从而使得存有之真理把它历史性的持久力量作为冲力保存下来?

对于思想来说,只还留下那种在最纯粹的静默中对最质朴形象的最简单道说。将来的第一位思想家必须有能力做到这一点。

33. 存有问题

只要我们还没有认识到,一切根据"目的"和"价值"来进行的计算都起于一种完全确定的存在者解释(作为ἰδέα[相、理念]),只要我们还没有把握到,在此甚至没有猜度存有问**题**,更不消说提出存在问题了,尤其是,只要我们还没有通过实行来证明,我们知道这个未提出来的问题的必然性,因而已经对之做了追问,只要所有这一切都保持在那种依然弄成"哲学"样子的东西的视界**之外**,那么,一切关于"存有"、"存在学"、"超越"和"类似超越"[①]、"形而上学"和所谓

① 此处"超越"和"类似超越"原文为 Transzendenz 和 Paratranszendenz。"超越"问题是西方形而上学中"存在学"和"神学"两个核心科学的基本问题,尤为后期海德格尔所强调。——译注

基督教的克服之类的聒噪之声，就都还是无根的和空洞的。不知道这一点，人们就**依然**活动在通常受辱骂的新康德主义的轨道里面。因为无论在哪里，都还没有完成一件思想工作，都还没有实行任何一个开启性追问的步骤。

73 恰恰只有理解了存在问题、并且真正地尝试了对存在问题之轨道做一番测量的人，才可能**不**再对"古典"及其后果有什么期望，除非它成为一种可怕的提醒，要再度把追问置入必然性的同一基础之中——并非那种初次的、曾经确定的并且唯**因此**才本现着的必然性。而毋宁说，在这里"**重演**"(Wiederholung)意味着：**让同一东西**，即存有的唯一性，重又变成急难，而且**因此从一种更为原始的真理而来**变成急难。"重又"在这里恰恰是说：完全不同地。但对于那种可怕的提醒，依然缺乏倾听，缺乏牺牲的意志，要持留于几乎未曾开启的下一段路上的意志。

相反，关于自己的束手无策，人们却以一种对于尼采遭受过的"古典"的**聒噪狂热**，来瞒骗自己和他人。

那么，举例说来，海尔曼·**洛采**，人们轻佻地大加中伤的19世纪最地道的见证人，他的角色和作品是怎样远离于上面讲的勾当的？

34. 本有与存在问题

本有乃是自行提供和自行中介化的中心，存有之真理的一切本现都必须先行进入这个中心之中而得到回思。这种先行进入其中的回思乃是存有之启-思。而且，一切存有概念都必须由此而来得到言说。

反过来：首先在急难中关于存有所思考的一切——并且仅仅在那种从被展开了的主导问题向基础问题的**过渡**中——，以及作为通向存有之真理的道路而被探问的一切(此-在之展开)，所有这一切，绝不能被转化入一种传统“存在学”和“范畴学说”的无根荒漠之中。

未曾明言的本有之预感，表层地同时也在历史性的回忆中（οὐσία［在场］=παρουσία［在场、到场］），把自身呈现为“时间状态” 74
（Temporalität）：保存着曾在者和预备着将来者的移离之发生，亦即“此”之开启和建基，因而也就是真理之本质现身的开启和建基。

“时间状态”决不意味着对时间概念的修正，不是众所周知的用“体验时间”（柏格林-狄尔泰）来替代计算性的时间概念。所有此类〈思考〉都还处于那种被认识了的必然性之外，即从作为本身被把握的主导问题向基础问题的过渡的必然性。

在《存在与时间》中，“时间”乃是对那个作为存有之本现的真理而在本有过程的唯一性中发生的东西的指引和回响。

唯在这里，在这种原始的时间解释中，才达到了那个领域，在其中，时间与空间获得了极端的差异性，并因而恰恰获得了本现之亲密性（Wesungsinnigkeit）。这种关联在此-在——绝非“主体”和“自我”——之空间性的描述中得到了准备（参看本书“建基”部分，“空间”）。

鉴于今日“思想”的混乱和放纵，需要对以我们所刻画的“问题”为形态的思想道路做一种近乎学院式的把握。诚然，在对这些问题的更多启发式的沉思中，从来都没有一种决定性的思想意志和思想风格。不过，为了首先对有关“存在学”和“存在”的连篇废话提供出一种廓清，〈我们〉先要知道下面这一点：

存在者存在。

存有本现。[①]

---

① 此处“存在者存在”原文为：Das Seiende ist；“存有本现”原文为：Das Seyn west。后一句也可译为：“存有本质性现身”。——译注

“存在者”——这个词语**不**仅仅命名现实之物(后者甚至只是作为现成之物,而现成之物只还作为认识之对象),不仅仅命名任何种类的现实之物,而且同时也命名可能之物、必然之物、偶然之物,无论以何种方式在存有中的一切东西,甚至包括空虚和虚无。谁若自以为聪明绝顶,立即在这里发现了一个“矛盾”(因为非存在者是不可
75 能“存在”的嘛),那么,凭着他这样一种作为存在者之本质的尺度的无矛盾性要求,他总是想得过于短浅了。

“存有”不仅仅指现实之物的现实性,也不仅仅指可能之物的可能性,根本上不仅仅指当下存在者的存在,而毋宁说,存有乃从其处于完全开裂中的原始本现而来,而这种本现并不限于“在场状态”。

诚然,存有本身之本现,因而在其最独一的唯一性中的存有,是不能任意地而且径直像一个存在者那样得到经验的,而是唯在此-在向本有的先行跳跃的时机性[1]中开启自身的(参看本书“最后之神”部分,第255节,“本有中的转向”)。

也绝没有一条道路径直从存在者之存在通向**存有**,因为对存在者之存在的视见已然发生在此在之时机性之外了。

由此出发,就可以有一种本质性的区分和廓清被带入存在问题中了。这种区分和廓清绝不是对存在问题的解答,而只是培养一种追问,唤醒和澄清针对这个问题的追问**力量**——这个问题向来只是产生于此-在的急难和振奋。

如果我们要来追问存在者之为存在者(ὂν ᾗ ὄν[存在者作为存在者]),并且因此在**这种**开端和方向中追问存在者之存在,那么,我们作为追问者,就处于**那个**引导着西方哲学的开端及其直至尼采那

① 此处“时机性”原文为 Augenblicklichkeit,英译本作 momentariness,似也可以译为“瞬间性”。——译注

里达乎终结的历史的问题之领域里。因此我们把这个关于(存在者之)存在的问题称为主导问题。这个问题的最普遍形式已经在亚里士多德那里获得了表达:τί τὸ ὄν[存在者是什么?];存在者是什么?对亚里士多德来说也就是:作为存在者之存在状态的οὐσία[在场、实体]是什么? 在这里,存在指的是存在状态(*Seiendheit*)。这同时也表达出:尽管拒绝了其种类特征,但存在(作为存在状态)始终而且仅仅是指 κοινόν[共相、普遍者],即共同的东西、因而为每个存在者所共有的东西。

另一方面,如果我们来追问存有,那么,这里的开端不在于存在者,亦即并不起于这个那个具体的存在者,也不是起于作为存在者整 76
体的存在者,而倒是要实行那种向存有本身之真理(澄明与遮蔽)的跃入。在此同时被经验和被追问的,是这样一个(同样隐藏在主导问题中的)先行-本现者(das Voraus-wesende),对于本现之为本现而言的敞开状态,也就是真理。在此一道被追问的是关于真理的先行问题。而且,只要存有被经验为存在者之基础,则如此这般被提出来的关于存有之本现的问题就是基础问题。从主导问题到基础问题,决没有一个直接的、相同方向的、再次把主导问题应用(到存有上)的进展,而只有一种跳跃,亦即另一开端的必然性。可能相反地,通过对主导问题提法及其答案本身的有所展开的克服,一种过渡能够而且必须被创造出来,这种过渡为另一开端做准备,并且从根本上使另一开端变成可见的和可预感的。《存在与时间》就是为这种过渡的准备效力的,亦即说,它真正地已然置身于基础问题中了,而没有原初地纯粹从自身而来把这个基础问题展现出来。

存在者之存在,对存在状态的规定(亦即对表示οὐσία[在场、实体]的说明),乃是主导问题的答案。在后来的、后希腊的历史中,不同的存在者领域变得各具重要性,范畴的数量和种类及其"体系"发生了变化，但本质上依然保持在这个开端中，无论这个开端是直接植根于作为陈述的λόγος[逻各斯]，还是依据在意识和绝对精神中的确定转变。从希腊直到尼采，这个主导问题规定着“存在”问题的同一种方式。有关这种传统的统一性，最清晰和最宏伟的例子就是黑格尔的“逻辑学”了。

相反地，对于基础问题来说，存在并不是答案和答案领域，而是最值得追问的东西。存在配得上这种先行跳跃的和独一无二的重视，亦即说，存在本身被当作支配性而开启出来，并且因而被当作没有、也绝不能被掌握的东西而提升入敞开域之中。存有作为基础，在
77 其中一切存在者首先作为本身达乎其真理（庇护、设置和对象性）；存在者沉落入这个基础中（离基深渊），在这个基础中，存在者也自以为拥有了自己的漠然无殊状态和不言自明性（无基）。在其本现中的存有以此方式作为基础而本现，这一点显示出它的唯一性和支配性。而且，这又只是指向本有的暗示——我们必须在其中寻求在其最高遮蔽状态中的存在之本现。作为最值得追问的东西，存有本身是不知道自己有什么问题的。

在其结构中展开出来的主导问题，向来能够让我们认识到一种对于存在者之为存在者的基本态度，亦即在一个基础上追问之（人）的位置，这个基础本身从主导问题而来不是可探究的，根本上也不是可知的，而倒是通过基础问题而被带入敞开域之中。

尽管一种从主导问题向基础问题的进展是绝无可能的，但反过来讲，基础问题的展开却同时给出一个基础，把主导问题的历史整体撤回到一种更为原始的占有中，而绝不是仅仅把它当做一种过去之物来加以排斥（参看本书“传送”部分，第92节，“关于第一开端与另一开端的争辩”）。

35. 本有

道路之沉思〈意味着〉:

1. 什么是开端性的思想。

2. 另一开端如何作为**静默**而得到实行。

“本有”或许是表示我们这里只能略做准备的“著作”的适当标题;也因此,我们未用“本有”,而须把书名立为:《**哲学论稿**》。[①]

这部“著作”乃是:在向耸立着的基础回转中自行展开的结构。

36. 存有之启思与语言 78

以今天越来越广泛地被滥用和乱说的日常语言,是不能道说存有之真理的。如若一切语言皆为关于存在者的语言,存有之真理竟可能被直接道说吗?抑或能够为存有发明一种全新的语言吗?不可能。而且,即便这事大功告成了,甚至于没有人为的词语构成,这种语言也不会是一种有道说力量的语言。一切道说都必须让倾听之能力一道产生。两者必具有同一个本源。因此,关键只有一点:去道说那种最高贵地生长起来的语言,在其质朴性和本质力量中的语言,去道说作为存有之语言的存在者之语言。这种语言转换[②]突入到那依然对我们锁闭起来的领域之中,因为我们并不知道存有之真理。所

---

① 作者这里的意思是说:本来可以直接把书名立为“本有”,但因为还是准备性的工作,故只好立为《哲学论稿》了。——译注

② 此处所谓“语言转换”在1950年代的海德格尔后期语言思想中有进一步的展开,特别可参看海德格尔:《在通向语言的途中》,中译本,孙周兴译,商务印书馆2005年,第269页。——译注

以，说“放弃追踪”、“遮蔽之澄明”、“本-有”以及“此-在”，此类道说并不是从话语中拣出真理，而是在这样一种转变了的道说中把存有之真理开启出来（参看本书“前瞻”部分，第38节，“静默”）。

37. 存有与它的静默[1]
（默秘学[2]）

基础问题：**存有如何本现**？

静默乃是沉默（σιγᾶν[安静、沉默]）的审慎之法。[3] 只要哲学从基础问题的另一开端而来进行追问，那么，静默就是哲学的“逻辑”。哲学寻求存有之**本现的真理**，而且，这种真理乃是本有的暗示着和回响着的遮蔽状态（神秘）（有所踌躇的拒绝）。

79 恰恰当存有在跳跃中一跃而起时，我们决不能直接道说存有本身。因为每一种道说[4]都来自存有，都是从存有之真理而来说话的。一切话语，因而也包括全部逻辑，都得服从存有之强力。因此，“逻辑”的本质（参看1934年夏季学期讲座[5]）就是默秘学。连语言的本质也首先要在这种默秘学中得到把握。

然而，“默秘学”只不过是一个适合于那些人的标题，这些人依

---

① 参看1937年夏季学期讲座《西方思想中尼采的形而上学基本立场。相同者的永恒轮回》（《海德格尔全集》第44卷），结尾部分以及有关语言的全部讨论。——原注

② 海德格尔在此生造了一个词语Sigetik，它源自希腊文的σιγᾶν[安静、沉默]。因为在海德格尔这里，Sigetik是关乎“静默”（Erschweigung）的，故我们尝试把它译为“默秘学”，或也可译为“静默学”。——译注

③ 此句中的“静默”和“沉默”原文为Erschweigung和Erschweigen，实为同一个词，无非是有名词与动词（动名词）之分别。——译注

④ 此处“道说”（Sage）为后期海德格尔语言思想的核心词语，特别在《在通向语言的途中》一书中有充分的讨论，用以表示“存在/本有”意义上的语言。——译注

⑤ 即1934年夏季学期讲座《关于作为语言问题的逻辑》（《海德格尔全集》第38卷）。——原注

然在“专业”中思考,以为只有当所说内容被分类之际才能有一种知识。

38. 静默

外来词“默秘学”(Sigetik)与“逻辑学”(存在-学)相应,只是在过渡性的回顾中来使用的,而绝非表现为那种要取代“逻辑学”的癖好。因为既然有关于存有和存有之本现的问题,这种追问就是更为原始的了,而且因此更不能被关押到一个学院科目里窒息而死。我们决不能直接道说存有(本有),因此也不能间接地在一种提高了的辩证“逻辑”意义上来道说存有。每一种道说都已然从存有之真理而来说话,决不能直接地跳跃到存有本身那里。静默具有比任何逻辑更高的法则。

但尤其是,静默并非一种非-逻辑(A-logik),其实它才真正是逻辑——希望是,只是不能。与之相反,意志与静默之知晓是有完全不同的定向的。而且,它们同样也无关乎“非理性”、“符号”和“密码”之类,所有这一切都以传统形而上学为前提。恰恰相反,静默包含着存在状态之逻辑,就如同基础问题于自身中把主导问题转换了。

静默源起于语言本身的本质性地现身的本源。

基本经验并不是陈述、命题以及相应的原理,无论是“数学的” 80
还是“辩证的”,而倒是抑制之守持,针对的是在急难之真理(遮蔽之澄明)中有所踌躇的自行拒绝——决断的必然性即起于这种急难(参看本书“前瞻”部分,第46节,“决断”)。

如果这种抑制诉诸词语而得到表达,那么,所道说者始终是本有。但对这种道说的理解意味着:实行开抛以及知晓向本有的跃入。道说作为沉默而建基。它的词语绝不仅仅是一个表示完全不同者的符号。它所命名的就是它所意指的。但这种"意指"只是作为此-在、亦即在思想追问中才被居有。

沉默与追问:本质性的追问是对真理之本质提出决断。

对存有的寻求?原始的发现乃在原始的寻求中。

寻求(*Suchen*)——是已然持守于真理中,在自行遮蔽者和自行隐匿者的敞开域中。寻求(原始地)作为与有所踌躇的拒绝的基本关联。寻求作为追问但又是沉默。

凡寻求者已然有了发现!而且,原始的寻求乃是那种对已经被发现者、亦即自行遮蔽者本身的把握。

而通常的寻求首先要发现,并且由于终止寻求而已经有了发现。

所以,原始庇护中的原始发现恰恰作为寻求本身而得到庇护。对最值得追问者的评价〈意味着〉:坚持于追问、内立状态。

39. 本有

这个〈本有〉乃是表示开端性思想之尝试的本质性标题。然而,公开的书名只能叫做:哲学论稿。

81 开抛意在成为开端性思想的一个关节,也即成为那个唯在开端性思想的尝试中——这种思想对自身也知道一丁点儿——才能被意愿的东西。

这就是说:

1. 在结构中关节的严格性[1]是丝毫没有被放松的,仿佛要紧的是——在哲学中始终是要紧的——那样一种不可能性,即:要在其被

---

[1] 此处"关节"原文为 Gefüge,而上段文字中的"关节"则是 Fuge。英译本也统一译作 jointure。——译注

建基的本质的完全展开了的丰富性中来把握存有之真理。

2. 在这里唯一被许可的是对一条道路的支配，这条道路是一个个体能够开辟出来的，前提是放弃对其他也许更为本质性的道路的可能性的通观。

3. 这种尝试必须弄明白的是，关节和支配，这两者保持为存有本身的一个接缝，[①]存有之真理的暗示和隐匿的一个接缝——某种不可强求的东西。

这个三重意义上的关节必须得到尝试，以便某种更为本质性的和更为成功的东西——被赠予将来者的东西——〈能够得到尝试〉，亦即这样一个东西，由之才能做出一种起跳，一种为了得到克服而先行被接合和嵌入的起跳。

这样一种被克服如果是真正的和必然的，就无疑会带来伟大的东西：它使一种思想尝试首次历史性地持立于其将来性中，并且使之站出去，进入将来和无可回避性之中。

关节乃是某种本质上不同于一个"体系"的东西（参看1935/1936年冬季学期讲座以及1936年夏季学期讲座[②]）。唯有在对主导问题的解答的历史领域里，"体系"才〈是〉可能的，而且才在快收场时〈成为〉必然的。

关节的六个接缝是各自独立的，但只是为了使本质性的统一性变得更为紧迫。在六个接缝的每一个中，都做出了尝试，向来要就同 82
一者道说同一者，但每每是从本有所命名的东西的另一个本质领域

① 此处中译文未能显明"关节"（Gefüge）、"支配"（Verfügung）与"接缝"（Fügung）之间可能的字面和意义联系。英译本把这里的"支配"（Verfügung）译为 access（接近、通达），把"接缝"（Fügung）译为 endowment（捐赠、才能），似不妥。——译注

② 1935/1936年冬季学期讲座《物的追问。论康德的先验原理学说》（《海德格尔全集》第41卷）以及1936年夏季学期讲座《谢林：关于人的自由的本质》（《海德格尔全集》第42卷）。——原注

而来。从表面而且片断地来看,人们这时不难发现处处有“重演”。但纯粹地依照关节来实行对于同一者的坚持,对于开端性思想的真正内立状态的见证,乃是最艰难的事体。与之相反,在总是不同地呈现出来的“材料”的排序中不断地持续进行,这是容易的,因为这种持续进行是自发地出现的。

每一个接缝每每于自身中独立,但却有一种隐蔽的交响和一种开启性的建基,即对于那种向西方历史依然可能的转变的本质性过渡来说的决断场所的一种隐蔽交响和一种开启性建基。

回响有其深远效果,深入到曾在者和将来者之中——因而通过传送把它的打击力带入当前者之中。

传送首先从存在之离弃状态的急难中获取其必然性。

回响与传送乃是开端性思想的第一次起跳的基地和领域——这第一次起跳是要达到向存有之本现的跳跃。

跳跃首先开启出那种未经巡视的广阔和遮蔽,即归属于本有之呼声的此-在之建基必定突入其中的那个东西的广阔和遮蔽。

所有这些接缝都必须在这样一种统一性中得到经受,基于那种彰显着将来者之存在的在此-在中的内立状态。

将来者采纳和保存那种由呼声所唤起的对于本有及其转向的归属状态,并且因此得以站立到最后之神的暗示面前。

关节——是适应于呼声并且因此为此-在建基的支配。[①]

83

40. 过渡时代的思想作品

过渡时代的思想作品(参看《思索》IV,第 90 页)只能是而且必

① 中译文未能显明“关节”(Fuge)、“适应”(sich fügen)和“支配”(Verfügung)之间的字面和意义联系。——译注

须是一个进程——在这个词的两义性中：既是一种行进又是一条道路，因而是一条本身在行进的道路。①

此种东西可以在道说中赋形，使得这种任务的质朴单一性得以揭示吗？这吻合于“从本有而来”这个关节吗？谁愿知道这一点呢？但唯因此它才要冒险一试。

是不是这种尝试终将找到解释者？那个能够道说那条道路的人，即进入将来之物中、并且为将来之物做好准备的道路？但并非那个人，他只是从中计算出大量同时代的东西，因而“说明”和毁灭一切。

41. 每一种存有道说都持守于词语和命名

每一种存有道说都持守于词语和命名。在关于存在者的日常意见方向上，此种词语和命名是可理解的，而且是唯一地在这个方向上被思考的；但作为存有之表达，它们是容易误解的。因此，根本就不是首先需要有一种对于问题的错失（在关于存有的思想性解释的领域范围内），而是词语本身已然揭示某种（熟知的东西），并且因此把那种应当在思想道说中被带入敞开域中的东西掩蔽起来了。

这个困难是根本不能被排除掉的，甚至这方面的尝试，也已经意味着对一切存有道说的误解。这个困难必须被接受下来，在其（对于存有之思想）的本质归属状态中得到把握。

这就限定了一种做法，它在某种界限内首先总是必须迁就惯常
的意见，必须与后者一道行走某一段路，方得以在合适的时机要求思
想的翻转，但却又受制于同一个词语的强力。举例说来，“决断”能 84
够而且首先应当意指人的“行为”，尽管不是伦理意义上的，但仍然

① 此处译为“进程”的德语 Gang 有“行进”和“通道”之双义。——译注

是依照实行的，直到它突然意指存有本身的本质现身。现在，这并不意味着存有是“在人类学意义上”得到解释的，而倒是相反：人被置回到存有之本质现身中，并且从“人类学”的桎梏中被解救出来了。同样地，“谋制”——人的一种行为方式，突兀而真正地被倒转了：存有之本质（非-本质），“运作”（Betriebe）之可能性基础首先就植根于其中。

然而，这种“倒转”并非径直就是一种把含义翻转入单纯话语之中的“形式的”绝招，而毋宁说是人本身的转变。

然而，对这种转变的真正把握，而且首要地，对这种转变的生发空间（也就是后者的建基）的真正把握，乃是与关于存有之真理的知晓紧密交织在一起的。

在这里，人的转变意味着人的本质变得不同了，只要在一直被接受的解释中（animal rationale［理性的动物］）也包含了那种与存在者的关联——这种关联尽管在心理学意义上被隐藏和被误解，但并没有作为本质基础而得到建基和展开。因为这一点也包括了对存有之真理问题的追问，也包括了“形而上学”。

在存在历史性的思想中，不之性质和倒转的本质强力首先进入自由之境。①

42. 从《存在与时间》到“本有”

在这条“道路”上——如果跌倒和爬起可以被叫做“道路”的话——始终要追问这同一个关于“存有之意义”（Sinn des Seyns）的

① 此处“不之性质”原文为 das Nicht-hafte，“倒转”原文为 Umkehrung。英译本分别作 not-character 和 turning around。——译注

问题,而且只是追问这个问题。而且因此,追问的立足点总是各不相同的。每一种本质性的追问,每当它更原始地追问时,都必定彻底地
转变自己。在这里没有一种渐次的“发展”,更没有那种后来者与早 85
先者的关系,而根据这种关系,早先者或许已经包含了后来者。因为在存有之思想中一切都驶向唯一者,所以在这里颠覆仿佛就成了规则!这一点现在也阻挡了那种历史学上的做法,即:把早先者当作“虚假的”来加以放弃,或者证明后来者是在早先者中“已经被意指”的东西。这些“变化”是如此本质性的,以至于只有当这一个问题每每从其问题位置出发得到彻底追问时,这些“变化”的规模才可能得到规定。

然而,这些“变化”并不是从外部、通过异议而被限定的。因为迄今为止还没有一种异议已经变成可能的,原因在于,问题还根本没有得到把握。这些“变化”产生于存有问题本身的不断增长的离基深渊特性,这个问题由此就被剥夺了任何一种历史学上的依据。可是,这条道路本身因此就变得越来越具有本质性意义,并非作为“人格的发展”,而是作为完全在非传记意义上来讲的人的努力,即努力要把在存在者中的存有本身带向其真理。

在这里只是重复了某种从西方哲学的第一开端的终结以来、亦即从形而上学的终结以来必定越来越确定地发生出来的东西,那就是:存有之思想并不是一种“学说”和一个“体系”,相反,它必须成为本真的历史,因而必须成为最隐蔽者。

这一点首次作为尼采的思想而发生出来;而且,我们在此遇到的“心理学”以及自身分析、消解和“Ecce homo”[瞧,这个人][①]之类,

① 尼采有同名的自传体著作《瞧,这个人》(1888 年),为尼采最后一本著作,现收入科利版《尼采著作全集》第六卷,柏林 1999 年,第 255 页以下。——译注

连同那个荒芜时代的所有这些当代因素，作为那种思想的历史，都具有其本真的真理性——这种思想在尼采那里还只是在**寻求**有待思想的东西，并且依然在**形而上学的**问题提法（权力意志与相同者的永恒轮回）范围内寻求这个东西。

在《存在与时间》以来的尝试中，问题诚然是**更原始地**被设定了，但一切都保持在一个更细小的尺度当中——如果竟可以比较的话。

86 存在问题的实行不容许任何一种模仿。在这里，道路的必然性每每在历史性意义上是头一次——因为是唯一的一次。在“历史学上”来看是不是“新的”和“特有的”，在这里根本不是一个可能的评判角度。

对西方思想的历史的历史性掌握将变得越来越具有本质性意义，而且，对一种“历史学上的”或者“体系上的”哲学博学的铺展，将变得越来越不可能。

因为关键不是要认识一种新的关于存在者的表象，而是要把人之**存在**建基于存有之真理中，并且在存有和此-在的启思中为这种建基做准备。

这种准-备不在于搞到一些暂时的认识，然后可以根据这些认识把真正的知晓推断出来；而不如说，准-备（Vor-bereitung）在这里乃是：开辟道路，强制上路——在本质性意义上讲就是：**调谐**（*stimmen*）。但又不是那样，仿佛被思想和有待思想的东西只不过是**思想运动**的一个漠然无殊的时机；相反，存有之真理，沉思的知晓，就是一切。

可是，这种存有之启思的道路并不是已经有一个固定的路线图了。这地方其实首先要**通过道路才成其**所是，而且在每个路段上都是未知的和不可计算的。

这条启思之路越是真正地成为通向存有的道路，则它就越是无条件地为存有本身所调谐和规定[1]。

启-思并不是指臆想和任意虚构，而倒是那种思想，它在追问之际置身于存有面前，并且要求存有去贯通并调谐[2]追问。

但在存有之启-思中，存在者整体每每都必须被置于决断中，而这一点向来只有在一个视野中才能成功，而且，存有之暗示越是原始地到位，则这一点就越少告吹。

通过存有之启-思的道路并且作为这种道路而成其所是的这个
地方，乃是那个为上帝而居-有此-在的“之间”，在这种本-有过程[3] 87
中人与上帝才变成相互“可认识的”，归属于存有之急需的守护。

43. 存有与决断

为诸神所使用，被这种提高所击溃，我们必须在这个遮蔽之物的方向上来探问存有之为存有的本质现身。但在这时候，我们不能把存有当作表面上事后追加的东西来加以说明，相反地，我们必须把存有把握为一个本源，一个首先对诸神与人类作出决-断（*ent-scheidet*）并且居-有（*er-eignet*）诸神与人类的本源。

这种存有之探问开启出存有之本现的时间-游戏-空间，即：此-在之建基。

---

① 此处“调谐和规定”原文为 be-stimmen，德语动词 bestimmen 意为“规定”，但海德格尔显然同时在上文所讲的“调谐”（stimmen）意义上来使用 be-stimmen，故我们权译之为“调谐和规定”。——译注

② 此处“贯通并调谐”原文为 durchstimmen，中译理由类似于前注的 be-stimmen。——译注

③ 此处名词“本-有过程”（Er-eignung）似更应译为“居-有过程”，方能与前面的动词“居-有”（er-eignen）相配合。——译注

当我们在此谈论决-断(Ent-scheidung)时,我们想到的是一种人类行为,想到的是实施,想到的是一个过程。然而,无论某种行为的人性特征还是过程因素,在这里都不是本质性的。

诚然,若不是从人、从我们出发,若没有把“决断”看作选择、决心,看作对某物的偏爱和对他物的忽视,最后没有触及作为原因和能力的自由,没有把关于决断的问题排挤到“伦理学-人类学维度”之中,甚至于恰恰借助于“决断”、在“实存论”意义上重新把握这个维度,那么,我们就几乎不可能接近决断的存有历史性本质。

有一种危险是在这个“实存论的”-“人类学的”方向上误解《存在与时间》,从伦理学上所指的决心的角度来看待决心—真理—此在的联系,而不是**反过来**从此-在的支配性基础出发,把真理把握为敞开状态,把决-心把握为存有之时间-游戏-空间的到时和空间设
88 置[①]——这种危险显而易见,并且由于《存在与时间》中多重未完成的东西而得到了加强。但如果关于“存有之意义”的基本问题从一开始就被固定为**这个**唯一的问题,那么,这种误解就从根本上被祛除了——尽管还不至于详尽的克服。

于是,在此所谓的决-断就移置入存有本身最内在的本质中心中,从而与我们所讲的做出一个选择以及诸如此类的东西毫无共同之处;相反地,它说的是:分道扬镳本身,这种分道扬镳起着分离作用,在分离中才让对这种分化中的**敞开域**的本-有过程进入游戏中——这个敞开者乃作为对自行遮蔽者和未经决断者而言的澄明,也就是对人(作为存有之真理的建基者)对于存有的归属性以及存有被指派给最后之神的时代的状态而言的澄明。

---

① 此处“到时和空间设置”原文为 zeitigende Einräumung,英译本作 temporalizing-spatializing(时间化-空间化)。——译注

以现代方式来思索,我们便从我们自己出发来思考,当我们撇开我们自己时,我们始终只是碰到种种对象。我们来来回回地去赶这条通常的表象道路,在表象范围内对一切做出说明,而从不思量,这条道路在途中是否允许一种起跳(Absprung),通过这种起跳,我们才跳入存有之“空间”,才向决-断跳起来。

即便我们抛弃了对“决断”的“实存论上的”误解,我们也还面临着另一种误解的危险;当然在今天,这另一种误解是特别乐意与前一种误解勾搭在一起的。

作为“意志性的”和“强力式的”东西的决断因素,或许可以在与“体系”的对立中得到把握,依尼采的说法就是:“求体系的意志乃是正直性之缺失”(第 VIII 卷,第 64 页)。[①] 然而,大有必要对这种对立做出说明,因为决断进入与“体系”的对立中,但却是在一种更为本质性的意义上,甚至比尼采所见的对立更为本质性的意义上。因为对于尼采来说,“体系”其实永远是“体系构造活动”的对象,事后 89
编排和安排的对象。但即便我们承认尼采有一种更合适的关于体系之本质的观点,我们也必须说,他没有、也不可能把握这种本质,因为对于他的问题来说,他本身必定还会肯定那种关于(存在者之)“存在”的观点,而“体系”正是基于这种观点、作为这种观点的展开而产生的:作为先行统一者的存在者的被表象状态,对对象之对象性的表-象(在康德对先验之物的规定中所做的本质性廓清)。“秩序”和清楚明了(并非中世纪的 ordo[秩序、顺序])只不过是“体系性”的结果,而不是它的本质。而且说到底,恰恰“体系”也要归结于正直性,不光是作为正直性的内在实现,而是作为正直性的前提条件。然

① 尼采:《偶像的黄昏》,载《尼采著作集》(大八开本版),第 VIII 卷,莱比锡(克罗纳),1919 年,第 64 页。——编注

而，尼采以“正直性”意指某个不同的东西，正如他用“体系”并没有深入到现代之**本质**中。把“体系”仅仅把握为现代的特性，这是不够的；这蛮有可能是正确的，但现代仍然肤浅地被把握了。

尼采关于“体系”的说法，也就经常被误认为对那种无力的不无破绽的辩护，即对于一种远在外面的、通过幽暗小路而得到把握的思想的无力。或者至少，人们把“体系”当作一个框架形象来加以拒斥，为的是支持某个“系统”，[①]而后者实际上只是为了哲学思维而借来的“科学”思维的形式。

当针对“体系”的“决断”得以形成时，那就是从现代向另一开端的过渡了。只要“体系”包含着对现代的存在者之存在状态（被表象状态）的根本标识，而“决断”意指对于存在者而言的存在，而不只是意指从存在者而来的存在状态，则决-断就以某种方式比任何一个体系更“系统化”，也就是一种根据存有之本质现身对存在者之为存在者的原始规定。于是，与关于存有、决-断之思想的真理的追问任
90 务相比较，不光“体系构造活动”、而且“体系性的”思想，依然是容易得到建基的，也即建基于一种获得保障的存在者之解释。

起先我们却把“决断”思为一个处于或者-或者之抉择中的事件。

而且，可取的做法是，通过指出从那种作为历史必然性的决-断中源起的“种种决断”，来为关于**决断**的原始的、存在历史性的解释做准备。

在全部西方思想中对人的表层特性（作为 animal rationale［理性动物］）的一个长期的、不唯现代才有的习惯，使得人们难以根据一

---

① 中译文未能充分显明此处“体系”（System）和“系统”（Systematik）的异同。——译注

种完全不同的真理、并且为了给这种不同的真理建基，来言说一种表面上固定的人类学的和心理学的内容的话语和概念，而又没有摆脱人类学的误解以及那种舒适的反驳——即以为一切其实都是“人类学的”。这种廉价的抗辩是如此无边无际，以至于它必定会令人起疑。以此为根据，即有以下事实：人们从来不愿意质疑人，也就是质疑自己，也许是因为对于人的人类学意义上的壮丽景象，人们暗地里其实并没有完全的确信和把握。

44. 种种“决断”

是否人意愿保持为“主体”，抑或是否人为此-在建基——

是否借助于主体，“理性”要持久地保持为“实体”而“理性”要持久地保持为“文化”，抑或是否存有之真理（见下文）在此-在中找到一个生成的处所——

是否存在者把存在看作它的“最普遍者”，因此交托给“存在学”并且把存在掩埋起来，抑或是否存有在其唯一性中达乎词语，贯通并 91
调谐着一次性发生的存在者——

是否作为正确性的真理蜕化为表象的确定性以及计算和体验的可靠性，抑或是否原初未经奠基的ἀλήθεια［无蔽、真理］之本质现身作为自行遮蔽的澄明而获得某个基础——

是否存在者作为最不言自明的东西，把一切中间的、微小的和平均的东西都固定为理性的东西，抑或是否最值得追问的东西构成存有的纯正性——

是否艺术是一种体验活动，抑或是真理的自行置入作品中——

是否历史被贬低为证明和先导的军械库，抑或作为由奇异的、不可攀登的群山组成的山脉而升起——

是否自然被贬降为计算和设置的开发利用之领域，以及“体验”的时机，**抑或**是否自然作为自行锁闭的大地承担着无图像的世界的敞开域——

是否存在者之失神化在文化的基督教化过程中庆祝自己的胜利，**抑或**是否关于诸神之切近和遥远的不可决断状态的急难为决断之空间做准备——

是否人冒存有之险，因而冒没落之险，**抑或**是否人满足于存在者——

是否人竟还冒决断之险，**抑或**是否人沉湎于无决断状态，致使时代成为具有“最高”“主动性”的状态。

所有这些决断，表面上看来杂多而异样，实际上全都集中于一个唯一的决断：是否存有最终隐匿起来，**抑或**是否这种隐匿作为拒予成为第一真理和历史的另一开端。

为着存有的决断中最艰难和最壮丽的东西，由于这种决断保持
92 不可见而锁闭起来；而且如果这种决断表露自己，它就注定要被误解，因而得以完全避免一切粗俗的触摸。

究竟为何必须作决断呢？如若必须决断，那么，此类决断乃是我们时代的必然性，不只是作为这样一些特定的决断，而是根本上作为决断的决断。

在这里〈在我们时代〉什么是决断呢？决断根据现代向其他者的过渡来规定自己的本质。决断由此**规定了**自己的本质吗，抑或过渡只不过是对其本质的暗示？“决断”之到来是因为必定有另一开端吗？而必定有**另一开端**，是因为存有本身之本质现身就是决-断，而且在这样一种本质之展开过程中，存有本身首次把它的真理赠送给人的历史吗？

在此有必要说明，也许甚至于要详细地说明，以**存有之真理**一词

并不意指什么。

这个表达并不意味着:“关于”[1]存有的“真理”,仿佛它是关于存有概念的正确命题的一个结果,或者一种关于存有的颠扑不破的“学说”。即便此类东西会适合于存有(这是不可能的),那也必须不仅要预设一点:有一种关于存有的“真理”,而是首要地〈要预设〉,使存有进入其中而持立的那种真理究竟具有何种本质。但这种真理的本质、因而真理本身的本质,除了从存有本身而来,又可能从何处得到规定呢?而且,这不光是在一种从存有而来的“推导”意义上讲的,而是在通过存有获取这种本质的意义上来讲的——这样一种获取,我们是不可能通过任何关于存有的“正确”观点而加以支配的,而倒是唯一地归属于存在历史的隐蔽瞬间。

但是,这个表达也并不表示:“真实的”存有,比如甚至在不清晰的意义上,指的是“真实的”、真正地、现实地存在者。因为在这里就已经又一次预设了“现实性”概念,后者作为一个尺度来为存有奠基,而实际上,存有不仅给予存在者它所是的东西,而且首先从存有 93
之本质而来为自己展开与存有相合的真理。

这种存有之真理根本不是什么与存有不同的东西,而是存有最本己的本质现身。因此,存有是赠送这种真理和自身,还是拒绝这种真理和自身,因而首先本真地进入其历史中而带来离基深渊般的东西,这一点取决于存有之历史。但是,指出流俗的“真理”概念以及对“存在”与“存在者”不加区分的流俗做法,会导致一种对存有之真理的误解,并且首先总是已经以这种误解为前提——这样一种说法本身还可能酿成一种迷惑,如果它接受了如下结论,即:因此要紧的

① 此处“关于”用的是介词 über,即英文的 about,海德格尔以为此介词可标识一种对象性的姿态,区别于另一个相近的介词 von(从……而来、关于)。——译注

事体只是道出未曾明言的"前提",仿佛在被设定者作为这样一个被设定者没有被把握的情况下,前提(*Voraus*setzungen)就会成为可把握的东西。[1] 在存在者和存在者解释范围内,也就是在根据被表象状态(以及ἰδέα[相、理念])意义上的存在者之存在状态对存在者的解释范围内,向"前提"和"条件"的回溯是有某种意义的,也有某种正当性,而且这种回溯因此就以多样的变式变成了"形而上学"思想的基本形式,这一点到了这等地步,以至于连朝着原初理解而进行的"形而上学"之克服,也少不了这种思想方式(参看《存在与时间》和《论根据的本质》,在这里是向存有跳跃的尝试)。

只要"存有"被把握为存在状态,被把握为某种方式的"普遍者",因而被把握为安插在存在者背后的存在者之条件,亦即存在者之被表象状态即存在者之对象性,最后也就是存在者的"自在"存在,那么,存有本身就被贬低到存在者之真理上了,被贬低到表-象的正确性上了。

因为所有这一切在康德那里得到了最纯粹的完成,所以,人们可以借着康德的著作来揭示某种甚至更为原始的、因而从他的著作不能推导出来的甚至完全不同的东西,但冒着一个风险,即:这样一种
94 尝试又会得到康德式的解读,被误解为一种任意的"康德主义"而变得没有危害。

西方形而上学的西方历史乃是一个"证据",表明存有之真理不可能成为一个问题,并且提示了这种不可能性的根据。但对存有之真理的最粗暴的误解或许在一种哲学"逻辑"中。因为这种"逻辑"乃是有意识或无意识地回头把"认识论"转用到自己身上。然而,

---

① 此处中译文未能显明"前提"(Voraussetzungen)与"被设定者"(das Gesetzte)之间的字面联系和意义联系。——译注

“认识论”只不过是近代形而上学面对自身时表现出来的束手无策状态的一个形式。当这种“认识论”又一次把自己冒充为“认识的形而上学”时，当基于对“自在”现成的“方向”和“问题域”的“疑难学”和“疑难学上的”探讨的计算尺来进行的计算成为——而且有充分理由成为——近代哲学学识的这种唯一方法时，这种混乱便登峰造极了。这些个东西只不过是那个过程的最后余脉——哲学通过这个过程丧失了自己的本质，酿成最粗暴的模糊性，因为哲学表现出来的样子，对于认识者来说再也不可能清晰地成为这样一种哲学了。而且因此，所有试图言说存有之真理不是什么的尝试，也必定已经接受了以下事实，即：它们充其量能给在进一步的误解方面的无知的固执提供新的养料——假如此类说明相信，非哲学是能够通过教导转变成哲学的。但无疑地，对存有之真理不是什么的沉思，本质上乃是一种历史性的沉思，只要它有助于更明晰地揭示在西方思想的形而上学基本立场中的基本运动，更透彻地揭示存在历史的遮蔽状态。

诚然，所有这一切也已经表明，任何一种对真正词义上的哲学活动①的拒绝，只有当它已经认识到对存有之真理的沉思包含着一种 95
从认识态度向思想态度的转变时才有其必然性——这种转变当然不可能是由道德指令造成的，而是必须预先得到转变，而且是在不可见的和无噪声的东西的公开状态(Öffentlichkeit)中。

为什么存有之真理不是存有的一个附加物和存有的一个框架，也不是一个前提，而是存有本身的最内在的本质现身呢？

因为存有之本质现身乃在决-断之本-有过程(Er-eignung)中本现。但我们是从哪里知道这一点的呢？我们并不知道这一点，而是

① 此处“哲学活动”原文为 Philosophie-betrieb，英译本作 philosophy as operational。——译注

要探问之，在这样一种探问中为存有开放出场所——也许是一个为存有所要求的场所，假如存有之本质现身当是一种拒绝，而对于这种拒绝来说，不充分的追问也还是唯一适合的切近。

而且这样一来，长期地，一切为此-在建基的创造（只是这种创造，而不是存在者之设置的日常固定的活动和运作），首先必定会唤起作为问题和急难的存有之真理，通过殊为不同的道路，而且有着变化多端的、表面上毫无联系的、互不相识的起跑。这种创造首先必须为存有之寂静（Stille）做好准备，但也坚决反对任何一种尝试，即：企图通过单纯的回溯意愿——哪怕是要回溯“最有价值的”传统——去混淆和削弱那种进入沉思之急难的毫无保护的强制性①。

对稀罕者持久的深思熟虑状态的认识乃属于存有之守护，而存有之本质现身作为真理本身在其本己光华的黑暗中闪闪发光。

存有之真理乃是真理之存有——如此说来，听起来有如一种矫揉造作的、强制性的颠倒，充其量有如一种让人走向辩证法游戏的诱惑。然而，这种颠倒其实只不过是那种转向（*Kehre*）的一个暂时的、外部的标志——此种转向在存有本身中本质性地现身，并且把一束光线投向在此想用决断来命名的东西上面。

96 45.“决断”

早就在被遮蔽和被伪装之物中来临的决断，乃是对历史或者对历史之丧失的决断。但历史却被把握为大地与世界之争执的冲突，乃由对于本有之呼声——作为以最后之神为形态的存有之真理的本

---

① 此处中译文未能显明“急难”（Not）与“强制性”（Nötigung）的意义联系。——译注

现——的归属状态来承担和实现的。

决断之做出,是由于那个极端使命的必然性根据存在之离弃状态的最内在急难而得到经验,并且被授予持久的权力。

然则在决断之光亮和轨道中,那个使命却是:基于进入存有之最大寂静中的此在之抑制状态对本有之真理的庇护。

通过什么做出决断呢?通过那些别具一格的被描绘者的赠送或缺席,我们称此类被描绘者为"将来者",区别于各色任意的和不尽的后来者,他们可谓前无古人后无来者了。

此类被描绘者包括:

1. 那些少数的个人,他们在有所建基的此-在(诗歌——思想——行动——牺牲)的本质轨道中,为存在者之领域预先建立场所和时机。他们因此为真理的种种不同庇护(此-在就在其中成为历史性的)创造了本现着的可能性。

2. 那些数目较多的同盟者,他们受命通过对认知意志和个体之建基的把握,预感并且——在实行中——揭示存在者之改造、大地之保存和争执中的世界之开抛的法则。

3. 那些大量的相互指引者,依照他们共同的历史性的(大地的-世界的)来源,通过他们并且对他们来说,存在者之改造,以及相随地,本有之真理的建基,便赢得了持存性。

4. 个人、少数人、众人(不是被当作数量,而是着眼于他们的被 97
描绘状态)部分地还处于陈旧的、流行的和得到规划的秩序中。这些秩序要么只还是皮壳,只是他们受到危害的持存性的一种保护,要么依然是他们的意愿的指导力量。

这些个人、少数人和众人的认同是隐而不显的,不是做出来的,而是突然的,自行增长的。

这是受到了各各不同的本有之运作的贯通和支配,在其中准备了一种原始的聚集，而在这种聚集中并且作为这种聚集，一个所谓的**民族**成为历史性的。

5. 这个民族在其本源和使命中唯一地合乎存有本身的唯一性，它必须唯一地在某个唯一的场所、在某个唯一的时机为存有之真理建基。

这种决断如何可能得到准备呢？知识和意志在这里有用武之地吗，抑或只不过是对隐蔽的必然性的一种盲目干预和侵犯？

然而，必然性只在一种急难中闪现出来[①]。而且，对一种决断之期备状态的准备无疑就处于急难中，最后只还加速了不断增长的无历史状态，并且在这种准备工作想要另有作为的地方强化了这种无历史状态的条件。

谁不知道**这种**急难，他就不能对所面临的决断的蛛丝马迹有一点儿预感。

决断乃在寂静中做出。但以此方式，尤其会得出那种咄咄逼人的无可遏制的连根拔起对决断之可能性的摧毁。

“世界历史性的”翻转事件越是需要喧闹，一切倾听和聆听越是唯一地只还要求巨大和响亮之物，并且让一切与之相对立的东西，甚
98 至于伟大的寂静，沉没于虚无，则决断及其必然性，甚至于对它的准备，就越是难以得到感受。

“世界历史性的”事件还可能取得前所未见的规模，这种规模首先仅仅代表谋制和数字领域里被释放出来的不断增长的奔驰。它从未直接代表本质性决断的临近。但如果在此类事件中，部分地根据它们的风格，民族的聚集或者民族的持存被建立在它自身之上，那

---

① 此处“必然性”（Notwedigkeiten）与“急难”（Not）之间具有字面和意义联系。——译注

么,在这里难道不会开启出一条通向决断之切近处的道路吗?当然啰,不过却带有完全错失决断之领域的至高危险。

决断必须创造那个时间-空间,创造那个本质性时机的场所,在那里,沉思的最高严格性与使命的最大快乐相统一,成长为一种建基和构造的意志,一种脱不了混乱的意志。唯有此-在——而绝不是“学说”——能够从根本上导致存在者的转变。这样一种此-在作为一个民族的基础,需要根据开端性的思想而做极长久的准备;不过,这种思想向来只是一个途径,即同时在许多轨道上开始的急难之承认的途径之一。

决断还能又一次带来存有之真理的建基的时机之所吗?抑或一切只还能展开为一种“斗争”,亦即一种围绕在巨大规模中继续生活和放荡生活的赤裸裸的条件而进行的“斗争”,以至于“世界观”和“文化”也只不过是这种“斗争”的支撑和工具?这时,什么得到了酝酿呢?是那种向技术化的动物的过渡,这个动物开始用技术的巨大因素,来取代已经变得越来越虚弱和粗野的本能。

在这个决断方向上标志性的事体并不是“文化”和“世界观”之渗透过程的技术化,而是“文化”和“世界观”变成了斗争技巧的手段,为的是一种不再追求任何目标的意志;因为民族之保存决不是一 99
个可能的目标,而只是某种目标设定的条件。但如果条件变成无条件的东西,那么,登台掌权的就是那种对目标全无追求的无所用心,就是那种对任何一种铺展开去的沉思的封锁。这时候,尤其是那种认识的可能性消失了,即:“文化”和“世界观”已经是某种据说应当被克服掉的世界秩序的分支。通过政治上的利用,“文化”和“世界观”并没有丧失自己的特征,无论它们被视为“自在的”价值,还是被视为“对”民族“而言”的价值。如果沉思竟是这样一种东西,那么,它每每都在那种对原始目标全无追求、亦即对存有之真理全无追求的无所用心中受到严厉挤压；而正是在存有之真理中，“文化”和“世界观”的可能性和必然性才首先得到决断。

唯有来自存有之真理，以及关于存有之真理的极端决断还能带来一种清晰性；此外就只有革新和伪装中的继续昏暗，或者甚至是一种完全的坠毁了。

所有这些可能性也许还有其漫长的前史，在其中，它们依然是不可认识和不可误解的。

但将来的哲学从何处接受自己的急难呢？难道它不是要亲自——在开端之际——首先唤起这种急难吗？这种急难不同于始终只在被固定的存在者及其“真理”的某个角落里出现的悲伤和忧虑。另一方面，通过一种所谓的在“存在者”之“奇迹”上面的娱乐的快活状态，是不能消除甚至于否定这种急难的。

作为哲学之必然性的基础，这种急难通过存在之归属状态的欢呼中出现的惊恐而得到经验；而存在之归属状态作为一种暗示，把存在之离弃状态移置入敞开域之中。

100

46. 决断
（先行把握）

关于什么〈的决断〉？是关于历史或者历史之遗失，亦即关于归属于存有的状态或者在非存在者中的被离弃状态。

为何之故决断，亦即为什么决断呢？能对这一点做决断吗？

究竟什么是决断？不是**选择**。选择始终只朝向预先给定的东西，可采纳和拒绝的东西。

在这里，**决**-**断**（*Ent-scheidnug*）意味着建基和创造，先行并且超出自身的支配或者放弃和遗失。

但在这里以及无论何处，这难道不也是一种僭越和不可能性么？难道历史不是隐蔽地来来去去，有如它之行进吗？既是又不是。

决断乃在最寂静的寂静中做出，并且具有最漫长的历史。

谁来决断呢？每个人，甚至通过非决断以及那种不想知道非决断的意愿，通过对准备的回避。

什么东西有待决断呢？是我们自身吗？我们是谁？在我们对于存在的归属状态和非归属状态中。

决断与存在之真理相联系，不只是相联系，而是仅仅取决于存在之真理。

因此，决断是在一种别具一格的意义上来意指的，从而也就〈有了〉关于极端的、同时也是最内在的决断的说法。

但是，这种决断是因为什么呢？是因为**唯有基于**存有本身的**最深刻**基础，一种存在者之**拯救**(*Rettung*)〈才是可能的〉；拯救乃是对西方的法则和使命的辩护性保存。**必须这样**吗？在何种意义上只还有这样一种拯救呢？因为危险已登峰造极了，因为无论何处一切都被连根拔起了，而且，更为灾难性的是，这种连根拔起已经着手把自身掩盖起来——无历史状态的肇始已然在焉。

决断发生于寂静中，并不是作为决定，而是作为决心①，后者已 101
经为**真理**建基，亦即改造了存在者，并且因此是一种创造性的决断或者一种晕眩。

但为何以及如何对这种决断做准备呢？

反对摧毁和连根拔起过程的斗争，只不过是准备工作的第一步，那是迈入本真的决断空间中去的一步。

---

① 此句中的"决断"、"决定"和"决心"原文分别为 Entscheidung、Beschluß、Entschlossenheit，英译本分别译作 dicision、resolve、opening-resoluteness。——译注

47. 决断的本质：存在或非存在[①]

〈决断的本质〉只能从其本质性的本现出发而得到规定。决断乃是非此即彼的“或者-或者”之间的决断。这其实已经预设了那种具有决断特性的东西。这种“或者-或者”从何而来？只有这个或者只有那个——这是从何而来的呢？这种这样或者那样的不可回避性从何而来？难道就没有第三者，即漠然无殊状态吗？但这在极端之境中却是不可能的。

在这里什么是极端者？存在抑或非存在？——而且不是无论哪个存在者（比如人）的存在，而是存在的本现，抑或？

在这里为什么出现了“或者-或者”呢？

漠然无殊状态或许只是非存在者的存在，只是更高的虚无。

因为“存在”在这里并不是指自在现成存在，而且，非存在在这里并不是指：完全的消失，而倒是作为一种存在方式的非存在，即：存在但又不〈存在〉；同样地，存在：具有不之性质但又恰恰存在着。

把这一点置回到存在之本现中，这要求洞见到虚无对于存在的归属性，而且唯因此，“或者-或者”才能获得自己的鲜明性和自己的本源。

102 因为存有具有不之性质，为了其真理的持存性，存有就需要去承受那个“不”，因此同时也需要反对一切虚无的东西，即非存在者。[②]

从存在（转向）的本质性的虚无状态中可以得出一点：存在要求和需要那种从此-在而来作为“或者-或者”显示自己的东西，即一方

---

① 参看本书“跳跃”部分，第 146 节，“存有与非存有”。——原注

② 注意此句中“不之性质”（nichthaft）、“不”（das Nicht）和“虚无的东西”（das Nichtige）之间的字面和意义联系。——译注

或者另一方，而且只有它们。

决断的本质性本现乃是向决断或者漠然无殊状态的跳跃；因此不是隐匿也不是摧毁。

漠然无殊状态〈乃是〉不决断。

决断原始地关乎决断抑或不决断。

但决断是直面“或者－或者”，从而就已经是决断状态（*Entschiedenheit*）了，因为在这里已经〈有了〉那种对于本有的归属性。

关于决断（转向）的决断。并不是什么反思，而倒是其反面：〈是〉关于这种决断〈的决断〉，亦即已然知道本有。

决断与问题；一种更原始的追问〈意味着〉：对真理之本质现身进行决断。而真理本身已然〈是〉绝对有待决断者。

48. 在何种意义上决断归属于存有本身

决断与急难（作为对抛者之被抛状态的推动）。

决断与争执。

决断与转向。

*

看起来，仿佛对“存在或非存在”的决断，始终已经有利于存在一方而被裁定了，因为“生命”实为“意愿存在”。于是，在这里根本没有什么东西要决断的。

然则在此什么叫“生命”，“生命”在这里在多大程度上被把握了 103
呢？作为自身保存的本能。

就连平庸和低下的东西，大量和舒适的东西，也都具有保存自己的本能，而且首先就要保存自己。所以，从这样一些思索出发，决断问题是不能提出来的。

49. 为什么必须做出决断?

为什么必须做出决断?什么是决断呢?就是自由(*Freiheit*)的必然实行方式。确实如此,我们如是进行"因果"思考,把自由看作一种能力。

"决断"不也依然是一种十分精致的计算形式么?抑或因为这种假象,决断不仅是极端的反面,而且也是不可比较的东西?

依照过程来看,决断作为人的行为,是处于序列中的。

在其中必然的东西,是"躺"在"行为"之前的东西,是超越行为的东西。

决断的时间-空间特性,作为存有本身的显露着的开裂,要在存在历史上得到把握,而不是在道德上-人类学上被把握。

根本上:要在存在历史上(而不是"在存在学上")重思整个人之本质,一旦它进入此-在而被建基。

二、回响[①] 105

50. 回响 107

存有之本现〈的回响〉

出自存在之离弃状态

通过存有之被遗忘状态的

具有强迫作用的急难。

通过一种回忆使这种被遗忘状态作为在其隐蔽强力中的遗忘状态显露出来，其中就有存有之回响。对急难的承认。

回响的主导情调：惊恐和畏惧，但总是起于抑制这种基本情调。

最高的急难：无急难状态的急难[②]。首先要让它回响，同时，有大量东西必然还是不可理解的和不可追问的，但一种原初的暗示将成为可能的。

这里要选择何种简单的道说线路，而且没有附加考虑地加以描绘？

回响必须包涵整个裂隙(Riß)，并且首先作为传送的反射[③]而被

---

① 参看1935年夏季学期讲座《形而上学导论》(《海德格尔全集》第40卷)；现在：1937/1938年冬季学期讲座《哲学的基本问题。“逻辑问题”选讲》(《海德格尔全集》第45卷，第151页以下)；也可参看“形而上学对现代世界图景的奠基”(以“世界图像的时代”为标题，收入《林中路》(《海德格尔全集》第5卷))。——原注

② 此处“无急难状态的急难”原文为die Not der Notlosigkeit，英译本作the distress of lack of distress。——译注

③ 此处“传送的反射”原文为Widerspiel zum Zuspiel，英译本作the mirroring of playing-forth。——译注

分成环节了。

为谁的回响？向何处回响？是在存在之离弃状态中的存有之本现的回响。

这种存在之离弃状态应当如何被经验呢？它是什么？〈它〉本身起于那种来自谋制的存有之非本质。后者又是从何而来的呢？绝不是来自存有的不之性质(Nichthaftigkeit)；而是相反！

什么叫谋制呢？谋制与持续的在场状态；ποίησις[制作]——τέχνη[技艺]。谋制通向何方？通向**体验**。这是如何发生的呢？(ens creatum[受造物]——现代的自然与历史——技术)通过对存在者的解魔，它为一种通过解魔本身来实行的施魔的强力提供了空间①。施魔与体验。

存在之离弃状态在存在之被遗忘状态中的最终凝固。

108 完全无疑问状态和憎恶任何目标设定的时代。平均状态作为等级。

拒予之回响——在何种鸣响中？

51. 回响②

存有之回响，作为在存在者的存在之离弃状态中的拒予——这已经表示，在这里并没有某个现成之物要得到描写或说明，或者得到安排。在哲学的另一开端中，思想的重负是不同的：那是对作为存有本身而居有自身的东西的启-思，那是把存有带入其本现的真理之中。但因为在另一开端中存有变成了本有，所以，存有之回响也必定

① 此句中的“解魔”(Entzauberung)与“施魔”(Verzauberung)构成一种对立。——译注

② 参看本书“回响”部分，第72节，“虚无主义”。——原注

是历史，必定能够在一种本质性的震荡中经受历史，同时必定能够知晓和道说这种历史的时机。（这里并不是指一种历史哲学的刻画和描写，而是指一种从时机而来的关于历史的知识——并且是作为一种存有之真理本身的第一次回响的时机。）

然则这种说法听起来，依然仿佛只是要对当前时代的东西进行命名。我们可以说**完全无疑问状态的时代**，这个时代延展着自己在时间内的时段，越过当今，远远地返回也远远地向前。在这个时代里，再也没有什么本质性的东西——如若这种规定竟还有某种意义的话——是不可能的和不可通达的。一切都“被制作”并且“能够被制作”，只要人们具有制作的“意志”。可是，恰恰是这种“意志”已经先行设定和贬降了那种会成为可能的、并且首要地会成为必然的东西——这种情况已经先行被错识了，并且被置于任何追问之外了。因为这种想要制作一切的意志已经先行献身于**谋制**了[1]，那种对作为可表-象者和被表-象者的存在者的解释。“可表-象的”一方面意 109
味着：在意指和计算中可通达的；另一方面又意味着：在置-造和实行中可端呈的[2]。但从根本上思考，这一切都意味着：存在者之为存在者是被表-象者，而且唯有被表象者才是存在的。表面上为谋制设立一种阻力和一个界限的东西，对于谋制来说只不过是进一步加工的材料、进步的动力、扩展和放大的机会。在谋制内部是没有什么值得追问的东西的，没有什么能够通过追问本身而受到评价、唯一地受到评价、因此得到澄明并且被提升入真理之中的东西。

相反，在谋制内部可能有许多、并且可能越来越多的“难题”，众

---

① 注意此处动词“制作”（machen）与名词“**谋制**”（*Machenschaft*）之间的字面和意义联系。——译注

② 中译文未能显示此处“置-造”（Her-stellen）与“表-象”（Vor-stellen）之间的词根联系。——译注

所周知的“困难”，它们在此存在，只是为了被克服掉。在有所表-象之际进行置-造的说-明（Er-klären）范围内，有不清晰的和未经澄清的东西，有尚未得到解决的任务。但这一切的存在，也只是因为谋制规定着存在者之存在状态，而绝不是因为谋制本身能允许有一个界限。

然而，因为谋制如此这般地驱逐和根除了可疑问性，把可疑问性当作真正的魔鬼来加以揭露，而且因为甚至在完全无疑问性的时代里，这种对可疑问性的摧毁也许根本上也不是完全可能的，所以，这个时代仍然需要那个东西，后者容许这个时代以谋制方式——也就是以这个时代**自己的**方式——使可疑问者得到承认，但同时又使之变得毫无危险。而且，这就是**体验活动**：一切都变成一种“体验”，一种越来越大、越来越闻所未闻、越来越声嘶力竭的“体验”[①]。“体验”，在这里被理解为谋制式的表象以及在其中的持守的基本方式，使神秘之物、亦即令人激动的、诱惑性的、令人眩晕的和令人着迷的东西——它使谋制因素成为必然的——成为公共的和人人可通达的。

110 完全无疑问状态的时代不能容忍任何可疑问的东西，摧毁了任何一种孤独。因此，恰恰**这个时代**必定会传布那个说法，所谓：“创造性的”人是“孤独的”，因此人人都被告知这些孤独者的孤独，并且通过“图像”和“声音”及时地被告知他们的所作所为。在这里，沉思触及到这个时代中阴森可怕的东西，也完全懂得要远离于任何蹩脚的“时代批判”和“心理学”。因为要紧的是，〈我们〉要知道，在这里，在全部的荒芜和恐怖中，存有之本质现身的某种声音正在回响，

---

① 此处动名词“体验活动”（Erleben）与名词“体验”（Erlebnis）同义，可统一译为“体验”。——译注

并且存在者被存有所离弃的状态（作为谋制和体验）正在破晓当中。这个完全无疑问状态的时代只能由一个简单孤独的时代来经受和克服，而在这种简单的孤独中，酝酿着那种对于存有本身之真理的期备。

52. 存在之离弃状态

〈存在之离弃状态〉在它最确定地隐藏自身的地方表现最为强大。这种情况发生在存在者已经变成、而且必定变成最通常和最熟悉的东西之际。而首先，这事就发生在基督教及其教义学中，后者从本原角度把一切存在者都说明为 ens creatum［受造物］，在那里创造者是最确定者，而一切存在者都是这个最具存在性的原因的结果。但原因-结果关系乃是最普通的、最粗糙的和最切近的东西，人类所有的计算以及在存在者身上的迷失，都是以这种关系作依靠的，用它来说明某物，亦即把某物推移入普通和熟悉之物的清晰性之中。在这里，在存在者必定是最熟悉者的地方，存有就必然是更加通常和最通常的东西了。

而且，因为存有实际上“是”最不通常的东西，所以在这里，存有已经完全自行隐匿了，已经离弃了存在者。

存在者的存在之离弃状态：存有已经从存在者那里隐退了，存在 111
者首先（在基督教意义上）仅仅成为由其他存在者制作出来的东西。作为一切存在者之原因的最高存在者接管了存有之本质。这种曾经由造物主上帝制作出来的存在者，进而就成了人的制作物（das *Gemächte*），只要现在存在者仅仅在其对象性中被看待和被控制。存在者之存在状态渐渐褪色，变成一种“逻辑形式”，变成一种本身未经奠基的思想的可思之物。

人已经完全被对象性的和谋制性的东西弄得眼花缭乱了,以至于存在者已然向人隐匿自身;还要多得多地隐匿起来的,乃是存有及其真理,一切存在者必定原始地首先在其中产生出来并且显得奇异,方使得创造能够获得其伟大的动力,亦即创世(Schöpfen)的动力。

存在之离弃状态:存有离弃存在者,把存在者委诸其自身,因此让存在者成为谋制的对象。这一切并非径直就是"沉沦"了,而是存有本身的原初历史,是第一开端以及来源于第一开端、并且因此必然地遗留在后面的东西的历史。不过,即便这种遗留和落后,也不是某种单纯"否定性的东西",而不如说,它在其终结之处首先使存在之离弃状态显露出来——假如从另一开端而来,关于存有之真理的问题已经被提了出来,并且因此开始了与第一开端的遭遇。

于是显而易见:存在离弃存在者,意思就是说,存有在存在者之敞开状态中**遮蔽自身**。而且,存有本身本质上就被规定为这样一种自行隐匿的遮蔽。

存有已然离弃存在者,而ἀλήθεια[无蔽、真理]变成自行隐匿的存在者之基本特征,因而为关于作为ἰδέα[相、理念]的存在状态的规定做了准备。现在,存在者只把存在状态承认为一种增补(Nacht-
112 rag),而在以存在者之为存在者为定向的层面上,这种增补必定会成为 πρότερον[第一性]和 a priori[先天性]。

对于这种隐蔽的存有之本质现身来说(对于在存在者之敞开状态中的〈存有之〉自行遮蔽来说),最鲜明的证据不只是把存有贬降为最普遍和最空洞的东西了。这个证据是由整个形而上学的历史提供出来的,而对于形而上学来说,存在状态正是最熟知的东西,甚至必定会变成绝对知识的最确定者,最后在尼采那里变成一种必然的假象。

我们是否能把握这一关于第一开端及其历史的伟大学说:存有

之本质现身乃是拒予，在谋制和“体验”的最大公开状态中的最高拒予？

我们将来者是否能倾听那种声音，那种必定在对另一开端的准备中发声的回响的声音呢？

存在之离弃状态：它必须被经验为我们的历史的基本事件，并且被提升到一种具有赋形和引导作用的知晓中。

为此就必须有：

1. 回想存在之离弃状态及其漫长而掩蔽的、并且自行掩蔽的历史。〈仅仅〉指出当今之物是不够的。

2. 把存在之离弃状态同样地经验为急难，这种急难耸突到过渡那里，并且把这种过渡当作向将来之物的通行来加以激励。① 甚至过渡也必须在其整个广度和多重裂缝中被经验（对此可参看《思索》IV，第96页）。

53. 急难

一说到“急难”（Not）一词，为什么人们立即就想到“缺陷”和“祸害”，想到我们必定会厌恶的东西呢？因为人们把无急难状态当作“善”来评估，而且，凡是在考虑福利和幸福的地方，这种评估都是有道理的。要获得福利和幸福，只能靠可利用和可享用的东西的不 113
断供给，靠通过进步而得以增加的已然现成的东西。但进步是无将来的，因为它只是把以往之物“进一步”运送到自己的线路上去。

但如果要紧的是那样一个东西，我们归属于它，我们被隐蔽地强

① 此处译文未充分显明“过渡”（Übergang）与“通行”（Zu-gang）之间的字面和意义联系。——译注

迫进入其中，那么，“急难”的情形又如何呢？这个具有强迫作用的、未被把握的保持张开者，本质上超越了任何一种“进步”，因为它是真正的将来者本身，以至于它根本上脱落于恶与善的区分，摆脱了任何计算。

这样一种强迫作用（Nötigung）还能再度袭向我们（谁？）吗？难道它不是必定以一种人的完全转变为目标吗？难道它不可以是一种比不可回避的最令人诧异的东西更微不足道的东西吗？

54. 存在之离弃状态

这种离弃状态包括存在之被遗忘状态，同时也包括真理之崩塌[1]。

两者根本上是同一回事。不过，为了使作为急难的存在之离弃状态成为必需的，两者中的每一个都必须分别得到沉思，方能使那最高的急难，即处于这种急难中的无急难状态，得以显露出来，并且把那种与诸神之逃遁的最遥远的切近带向第一次回响。

可是，在巨大之物及其机制中发泄感情的人群，甚至不再被认为值得去发现一条通向毁灭的最短轨道——难道还有比这一点更为坚实的证据来说明存在之离弃状态吗？谁能预感到在这样一种拒绝中的一个上帝的回响呢？

倘若我们想一度采取严肃态度，从虚假“文化活动”的全部领域退回来，承认在这里不再有任何必然性起支配作用，那又会发生什么
114 事呢？这时候，难道不是必定有一种急难昭然若揭并且取得权力，那

---

① 此处“真理的崩塌”原文为 Zerfall der Wahrheit，英译本作 the disintegration of truth。——译注

具有强迫作用的急难？难说何往和何为。但这或许确实是一种急难和一个必然性基础。为什么我们不再具有进行这样一种撤退的勇气呢？为什么这种撤退立即就让我们觉得是某种无价值的东西？因为我们久已安于文化制作的假象中了，不愿意放弃之，因为一旦连这种文化制作也被剥夺掉了，则不但行为的必然性缺失了，而且这种行为本身也将付诸阙如。

然而，谁若现在还是一个创造者，他就必须已经完全实行了这种撤退，已经遭遇到那种急难，为的是把那种过渡的必然性——必然要成为一种过渡和牺牲品——纳入最密切的经验之中，并且去知道如下情况，即：这一点恰恰不是放弃和失望，而倒是一种获得清晰的坚定性的力量——这种坚定性乃是本质性的东西的征兆。

55. 回响

存有之真理及其本现本身的回响来自存在之被遗忘状态的急难。这种急难始于其作为无急难状态的深邃。存在之被遗忘状态不知道它自己，它误以为〈自己〉寓于存在者、“现实之物”而存在，误以为接近于“生活”、对“体验”有把握。因为它只知道存在者。但是，在这样一种存在者的在场方式中，存在者已经被存有离弃了。存在之离弃状态乃是存在之被遗忘状态的基础。不过，存在者之存在离弃状态[①]却在存在者面前担着这样一个假象，仿佛存在者本身现在已经得到了把握和利用，而无需任何一个它者。然而，存有之离弃状态乃是对本有的排除和阻挡。

---

① 此处“存在者之存在离弃状态”原文为 die Seinsverlassenheit des Seienden，或可译为“存在者被存在离弃的状态”。英译本作 abandonment of beings by being。——译注

另一开端、因而也包括存有，乃回响于存有之被遗忘状态中。随着存有之被遗忘状态的展开，那种回响必定从存有之离弃状态而来开始奏响。

115 存在之离弃状态

尼采首次——并且是以柏拉图主义为定向——当作**虚无主义**来加以认识的东西，从尼采所不了解的基础问题出发来看，实际上只不过是殊为深远的存在被遗忘状态之发生事件的表层而已，而这种存在之被遗忘状态恰恰在发现主导问题的答案的过程当中越来越飞黄腾达了。但即便存在被遗忘状态（取决于规定）也不是第一开端的最原始的命运；而不如说，〈这种最原始的命运〉乃是存在之离弃状态，后者也许最多地被基督教及其世俗化的后裔所掩盖和否定了。

存在者之为存在者依然能显现出来，但存有之真理却离弃了存在者——有关此点，可参看"对φύσις［涌现、自然］和作为ἰδέα［相、理念］的ὄν［存在者］的**权力褫夺**"。[①]

存在者在这样一种存在离弃的显现（对象和"自在"）中被滥用于何方？请注意在支配性的存在理解中的存有之不言自明性、平坦化和真正的不可认识性。

存在之离弃状态

被存在离弃的是什么呢？存在者被存有所离弃，这个存有归属于存在者，而且仅仅归属于存在者。存在者于是**如此这般**地显现出来，显现自身为对象和现成之物，就仿佛存有并没有本质性地现身似的。存在者既是漠然无殊的又是纠缠不休的，在同样的未确定状态

① 可参看本书第110节，"ἰδέα［相、理念］，柏拉图主义与唯心主义"。——译注

和任意性当中。

存有之离弃状态根本上是一种存有之腐-朽①。本质惘然若失，只是如此这般地进入作为表象之正确性的真理之中——νοεῖν[觉知、思想]——διανοεῖν[思考]——ἰδέα[相、理念]。存在者保持为在场者，而且，真正存在着的是持续在场者，从而是限定一切者、无条件者、绝对者、ens entium[一切存在者之存在者]、Deus[上帝]等等。

然则这种离弃状态是何种历史的何种事件呢？有一种存有之历 116
史吗？还有，这种历史要隐蔽地达乎光亮是多么稀罕而难得呢？

存有之离弃状态对存在者发生出来，而且是对存在者整体发生出来，因而也恰恰对那个存在者发生出来——这个存在者作为人置身于存在者中间，而且于此遗忘了存在者之存有。

存有之回响意愿通过对存在之离弃状态的揭示，召回在其作为本有的完全本现中的存有。这一点只有这样来发生，即：存在者通过此-在之建基而被置回到在跳跃中得到开启的存有之中。

56. 存在之离弃状态的持续，以存在之被遗忘状态的隐蔽方式

然而，这种存在之被遗忘状态对应于占支配地位的存在理解，亦即说，它作为本身唯通过这种存在理解才得以完成和自行掩盖起来。在这种存在理解中，被视为不可触犯的关于存有之真理的东西是：

1. 它的普遍性（“最普遍者”，参照ἰδέα[相、理念]——κοινόν[共相、普遍者]——γένη[种类]）；

① 此处“存有之腐-朽”原文Ver-wesung des Seyns，英译本作dis-swaying of being。——译注

2. 它的熟悉性(是毫无疑问的,因为它是最空洞者,不包含任何可疑问的东西)。

但在这里,存有本身决没有得到经验,而始终只是在主导问题的视界内、从存在者方面被把握的:ὂν ᾗ ὄν[存在者之为存在者],并且因而以某种方式合理地被把握为万物(即作为"现实之物"和现成之物的存在者)所共同的东西。在这里,存有必须以何种方式在主导问题的视界内被遇见和把握——这种方式同时也被当作本质判给存有了。而且在这里,这实际上只是一种十分可疑的把握(用一种更可疑的概念)的一个方式。

历史性的连根拔起过程最内在的基础,乃是一个本质性的、植根
117 于存有之本质现身的基础:存有逃避存在者,同时却又让存在者作为"存在性的",甚至"更具存在性的"东西而显现出来。

因为存有之真理的这样一种沉沦首要地是在最可把捉的真理谋取方式中(亦即在认识和知识中)得到完成的,所以,反过来讲,如若要用一种新的扎根过程来克服连根拔起过程,那么,一种真正的知识①,而且是一种有关存有本身的知识,就必须在这里达到支配地位。而且在这里,当务之急又恰恰是从根本上认识——亦即首先要追问——那种存有之本质现身,即存有之离弃状态。

存在之离弃状态表现在:

1. 对于在被视为本质性的东西之中的模糊之物完全无动于衷;模糊性造成对现实决断的无力和不满。例如,一切"民众"所意谓的东西:群体的、种族的、低级和下层的、民族的、持久的东西;例如,一切被称为"神性的"东西。

2. 不再知道什么是条件,什么是受限制者和不可限制者。把历

① 此处"知识"(Wissen)或应译为"知晓"。——译注

史性存有、民众(例如以其所有的模糊性)的条件偶像化为无条件者。

3. 陷于关于“价值”和“理念”的思考和设定中;在其中看到的是历史性此在的构造形式,就像在某种不变的东西中一样没有任何严肃的问题;而且与此相应的是根据“世界观”所做的思考。(参看本书“传送”部分,第 110 节,“ἰδέα[相、理念]、柏拉图主义与唯心主义”)

4. 因此,一切都被装入一种“文化”-运作中,那些伟大的决断、基督教,不是从其根基上被建立起来的,而倒是被规避了。

5. 使艺术屈服于一种文化用途,并且在本质上把它误解了;对艺术之本质核心(即真理之建基方式)的盲目。

6. 一般地具有标志意义的是有关逆反之物和否定之物所做的错
误估计;逆反之物和否定之物作为“恶”而简单地被推拒、被误解、因 118
而被缩小了,并且因此在其危险性方面被更加放大了。

7. 从中显示出——完全远远地——那种无知,即全然不知“不”、虚无化[1]对于存有本身的归属性,对于存有的有限性和唯一性一无所知。

8. 与此结伴而行的是对真理之本质现身的无知;〈不知道〉真理及其建基必须先于一切真实者而得到裁定;那种以严肃意志为假象的对于“真实者”的盲目癖好(参看《思索》,IV,第 83 页)。

9. 于是拒绝真正的知晓,畏惧追问;逃避沉思;遁入种种事件和谋制之中。

10. 一切宁静和抑制均表现为无所事事、放任自流和消极放弃,也许是一种最广大的过度回荡,回荡入那种让存在,即让存在作为本

---

① 此处“不”原文为 das Nicht,“虚无化”原文为 Nichtung,中译未尽显两者的字面联系。——译注

有而存在[①]。

11. 那种让自己不再被召唤的自身确信；冷酷地面对一切暗示；期待之无力；只剩下计算了。

12. 这一切都只是一种错综复杂的和冷酷无情的对存有之本质现身，尤其是存有之开裂的伪装的扩散：存有包含着唯一性、罕有性、时机性、偶然与突发、抑制与自由、保存与必然；存有并不是最空洞者和最普遍者，而是最丰富者和最高者，而且唯在那种本有过程中才本质性地现身——正是借助于这种本有过程，此-在方得以把存在之真理建基于由存在者造成的庇护中。

13. 对作为西方之崩溃的存在之离弃状态的特别解说；诸神之逃遁；道德的基督教上帝的死亡；对后者的重新解释（可参照尼采的提示）。对这种由无根的、但被臆想为全新开始的人的自我发现所造
119 成的连根拔起过程的掩盖（现代）；这种掩盖通过进步——发现、发明、工业、机械——而得到了美化和增强；同时还有失去个性、堕落、贫困化，一切都脱落于基础和秩序，而连根拔起过程则是对急难的最深掩盖，无力于沉思，无能于真理；进入非存在者之中的进步乃作为不断增长的存有之离弃状态。

14. 存在之离弃状态乃是无急难状态之急难的最内在基础。如何可能获得这种急难之为急难呢？难道人们不是必须让存有之真理闪耀吗——但为何呢？在无急难者当中谁能够观看？从这样一种不断作为急难否定自己的急难中，向来有一条出路吗？缺失的是出去的意愿[②]。在这里，对曾经的此-在之可能性的回忆能够引发沉思

① 此处"让存在作为本有而存在"原文为 das Seinlassen des Seins als Ereignis。——译注

② 此处"出去的意愿"原文为 das Hinauswollen，英译本作 the will to get out。——译注

吗？抑或在这里，必定有一种非同寻常的和不可设想的东西把〈我们〉推入这种急难之中？

15. 在快速、计算、巨量之要求的意义上，通过一种对世界幽冥化和大地之摧毁的沉思，存在之离弃状态被带到近处（参看本书“回响”部分，第57节，“存有之历史与存在之离弃状态”）。

16. 空洞信念与设置暴行的无强力状态的同时的“支配地位”。

57. 存有之历史与存在之离弃状态

存在之离弃状态乃是尼采首次认识到的虚无主义的基础，因而同时也是对于虚无主义的更原始的本质规定。尼采本人以及他的力量还是多么弱小，还不足以成功地迫使西方此在走向对于虚无主义的沉思。据此看来，要这个时代具有知晓虚无主义之基础的意志，这样一种希望就更为渺茫了。抑或唯从这种知识当中，才可能出现关 120
于虚无主义这个“事实”的清晰了解么？

存在之离弃状态规定着存有之真理历史中一个独一无二的时代。那是一个长时间的存有时代（Seynsalter），在其中真理踌躇不定，不能把其本质清晰地交出。那是有回避任何本质性决断的危险的时代，是放弃尺度之争的时代。

无决断状态作为谋制之无束缚状态的领域，在那里，伟大者在巨大之物的非形态中展开自身[1]，清晰性展开为空虚之物的透明性。

真理和决断的长期踌躇乃是一种对最短轨道和最伟大时机的拒绝。在这个时代里，“存在者”，即人们所谓的“现实之物”、“生命”

[1] 此处“伟大者”原文为 das Grosse，“巨大之物的非形态”原文为 die Ungestlat des Riesigen，英译本分别作 magnitude 和 the non-form of the gigantic。——译注

和“价值”,通过存有而失本有了。[①]

存在之离弃状态把自身掩盖于不断增长起来的计算、速度和巨量之要求的有效性之中。在这种掩盖中,隐藏着存在之离弃状态那种最顽冥不化的非本质,并且使存在之离弃状态变得牢不可破。

58. 对存在之离弃状态的三种掩盖[②]是什么以及它们如何显示出来

1. 计算——首先通过技术的谋制而获得权力,而技术的谋制乃以知识方式建基于数学因素中;这里有对指导性定律和规则的模糊的先行把握,因此有了调控和规划的可靠性,试验;某种方式的成功的无疑问状态;没有什么是不可能的,人们确信于“存在者”;再也不需要关于真理之本质现身的问题了;一切都必须取决于当下的计算
121 状态;由此而来就有组织(*Organisation*)的优选地位,对一种自由生长的转变的彻底放弃;在这里,不可计算之物只不过是在计算中尚未被掌握的东西而已,本身却是将来也能捕捉住的;于是,决没有在任何计算之外这一说了;在“伤感的”时刻——恰恰在计算的“主宰”之下,这样的时刻并不罕见——,人们就要烦劳“命运”和“天意”了,但从未有这样的情况,即:从那里所祈求的东西或可生发出一种创造性的力量,能够在某个时候把计算癖好推向其界限。

在这里,计算指的是姿态的基本规律,而不是指某个个别行为的

① 此处“失本有”原文为 enteignen,在日常德语中意为“剥夺……财产”。但海德格尔显然是在与动词 ereignen(居有)和名词 Ereignen(本有)相关、相对的意义上来使用 enteignen 一词的,故我们在这里权译之为“失本有”。——译注

② 此处依次描述的“三种掩盖”即“计算”(Die Berechnung)、“快速”(Die Schnelligkeit)和“巨量之暴动”(Der Aufbruch des Massenhaften)与上节讲法略有差异,上节末段说的是“巨量之要求”(Anspruch des Massenhaften)。——译注

单纯思索甚至狡诈,后者是所有人类行动都具有的。

2. **快速**——各式各样的;对技术"速度"的机械提高,而且"技术速度"根本上只是这种快速的后果;快速意味着不能经受隐蔽生长和期待的寂静;对惊人之物的癖好,对一再以不同方式直接地吸引和"冲击"[我们]的东西的癖好;倏忽易逝成了"持存性"的基本规律。必然导致迅速的遗忘,以及迷失于新鲜之物。由此便有了关于那种具有最高成就之畸形外表(Mißgestalt)的崇高者和"至高者"的错误观念;纯粹量上的提高,对真正瞬间之物视而不见——后者不是倏忽易逝的,而是开启永恒的。不过,从快速的观点看,永恒的东西乃是同一者的纯然持续,是空洞的"如此等等的继续";斗争的真正骚动依然蔽而不显,取而代之的是始终独创性的运作(Betrieb)的动荡不安,而这种运作乃是由对无聊本身的畏惧来驱动的。

3. **巨量之暴动**。这不仅仅是指"社会"意义上的"大众"①;大众发达高升,只是因为数量已然起作用了,可计算之物被当作人人都能
同样地达到的东西了。对于**多数人**和**所有人**共同的东西乃是被"多 122
数人"认作卓然耸立的东西;所以才有了对计算和快速的诉求,正如反过来,计算和快速又为巨量提供了轨道和框架。这里出现了最鲜明的——因为是最不起眼的——对罕见、唯一的东西(存在之本质现身)的敌对态度。所到之处,在对存在之离弃状态的这些掩盖中,存在者之非本质、非存在者蔓延开来,而且是以一种"伟大"事件的假象蔓延开来。

这些对存在之离弃状态的掩盖的扩散,因而恰恰就是存在之离弃状态的扩散,对于抑制之基本情调的恰当评估和奠基来说,乃是一个最强大的障碍,因为它首先竟是难以察觉的——唯在这里所谓的

---

① 此处"大众"原文为 die Massen,与"巨量"(das Massenhaften)相关。——译注

抑制之基本情调中,只要向此-在的移置过程发生了,真理之本质便得以闪现。

但在存在者中的逗留及其"控制"的那些方式,它们之所以具有如此这般的销蚀作用,是因为它们绝不会有朝一日径直让自己作为表面上只是外部的、包围着某个内部的形式而被搬走拉倒。它们自己取代了内部,说到底是否定内部与外部的区别的,因为它们是第一位的又是无所不包的。与此相应的是人们获得知识的方式,以及那种计算好的、快速的、巨量的对未被理解的认识的分配,即在尽可能短的时间内把认识分配给尽可能多的人们;"训练"(Schulung)〈成了〉这样一个词,以它现在的含义,它把**学校**和σχολή[学园、休闲]的本质弄得乱七八糟了。但这一点也只是那种**颠覆**(*Umsturz*)的一个新标志,这种颠覆并没有阻止不断增长的连根拔起,因为它并没有抵达存在者之根,而且也不想抵达存在者之根,因为在那里它或许不得不遭遇到它自己的无根状态。

与计算、快速和巨量结伴而行的还有另一个东西,它与所有这三者相关联,以一种突出的方式承担了对内部崩溃的伪装和装扮——那就是:

123 4. **对所有情绪的剥夺、公开化和庸俗化**。与由此提供出来的这样一种荒芜化相应的,是不断增长的所有态度的虚假做作,以及与之一体的话语的失势。话语只还剩下声响和极吵闹的刺激,在其中,话语再也不可能以某种"意义"为标的,因为某种可能沉思的全部专心凝聚都被剥夺掉了,沉思受到蔑视,竟被当作某种奇异和无力的东西。

所有这一切越少纠缠不休地发生,它们越是不言自明地占有了日常生活,并且可以说被新的设置形式所抵消了,则它们就变得愈加阴森可怕。

对情绪的剥夺同时也是对不断增长的空洞的伪装。其后果尤其表现于那种无能之中,即:无能于径直去经验真正的事件,也就是存在之离弃状态,把它经验为具有调谐作用的急难——假如它或能在某些界限内得到显示的话。

5. 存在之离弃状态的所有这些标志预示着那个时代的开始,即**所有事物和所有谋制的完全无疑问状态的时代**的开始。

不光是原则上再也没有什么隐蔽的东西得到承认了,更关键的事情在于,自行遮蔽本身再也不能作为决定性的权力而登堂入室了。

然而,在完全无疑问状态的时代里,恰恰是"难题"接踵而至,堆积如山,也就是那个类型的"问题",它们其实不是问题,因为对它们的解答立即又会成为难题,就此而言,这种解答是不可能有任何约束力的。正是这一点先行告诉我们:没有任何东西是不可消解的,而且消解只关乎时间、空间和力量的数量大小。

6. 但现在,因为存在者已经为存有所离弃,就产生了最平淡乏味的"多愁善感"的时机。唯到现在,一切才被"体验和经历",所有事业和活动都充斥着"体验"。而且,这种"体验活动"表明,现在连人 124
本身**作为存在者**也丧失了自己的存有,沦为他对体验的追逐的猎物了。

59. 完全无疑问状态的时代与施魔

人们习惯于把"文明"时代称为**解**魔时代,而且,这个解魔时代似乎更多地、实为唯一地与完全无疑问状态同行。然而实情却是相反。人们只需认识到施魔从何而来。答曰:来自谋制之无限制的统治地位。当谋制进入终极统治地位时,当谋制渗透于一切时,就不再有任何条件,让我们依然专门地去追踪施魔,并且抗拒施魔。技术及其不断地自我赶超的进步所带来的蛊惑作用,只不过是这种施魔的一个标志;依据这种施魔,一切都要求计算、利用、培育、便捷和调节。甚至"趣味"现在也变成这种调节的事情了,而且一切都取决于一种"好水平"。平均水平变得越来越好,而且借助于这种改善,平均水平就越来越无可阻挡地和越来越不显眼地保障了自己的统治地位。

以为平均水平愈高,则超平均的成就的高度就愈加卓越——这当然是一个骗人的结论了。这个结论本身乃是一个标志,暴露了这种态度的计算性特征。问题依然:对于超平均的东西来说究竟是否还需要一个空间?对于平均水平的心满意足是否会变得越来越令人镇静和越来越合法,直到它甚至自以为已经完成了——按愿望来说能够直接地完成——超平均水平要求提供的东西。

125 不断地提升平均之物的水平,而且同步地把水平面扩大和拓展到所有一般运作(Betriebsamkeit)的平台上,这乃是决断空间之消失的最可怕的标志,是存在之离弃状态的标志。

60. 作为最高急难的无急难状态从何而来?

在自身确信已经变得不可逾越的地方,在一切都被看作可计算的东西的地方,而且首要地,在一切皆被裁定而没有先行追问我们是谁和我们应当做什么的地方,无急难状态就将变得登峰造极;当其时也,知识已然失落,决没有真正地得到过论证,不知道本真的自身-存在(Selbst-sein)发生在一种超出自身之外的建基[①]中,后者要求一种对建基空间及其时间的建基。而这又要求:关于真理(作为无可

---

① 此处"超出自身之外的建基"原文为 Über-sich-hinaus-gründen,或可译"超越自身的建基"。——译注

回避地要认识的东西)之本质的知识。

但在“真理”早就不再是一个问题,甚至连对这样一个问题的尝试也被当作干扰和古怪的冥思而加以拒绝的地方,存在之离弃状态的急难根本就没有什么时间-空间。

在对作为正确之物的真实者的占有不成问题,并且左右着全部有为和无为的地方,关于真理之本质的问题还应当做些什么呢?

而且,在这种对真实者的占有甚至可以依据于行动的地方,谁还会想沉湎于一种本质问题的无用状态,让自己受尽嘲笑呢?

无急难状态来自那种对真理之本质的掩埋——而此真理乃是此-在和历史建基的基础。

61. 谋制[①] 126

在其通常含义中,〈“谋制”一词〉乃是表示一种“坏的”人类活动及其策划的名称[②]。

在存在问题的语境里,〈“谋制”一词〉并不是指一种人类行为,而是指一种存在之本现的方式。我们甚至得避开其中带有轻蔑之义的杂音,尽管谋制偏向于存在的非本质。不过,即便这种非本质(*Un*wesen)也是绝不能被贬低的,因为它对于〈存在之〉本质来说是本质性的。而不如说,〈“谋制”〉这个名称立刻指引着制作(*Machen*)(ποίησις[制作]、τέχνη[技艺]),后者固然被我们认作人类的行为。然而,这种人类行为本身恰恰只有在一种存在者解释的基础上才是可能的,这种存在者解释使存在者的可制作性显露出来,而且

① 参看本书“回响”部分,第 70 节和第 71 节,“巨大之物”。——原注

② 此处译为“谋制”的 Machenschaft 一词对应于英文的 machination,其日常含义带有贬义,意为“阴谋诡计”,故有这里的说法。——译注

如此这般地使得存在状态恰恰在持存状态和在场状态中得到规定。某物由自身来制作，因而对于一种相应的活动来说也是可制作的——这种由自身来制作乃是那种从τέχνη[技艺]及其视界出发来实行的关于φύσις[涌现、自然]的解释，以至于这样一来，可制作者和自行制作者的优势地位就发挥作用了(参看ἰδέα[相、理念]与τέχνη[技艺]的关系[①])——简而言之，那就是所谓的谋制了。只不过，在第一开端的时代里，φύσις[涌现、自然]被剥夺了权力，而谋制尚未显露出其完全的本质。它隐蔽地保持在持续的在场状态中；而在开端性的希腊思想范围内，这种在场状态的规定性在ἐντελέχεια[隐德莱希]中已然登峰造极了。中世纪的actus[行为]概念已经掩盖了原初希腊的存在状态解释的本质。与此相联系，谋制因素现在更清晰地突现出来，而且由于加入了犹太-基督教的创世观和相应的上帝观念，ens[存在者]就变成了ens creatum[受造物]。即使人
127 们拒绝对创世理念作一种粗暴的解释，本质性的东西依然是存在者的被造成状态。因果联系变成支配一切的联系(上帝作为causa sui[自因])。这乃是一种对于φύσις[涌现、自然]的本质性疏远，同时也是向在现代思想中出现的作为存在状态之本质的谋制的过渡。谋制的与生物学的思想方式始终只不过是隐而不显的、谋制性的存在者解释的一个后果。

作为存在状态之本现，谋制给出一种关于存有本身之真理的最初暗示。我们对于谋制知之甚少，尽管它贯通并且支配着从柏拉图到尼采的传统西方哲学的存在历史。

谋制的一个法则(其基础尚未得到探究)似乎是，它越是决定性地得到展开——诸如在中世纪和现代——，就越是顽固地、越是谋制

---

① 主要可参看本书第97节，“φύσις[涌现、自然](τέχνη[技艺])”。——译注

性地作为本身而遮蔽自己,在中世纪遮蔽于 ordo[秩序、等级]和 analogia entis[存在之类比]背后,在现代则遮蔽于作为现实性(因而即存在状态)之基本形式的对象性和客体性背后。

而且,与这第一个法则联结在一起的是谋制的第二个法则:谋制越是确定地如此这般遮蔽自身,就越是要求那种看起来完全与谋制之本质相对立、但实际上却属于谋制之本质的东西的优势地位,亦即越是要求体验(参看本书"回响"部分中所有关于体验的讨论[①])。

于是就加入了第三个法则:体验越是无条件地成为正确性和真理(因而也是"现实性"和持存性)的尺度,就越是不能指望由此出发来完成一种对谋制之为谋制的认识。

这种揭露越是毫无指望,存在者就越是毫无疑问,对于存有的任何一种可疑性的厌恶就越是确凿。

谋制本身隐匿自身;而且,因为谋制乃是存有之本现,所以存有 128
本身也隐匿自身。

但是,倘若从所有这一切表面上仅只有害的和失灵的东西当中产生出一种完全不同的对存有之本质现身的洞见,倘若存有本身作为拒予而揭示自身,或者倒是把自身带入回响之中,那又会如何呢?

如果谋制与体验一道得到命名,那么,这就指示着一种两者相互之间的一种本质性的归属关系,但同样也掩盖了一种同样本质性的在存在之历史的"时间"内部的非同时性。谋制乃是早先的、但依然长期遮蔽着的存在者之存在状态的非本质。然而,即便谋制以特定的形态(就像在现代)出现在存在者之解释的公开状态中,它也没有作为本身而得到认识甚或得到把握。相反,对谋制之非本质的扩展和加固完成于下面这一点,即:谋制特别地隐退到那个东西背后——

① 主要可参看本书第 61-69 节。——译注

这个东西似乎是谋制的极端对立面,而实际上完全地而且仅仅是它的制品。而且,这就是体验。

要把握谋制与体验的共属一体性,我们只能根据对两者最广大的非同时性的回溯,根据对两者的极端对立性的消解。当思想的沉思(作为对存有之真理的追问,而且只是作为这种追问)获得对于这种共属一体性的知识时,第一开端之历史的基本特征(西方形而上学的历史)就同时已经从对另一开端的知识而来得到了把握。从形式上讲,谋制与体验乃是那个表示西方思想之主导问题的公式的更为原始的表达:存在状态(存在)与思想(作为表-象性的把握)。

129 62. 通过谋制和“体验”对存在之离弃状态本身的伪装

1. 谋制与体验的共属关系。

2. 两者的共同根源。

3. 在何种意义上谋制和体验完成了对存在之离弃状态的伪装。

4. 为什么尼采关于虚无主义的认识必定还是未被理解的。

5. 关于存有本身,存在之离弃状态揭露了——曾经一度得到认识的——什么?存在之离弃状态的起源。

6. 存在之离弃状态必须通过何种途径才被经验为急难?

7. 在何种程度上向克服的过渡已然是为这一点[①]所必需的?(此-在)

8. 为什么荷尔德林的诗歌唯有对于这种过渡来说才成为将来的、因而历史性的?

---

① 应指上面第6点所讲的如何把存在之离弃状态经验为急难。——译注

63. 体-验

与作为向着自身被表象者的存在者相联系，作为关联中心，因而吸纳入“生命”之中。

为什么人被把握为“生命”（*animal rationale*［理性动物］）（ratio［理性］——表-象！）。

唯有被体-验者和可体-验者，唯有在体-验范围内可推进者，唯有人能够带给自身并且带到自身面前的东西，才能被看作“存在着的”。

64. 谋制 130

οὐσία［在场］（τέχνη［技艺］—ποίησις［制作］—ἰδέα［相、理念］）

持存的在场状态

ens creatum［受造物］

| 自然

| 历史

因果性与对象性

被表-象状态

‖

体-验

65. 存有之非本质

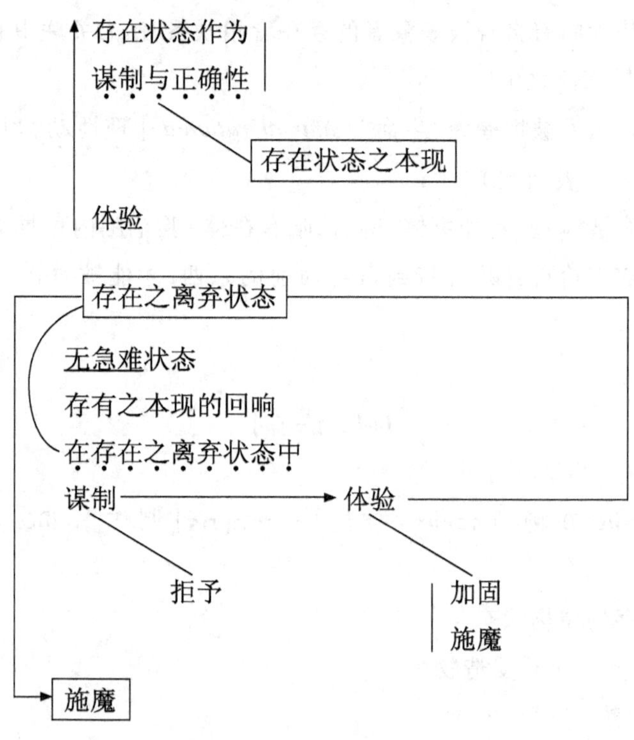

131 ## 66. 谋制与体验

不知道任何界线，首要地不知道任何窘境，尤其是不知道任何畏惧——所有这一切都包含在两者[①]的本质之中。最远离于两者的乃是保存之力量。取代这种保存的，乃是夸张和狂叫，以及盲目而空洞

① 此处"两者"指"谋制与体验"。——译注

的高声怒骂；而在这种叫喊声中，人们痛骂自己，哄骗自己，向自己隐瞒那种对存在者的掏空。依照其无界线和无窘境的特性，对于谋制和体验来说一切都是敞开的，没有什么是不可能的。它们必定误以为自己处于整体之中，是延续着的东西，而且因此它们所熟悉的东西便莫过于"永恒"了。一切都是"永恒的"。而且永恒——这种永恒——何以它就不可能也是本质性的东西呢？而如果它是本质性的东西，那么，什么东西还能得到与之相反的命名呢？存在者之虚无性[①]和存在之离弃状态能够在"真实的现实性"之面具下得到更好又更大的保存，胜于通过谋制和体验吗？

"体验"

什么是体验？

在何种意义上〈它包含于〉自我之确信中（在关于存在状态和真理的确定解释中得到预先勾画）。

体验的兴起如何要求和强化了人类学的思想方式。

在何种意义上体验是一个终结（因为它无条件地证明了"谋制"）。

67. 谋制与体验

谋制乃是制作和被制作者的统治地位。不过，于此人们不可联想到人类行为和活动及其结果，而是相反，此种人类行为和活动，就其无条件性和唯一性来说，唯有基于谋制才是可能的。谋制乃是对 132
一种特定的存在者之真理（它的存在状态）的命名。首先而且多半

① 此处"虚无性"（Nichtigkeit）或可译"不之状态"。——译注

地,这种存在状态作为对象性(存在者作为表象的对象)而可为我们所理解。但谋制更深刻、更原初地抓住了存在状态,因为它关涉到 τέχνη[技艺]。在谋制中同时也包含着基督教-圣经对作为 ens creatum[受造物]的存在者的解释——不论这个 ens creatum[受造物]现在是在信仰上还是在世俗意义上被看待的。

在历史性意义上,存在者的谋制本质的出现是极难把握的,因为根本上,自从西方思想的第一开端以来(更准确地讲,自从 ἀλήθεια[无蔽、真理]之崩塌以来),它一直都在发挥着作用。

笛卡尔的步骤已经是一个初步的和决定性的后果,是那种后果和作用,它使谋制作为变换了的真理(即正确性)、亦即作为确定性而达到统治地位。

以作为 ens creatum[受造物]的 ens[存在者]为形态的谋制本质是首先要揭示的。在形而上学之克服的轨道上,certum[确定之物]必须根据谋制因素来解释,而且因此,这种谋制因素必须确定地得到规定。

进一步的后果:数学因素① 与体系,以及——与之一体的——“技术”。

谋制(ποίησις[制作]——τέχνη[技艺]——κίνησις[运动]——νοῦς[心灵、奴斯])有一个过久地被遏制起来、只是最后才显露出来的对应物:“体验”。

两个名称命名的是真理和存在状态的历史,作为第一开端的历史。

谋制意指什么?是那个被释放到本己的桎梏之中的东西。何种

① 此处“数学因素”原文为 das Mathematische,海德格尔主要在《物的追问》中对此做了展开讨论。参看海德格尔:《物的追问》,《全集》第 41 卷,美茵法兰克福 1984 年。——译注

桎梏呢？普遍的可计算的可说明性图式，通过后者，每个事物都同样地被推到其他每个事物近处，并且变得完全与自身相疏离，其实就是变得完全不同地异己而疏离。无关联性的关联。

68. 谋制与体验 133

何种极端和绝对对立的东西因此在其〈对于存有的〉归属状态中得到了认识，而这种归属状态本身显示出我们尚**未**把握的那个东西，因为这个真实者的**真理**还没有被建基？

不过，我们却能沉思这个归属者，而且同时，越来越疏远于任何种类的对自身目瞪口呆的“处境”分析。

谋制与体验（本身首先长期地甚至到今天也还被掩蔽着）如何相互把对方推到极端境地，并且因此根据它们极端的被离弃状态，把对存在状态和人——在其与存在者和自身的关联中——的**扭曲**（*Entstellung*）展开出来，现在又在这种扭曲中相互推动，创造出一个统一体，后者更能掩盖在它身上自行居有[1]的东西，即：存在者被每一种存有之真理、最后甚至**被存有本身**所离弃的状态。

但这种存在之离弃状态的本有过程（Ereignis）或会受到误解，倘若人们只想在其中见到一种衰败过程，而没有思量以下实情，即：在某种特定的、表面上毫无背景和根本上无根的显现中，这种本有过程贯通它自己独一的存在者之揭示以及存在者之“纯粹”对象化的方式。〈那就是〉“自然之物”的出现，事物本身的显现，那种无根之物的假象无疑就属于这种显现。诚然，这种“自然之物”不再与φύσις［涌现、自然］有直接的关联了，而是完全根据谋制因素被摆置的；完

---

① 此处“自行居有”原文为 sich ereignen，也可译为“自行发生”。——译注

全相反地，它是通过从前的超自然之物的统治地位而得到酝酿的。这种对“自然之物”（最后是可制作、可控制和可体验之物）的揭示，有朝一日必定耗尽它自身的财富，凝固于一种越来越单调乏味的对以往各种可能性的混合，以至于这样一来，这种只还继续和模仿下去
134 的做法同时越来越不知道自己，也不能知道它之所是，以及因此越是推动自己的终结就越是显得具有创造性的东西。

谋制与体验一起出现，这一点于自身中包含着隐蔽的存有历史范围内的一个独一无二的本有过程。然而，无论哪儿都还没有出现一个标志，标明这个时代对此有了某种意识。抑或它①必定拒不给予这个时代，而只是对于那些已然在过渡中的人们来说才成为真理，成为存有之真理的回响？

69. 体验与“人类学”②

人们今天依然甚至重又把“人类学”弄成学院世界观哲学的中心，这一事实比任何一种关于依赖性的历史学证明更为强烈地表明，人们准备再次完全回到笛卡尔的基地上。至于人类学到底有何种发型，无论是一种启蒙道德的发型，还是一种心理学自然科学的发型，抑或一种精神科学-人格主义的发型，无论是一种基督教的发型，还是一种政治上的民众发型，所有这些对于那个决定性的问题来讲都是无关紧要的——也即这样一个问题：是否现代已经被把握为一个终结了，另一开端受到了探问，抑或，是否人们固执于对一种自柏拉图以来持续不断的沉沦的永存化——只有当人们自以为他的无预感

① 这里的“它”（es）应指“本有过程”。英译者处理为“这种意识”。——译注

② 什么是体验！体验的统治地位怎样通向一种人类学的思想方式！这种体验如何是一个终结，因为它无条件地证明了谋制。——原注

状态(Ahnungslosigkeit)就是对传统的克服时,人们才还能最后做到这一点。

在这里,如果无预感状态(更不消说无责任状态了)发展到这样的地步,以至于人们同时以笛卡尔哲学的克服者自居,而同时代人对于这种无预感状态的把戏一无所知,那就是完全正确的了。但恰如
在新康德主义的时代里,时代的本真历史没有注意到那种始终还显 135
著可观的博学和细心的工作,同样,今天这个“体验”时代,甚至将更不能对这种无聊的和空洞的对它自己的肤浅性的模仿小题大做了。

70. 巨大之物[①]

首先我们必须从最切近处来刻画巨大之物,甚至依然把它刻画为一个对象性的现成之物,方得以从根本上让存在之离弃状态、因而也让φύσις[涌现、自然]的非-本质(Un-wesen)的统治地位(谋制的统治地位)发出回声。但一旦谋制本身在存在历史意义得到把握,则巨大之物就揭示自身为“某种”不同的东西。它不再是具有某种无限制的“量”的可表-象的对象,而是作为质的量。在这里,质(Qualität)指的是quale[性质、特性]、什么、本质、存有本身的基本特征。

量——质,ποσόν[量]——ποιόν[质],我们把它们认作“范畴”,亦即它们是关乎“判断”的。

但在这里,关键不在于一个范畴向另一个范畴的突变,不在于一种“辩证的”、本身合乎表-象的对表象形式的中介化,而倒是在于存在历史本身。

---

① 参照“谋制”。——原注

当存在状态根据τέχνη[技艺]和ἰδέα[相、理念]而被规定时,上面这种"突变"便得到了酝酿。表-象和"带到自身面前来"本身包含着"多远"和"在何种程度上",也即与作为对象的存在者相关的间距性质;而且,这一点并没有顾及某些空间事物和关系。

体系性的表-象把这种间距及其克服和保障变成对象之规定的
136 基本规律。在一种有所抢先、有所规划和有所设置的把握意义上的表-象之开抛,在一切已经作为特殊和个别而得到把握之前,这种表-象在被给定之物中没有发现什么界限,也不想发现任何界限;而毋宁说,无界限之物才是决定性的,但并非作为流逝者和单纯的"如此等等的继续",而是与被给定者的任何界限、与作为界限的任何被给定者和可给定者没有任何联系的东西。原则上不存在"不可能的东西";人们"仇恨"这个词;只要一切在每个角度都预先得到考虑,而且条件被提供出来了,则一切都是人力所能及的。

这一点已经表明,在这里要紧之事根本不在于一种从"量"到质的突变,而倒是要认识到,量及其表-象的可能性的原始本质(可计算性),乃在于表-象之为表-象和存在者之对象化过程的统治地位的本质中。

由此出发,我们又可以清晰地看到,那些实行表-象(作为图像的世界)之展开的人们,借助于他们的"自身意识",对于这种量的本质是全无所知的,从而对于那种为量的统治地位做准备并且完成这种统治地位的历史也是全无所知的。

而且,〈他们〉根本就不知道,存在者的存在之离弃状态是在巨大之物本身中,亦即在让一切存在者成为最具存在性的东西的假象中得以完成的。

"量"以量的方式被处理,亦即被计算,而这同时就是说,"量"通过特定的原则而被设置入其界限之中,从而被制服了。

于是,人们到今天仍然——今天甚至比从前更多地——只能以量的方式来把握空间和时间,充其量把它们把握为这些量的形式。而且,甚至于把时间-空间思考为某种完全非量的东西,这给人感觉就像是一个令人诧异的无理要求。人们指出在此是把诸如"时间"这个名称转用到某个他物上了,以此来帮助自己摆脱困境。

量(quantitas)之所以能够作为范畴而出现,是因为它根本上是 137
存有本身的本质(非-本质),但存有本身首先只是在作为在场者和持存者的存在者之存在状态中被寻求的。

因此,所谓量变成质,意思就是说:存有的非-本质虽然没有在其与存有之本质现身的本质归属状态[①]中得到认识,但这种不可认识性却是通过一种存在历史性的知晓而得到准备的——那就是这样一种知晓:量支配着一切存在者。它依然没有作为存有而显露出来,其原因就在于,量之本质建基于其中的表-象,本身同时、而且总是依循于存在者,并且阻断了自己与存有的关系,或者——这是同一回事情——顶多是把存有"承认"为(表象的)最普遍者、最空洞者。

但首要地,历史性地来把握,巨大之物之为巨大之物乃是不可计算的东西,而这个东西却是从极近的切近处不可把握的存有本身之宣告,不过是以急难之无急难状态为形态的。

为什么巨大之物不知道充溢(*Überfluß*)呢?因为它起于对一种缺失的隐瞒,并且把这种隐瞒置于一个假象中,即一种对占有物的毫无拘束的公开的假象。由于巨大之物从来不知道充溢、不可穷尽的未被穷尽者,所以,就连质朴之物也必定对之保持拒绝。因为本质性的质朴性乃起于丰富及其支配作用。巨大之物的"质朴性"只是一

① 此处"与存有之本质现身的本质归属状态"原文为 Wesenszugehörigkeit zum Wesen des Seyns,英译本作 the essential belongingness to the essential sway of be-ing。——译注

个会把空洞性隐藏起来的假象。但通过对所有这些假象的设置,巨大之物具有了本己的本质,并且才成为唯一的。

138

71. 巨大之物

按传统来看(参看亚里士多德关于 ποσόν[量]的说法),quantum[量]的本质在于可分性,即可分为同一种类的诸部分。

那么,什么是 quantitas[量]呢?还有数量?还有,在何种意义上巨大之物就是作为数量的数量?这可以根据那种量的规定来理解吗?

“同一种类的诸部分”与“分”,分与划-分①(计算——λόγος[逻各斯],区分——聚集)。

划-分与设-置?

设-置与表-象?

根据黑格尔,量就是被扬弃了的、变得无关紧要的质,它包含着“什么”(Was)的可变性,而这个“什么”并不由此而被扬弃。

质与量(一种大小——如此这般大小的东西)

↓

大小——拥有大小的方式,诸如多与少这样一种大小。

72. 虚无主义

在尼采意义上,〈虚无主义〉意味着:一切目标都消失了。尼采

---

① 注意此句中的“部分”(Teile)、“分”(Teilung)和“划分”(Ein-teilung)的字面联系。——译注

在这里指的是从自身中生长出来的、改变着人类的（何往？）目标。根据目标而作的思想（它长期以来误解了希腊人的τέλος［终点、目标］）是以ἰδέα［相、理念］和“唯心主义”为前提的。因此，这种对虚无主义所做的“唯心主义的”和道德上的解释，虽然有其重要意义，但还是暂时的。着眼于另一开端，虚无主义必须更彻底地被把握为存在之离弃状态的本质后果。可是，倘若被尼采首次当作虚无主义来经验和深思的东西至今依然是未被把握的，而且首要地没有进入沉思中，那么，这个本质后果如何能够得到认识和决断呢？部分地为尼采本人的传达方式所引诱，人们把他关于“虚无主义”的“学说”当 139
作一种有趣的文化心理学来认识，但在此前，人们就已经对这种学说的真理性大表怀疑和厌恶了，也就是说，人们就已经公然地、抑或默默地把这种学说当作魔鬼而敬而远之了。因为，根据那种显而易见的思索，倘若那是真的和会成为真的，我们将何去何从？而且人们想不到，**恰恰这种思索**，或者说支撑着这种思索的对于存在者的态度和行为，就是真正的虚无主义：人们不愿承认无目标状态。因此，人们突然又“有”了“目标”——即使这只是意味着，那在任何情况下都可能成为目标树立和目标追求的一个**手段**的东西，本身被提升为一个目标了：例如民众。而且因此，正是在人们自以为又有了目标的地方，在人们重又变得“幸福”的地方，在人们转而要把迄今为止对“多数人”锁闭的“文化财富”（电影和海滨浴场旅游）搞成可以为所有“民众”同样地接受的东西的地方，正是在这种喧嚷的“体验”之醉鬼状态中，有着最大的虚无主义，那就是：有组织地对人类之无目标状态视而不见，“时刻准备着”回避任何设定目标的决断，畏惧任何决断领域及其开启。今天，对于存有的大畏惧还是前所未有的。这方面的证据是：人们大规模地举行活动，声嘶力竭地喊出这种畏惧。“虚无主义”的本质性标志并不在于，是否教会和修道院被毁坏了，而人被杀戮了，或者是否这事并没有发生，“基督教”能够走自己的路；而毋宁说，关键在于：是否人们知道而且愿意知道，恰恰这种基督教的容忍和基督教本身——关于“天意”和“主神”的一般说法——，不论它对于个体是多么真诚，只不过是在这样一个领域里的出路和窘境而已——对于这个领域，人们不愿意承认它是关于存有或者非存有[①]的决断的这个唯一领域，也不愿意让它发挥作用。后果最严
140 重的虚无主义乃在于，人们把自己冒充为基督教的保护者，甚至根据社会成就，为自己要求最具基督教性质的基督教信仰。这种虚无主义的整个危险性就在于，它完全把自己隐藏起来，并且与人们可以称之为粗暴的虚无主义的东西（例如布尔什维主义）鲜明而正确地区分开来。然而，虚无主义的本质是多么像深渊一般（因为它深入到存有之真理和关于存有之真理的决断之中），以至于恰恰这些绝对对立的形式能够、而且必须归于虚无主义。而且因此也可以给人一个表面感觉，仿佛从整体上并且彻底地来考虑，虚无主义是不可克服的。当虚无主义的两个极端的对立形式必然地和最尖锐地相互斗争起来的时候，这种斗争就会这样或那样地导致虚无主义的胜利，亦即导致一种对虚无主义的有所更新的巩固，而且也许是以这样一种形态，即：人们不可一直以为虚无主义仍然在发挥作用。

存有如此彻底地离弃存在者，并且听任存在者由谋制和“体验”来决定，结果是，那些挽救西方文化的虚假企图以及一切“文化政策”，都必定变成最棘手的虚无主义，因而变成虚无主义的最高形态。而且，这乃是一个过程，它并不与个别的人及其行为和学说相联系，而只是把虚无主义的内在本质驱逐出去，使之进入被指定给它的

① 此处“存有或者非存有”原文为 Seyn oder Nichtseyn，英译本作 be-ing or not-be-ing。——译注

纯粹形态中。诚然,对此过程的沉思已然需要有一个立足点,它既避免了受人们所完成的大量"善"、"进步"和"巨大之物"的欺骗,又根本上避免了一种只还没有对完全无意义状态视而不见的单纯绝望。这个首先要为自己重新建立时间和空间的立足点,就是此-在;而正是根据此-在,存有本身作为拒予、因而作为本-有才能首次得到了解。人作为此-在之建基者为另一个上帝的神性所需要,这乃是一种基本经验,在其中,为克服虚无主义而做的准备才露出了苗头。而这 141
种克服中最无可回避、也最艰难的东西,却是关于虚无主义的知识。

这种知识不可死死盯着字面,也不可拘泥于对尼采〈有关虚无主义〉的想法的初步解说,相反,这种知识必须把存在之离弃状态当作本质现身来认识。

73. 存在之离弃状态与"科学"①

实际上,现代科学和当代科学绝不能直接进入关于存有之本质现身的决断领域里。但既然如此,为什么对"科学"的沉思仍然属于回响之准备呢?

存在之离弃状态乃是那种存在者之存在状态的解释的原初地预先形成的后果——这种解释是以思想为引线的,也是以由此得到限定的和本身没有特地得到建基的ἀλήθεια[无蔽、真理]的早期崩塌为引线的。

但因为在现代并且作为现代,真理在确信之形态中确定下来,确信又在对作为被表-象的对-象的存在者的直接地思考自身的思想之形态中确定下来,而现代之奠基就在于对这样一个确定者的固定,

① 参看本书"回响"部分,第76节,"关于'科学'的命题"。——原注

并且因为这种思想的确信在现代"科学"的设置和推动中展开自身，所以，存在之离弃状态（而且这同时也即对ἀλήθεια［无蔽、真理］的遏制，直至把它抑制入被遗忘状态中）本质上是由现代科学一道来裁定的，而且这始终**只是因为**现代科学要求成为一种知识甚或**这种**决定性的知识。**因此**，在一种指出作为存有之回响的存在之离弃状态的尝试范围内，就不可避免地要有一种对现代科学及其植根于谋制的本质的沉思。

142 这同时也意味着：假如哲学已经活动在向另一开端的过渡中，那么，如此这般形成的对科学的沉思依然是哲学上唯一可能的沉思。任何一种〈对科学〉所做的科学理论的（先验的）奠基都已经变得不可能了，就如同一种"赋义"（Sinngebung），一种为现成的、因而在其本质内涵上不变的科学及其活动指定某种民族政治的意图或者其他任何一种人类学的意图的"赋义"。此种"奠基"之所以已经变得不可能了，是因为它们必然地是以"科学"为前提的，进而只是为"科学"配备了某个"原因"（它不是一个）和某种意义（它并非来自沉思）。由此，"科学"以及由之推动的对存在之离弃状态的加固只会获得更多的最终决定性，而每一种关于存有之真理的追问（一切哲学）就被当作不需要的东西了，在毫无急难地被处理之后，被排除出行动领域了。但恰恰这种对每一种思想之（内在）沉思（作为存有之思想）的可能性的阻挡，由于它不知道自己的所作所为，就被迫变本加厉地去搅拌一锅"世界观的"浑水——通过毫无选择地抓住以往形而上学的思想方式、思想手段和思想区域——，被迫去改善过去的哲学，并且在所有这一切中被迫做出"颠覆性的"样子。在这种"颠覆"（它等同于全部空洞套话的设立）中，只有那种对伟大思想家的无可赶超的无敬畏状态还值得被称为"革命性的"。敬畏其实是某种不同于称赞和承认的东西，不是指〈一位思想家〉为"其"时代所赞扬和承认——如若我们可以求助于诸如此类的说法的话。

对“科学”的沉思可以用一系列主导命题记录下来。这种沉思一方面必须使这个名称摆脱那种任意的与ἐπιστήμη［知识、科学］、scientia［科学］、科学(science)①等同起来的做法的历史性的不确定性，并且根据科学的现代本质对之做出规定。同时，在科学中得到固定的知识(作为真理之保存)之闪现的变异，是必须被弄清楚的，科 143
学必须得到探究，包括必然地归属于科学之谋制性本质的设置和运作场所(今天的“大学”)。为了刻画这种科学的本质(只要与“存在者”的关联被收入眼帘)，具有引导作用的是现在流行的在历史学科学与实验-精确科学之间的区分，虽然这种区分就如同从中产生出来的“自然”科学与精神科学的区分一样，都只不过是表层的，而真正说来只是糟糕地掩盖了表面上根本不同的诸科学的统一本质。普遍地对于这种沉思来说，要紧的事体并不在于一种关于这些科学的描述和揭示，而倒是在于已经由这些科学完成的、并且正在这些科学中实行的对存在之离弃状态的加固，质言之，就是对一切科学的无真理状态的加固。

74.“总体动员”②作为原始的存在之离弃状态的结果

〈总体动员〉就是纯粹地发动和掏空那种依然持存着的教育(Bildung)所具有的全部传统内容。

---

① 依次为希腊文、拉丁文和英文的“科学”。——译注

② 此处“总体动员”原文为totale Mobilmachung。此说应与恩斯特·荣格尔1930年的著作《总体动员》相关，海德格尔后来在“面向存在问题”一文中对此有过讨论，可参看海德格尔：《路标》，中译本，孙周兴译，商务印书馆2001年，第453页以下。——译注

方法（*Verfahren*）和设置（*Einrichtung*）的优先性，在整个为大众预备和效劳的过程中——为何？

总体动员的这种优先性意味着什么呢？于此必然要强求人的一种全新类型，这一点只是这个事件的反结果（*Gegen*folge），而从来不是"目标"。

然则还有"目标"吗？目标之设定是如何产生的？从开端而来。而什么是开端？

144

75. 关于科学的沉思

对"科学"的沉思盖有两条道路，而且只有两条道路。

其中一条道路，并不是把科学把握为如今现成的设置，而是把它把握为一个特定的可能性，即那种知识的展开和构造的特定可能性，这种知识的本质首先植根于一种更为原始的对存有之真理的奠基。这种奠基是作为与西方思想的开端的首次争辩来完成的，同时就成为西方历史的另一开端。如此被定向的对科学的沉思同样确定地返回到一个曾在之物中，恰如它在对一切进行冒险之际伸展到某个将来之物中。它从不活动于对一个当前之物及其直接获取的探讨中。从当前之物出发来计算，这种对科学的沉思就会迷失于非现实之物中，后者对于一切计算来说立即也意味着不可能之物（参看《德国大学的自我主张》[1]）。

另一条道路可以在下面的主导命题中得到勾画[2]，它根据科学现在的现实机制来把握科学。这种沉思试图根据科学的现代本质所

---

① 1933 年校长就职演说（《海德格尔全集》第 16 卷）。——原注

② 指下文第 76 节，关于"科学"的命题。——译注

具有的追求来理解这种本质。但作为沉思，它也不是一种对某个现成状态的单纯描写，而是要强调某个过程，只要这个过程的目标是一个对科学之真理的决断。这种沉思与第一种沉思一样，也是受同一些尺度引导的，实际上只不过是第一种沉思的反面。

76. 关于“科学”的命题① 145

1.“科学”始终必须在现代意义上被理解。中世纪的“学说”和希腊的“认识”是与“科学”根本不同的，尽管它们间接地、以变换的方式一道规定着我们今天当做“科学”来认识、并且也只能按照我们的历史处境来加以推动的东西。

2. 因此，“科学”本身并不是一种本质性的真理的建基和保存意义上的**知晓**（*Wissen*）（第23条）。科学乃是一种派生的知识**设置**，亦即在某个通常被遮蔽的、对科学来说根本不值得追问的真理区域范围内对一个正确性领域的谋制性开启（例如关于“自然”、“历史”、“法”）。

3.“科学上”可认识的东西，乃是在一种通过科学本身绝不能把握的关于被认识的存在者领域的“真理”中向来对“科学”来说**先行给定的**。存在者**作为**科学之**领域**放在面前；它是一个positum［实在］，而且，每门科学本身都是“**实证**”**科学**（连数学亦然）。

4. 所以，无论如何无论在哪里都没有“**这门**”科学，也许就像“艺术”和“哲学”一样，它们若**是**历史性的，则向来于自身中本质性地和完全地是它们所是。“这门科学”只不过是一个形式的名称而已，对于后者的本质性理解要求：科学所应有的按照设置而分解为**个别的**、

① 参看“现代科学”（《海德格尔全集》第88卷）。——原注

亦即个别化的各门科学,这个分解过程要一并得到思考。因此,就像每门科学都是"实证的",每门科学也必定是"个别"科学。

5."专业化"(Spezialistik)绝不是科学的一种堕落现象和退化,
146 也绝不只是一种不可避免的祸害(作为进步、无法估量、分工的后果),而是科学之特征(作为个别科学)的一种必然的内在后果,以及科学之持存——这始终也就是科学之进步——的不可转让的条件。分裂的真正根据在哪里呢?在作为被表象状态的存在状态之中。

6.每一门科学,甚至包括所谓的"描述"科学,都是说明性的:领域之未知因素以不同的回溯方式和程度被带回到一个已知的和可理解的东西那里。对说明条件的准备就是探究。

7.依照这种可理解的东西以及对于可理解性的要求如何预先规定了个别科学的领域,说明(*Erklären*)之联系便得以形成,并且被界定为当下充分的(例如在物理-化学的角度对一幅画的说明;在生理学-心理学角度对其对象性的说明;在"历史学的"角度对"作品"的说明和在"艺术的"角度所做的说明)。

8.一种(有关一种预先被经验的本质真理)的知识的设置(参看上文第 2 条),乃作为一种说明联系的建造和扩建而得到完成,这种说明联系为了使自己成为可能的,便要求探究工作普遍地约束于当下实事领域,而且是在探究工作被移置入其中的那个角度。诸科学的这种约束性(*Bindung*),作为正确性之联系的设置,乃是它们应有的严格性(*Strenge*)。每一门科学本身都是严格的,正如它必定是"实证的",并且必定在某个给定领域的当下角度被个别化。

9.一门科学的严格性展开出来,是以行动(着眼于课题领域)和做法(研究和描绘的执行)的方式完成的,[①]是在"方法"(Methode)

① 此句中的"行动"和"做法"原文分别是 Vorgehen 和 Verfahren,英译本作 proceeding 和 operating。——译注

中完成的。这种行动总是把对象区域带入某个特定的可说明性方向
上,后者基本上已经保障了某个“成果”的必然性。(总会有某个成 147
果的。)

所有说明活动中的行动的基本特征,乃是对连续的因果关系之个别次序和链条的追踪和先行规划。存在者的谋制本质,虽然没有**作为本身**而得到认识,但在无限的提升中,它不仅为这种成果可靠的“因果性”思想做出辩护,而且也要求这种“因果性”思想;而严格讲来,这种“因果性”只不过是以“当——那么”为形态的“如果——那么”关系[①](因此,连现代物理学中的“统计学”也归属于此,后者绝不是要克服“因果性”,而只是在其谋制本质中把它揭示出来)。以为借助于这种表面上“自由的”因果性就更能把握“生命”,这只是透露出那种隐秘的基本信念,即有朝一日也能把生命置于说明的统辖之下。这一步越来越显而易见,因为在自然的对立领域方面,也即在历史中,纯粹“历史学的”或者“史前史的”方法占了上风,这种方法完全用因果性来思考,使“生命”和“可体验之物”可为因果性的推算所达到,而且只在其中看到了历史性“知识”的形式。人们承认在历史中“偶然”和“命运”乃是共同起决定作用的,这一点尤其证明了因果思想的唯一统治地位——只要“偶然”和“命运”其实只不过是不可准确而清晰地计算的因果联系。根本上历史性地存在者或许具有一种完全不同的(建基于此-在上的)存在方式,这是绝不可能为历史学所知晓的,因为这时候,历史学不得不自暴自弃了(关于历史的本质,参看《思索》VI,第 33 页以下,第 68–69 页,第 74–75 页)。因为,对于其预先被固定的活动领域,**作为科学**的历史学具有一种不言

---

① 此处“当——那么”(Wann-dann)在语法上为时间状语从句,“如果——那么”(Wenn-dann)则为条件句。——译注

148 自明性，即无条件地与一种平均的可理解性相适应的东西——这种可理解性是科学之本质所要求的，而这种科学乃是正确性之设置，即在那种效力于**功用和培育**而对一切对象性的东西的支配和调控范围内的正确性之设置。

10. 只要唯一地与“科学”相称的任务乃是对其领域的详细研究，那么，科学本身于自身中就带有那种引力，即引向一种对行动和做法相对于课题域的优先地位的**提升**。对于科学本身来说，决定性的问题**并不**在于作为课题域之基础的存在者本身具有何种本质特征，而在于以此种或彼种做法，是否有一种“认识”亦即探究工作的一个**成果**（*Ergebnis*）是可以期待的。关键是对“成果”之设置和准备的洞察。结果，尤其是对它们的直接功用的占有，为探究工作的正确性提供了保证——这种科学上的正确性被视为一种知识的真理。根据“成果”以及它们的功用，“这种”科学必须自己去寻求它们的必然性的证实（在这里，“科学”到底是作为“文化价值”而得到辩护，抑或是作为“为人民服务”或者“政治科学”而得到辩护，这**在本质上是没有分别的**，因此，所有辩护和此类“赋义”相互混杂在一起，虽然有着表面上的敌对，但越来越被证明为是共属一体的）。唯有一种完全现代的（即“自由的”）科学才可能是“民族科学”①。唯有现代科学基于做法相对于课题的优先地位，以及判断正确性相对于存在者之真理的优先地位，才允许有一种向来可以按照需要来调节的对不同目的的转换（布尔什维主义对坚定的唯物主义和技术主义的贯彻；
149 四年计划的投入；利用政治教育）。在这里，“这种”科学往往都是**同一种**，而且恰恰通过这些不同的目的设定，它在根本上变得越来越单

---

① 此处“民族科学”原文为 völkische Wissenschaft。此说似与海德格尔此前不久的政治迷误相关。——译注

一,也就是越来越“国际化”了。

因为“科学”不是一种知识,而是某个说明领域之正确性的设置,所以“各门科学”也必然地出于各种新的目的设定,立即会受到新的“推动”,而借助于这些“推动”,“各门科学”就同时能逃避任何可能的威胁(即任何本质性的威胁),在新的“安宁”中继续工作。所以,现在用不着多少年了,“科学”就能弄清楚,它的“自由”本质和“客观性理想”不仅与政治的-民族的“取向”完全一致,而且对后者来说是必不可少的。因此,现在无论是从“科学”的角度,还是从“世界观”的角度,我们都必须**一致地**同意,有关一种科学“危机”的说法实际上只不过是废话。科学“的”“民族”“组织”活动在与“美国的”[科学组织]相同的轨道上;问题只在于,哪一方有更大的手段和力量去达到一种更快捷和完全的支配,方能把现代科学的**不变的**、从自身而来也是不可变的本质驱赶到它极端的最终状态那里。这是这样一项“任务”,它还可能占用几个世纪的时间,并且越来越确定地排除掉一种科学“危机”的任何可能性,也即排除掉知识和真理的一种本质性转变。

11. 每门科学都是严格的,但并非每门科学都是“**精确科学**”。“精确”这个概念是多义的。一般地,此词意味着:确切的、准确的、谨慎的。在这个意义上,每门科学按要求来讲就都是“精确的”,亦即着眼于方法**运用**的谨慎来看,都要遵循处于科学之本质深处的严 150
格性。但如果“精确的”无非意味着按照数字被确定、被测量和被计算,那么,精确性就是一种**方法本身**(甚至已然是准备性结构)的特征,而不只是方法运用的方式。

12. 如果“精确”意味着测量和计算方法本身,那么,下面这个命题就是有效的:一门科学之所以**可能**是精确的,只是因为它必定是严格的。

13. 但是，一门科学，如果它的实事区域预先被设定为一个仅仅在量的测定和计算方面可通达的、唯因此才提供成果的领域（现代的“自然”概念），那它就必定是精确的（为了保持为严格的，亦即保持为科学）。

14. 与之相反，“精神科学”要成为严格的，就必须保持为不准确的。这不是一个缺陷，而是精神科学的优点。同时，精神科学之严格性的贯彻，按成效来看，始终要比“精确”科学的精确性的实行困难得多。

15. 每一门科学，作为实证科学和个别科学，就其严格性来说都依赖于对其实事区域的认识，依赖于对其实事区域的勘察，依赖于ἐμπειρία［经验］和最广义的 experimentum［实验］。甚至数学也需要 experientia［经验］，也需要对其最简单的对象及其用公理表达出来的规定性的简单认识。

16. 每一门科学都是探究性的勘察，但并非每一门科学都能成为“实验的”——在现代实验概念意义上。

17. 相反，测量的（精确的）科学必须成为实验的。“实验”乃是精确性的一个必然的本质后果，而且，一门科学之所以是精确的，绝不是因为它进行实验（关于现代意义上的作为试验之安排的 experiri［经验］、experimentum［实验］和“实验”（Experiment），可参看本书“回响”部分，第 77 节）。

151 18.“实验”科学的现代对立形式乃是从“史料”中获得的“历史学”及其变种，即“史前学”，以此为基础，也许全部历史学的本质——即历史学从未达到过历史——就能够得到透彻的解说。[1]

[1] 海德格尔在此仍然是想区分通常的“历史学”（Historie）、“史前学”（Prähistorie）（以及“历史学”意义上的历史）与他所思考的本真的或原初的“历史”（Geschichte）。——译注

一切“历史学”都乞灵于比较，效力于比较之可能性的扩大。尽管这种比较表面上看来是以差异为目标的，但对于历史学来说，**差异**绝不会成为一种明确的区分，也即绝不会成为一次性的和简单的东西的唯一性；鉴于后者，历史学倘若在某个时候能够直面这种一次性的和简单的东西，那么，它必定会把自己看作不充分的。历史学对于那种否定的无意识的预感——预感到对自己本质的否定，这种否定是历史学面临的来自历史性因素[①]的威胁——乃是最内在的原因，说明为什么历史学的比较对差异的把握，只是为了把差异编排到一个更广大和更复杂的可比较性领域里。然而，一切比较本质上都是把……等同起来、弄成一样，回溯到某个相同的东西，而这个相同者本身根本就没得到认识，而是构成那个使一切说明和联系都获得清晰性的不言自明的东西。历史本身越少地得到记录、清算和描绘，而只有行为、作品、成果和意见作为事件以它们的顺序和区分越多地得到记录、清算和描绘，则历史学就越容易满足它自己的严格性。历史学总是在这个区域里活动，这一点通过历史科学的进步方式而得到了最清晰的证明。这种进步在于各个总是不同地引发的主导性的比较视角的替换。所谓新“材料”的发现始终是新选择的说明视角的结果，而不是其原因。同时也可能有这样的时代，它们表面上排除了所有的“解说”和“描绘”，纯粹局限于对“材料”的保障，而这些“材 152
料”本身就被称为真正的“发现”[②]。但甚至这种对“发现”和可发现的东西的保障，也会立即必然地过渡到一种**说明**，因而就要求一个主导性的视角（极其粗糙地把一个发现归类和编排到已经发现的东西行列之中，这也是一种说明）。

---

① 此处“历史性因素”原文为 das Geschichtliche，是在“历史”（Geschichte）意义上讲的。——译注

② 此处“发现”（Funde）也有“发掘物、出土物”之义。——译注

在历史学的发展过程中,不光是材料增长了,不光是材料变得更一目了然,可以通过精细的设置更加速、更可靠地获得,而且首要地,它本身变得越来越持续了,也即在它所隶属的视角的变化方面,它越来越能保持不变了。由此,历史学的工作变得越来越方便了,因为它只还需要在固定的材料上应用一个新的解说视角。不过,历史学本身从来都不具有这种解说视角,而毋宁说,历史学始终只不过是历史学家所处的当代历史的反映;而历史学家恰恰不能历史性地认识历史,说到底,他只能重又以历史学方式来说明历史。但解说视角的替换进而在较长时期内保证了丰富的新发现,这又强化了历史学本身对其进步性的自我确信,越来越把历史学固定于它自己对历史的逃避。而如果竟有一种特定的解说视角被提升为唯一决定性的视角,那么,历史学就还能在主导性视角的明确性中找到一个手段,借以克服以往的、在其种种视角中变化的历史学,并且把其"研究工作"的这样一种持续性带到人们早就期盼的与"精确科学"相当的地位上,成为真正的"科学"。这一点表现在:历史学变成可操作和可制度化
153 的东西了(诸如像威廉皇帝[1]时代的社会制度)。历史学变成得到确保的"科学",这样一个完成过程绝不与下面这一点相矛盾,即:历史学的主要成就现在是以报纸式报道(新闻报道)形式来实行的,而历史学家则渴望着此种对世界历史的描绘。因为并非偶然地,"报纸科学"[2]已然在形成中了。人们还把"报纸科学"看作历史学的一个变种,乃至于一种蜕化,而实际上,它只不过是作为现代科学的历史学之本质的最后预告。值得注意的是这种广义的"报纸科学"与出版工业的不可避免的结合。两者的一体化源自现代的、技术性的本

① 威廉皇帝:指威廉一世(Wilhelm I,1797-1888 年),普鲁士国王(1861-1888 年在位)、德意志帝国皇帝(1871-1888 年在位)。——译注

② 此处"报纸科学"原文为 Zeitungswissenschaft,似也可译为"新闻学"。——译注

质。(所以,一旦“哲学系”[①]果敢地扩建为它现在已经是的东西,则报纸科学与地理学就将成为它的基础科学。这些“系科”普遍明显而内在的萎缩,只不过是勇气不足的后果,即没有勇气果敢地抛弃它们作为哲学系科的虚假特征,并且为将来的“精神科学”的运作特征提供完全的设置空间。)

尽管神学依然是在“在世界观上”不同地被规定的,但它纯粹在运作方面效力于**它作为科学**的使命,却比“精神科学”要进步得多。因此,如果神学系虽然排在医学系和法学系之后,但却被排在哲学系之前,那是完全对头的。[②]

历史学,始终在它所占有的现代科学的特征意义上被理解的历史学,乃是一种对历史的不断逃避。但即便在这种逃避中,历史学也还保持着一种与历史的关联,而且,这一点把历史学和历史学家带入一种歧义性中了。

如果历史不能以历史学方式得到说明,不能根据某个特定的形 154
象、为着形成观点和信念的特定目的而得到清算,而毋宁说,历史本身要被置回到它的不可说明性的唯一性之中,通过它,所有历史学的折腾以及从中产生的全部意见和信仰都将受到质疑,并且被提交给一种关于自身的不断决断,那么,能够被命名为历史思想的东西就得到实行了。历史思想家不同于哲学家,同样本质上也不同于历史学家。至少它不能与人们通常所谓的“历史哲学”这种虚假产物相提并论。历史思想家的沉思和描绘的焦点始终在于历史范围内的某个特定的创造、决断、顶峰和坠落的领域(无论那是诗歌、造型艺术,还

---

① 此处“哲学系”(Philosophische Fakultät)是在德国大学系科建置意义讲的,是广义的,故英译本把它译为 liberal arts faculty。——译注

② 这是威廉姆·冯·洪堡的大学构想:真正的大学只设医学、法学、神学和哲学四科。——译注

是建立和执掌一个国家)。只要当代的和将来的时代——尽管是以完全不同的方式——作为历史性的时代展开出来,只要当代的-现代的时代以历史学方式排挤历史,而没有能够回避历史,只要将来的时代必须转变方向,进入历史性存在的质朴性和鲜明性中,那么,从外部来看,历史学家形象与历史思想家形象之间的界线,在今天就必然地会变得模糊不清;更何妨相应于其报纸科学特征的不断突现,基于其报道式的总体描绘,历史学散发出一种超科学的历史考察的尴尬假象,从而把历史性的沉思完全带入混乱之中。而通过基督教的历史辩护学,这种混乱又一次得到了加强;基督教的历史辩护学自从奥古斯丁的 civitas dei[《上帝之城》]以来得到了练习并取得了权力,所有非基督教徒今天也已经为这种历史辩护学所雇用了——对
155 他们来说,一切皆取决于一种对以往之物的单纯挽救,也就是取决于对本质性决断的阻挡。

因此,真正的历史思想只能为少数人所认识,而从这少数人当中,也只有寥寥几人才能通过历史学意见的普通大杂烩来挽救历史性的知识,使之成为关于一个将来种类的决断之期备。

比历史推得更远的是自然;当有关自然的认识演变为一种"有机的"考察,而不知道"有机论"只不过是"机械论"的完成,这时候,对自然的封锁就变得愈加完全了。因此,一个毫无顾忌的"技术主义"的时代,同时也可能在一个"有机世界观"里找到它自己的自我解释。

19. 随着一切科学的谋制的-技术的本质的日益增强,自然科学与精神科学①之间在对象和方法上的区分也将变得越来越小了。自然科学变成机械技术及其运作的一个组成部分;而精神科学则扩展

① 此处"精神科学"(Geisteswissenschaften)自然也可译为"人文科学"。——译注

为一种无所不包的、范围巨大的报纸科学,在其中,当代的"体验"持续不断地得到历史学上的解说,并且通过这种解说,为每个人输送出尽可能快速和尽可能好懂的出版物来传达这种"体验"。

20. 大学作为"科学研究和教学的场所"(因此它们是 19 世纪的产物),变成纯粹的、越来越"现实的"操作机构,在其中,没有任何东西能得到决断。只是就大学暂且不得不同时依然成为"文化政治"宣传的手段而言,它们还会把一种文化装饰的最后残余保持下来。"universitas"["大学"]的无论何种本质都再也不能从它们中展开出来:一方面是因为政治-民族的[1]服务使这样一回事情成为多余的 156
了,而另一方面则是因为科学之运作本身若没有"大学"——在此干脆就是没有沉思的意志——还能更好地保持运行,要可靠得多也顺利得多。哲学,在这里被理解为对真理的思考和沉思,也就是对存有之可疑性的思考和沉思,而不是历史学上的构造"体系"的博学——这种哲学在"大学"里是没有位置的,尤其是在大学将要成为的运作机构里是没有位置的。因为根本上哲学无论在哪里都不"具有"这样一个位置,除非那是由哲学本身建基的那个位置;但没有一条道路能够从某个固定的设置出发径直通向那个位置。

21. 前面对于"科学"的特性刻画,并非起于一种对科学的敌对态度,因为这样一种敌对态度根本上是不可能的。"科学"即便有其今日全部的巨大膨胀、成功把握和强势性质,但它本身根本不具有一种本质性的地位的前提,基于这个地位,它向来能够进入一种与思想之知晓的对立之中。哲学既不反对科学也不赞成科学,而倒是使科学沉湎于它自己对自己的功用的狂热追求,使之力求越来越方便而快速地保障越来越有用的成果,从而使之力求使利用和需要越来越

① 可注意作者此处使用形容词"民族的"(völkisch)时的社会-政治背景。——译注

难解难分地依赖于当下的成果及其超越。

22. 如果我们承认了——正如我们必须承认的那样——现代科学的预先被规定的本质，现代科学的纯粹而必然可利用的运作特征以及为此所必需的设置，那么，在**这样一种**承认的视界内，我们必定会期待，甚至于计算出科学在将来有一种巨大的进步。此类进步将
157 使对大地的剥夺和利用、对人类的培育和驯服进入今天尚不可设想的状态中，而任何一种对早先之物和异类之物的浪漫主义回忆，都是不能阻碍或者哪怕只是遏制这些状态的出现的。但此类进步也越来越稀罕地被标记为一种令人惊奇和引人注目的东西，诸如文化成就之类，相反，它们成群结队地出现，可以说作为商业秘密被消耗掉，进而以其成果而被驱除掉。唯有当科学达到了这样一种运作上毫不起眼的展开，它才在它驱动自己的地方：它于是一道消解于对一切存在者的消解之中。展望这个结局，一个将十分持久的最终状态——它看起来总是像一个开端——，科学在今天就还处于其最佳的开始阶段。在今天，唯有盲者和傻瓜才会谈论科学的“终结”。

23. “科学”如此这般推行对知识中的一种完全无需要状态的保障，因此在完全无疑问状态的时代里始终还是“最现代的”。所有目的和用途都定了下来，所有手段都是近在手边，每一种获益都是可行的。只还有一点是要紧的，即要克服精致化的程度差异，并且尽可能为成果提供最方便地利用的最大范围。所有这一切以及其他东西都奔向这个隐蔽的目标，而对此一无所知，也不可能有所知；这个隐蔽的目标乃是那些最本己的成就范围内一种完全的无聊（Langeweile）状态（参看 1929/1930 年讲座[①]）；有朝一日，如果还留下来一种知识

① 1929/1930 年冬季学期讲座《形而上学的基本问题。世界——有限性——孤独性》（《海德格尔全集》第 29/30 卷）。——原注

力量的残余,从而至少在这种状态中有所惊恐,并且得以把这种状态本身以及在其中出现的存在者的存在之离弃状态揭露出来,那么,这些成就本身就再也不能把无聊状态的特征遮蔽起来了。

24. 然而,重大的开设[①]只来自本质性的、已然处于另一开端中 158
的知晓,而绝不是来自昏聩无能和完全束手无策。然则这种知晓乃是内立于存有之可疑问状态中,存有保存着自己唯一的尊严,其方式是:它十分稀罕地在拒予中赠予自身,成为关于在存在者中诸神达到和逃遁的决断之掠过的隐蔽居有事件[②]。何种将来者来为这样一个掠过之瞬间建基呢——向着另一个"时代"之开端,意思也就是说,向另一种存有历史?

主要科学系科的解体和混合

历史学精神科学变成报纸科学。自然科学变成机械科学。

"报纸"和"机械"本质上指的是最终的(对于现代来说正在趋向完成的)对象化过程的突出方式,这种对象化过程本身吸取了存在者的全部实际性,并且只还把这种实际性本身当作体验活动的动因。

由于这样一种在设置和准备活动中行动的优先地位,两组科学便在本质性方面、也即在它们的运作特征方面达到了一致。

今天,现代科学向其本质的这样一种"发展"只为少数人所明见,而被多数人当作并非现成的东西加以拒绝。它也不能通过事实来证明,而只能根据一种从存在历史而来的知晓来把握。许多"研究者"还会把自己设想为19世纪保存下来的传统的一分子。同样,
关于自己的对象,许多人还会获得新的内容上的丰富和满足,他们也 159

① 此处"开设"(Entsetzen),英译本作 setting free。——译注

② 此处"掠过"(Vorbeigang)和"居有事件"(Ereignis,即"本有")是海德格尔的特殊用法。在本书别处,海德格尔说的是"最后之神"的"掠过"。——译注

许在教学上依然是行之有效的。不过,所有这一切都丝毫不能反对整个“科学”设置都无可改变地被嵌入其中的那个过程。科学不仅绝不能从这个过程中摆脱出来,而且科学首先也绝不想要这种摆脱——科学越是进步,就越是不能要求从中摆脱出来。

但这个过程首先也绝不是今天德国大学的一个现象,而不如说,它涉及到在某个地方和将来某个时候还想要被当做“科学”的一切。

如果以往和早先的设置形式还能长久地保持下来,那么,终有一天,它们将越来越明确地让在它们那种表面的保护背后发生的东西变得清晰起来。

77. experiri[经验]-experientia[经验]-experimentum[实验]-“实验”—ἐμπειρία[经验]—经验—试验[1]

为了能够为今天现代科学意义上的科学实验的概念提供充分的规定性,需要有一种对“经验”(Erfahren)之等级和方式的洞见,所谓“实验”即归属于由这些“经验”等级和方式构成的联系。以“实验”(Experiment)这个名称显露出来的漫长的词语历史(而且这也意味着实事本身的历史),不能误导我们形成那种要求,就是在 experimentum[实验]、experiri[经验]和 experintia[经验]出现的地方,也想要找到关于今天“实验”的认识,或者哪怕只是今天“实验”的直接的预备阶段。同一个词语所道出的差异性越是清晰地暴露出来,现代“实验”的本质也将更加鲜明地得到把握,或者至少是这种本质得以

① 这里使用了七个词语,依次是拉丁文 experiri, experientia, experimentum,德文的 Experiment,希腊文的ἐμπειρία,德文的 Erfahrung 和 Versuch。——译注

在其中变得明显可见的那些视角将能得到确定。为准备一种对“实验”的本质界定，且让我们在这里实事求是地勾画出“经验”和“经验因素”的层次①，而不作词语历史的历史学追踪。 160

1.“经验”(erfahren)：冲向某物，而且是冲向某人的某物；不得不接受这种碰到某人、并且使某人遭受某物的东西，这种“刺激”我们的东西，这种没有我们插手就与我们照面的东西。

2. 经-验(er-fahren)作为**走向某物**(*Zugehen auf etwas*)，某个并不直接地在上述意义上“关涉”我们的东西，寻视、查看和侦察，而且径直只是着眼于某物看起来如何，以及究竟是不是现成的和可找到的。

3. 前面这种走向某物，却是以**考验**(*Erprobung*)的方式，要考验一下如果这个那个东西添加给某物或者从某物身上去掉，则某物看起来如何以及如何是现成的。

在上列第二、三点中被经验的东西，始终已经是一个以某种方式**被寻求的东西**，而且是通过应用特定的辅助手段。单纯的寻视和观望变成一种对照面者进行**追踪**的观察，而且是在其照面和出现的变化不定的条件之下。

在这里，这些条件及其变化本身可能又被找到了，而且是人们所等待的。但它们也可能通过一种**干预**(*Eingriff*)而发生这样那样的变化。在后一种情形下，我们为自己谋得了特定的经验，是通过某些干预并且应用了更准确的观看和规定的某些条件而获得的。

放大镜、显微镜：加剧了观看，改变了可观察性的条件。

在这里，仪器和工具本身就是常常被制作好的同一种材料，本质

---

① 此处“经验”(Erfahren)为德文动词 erfahren 的动名词，而“经验因素”(das Empirische)则是源于希腊文的ἐμπειρία[经验]的形容词 empirisch 的名词化。——译注

上是与有待观察者一样的。

在这里，人们已经可以来谈论一种"experimentum"["实验"]了，而并没有揭示出一种"实验"及其条件的蛛丝马迹。

161 当各种观察被集中起来时，上面这一点就尤为明显了。而对观察的集中又可能出现两种情形：一种是无选择地把各种观察收集起来，只是基于它们难以估量的多样性和奇特性；而另一种集中则意在获得一种秩序，这种秩序的"原则"还根本不是从被观察的对象身上得出来的。

4. 作为考验性的走向和观察，经验的目的从一开始就在于制订出一种合规则性。在这里，本质性的东西乃是对规则特性的先行把握，这也就意味着，对一种在相同条件下不断重复的东西的先行把握。

78. experiri[经验](ἐμπειρία[经验])——"经验活动"

1. 冲向某物(*auf etwas stoßen*)，这某物是冲向某人的某物；某物冲向某人，碰到某人，人们必须接受之；向某人冲去。冲向者、关涉者、刺激(Af-fektion)、意义接受。感受性、感性和意义器官。

2. 走向(*Zugehen*)某物，寻视、查看、侦察、检阅。

3. 走向作为考验(*Er-proben*)，本身要追问，是否"当-那么"，"如果-如何"①。

在上列第二、三点中，已经向来有一个或多或少确定的被寻求者。在第二点中不确定的是什么向我冲来，在没有帮助的情况下我

① 参看上文第76节第9条。——译注

遇见什么。在第三点中则是对走向的干预或者加剧,分解、放大,用某种辅助手段、仪器、工具,本身是质料的和物性的。放大镜、显微镜,加剧了观看,观察的条件。也把各种关于“合规则性”的观察收集起来,在一种完全不确定的秩序中——奇特之物。

4. 工具性的走向和考验目的在于制订出一种规则。对规则特性的先行把握,例如“当如此之多–那么就如此之多”[①]。“当–那么”作为始终重又持存者(ὄν[存在者])。考验、做一次考验;亚里士多德 162
《形而上学》A1:ἐμπειρία[经验]、ὑπόληψις[见解],每次都是“当–那么”。试-验(*Ver-scuch*),不只是“考验”,而是把对象性的东西带入“诱惑”中,设一个陷阱,〈把它〉带入陷阱之中——如此,非如此![②]

5. 走向与考验,目的在于规则,如此一来,一般地规则特性,并且唯有规则特性,才能先行规定在其领域中的对象性的东西,而且这个领域根本上唯有通过制订规则才是可把握的,而规则又唯有通过表明合规则性(考验合规则性的可能性,对自然本身的试验)才是可把握的,并且是以这样的方式,即:规则是这样一种关于尺度之规整(*Maßordnung*)和可能的可测度性的规则(空间、时间)。对于某种质料性的、自然性的东西来说,这在原则上说的是什么呢?

唯现在方得以〈显明〉现代实验的可能性以及必然性。为什么是必然的呢?“精确的”实验(测量的)〈对立于〉不准确的实验。唯在有一种对本质性的,而且仅仅在量上规则性地被规定的对象领域的先行把握之处,实验才是可能的;而且,先行把握因此规定着实验及其本质。

---

① 德文原文为:wann so viel-dann so viel。——译注

② 此处“如此,非如此!”原文为:daß—daß nicht!,英译本作:that, not that!。德语中daß 为引导名词从句的连接词。——译注

experiri[经验]—experientia[经验]—intuitus[直观]（argumentum ex re[来自事物的论证]）

〈它〉对立于 componere scripta de aliqua re[关于某个主题的文献汇编]，亦即把更早的意见、权威收集起来，并且对这些意见做出纯粹逻辑的探讨，旨在找出其中最明智的意见，尤其是那些与信仰学说相符合或者不相矛盾的意见（argumentum ex verbo[来自话语的论证]）。可参照中世纪的自然科学，在那里，根本的出发点是作为实在之物的 essentia[本质]。

experiri[经验]——如此这般从根本上对立于权威地被宣告的
163 东西，以及根本不可显示、不能被带入光亮之中、不能为 lumen naturale[自然之光]所通达的东西（对立于 verbum divinum[神圣的话语]、"启示"）。参看笛卡尔:《指导原则》三。[①]

早在中世纪之前，这种 experiri[经验]〈就是〉ἐμπειρία[经验]，〈是〉医生〈的 ἐμπειρία[经验]〉——亚里士多德！"当-那么"！ἐμπειρία[经验]、τέχνη[技艺]已经〈是〉一种"当-那么"（规则）的 ὑπόληψις[见解]。但现在，〈它〉却是通过对立而〈获得〉一种本质性的意义，尤其是当人的转变〈作为〉救恩之确信和自我之确信〈而发生〉时。

不过凭这一点，还只是首先〈给出了〉"实验"之可能性的一般前提。而实验本身尚未因此被给定为某个成为一种必然的和第一性的认识内容的东西。为此就需要有一个根本上全新的步骤。

这方面的特别而唯一的前提——听起来好生奇怪——乃是，科

---

① 参看笛卡尔:《探求真理的指导原则》，中译本，管震湖译，商务印书馆 1995 年。——译注

学变成理性的-数学的,亦即在最高意义上不是实验的。对自然本身的设定。

因为现代"科学"(物理学)是数学的(而不是经验的),因此它必然地是在测量实验意义上实验的。

说实验研究是北方-日耳曼的,而理性〈研究〉则是外来的——这纯属胡说八道!那样的话,我们就不得不下决心把牛顿和莱布尼茨算作"犹太人"了。恰恰数学意义上的自然筹划乃是"实验"(作为测量实验)的必然性和可能性的前提。

现在,实验不仅对立于空谈和辩证法(sermones et scripta[讲道和文献],argumentum ex verbo[来自话语的论证]),而且对立于任意的、仅仅好奇地对某个不确定地被表象的领域的探询(experiri[经验])。

现在,实验〈乃是〉精确科学的必然内容——建立在对自然的量的筹划基础上的,并且对这种筹划本身进行扩建的精确科学。

现在,实验不再仅仅对立于单纯的 argumentum ex verbo[来自话语的论证]和"思辨",而且也对立于一切单纯的 experiri[经验]。

于是乎,大谈(参看格拉赫①)②现代科学早在中世纪已经开始, 164
因为举例讲,罗吉尔·培根就讨论过 experiri[经验]与 expermentum[实验],其间也谈论过量,诸如此类,〈乃是〉一种根本的谬误和对本质性观念的混淆。

如若这样,那就要回溯这个中世纪"现代性"的源头:亚里士多德,ἐμπειρία[经验]。

---

① 例如瓦尔特·格拉赫:精确科学中的理论和实验,载 M.哈特曼和 W.格拉赫:《自然科学的认识及其方法》,柏林 1937 年。——编注

② 瓦尔特·格拉赫(Walther Gerlach,1899-1979 年):德国实验物理学家,纳粹德国时期发展核武器的关键人物。——译注

现在,实验对立于 *experiri*[经验]。

在那种根据规律对作为事物之"此在"联系的自然的设定中,harmonia mundi[宇宙的和谐]与 ordo[秩序、等级]观念,即 κόσμος[宇宙、世界],起着何种参与决定的、但越来越退却的作用。

现代实验之可能性的基本条件:

1. 对自然、对象性、被表-象状态的数学筹划;

2. 现实性之本质从本质性[①]向个别性的转变。唯有在此前提下,一个个别结论才能要求证明和证实的力量。

79. 精确科学与实验

1. 何种意义上精确科学要求实验?

2. 预备问题:什么是实验?

experiri[经验]与实验

3. 要表明:在自然科学范围内"实验"与"实验"是不同的,是各具特征的,取决于其探问的对象性和方式。纯粹测量的实验。

4. 一种"心理学的"实验。

5. 一种"生物学的"实验。

165 **一种"心理学的"实验**

〈我们考虑一种"心理学的"实验〉并非仅仅为了表明一种实验是什么(当然也包括这一点),而是为了表明对象化有哪些其他方向和层次。

现在要关注什么?　　　　事实

---

① 此处"本质性"(Wesenheit)即是"普遍性"。——译注

不〈关注〉什么？　　　　　　　　　　　　和

有何种差异？　　　　　　　　　　　　　　规律

这种“实验”何为和为什么？

它处于何种问题联系中？

80. experiri[经验]—experientia[经验]—experimentum[实验]—“实验”

〈experiri[经验]意味着〉经验，冲向某物，某物冲向某人，我取得了经验，我的“坏的”经验。

早在中世纪以及更早的时候，〈experiri[经验]〉就已然区分于λογῳ[逻各斯]，不同于sermo[说话、讲道]（componere scripta de aliqua re[关于某个主题的文献汇编]），不同于仅只被言说、被传达、而实际上却没有被显示的东西，不同于权威性地被公布出来，并且作为本身根本不可显示的东西。与之相反，关注〈某物〉和走向〈某物〉，在这里始终是某个被寻求的东西——视乎什么被寻求——，构成一种考验（*Erproben*）。

〈experiri[经验]之出现〉借助于一种预备、设置、仪器，或者不用这些——例如检验水是热还是冷，风从哪儿吹来。

〈experiri[经验]乃是〉一种为了把某物带向被给予性的特有行动。但问题却在于“什么”（was）与“如何”（wie），是否〈它〉径直就是一个如此这般[①]，即quale[性质、特质]，或者，是否〈它是〉一种关系的持存，即：如果——那么，“原因——结果”，从何而来，为何之故？（放大镜、显微镜的使用）而且还有，是否这种关系依然〈是〉在

① 此处“一个如此这般”原文为ein So und So，英译本作a such and such。——译注

量上被规定的:如果如此之多,那么就如此之多。

〈experiri[经验]乃是〉一种对被寻求者的先行把握,也就是对被追问者本身的先行把握。相应地,〈它乃是〉程式的设置和安排。然而,这一切 experiri[经验]都还不是现代的"实验"。

166 现代"实验"(作为试验的考验)中决定性的因素并不是"设备"本身,而在于问题提法,亦即自然概念。现代意义上的"实验"乃是精确科学意义上的 experientia[实验]。因为精确,所以〈才是〉实验。

现在,〈实验中的〉差异不再对立于单纯的谈论和关于某个事态的各种意见、"权威"的聚合,而是对立于对自行呈现者的一味描述、采纳和断定,不带有那种特定的把行动程式预先勒出来的先行把握。

即便一种描述也已经是"解释",诸如作为"色彩"、作为"声响"、作为"大小"。解释与解释是不同的。物理的解释!

什么是"更可靠的":直接而质朴的描述还是精确的实验呢?是前者,因为它是以"更少的"理论为前提的!

实验的可重复性要求意味着什么呢?

1. 环境和仪器的持存性

2. 对相关理论和问题的传达

3. 普遍有效的可证明性(普遍有效性和"客观性");被表象状态、正确性以及真理性——事实性。

三、传送[①] 167

81. 传送 169

对**另一开端**的必然性的争辩乃起于对第一开端的原始设定。

主导情调:追问中诸开端的相互超逾的乐趣。

这也意味着一切皆关乎对主导问题与基础问题的区分;对主导问题的解答和对主导问题的真正展开;向基础问题过渡(《存在与时间》)。

全部关于哲学"历史"的讲座〈皆属于此〉。关于所有"存在学"的决断。

82. 传送

〈传送〉具有历史性的本质,乃是对过渡的第一次架桥,却是一座向那首先要决断的河岸伸展的桥梁。

但原初思想之历史的传送却不是一种历史学意义上的对于一个"新""体系"的添加和预告,而不如说,它在自身中就是一种本质性的、发动转变的准备,即为另一开端所做的准备。因此,也许我们就不得不以更不显眼和更确定的方式,仅仅把历史性的沉思对准在第

① 可参看 1937 年夏季学期练习课《尼采形而上学的基本立场。存在与假象》以及 1937/1938 年冬季学期练习课《西方思想的形而上学基本立场(形而上学)》以及全部**历史**讲座。——原注

一开端的历史中的思想家,并且通过与他们的问题态度所做的追问性对话,不知不觉中把一种追问培植起来,这种追问有朝一日会发现自己特别地植根于另一开端中。可是,因为这种历史性的沉思作为对开端的传送——在自身中建基、向来各各不同地归属于离基深渊的开端——在过渡中起于另一开端,而对这另一开端的把握已经要求跳跃,所以,这种历史性的沉思太容易遭受那种错误解释,后者只发现关于思想作品的历史学考察,而思想作品的选择则是受某种任
170 意的偏好引导的。尤其是因为,这种历史性沉思的外部形式("哲学史"讲座)根本没有把自身区别于那种东西,即只还由一种事后追加的对于结束了的哲学史的博学所描绘出来的东西。

历史性的沉思只能被用作——而且甚至相当有益地——历史学上的、因而立即可改进的考察(也许还是发现),从中从来没有冒出那种历史的暗示——这种历史就是存有本身的历史,并且于自身中承荷着一切决断的**这个**决断。

历史性的沉思在存有历史的**思想**中有其可实行性的基础。但如果我们已经失去了思想的本质,如果"逻辑"已经被选定来支配"思想",而"逻辑"本身只不过是思想之**无能**的一个残余(此所谓思想之无能,也就是在存在之真理的离基深渊中一种未得支撑和未受保护的追问的无能),那又如何呢?如果"思想"现在只有作为在关于对象的正确表象中无错的推理、作为对那种追问的逃避才有其效力,那又如何呢?

83. 全部形而上学关于存在的意见

形而上学认为,存在可以在存在者身上找到,而且是要通过思想对存在者的超越来找到的。

思想越是唯一地转向存在者，并且为自己寻求一个最具存在特性的基础（参照"笛卡尔与现代"），哲学就越是明确地远离存有之真理。

不过，若不是陷于"虚无"之中，则对存在者的形而上学放弃[1]，亦即对形而上学的放弃，是如何可能的？

此-在乃是对存有之真理的建基。

人越是具有非存在特性，人越少固执于他发现自己所是的存在 171
者，人就越能切近于存在（不是佛教！而是反面）。

84. 存在者

〈存在者〉在其向它自身的涌现（*Aufgang*）中（希腊）；〈存在者〉由一个具有同样本质的最高者所引发（中世纪）；〈存在者〉成为作为对象的现成者（现代）。

存有之真理变得越来越隐蔽，这种真理本身成为有所建基的权力并且从根本上被认识的可能性，变得越来越稀罕了。

85. 对第一开端的原始归本意味着在另一开端中扎根

对第一开端（而且也就是它的历史）的原始归本意味着在另一开端中扎根。这是在从主导问题（什么是存在者？关于存在状态、存在的问题）向基础问题——什么是存有之真理？——的过渡中实

[1] 此句几不可读，原文为：der metaphysischer Verzicht auf das Seiende，或可译为：在形而上学上对存在者的放弃。——译注

现的(存在与存有是同一的,但又是根本不同的[1])。

历史性地来把握,这种过渡乃是对**一切**“形而上学”的克服,而且是第一位的和首先可能的对一切“形而上学”的克服。现在,“形而上学”首先在其本质中变得可认识了,而且在过渡性的思想中,一切关于“形而上学”的谈论都变得模棱两可了。**问题**:什么是形而上学?是在向另一开端的过渡领域里被提出来的(参看与《存在与时间》和《论根据的本质》相联系的演讲[2]),已经在一种首次获得向另一开端的过渡的前部地带意义上追问“形而上学”的本质。换言之,这个问题已经从另一开端而来进行追问了。被它当作对“形而上
172 学”的规定来揭示的东西,已经不再是形而上学,而是形而上学的克服了。这个问题想要达到的目标,并不是对以往的必然混乱不堪的关于“形而上学”的观念的说明和牢牢保持,而是朝着**过渡**的冲力,因而也是朝着那种知识的冲力,即认识到:如果哲学要赢获其另一开端的话,那么,**任何种类**的形而上学就都终结了,而且必定会走向终结。

如果“形而上学”被揭示为归属于此-在本身的事件,那么,这并不是指一种十分蹩脚的“人类学的”固定,亦即在人类学意义上把形而上学学科固定在人身上,而不如说,凭着此-在,已经赢获了那个基础,存有之真理就建立在这个基础上,以至于现在,存有本身原始地获得统治地位,一种超愈存在者的态度,亦即一种走出作为现成之物和对象的存在者的态度,已经变成不可能的了。而且这样一来,首先显示出形而上学曾经是什么,就是这种从存在者向存在状态(理

① 此句中的“存有”(Seyn)是在“本有”(Ereignis)意义上讲的,故与“存在”(Sein)有着同一与差异的关系。——译注

② 应指海德格尔的演讲《形而上学是什么?》,可参看海德格尔:《路标》,中译本,孙周兴译,商务印书馆2001年,第119页以下。——译注

念)的超愈。但也许这种对“形而上学”的规定,依然不可避免地是模棱两可的,因为看起来,仿佛这个规定只不过是传统概念的一个当代翻版而已,于实事是无所触动的。确实如此。但由于这种对“形而上学”的本质的把握,首先而且完全地变成一种此-在之建基,它就阻断了“形而上学”的任何一条通向更广大的可能性的道路。在过渡性思想的角度来把握,意思就是:把被把握者置入其不可能性之中。还有必要特别地保护这种对“形而上学”的防御,使之免于与“反形而上学的”“实证主义”思潮(及其变种)相混合吗?几乎不可能——如果我们考虑到,“实证主义”其实是一切“形而上学的”思想方式中最粗暴的一种,因为它一方面包含着一种完全确定的关于存在者之存在状态(感性)的决断,另一方面恰恰又通过对一种同样的“因果性”的基本设定,不断地超愈这个存在者。但对于过渡性的思想来说,关键还不在于一种与“形而上学”的“对立”(—这种对立其 173
实恰恰会使形而上学重新进入阵地),而倒是在于一种从根基上对形而上学的克服。形而上学正在走向终结,并不是因为它过于猛烈地、过于不加批判地、过于异想天开地追问了存在者之存在状态,而是因为伴随着第一开端的脱落,形而上学以这样一种追问从来不能探问那种从根本上被寻求的存有,最后便沦于这种无能于“革新”“存在学”的窘境中。

形而上学作为关于存在者之存在的认识必定会走向终结(可参照尼采),因为它竟没有、甚至决没有大胆冒险,追问过存有本身的真理,因而甚至在其本己的历史中也必定始终保持在其(思想)主线的紊乱和不确定性之中。但恰恰因此,过渡性的思想也不可沦于那种诱惑,把已经作为终结并且在终结中被它所把握的东西径直抛在身后,而是要完成这个终结,现在亦即说,必须首先要把握这个终结,让这个终结经过转变后深深奏入存有之真理中。关于形而上学的终结的说法不可误导人们，以为哲学与“形而上学”一道完蛋了，相反：在其本质之不可能性中，形而上学必定现在才被传送给哲学，而哲学本身必定现在才被传入它的另一开端之中。

如果我们来仔细考量另一开端的**这一任务**（以《存在与时间》的措词，即关于存有之“意义”的问题），那么，我们也就可以清楚地看到，形而上学——哪怕作为实证主义——往往是唯心主义的，而一切**反对**形而上学的尝试，恰恰都是反动的（re-aktiv），因而原则上依然依赖于形而上学，因此本身依然是形而上学。形形色色的生物主义和自然主义，它们把“自然”和非民族性当作一切都从中升起的支柱端出来，当作一切都在其中奔腾的大全生命（das Alleben），当作与光明相对立的黑夜，如此等等——所有这一切都完全停留在形而上学的基地上，而且都需要形而上学，哪怕只是为了同形而上学发生摩
174 擦，以便还有一颗可知和可说的东西的火星、对于这些“思想家”来说则是可写的东西的火星迸发出来。

大量的标志（例如，理查德·瓦格纳[①]和张伯伦[②]的“形而上学”正在开始获得一种优势地位）向我们表明：已经创造性地和唯一地由尼采完成了的西方形而上学的终结，再度被掩盖起来了，而且，这种形而上学的“复兴”为了自己的目的也再度利用了基督教会。

---

① 理查德·瓦格纳（Richard Wagner，1813—1883 年）：德国作曲家、文学家。创作有歌剧《尼伯龙族的指环》、《帕西法尔》等，著有《歌剧与戏剧》、《未来的艺术作品》等。——译注

② 应指豪斯顿·张伯伦（Houston Stewart Chamberlain，1855－1927 年）：英籍作家，种族主义者。著有《十九世纪的基础》等。——译注

86. 形而上学历史作为未经提升和不能为其本身所认识的东西，备好了什么，因而传送了什么

1. 存在状态乃是**在场状态**

2. 存有是**自行遮蔽**

3. 存在者处于**优先地位**中

4. 存在状态乃是**增补**[1]，**因此**是“先天性”(Apriori)。

对于包含在所有这一切当中的东西，我们是无能于把握的，只要存有之真理对我们来说还没有成为必然的问题，只要我们还没有为时间-游戏-空间建基，而在这个时间-游戏-空间的延展中，我们才能测度在形而上学之历史中发生了什么：作为存有之本现的本-有本身的前奏。唯当我们成功地把形而上学之历史开抛入那种延展之中(1.–4.)，我们方能把握这种历史的未经提升的基础。不过，只要我们从本己的形而上学知识能够而且必须生成的东西中获得我们的视角，我们就将被逼入历史学的东西之中——除非我们已经根据上列1.–4.把握了ἰδέα[相、理念]。

87. 第一开端的历史(形而上学的历史) 175

〈第一开端的历史〉乃是形而上学的历史。现在，在一切形而上学的终结处，还能向我们诉说些什么的，并不是对作为学说的形而上

---

① “增补”原文为der Nachtrag，英译本作addendum。这里难以理解的是“增补”与句中“先天性”(Apriori)的关系。——译注

学的个别尝试,而"只是"形而上学的历史。不过,这个"只是"并不是什么限制,而是对某种更原始的东西的要求。(我们更不能把个别的"形而上学"误解为以超越[①]为目的的单纯游戏。)而毋宁说,我们现在说到底必须以某种方式严肃地看待形而上学,这种方式本质上超越了任何一种对学说的接受和继承,任何一种对观点的革新,任何一种对大量此类学说的混合和调和。

唯当形而上学的主导问题得到了把握,关于主导问题的讨论得到了展开,形而上学及其历史方能变得明显可见。在何种意义**历史**能给予教益?这话是什么意思呢?

关于存在者之为存在者的问题的发生,关于存在状态的探问的发生,本身乃是一种对存在者之为存在者的特定开启,如此这般地,人由此经验到自己的起于这样一种开启的本质规定性(homo animal rationale[人是理性的动物])。但是,关于存在状态,因而也关于存有,这种对存在者的开启揭示了什么呢?需要一种历史,也就是说,需要一个开端及其来源和进步,才能去经验(对于那些刚刚开始的追问者来说)存有之本质现身包含着拒予。由于这样一种知识更为原始地深入存在之离弃状态来思考虚无主义,所以,它就是对虚无主义的真正克服,而第一开端的历史因此便完全失去了徒劳无功和纯然歧途的假象;只有到现在,才有伟大的光亮照临全部以往的思想作品。

176 88."历史"讲座属于这项任务的范围

"历史"讲座属于这项任务的范围。

---

① 此处"超越"为动名词 das Transzendieren,显然与形而上学的"超越"(Transzendenz)问题相关。——译注

揭示莱布尼茨那个问题开端的深不可测的多形态性，但要思考此-在而不是 monas[单子]，

深入理解康德的主要步骤，但要用此-在来克服"先验的"出发点，

彻底追问谢林的自由问题，但要把"样态"[1]问题带向另一个基础，

把黑格尔的体系带入占统治地位的视野中，但要完全反过来思考，

大胆展开与最切近的尼采的争辩，但要认识到尼采与存在问题相隔最远。

这是若干条本身独立的、但其实又相互联系在一起的道路，目的是始终仅仅把这一个唯一者(das Eine Einzige)摆弄到知识之中，即：存有之本现需要真理之建基，这种建基必须作为此-在来实行，而这样一来，全部唯心主义都得到了克服，以及与之相随的迄今为止的形而上学和一般形而上学得到了克服，成为一种对第一开端的必然展开——这第一开端如此这般才重新进入黑暗之中，为的是让它自身仅仅从另一开端而来得到把握。

89. 向另一开端的过渡

把尼采把握为西方形而上学的终结，这绝不是对落在我们身后的事情的一个历史学上的断定，而倒是西方思想之将来的历史性开端。关于存在者的问题必须被置于它本己的基础上，被带向关于存

① "样态"(Modalität)或译"模态"，是康德范畴表中的第四类，包括"必然性"、"可能性"和"或然性"范畴。可参看康德：《纯粹理性批判》，中译本，邓晓芒译，人民出版社2004年，第72页以下。——译注

177 有之真理的问题那里。而且,迄今为止构成一切存在者解释之引线和境域的东西,即思想(表-象),被撤回到存有之真理的建基之中,被撤回到此-在之中。作为正确思维之学说的“逻辑”变成对语言之本质的沉思——作为对存有之真理的有所创建的命名的语言。然而存有,迄今为止在存在状态的形态中最普遍和最常见的东西,却变成——作为本有——最独一无二和最令人诧异的东西了。

向另一开端的过渡完成一种分离,这种分离早就不再在各种哲学思潮之间(唯心论-实在论等等)甚或各种“世界观”态度之间运行。过渡把存有之升起以及存有之真理在此在中的建基与存在者的一切出现和觉知分离开来。

被分离者是如此坚定地得到了分离,以至于根本不可能有一个共同的区分领域了。

在这种过渡的坚定性中,是没有任何调和谅解的,不过,在存有的炉火旁有一种长久的孤独和最寂静的迷醉,尽管这种存有依然完全地受到排挤,受到在谋制中被体验的“存在者”(“接近生活的现实性”)那种苍白无力的人为假象的排挤。

向另一开端的过渡是坚定的,不过我们仍然不知道,我们去向何方,存有之真理何时变成真实者,历史作为存有之历史从何处获得它最陡峭和最简短的轨道。

作为这种过渡的过渡性人物,我们必须经历一种对哲学本身的本质性沉思,使之赢获那个开端,据此开端,哲学才可能——不需要任何支持——重又完全成为它本身(参看本书“前瞻”部分,第15节,“哲学之为‘一个民族的哲学’”)。

90. 从第一开端到另一开端。否定 178

能够理解“否定”的人是多么少，而在这些理解者中能够把握“否定”的人又是多么稀罕。人们在“否定”中立即而且仅仅看到拒斥、清除、贬降甚至败坏之类。这些否定形态不仅经常地蔓延开来，它们也是最直接地迎合关于“不”(Nein)的流俗观念的。因此，缺失的是有关那样一种可能性的想法，即：否定兴许具有比“是”(Ja)还更深刻的本质；尤其是因为，人们也立即在任何种类的赞同意义上来看待这个“是”了，如此地肤浅，就如同对待那个“不”一样。

然则在表象和表象性“评价”的领域里，赞同和拒绝就是“是”和“不”的唯一形式吗？那个领域竟是唯一的和本质性的领域，抑或倒是相反地，与所有正确性一样来自更为原始的真理？而且说到底，难道这个“是与不”不就是存有本身的一种本质占有——而且“不”甚至比“是”更为原始是这种本质占有？

但又如何？这样一来，难道“不”(以及“是”)不是必须在为存有所使用的此-在中有其本质形态吗？“不”是那种伟大的起-跳(*Ab*-sprung)，在其中此-在(Da-*sein*)中的“此-”(das *Da*-)得以跃起。这种起-跳既“肯定”它由以起-跳的那个东西，而它本身作为跳跃也不具有任何虚空性质。这种起跳本身首先承担跳跃之跃起，而且在这里，“不”由此就超过了“是”。然而，从外部来看，这个“不”因此就是：把另一开端与第一开端分离开来，绝不是通常的拒斥、甚至贬降意义上的“否定”。而毋宁说，这种原始的否定具有那种拒予的特性——基于对那个在其终结处要求另一开端的东西的唯一性的认识和承认，这种拒予放弃了一种“继续同行”。

诚然，这样一种否定并不满足于仅仅把〈第一开端〉抛在身后的 179

起跳，而不如说，它自行展开出来，因为它把第一开端以及开端性的历史暴露出来，并且把所暴露者置回到开端之占有中，在那里，它在把一切都存放之后，甚至在现在和未来依然能使一切都耸突出来——就是一度作为它的后果而出现，并且成了历史学计算之对象的一切东西。这样一种对第一开端的耸立者的建造，乃是在向另一开端过渡中的“解构”(Destruktion)的意义。

91. 从第一开端到另一开端[①]

第一开端经验并且设定存在者之真理，而没有追问真理之为真理，因为其中的无蔽之物，即存在者之为存在者，必然地制服一切，因为它也吞掉了虚无，把它当做“非”(Nicht)和反(Gegen)吸收掉或者完全消灭掉。

另一开端经验存有之真理，并且追问真理之存有，从而首先为存有之本现建基，让存在者作为那种原始真理的真实者而产生出来。

在这些开端的开端性因素中，而且完全不同地，一切学院做派都是不可能的，都是本真斗争的过渡性的东西。但每每也都存在着一个危险，那就是：无论在哪里从开端中生成一个开始和进展，它们都是作为标尺发挥作用的，根据这种标尺，开端性因素不仅得到了评估，而且得到了解释。

从第一开端中，思想开始首先隐含地把自己固定起来，进而特别地被把握为“存在者是什么？”这样一个问题(由此开始的西方形而上学的这个主导问题)。不过，那种想要找到在第一开端中并且作

---

① 参看本书“跳跃”部分，第130节，“存有之‘本质现身’”，第132节，“存有与存在者”。——原注

为开端的主导问题的想法，或许是错误的。只是为了大致和初步的 180
指导，第一开端才能借助于在其思想中的“主导问题”而得到标识。

但另一方面，开端的开端性因素也失落了，即是说，一旦主导问题对于思想来说成为决定性的，这个开端性因素就隐退到开端的未经探究的东西中了。

如果我们真的在思想及其第一开端的**发生**中寻求哲学之历史，如果我们通过对贯穿直到尼采为止的整个哲学历史过程而未曾展开的主导问题的**展开**，使这种思想在其历史性中保持开放，那么，这种思想的内在运动就能——哪怕只是公式化的——通过个别的步骤和阶段来加以确定：

以“思想”（有所觉知的陈述）为引线，并且依循对“思想”的先行把握，有关在其真理中的存在者的经验、觉知和收集，就被固定于关于存在者之存在状态的问题中。

存在状态与思想

然而，思想（λόγος[逻各斯]—ratio[理性]—intellectus[理智]）的这样一种未经进一步探究的优先地位和先行把握之特征，却被固定于那个关于作为 animal rationale[理性动物]的人类的观点中，而这个观点源起于关于存在者之为存在者的原初经验。有一种可能性得到了预告勾勒，那就是：关乎存在者解释，思想的那种引线特征现在更加自诩为关于存在者之决断的唯一场所了，尤其是当 ratio[理性]和 intellectus[理智]预先而且长久地被逼入一种雇用关系中（基督教信仰），后者虽然并不产生任何新的存在者解释，但却很可能强化了作为个人的人的重要性（灵魂得救）。现在就出现了这样一种情势的可能性，在此情势中，只要一切都以信仰为定向，而且信仰中的全部可能性都被穷尽了，那么，凡对信仰来说合理的东西就必定是对 ratio[理性]来说合法的。

181 为什么 ratio[理性]——起初还是与 fides[信仰]一起——不能也为自己要求同一个东西,为自身做担保,并且使这种确信变成一切固定和"根据"-论证[①]的标尺(作为根据的 ratio[理性])呢?现在,思想的分量开始迁移到思想的自身确信中了(veritas[真理]变成 certitudo[确定性]);因此,思想现在首先必定在公式中得到设定,而且是在那种已经转变了的功效要求中。相应地,关于存在者之存在状态的规定也转变为对象性了:

思想(确信)与对象性(存在状态)

要表明由此出发

1. 直到康德为止的现代思想如何得到了规定;

2. 康德思想的原始性何以由此而来;

3. 何以通过一种向基督教传统的回荡,与一种对康德立场的离弃一道,德国唯心论的绝对思想形成了;

4. 何以对于形而上学思想的无力,与 19 世纪的作用力一体地(自由主义—工业化—技术),要求实证主义;

5. 而同时,何以康德和德国唯心论传统得到了保存,一种对柏拉图思想的重新接纳受到了追求(洛采及其价值形而上学);

6. 何以超越所有这一切,但又为这一切所承载和缠绕,尼采在与叔本华这个最可疑的杂交种(前述第 3、4、5 项的杂交)的争辩中,认识到了自己在柏拉图主义的克服方面的任务,却没有突入到能够确保这一任务从过往之物中摆脱出来的这个问题领域和这种基本立场中。

---

① 海德格尔在此把德文的"论证"(Begründumg)书作 Be-"gründung",英译本作 grounding,我们权把它译为:"根据"-论证。——译注

在这样一种历史中,公式"思想与对象性"意义上的主导问题态度,依然越来越不言自明,因而依然是未经思索的。 182

即使当尼采提出"生成"作为理由来反对"存在"(存在状态)时,他的做法也是有前提的,其前提就是:"逻辑"规定着存在状态。向"生成"(Werden)("生命")的逃遁在形而上学上只是一条出路,是形而上学终结处的最后出路了,它处处带有尼采本人早先当做自己的任务来认识的东西的标志,即:柏拉图主义的颠倒。

然而,所有的颠倒更是向对立面的回转和卷入(感性——超感性),尽管尼采确凿地觉察到,连这个对立面也必将失去其意义。

对尼采来说,"存在者"(现实之物)永远是生成,而存在就是固定和持存化。

尼采依然系缚于形而上学:从存在者到存在;而且,尼采穷尽了这种基本立场的全部可能性——就像尼采自己首次极其清晰地看到的那样,这种基本立场此间以全部可能的形式,变成了大众世界观的共同财产和"思想财富"。

通向对形而上学之终结的创造性克服的第一步,必须在这样一个方向上进行,即:思想态度固守于某个角度,但同时又在另一个角度上超越了自身。

这种固守意味着:追问存在者之存在。而克服说的是:首先追问存有之真理,追问在形而上学中从未成为问题、也不能成为问题的东西。

这样一种过渡性的双重性——它既更加原始地把握"形而上学",因而同时也克服形而上学——完全是"基本存在学"的标志,亦即《存在与时间》的标志。[①]

---

① "基本存在学"(Fundamentalontologie)是海德格尔在前期哲学(以《存在与时间》为代表)中形成的以"此在实存论分析"为基础的"存在学"重建思路。——译注

183 这个书名的设立乃基于一种对任务的清晰认识:不再是存在者和存在状态,而是存在;不再是“思想”,而是“时间”;不再是思想在先,而是存有。“时间”乃是表示存在之“真理”的名称,而且,所有这一切都是作为一项任务,作为“在途中”;而不是作为“学说”和教条。

现在,西方形而上学的主导性基本立场乃是存在状态与思想;“思想”——ratio[理性]——理性作为存在状态解释的指导线索和先行把握受到了质疑,但绝不只是这样:思想被“时间”替代了,一切都被认为只是“更具时间性的”和更具实存论性质的,其他均保持原样,而不如说,现在,那个在第一开端中未能成为问题的东西成为问题了,那就是真理本身。

现在,一切都变得不一样了。形而上学变成不可能的了。因为第一位的是存有之真理和存有之本现,而不是使超逾得以发生的那个东西。

但现在的关键也绝不只是对以往形而上学的颠倒,相反,随着作为本有的存有之真理的更原始的本现,与存在者的关联成了另一种关联(不再是ὑπόθεσις[基础、地基]和“可能性条件”——κοινόν[共相、普遍者]和ὑποκείμενον[基底]的关联了)。

存有作为此之建基(*Dagründung*)的本有而本现,本身根据真理之本现重新规定着本质现身之真理。[①]

另一开端乃是向存有的更原始真理的跃入,这种跃入对存有具有转变作用。

西方思想依据自己的开端,在主导问题上设定了存在者相对于存在的优先地位;“先天性”(*Apriori*)只不过是对存有之事后增补特

① 此句中的“真理之本现”原文为die Wesung der Wahrheit,“本质现身的真理”原文为die Wahrheit des Wesens。其中“本现”(Wesung)和“本质现身”(Wesen)均与动词wesen相关。——译注

性的掩盖；只要在对存在者的直接的、最初的有所觉知和聚集的接近中，存有被开启出来，则存有的这种事后增补特性就必定起着支配作用（参看本书“跳跃”部分：存在与先天性）。

因此，用不着奇怪——但必须特别地被把握为结果——，存在者 184
本身如何进而在特定的解释中对于存在状态而言成为决定性的。尽管有——甚至是基于——φύσις［涌现、自然］和φύσει ὄν［自然存在者］的优先地位，但实际上，恰恰是θέσει ὄν［被放置的存在者］和ποιούμενον［被制作者］成了那个东西，它现在充当有所觉知的解释的明白易解者，并且规定着存在状态本身的可理解性（作为ὕλη［质料］——μορφή［形式］，参看 1936 年法兰克福演讲[1]）［参看本书“传送”部分，第 97 节，“φύσις［涌现、自然］（τέχνη［技艺］）”］。

所以，τέχνη［技艺］作为认识的基本特征，亦即与存在者之为存在者的基本关联的基本特征，就出现在背景中了，很快在柏拉图那里就特别地突现出来了。

所有这一切难道不是暗示着，甚至连φύσις［涌现、自然］也必须相应于ποίησις［制作］的ποιούμενον［被制作者］（最后可参照亚里士多德）来得到解释，φύσις［涌现、自然］还不够强大，不足以超出παρουσία［在场］和ἀλήθεια［无蔽、真理］之外去要求自己的真理，并且去承担这种真理的展开？

但这就是另一开端要完成并且必须完成的事：跃入存有之真理中，使得存有本身为人之存在建基，而且甚至于不是直接地，而是首先把人之存在当做被指定给此-在的状态的结果，并且当做这种被指定状态（Angewiesenheit）来建基。

第一开端没有被掌握，存有之真理尽管有其本质性的闪现，但没

---

① “艺术作品的本源”（《林中路》，《海德格尔全集》第 5 卷）。——原注

有特别地得到建基,而这就意味着:一种人类的先行把握(对陈述、τέχνη[技艺]、确定性)成了存有之存在状态解释的标尺了。

但现在就必须有伟大的颠倒了,它超越一切“对所有价值的重估”[1],它是那样一种颠倒,在其中,并非存在者从人的角度〈得到建基〉,而是人之存在根据存有得到了建基。而这就需要一种更高的创造和追问的力量,同时却也需要一种更深的期备,即对在与存在者和存有的各种关联的一种完全转变之整体中的忍受和解决的期备。

185 现在,与存有的关联再也不可能停留于一种对与存在者的关联的相应重复中(διανεῖν[思想]——νοεῖν[思想、觉知]——κατηγορεῖν[断言、表明])。

不过,因为那种开端性的先行把握根据觉知行为(νοῦς[心灵、奴斯]——ratio[理性])把人类推入存在者中和推出存在者,以至于根据这种先行把握,一个最高的存在者被思考为ἀρχή[本原、始基]——αἰτία[原因]——causa[原因]——无条件者,看起来,仿佛这并不是把存在拉下来,使之降到人之本质上面。诚然,思想的那种原初开端性的先行把握,作为存在者解释的引线,是可以从另一开端的角度来得到把握的,可以被把握为一种“未掌握”,也即未掌握那尚不可经验的此-在(参看本书“建基”部分,第212节,“作为确定性的真理”)。

在第一开端中,真理(作为无蔽)乃是存在者之为存在者的一个特征,而且依照真理向陈述之正确性的转变,“真理”成了关于业已被转变为对象之物的存在者的规定。(真理作为判断之正确性、“客体性”、“现实性”——存在者之“存在”)

① “颠倒”是尼采的哲思方法,而对他来说,根本的颠倒是“重估一切价值”。——译注

在另一开端中，真理被认识和建基为存有之真理，存有本身被认识和建基为真理之存有，也即于自身中转向的本有[①]，后者包含着开裂之内在脱落，因而也包含着离-基深渊。

向另一开端的跃入，就是回归到第一开端中，反之亦然。但向第一开端的回归（"重-演"）并不是移置到过去之物中，仿佛可以把过去之物重又在通常意义上变成"现实的"。毋宁说，向第一开端的回归恰恰是对第一开端的疏远，是取得那个遥远位置——为了经验在那个开端中并且作为那个开端而发端的东西，就必须有这样一个遥远位置。因为若没有这个遥远位置（而且唯有在另一开端中的位置才是一个充分的位置），那么，只要我们总是还被与开端相随的东西 186
所掩盖和遮住，则我们就总是离那个开端太近了，而且是以一种棘手的方式。因此，我们的目光就依然局促不堪，被吸引到"存在者是什么？"这个传统问题的范围之内，也即被吸引到任何种类的形而上学中了。

唯有与第一开端的遥远位置才能让我们经验到，关于真理（ἀλήθεια[无蔽、真理]）的问题在那个开端中必然地还是未经追问的，而且，这种"未发生"预先已经把西方思想规定为"形而上学"了。

再有，唯这样一种认识才传送给我们一种必然性，即必然要为另一开端做准备，并且必然要通过这种准备的展开，去经验最本己的急难及其丰盈光华，也就是存在之离弃状态，后者深藏不露，乃是那种"未发生"的对立面，因而绝不是根据今天和昨天的弊端和耽搁能够加以说明的。

倘若这种急难并不具有它在第一开端的起源的伟大性，那么，它

① 此处"于自身中转向的本有"原文为 das in sich kehrige Ereignis，英译本作 enowning which is in itself turning。——译注

从哪里取得力量，去要求对另一开端的期备呢？而且因此，真理问题就成了通向这种期备的第一步。这个真理问题（它只是存有问题的一个本质形态）将使存有问题摆脱“形而上学”的区域。

92. 关于第一开端与另一开端的争辩

没有一种反运动[1]；因为一切反运动和反-力量在很大程度上是由它们所“反”的东西一道来规定的，尽管是在这个东西的一个倒转形态中。而且因此，一种反-运动从来都满足不了某种本质性的历史转变。反-运动落入它们自己的胜利中，而且这就是说，它们被夹入那种被战胜的东西之中了。它们并没有释放出一个创造性的基础，而倒是把它当做不必要的东西来加以否定了。

超出反-力量、反-欲望和反-机制之外，必定会兴起一种完全不同的东西。对于那种由西方来规定的历史的转变和拯救而言，这就
187 意味着：将来的决断并不涉及那些迄今为止的、甚至依然为反运动所占有的领域（“文化”——“世界观”），而毋宁说，决断之位置必须首先得到建基，而且是通过对存有之真理的开启——在其先于以往“形而上学”的一切对立面的唯一性中的存有。

另一开端并不是第一开端的反方向，倒不如说，作为另一个，它处于“反”（das Gegen）之外，处于直接的可比较性之外。

因此，〈对开端的〉争辩也不是一种敌对，既不是在粗暴拒斥的意义上，也不是要把第一开端扬弃于另一开端中。基于一种新的原始性，另一开端促使第一开端达到其历史的真理，因而使之达到其不可转让的、最本己的另类特性——而这种另类特性，唯有在思想家的

① 此处“反运动”（Gegenbewegung）或可译为“反动”。——译注

历史性对话中方变得卓有成果。

93. 伟大的哲学

〈伟大的哲学〉乃是兀然高耸的群山,未经攀登也不可攀登。但它们却给予大地以最高的东西,并且指引着大地的原始岩脉。它们作为基准点而矗立,向来都构成视域;它们承受着视线和掩蔽。这样的群山何时成为它们所是的东西呢?当然不是在我们自以为已经登上和爬上它们的时候。而不如说,只是在它们真实地为我们和大地而**矗立**的时候。然而,让最生气勃勃的耸立出现在山脉的宁静中,并且持立于这种高高耸突的范围内,能够做到这一点的人是多么少啊!真正的思想争辩必须只追求这一点。

与伟大哲学的争-辩①——作为在主导问题之历史范围内的形而上学基本立场——必须如此这般地进行,使得每一种本质性的哲学都得以作为群山之间的一座山而矗立,并且因此得以把它最本质性的东西展现出来。

为此,主导问题(从默然无声的基础问题而来)每每都必须根据 188
其完全的结构、在当下的偏移方向中重新得到展开(参看本书"前瞻"部分,"开端性的思想")。

94. 对另一开端的争辩

〈对另一开端〉与第一开端〈的争辩〉绝不可能具有这样一种意思,即要证明主导问题迄今为止的历史、因而亦即"形而上学"是一

---

① 此处"争-辩"原文为 Aus-einander-setzung,英译本作 setting-into-perspective。——译注

种"错误"。这样的做法或许会误解真理之本质,同样也会误解存有之本现,这两者都是不可穷尽的,因为它们对于任何一种知识来说都是最独一无二的东西。

然而,这种争辩完全能显明,迄今为止的存在者解释已经失去了必然性,对于它的真理性而言,以及就它的方式(它如何甚至于听任它本身的真理性未经追问)来说,这种解释再也不能经验和逼促任何一种急难了。因为自柏拉图以降,"存在"解释的*真理性*是从来没有受到过追问的。唯独表象的正确性及其证明(通过直观)被送回去了,从存在者之表象转回到"本质"之表象上了——最后就在前解释学的"现象学"中。

95. 第一开端

首要地,开端性的东西的被遮蔽状态必须被保存下来。任何通过说明尝试而造成的畸变都是必须避免的,因为一切说明都必然地绝不能达到开端,而只是把开端往下拉,把它贬降到自己的水平上。

在第一开端中,"时间"作为在场以及持存状态(在"当前"的双重纠缠的意义上)构成一个敞开域,存在者之为存在者(存在)就是
189 由之而来获得其真理的。与开端之伟大相吻合的是,"时间"本身以及作为存在之真理的时间竟没有被认为是值得追问和经验的。而且同样少见追问的问题是,为什么对于存在之真理来说,时间乃作为当前而起作用,而没有同样地作为过去和将来而起作用。这个未经追问的东西作为这样一个东西遮蔽自身,并且对于开端性的思想来说,这个东西唯一地让涌现之阴森可怕[①]——那种在存在者本身之敞开

---

① 此处"涌现之阴森可怕"原文为 das Un-geheure des Aufgehens,英译本作 the uncanniness of rising。——译注

状态（ἀλήθεια［无蔽、真理］）中的持续在场的阴森可怕——构成本现。

从第一开端而来，对于有所重演的沉思来说，作为存有之真理的时间首先向我们闪亮，这并不是说，原始的、丰富的存有之真理只可能被建基于时间之上。诚然，我们首先必须从根本上做出努力，如此原始地（在时间之“绽出”[①]中）来思考时间之本质，使得时间作为存有之为存有的可能真理变成可把握的。但是，这种关于时间的深思就已然把时间——在其与此－在之“此”（das Da des Da-seins）的关涉状态中——带入一种与此－在的空间性、因而也即与空间的本质性关联之中（参看本书“建基”部分）。不过，与通常的时间和空间观念相比较，我们这里说的时间和空间却是更为原始的，尤其是时间－空间[②]，后者并不是时间和空间的一种耦合，而倒是在两者的共属状态中更为原始的东西。而这种更为原始的东西指示着作为有所澄明的遮蔽的真理的本质。存有之真理丝毫不亚于真理之本质现身，它已然被把握和被建基为有所澄明的遮蔽，此－在的发生，亦即转向中的转折点的发生，以之作为自身开启的中心。

96. 对作为φύσις［涌现、自然］的存在者的开端性解释

我们在真正的思想能力方面的占有状况是多么的可怜巴巴，我

---

① 此处“绽出”原文为 Ekstatik，有“狂喜、出神、心醉神迷”之义。海德格尔取该词相应的希腊词 ekstasis 的原义，即“站出去、绽出”，并且把它与“实存”（Existenz）联系起来。——译注

② 此处“时间－空间”（Zeit-Raum）是海德格尔的特殊用法，有时也作“时间－游戏－空间”（Zeit-Spiel-Raum）。——译注

190 们竟然再也不能去测度这种[关于φύσις]的开抛的唯一性了，而是把它冒充为最自然的东西，因为确实，我们人类的思想首先要面对“自然”。

更不用提我们在此哪儿都没有处理“自然”（既非作为自然科学的对象，亦非作为风光或者作为感性），我们如何正确地来把握这种开抛的令人诧异和无与伦比的特性呢？

为什么在φύσις[涌现、自然]的敞开域中，λόγος[逻各斯]以及νοῦς[心灵、奴斯]必定已经作为“存在”的建基场所而得到了命名，一切知识都据此而得到了设置？

流传下来的最古老的关于存在者的话是：阿那克西曼德的箴言（参看1932年夏季学期讲座①）。

97. φύσις[涌现、自然]（τέχνη[技艺]）

这个φύσις[涌现、自然]是如此强大，以至于νοῦς[心灵、奴斯]和λόγος[逻各斯]被经验为归属于φύσις[涌现、自然]的东西，甚至归属于在其（尚未“一般地”、根据理念而被把握的）存在状态中的**存在者**。但一旦这种经验作为关于存在者本身的原始知识展开自身为**关于**存在者的追问，则这种追问本身必定从存在者面前退回来，必定被把握为与存在者相区分的、在某种意义上独立的，必须在把自身摆置到存在者之为存在者**面前**之际把存在者置放**出来**（*her*-stellen）。而同时，它作为追问必须抓住一个问题方向。不过，这个问题方向是只能从所探问者本身那里获得的。而如果存在者之为存在者始终是

① 1932年夏季学期讲座《西方哲学的开端（阿那克西曼德与巴门尼德）》（《海德格尔全集》第35卷）。——原注

第一位的和最终的,那又如何呢?还有,如果持存状态和在场(作为涌现[1]、ἀλήθεια[无蔽、真理])已经被经验和牢牢抓住,被当做从其自身而来的涌现,不同于那种追问、也没有那种追问,也即并不像那种追问,并不是一种向存在者的自行开启,因而不是一种对存在者的精通,对存在者之存在状态的精通,即一种(这种)τέχνη[技艺]——那又如何呢?因为φύσις[涌现、自然]并不是τέχνη[技艺],其实是使τέχνη[技艺]首先作为这样一个东西变成可经验的和可见的,所
以,这个问题越是变得具有追问作用,它越是把自身带到存在者之为 191
存在者面前,由此来探问存在状态,进入τί τὸ ὄν[什么是存在者?]表达式中凝固起来,则τέχνη[技艺]就越是作为规定着方向的东西而发挥作用。φύσις[涌现、自然]不是τέχνη[技艺],现在亦即说,归属于τέχνη[技艺]的东西,有所精通的对εἶδος[爱多斯]的前瞻,把外观[2]表-象出来-和带到自身面前来,这事恰恰自发地发生在φύσις[涌现、自然]中,在ὂν ᾗ ὄν[存在者之为存在者]中。οὐσία[在场、实体]乃是εἶδος[爱多斯]、ἰδέα[相、理念],作为涌现(φύσις[涌现、自然])、作为显露(ἀλήθεια[无蔽、真理]),却端呈出一个景象(*Anblick bietend*)。

柏拉图能够把存在者之存在状态解释为ἰδέα[相、理念],这不仅包含着那种关于作为φύσις[涌现、自然]的ὄν[存在者]的经验,而且也包含着以那种由φύσις[涌现、自然]所强制的τέχνη[技艺]之对立态度为引线的问题的展开;这种对立态度进而尤其在亚里士多德那里,为关于作为μορφή[形式]和ὕλη[质料]之σύνολον[全体]的存在状态的解释提供出一种先行把握,由此已经设定了那种区分(即

---

① 海德格尔建议把希腊的φύσις(旧译“自然”)译为动词性的“涌现”(Aufgehen)。——译注

② 此处“外观”(Aussehen)是对希腊文εἶδος[爱多斯]的翻译。——译注

forma[形式]—materia[质料]、形式与内容),这种区分在出发点上以及在支配性的主导问题意义上贯穿并支配着全部形而上学思想——其最强大和最可靠的,但同时也最不可变更的形式乃在黑格尔那里(参看法兰克福演讲"论艺术作品的本源",1936年[①])。

98. 根据持续的在场状态对存在状态的开抛[②]

存在者就是如此这般在持存状态和在场状态中显示自身的东西。以这种对其隐蔽的开抛领域的强调,存在状态就被指派给时间。但在这里,"时间"应当如何被理解,正确理解了的时间在这里应当在何种作用中被把握,首先依然是晦暗不明的。

而对于这两个问题的回答却是:时间在这里隐蔽地被经验为时
192 间化(Zeitigung),被经验为移离或绽出(*Entrückung*),因而也即开启;而且,时间之为时间本现于存在状态之真理的本质现身中[③]。

作为移离着-开启着的东西,时间因此在自身中同时也是设置空间的(*einräumend*),它创造"空间"。空间并不具有与时间相同的本质,而是归属于时间的,恰如时间归属于空间。

不过,空间在这里也必须已经原始地被把握为空间化(Räumung)了(正如这种空间化可以在此-在的空间性中显示自身,但不能完全原始地得到把握)。

因此,持存状态与在场状态在它们的统一性中要在时间空间上(zeiträumlich)得到规定,而且向来是在一种双重意义上——如果它们应当在存在之真理的方向上得到把握的话。

---

① "艺术作品的本源",收入《林中路》(《海德格尔全集》第五卷)中。——原注

② 参看本书"跳跃"部分,第150节:"存在者之什么与如此之区分的起源"。——原注

③ 此句中的"本现"为动词的wesen,而"本质现身"为名词的Wesen。——译注

持存状态乃是进入曾在和将来的移离过程的持久性，而且作为单纯持续性，“期限”只是持久性的结果。①

在场状态乃是当前，其意即持久性的被聚集状态，根据它从移离过程的撤退——这种移离过程因而被伪装并且因此被遗忘。于是形成了真正“存在者”的无时间状态（Zeit-losigkeit）的假象。

在空间上来把握，持存状态乃是对本身没有特地得到经验的空间的充满和充实，因而是一种空间设置（Einräumung）。

在场状态乃是空间设置，其意即为那种被置回到其中、并且因而持存的存在者提供空间。

时间化与空间设置的统一性——而且是以在场方式——构成存在状态的本质，即穿越（Überkreuzung）。

但现在，具有此种存在（永恒性）的存在者被冒充为无空间和无时间的，甚至被冒充为优越于空间和时间的，这样一种奇怪的情况是从何而来的呢？

因为在两者的本质现身中，空间和时间依然隐而不显，而且假如它们获得规定，这种规定也是通过那条道路发生的，这条道路通向它们，是由于它们本身被看作一个以某种方式存在的东西、因而是某个“特定的在场者”。

但这样一来，空间和时间便被指派给那个最明显可握的在场者，193
即σῶμα[物体、躯体]，也就是质料性的物体，并且被指派给在此出现的、跟随或先行于空间和时间的突变即μεταβολή[转变]方式。

而且，只要开端性的存在解释的统治地位依然未被打破，则这种对空间和时间的排挤也依然会在其最切近的可发现性领域里发挥作

① 此句中的“持存状态”、“持久性”、“持续性”、“期限”原文依次为 Beständigkeit, Ausdauer, Andauern, Dauer。——译注

用;一种问题提法,恰如《存在与时间》这个书名所显示出来的问题提法,一定必然地保持为未被理解的,因为它要求有一种彻底追问的转变。

99. 开端性思想中的“存在”与“生成”①

作为产生的“生成”与作为消失的“消逝”,这个意思只是希腊才有的,并且本身是与φύσις[涌现、自然]相联系的。

进而,生成一般地作为在场之变化、突变、μεταβολή[转变],最广概念的κίνησις[运动],即“运动”。

运动作为突变之物本身的在场

亚里士多德首次以希腊方式从持存状态和在场状态出发(οὐσια[在场])来把握运动的本质,并且为此必定特别地把κινούμενον[运动者]本身当做出发点。

但这已经假定了那种存在者解释,也就是关于作为εἶδος[爱多斯]—ἰδέα[相、理念]、因而也包括μορφή[形式]—ὕλη[质料]、亦即本质上与φύσις[涌现、自然]相关的τέχνη[技艺]的存在者的解释。

由此得出作为完成状态的运动,作为在场之本质,作为在制作和完成中的持守。

运动在此不可在现代意义上被把握为时间中的位置变化,连希腊的φορά[运动、移动]也是某种不同的东西。

194 因为通过这种现代的规定,运动是从受动者角度被设定的,而受

① 参看《对亚里士多德〈物理学〉的解释》(马堡大学练习课);参看1935年夏季学期讲座《形而上学导论》(《海德格尔全集》第40卷)。——原注

动者被设定为空间–时间上的质点。而关键在于把运动之为运动把握为存在(οὐσια[在场])方式。在形而上学上被把握的运动与在物理学上被把握的运动之间的本质性差异,在静止(Ruhe)的概念和本质方面变得最为清晰。

在物理学上,静止乃是运动的停滞、停止、离开,根据数字来计算,这就意味着:静止是运动在其降低方向上的极限情形。

但在形而上学上,本真意义上的静止乃是受动状态(Bewegtheit)的最高聚集,这种聚集乃是在最永久的和完成了的预备状态中的诸种可能性的同时性(*das Zumal*)。

ens»actu«[“作用”存在者]恰恰就是在“静止”中的存在者,而不是“活动”中的存在者,是在自身中被聚集起来的东西并且在此意义上完全在场的东西。

因为我们习惯于根据这种“现实的”起作用的作用者来看待存在者,所以,我们不断地忽视了在作为“现实之物”的“存在者”的本质中的静止的基本特征;举例说来,一个物作为对象,但这个物恰恰是静止的,而且这是一种别具一格的静止——谁曾思量过这一点呢?

通过这样一种对在存在者之为存在者中的“形而上学的”静止的综观,存在状态根本就没有得到把握,人们已经满足于“实体”,后来又不满这个未被把握的实体概念,被排挤入一种更加令人不满的“克服”之中了。

在此角度上,对“不动的”ὄν[存在者]与“变化”的原初对照意味着什么呢?从这个观点来看,柏拉图把κινούμενον[运动者]解释为μὴ ὄν[非存在者],尽管根据《智者篇》来看,κίνησις[运动]属于ὄν[存在者]的最高的γένη[种][①]——这意味着什么呢?

---

① 参看柏拉图:《智者篇》,载《柏拉图对话集》,中译本,王太庆译,商务印书馆,2005年,第573页以下。——译注

那种着眼于δύναμις[潜能]与ἐνέργεια[实现]对运动的揭示完成了什么？后来对它们所做的非希腊的误解导致了何种后果呢？

195

100. 第一开端[①]

原初开端性地，存在者被经验和命名为φύσις[涌现、自然]。作为持存的在场状态，存在状态依然在其中被掩蔽了；φύσις[涌现、自然]〈乃是〉起支配作用的涌现。

存在状态自古以来就这样被把握为持存的在场状态了，这一点对大多数人来说已经被视为一种论证[②]了——如果他们竟要追问一种论证的话。但这种存在者解释的开端性的和早先的特征并不直接就是一种论证，而倒是相反地使这种解释更值得追问了。对于相应的追问来说显而易见的是：〈在这里〉根本就没有追问存在状态之真理。对于原初开端性的思想来说，这种解释是未经论证的，也是不可论证的，而且这是有道理的，如果我们把论证理解为一种说明，即一种通过回溯到另一个存在者(！)而做的说明。

不过，这样一种关于作为φύσις[涌现、自然](以及后来的ἰδέα[相、理念])的ὄν[存在者]的解释仍然不是毫无根据的，尽管从基础(亦即真理)角度来看，它可能是蔽而不显的。人们或许会认为，有关易逝性、生成与消逝的经验已经引发和要求那种关于持存状态和在场状态的设定了，以之作为自己的对立面。但是，为什么生成者和消逝者就要被视为非-存在者呢？实际上只有在存在状态已然被确定为持存状态和在场状态的时候〈才会这样〉。所以，存在状态并

---

① 参看本书“传送”部分，第110节，“ἰδέα[相、理念]，柏拉图主义与唯心主义”；参看“对φύσις[涌现、自然]的权力褫夺”。——原注

② 此处“论证”原文为Begründung，或译为“理由说明”。——译注

不是从存在者或者非存在者中被解读出来的，而毋宁说，存在者是向着这种存在状态而被开抛的，方得以首先在这种开抛的敞开域中，作为存在者或者非存在者显示自身。

但从何而来以及为何之故存在状态之开启始终是一种开抛(*Entwurf*)呢？但从何而来以及为何之故这种开抛是向本身未被把握的时间的开抛呢？两者是联系在一起的吗？（绽出的时间和开抛〈乃是〉作为此在而被建基的）。

尽管存在状态被置入存有之真理（“时间”）中了，但存有之真理 196
依然隐而不显——这一点在第一开端的本质现身中必定还是未经论证的。这种对存在之真理的基础的掩蔽是否同时也意味着，由这种真理来规定的希腊此在的历史被置于最短的轨道上了，而当前(Gegenwart)在一个伟大而唯一的创造时机里得到了完成？

相反地，跟随第一开端的东西被置于一种踌躇之中，并且必须忍受一种存在之拒绝直至存在之离弃状态？

向另一开端的过渡必须为关于这种历史性规定的知晓做准备。这也包括与第一开端及其历史的争辩。这种历史屈从于柏拉图主义的统治地位。而且，由此而被规定的主导问题的处理方式可以由下列标题来显明：存在与思想（参看1935年夏季学期讲座①）。

而要恰当地理解这个标题，我们必须关注：

1. 存在(*Sein*)在这里意指存在状态，并不意指——像在《存在与时间》中那样——原始地就其真理来追问的存在本身；存在状态作为对存在者而言的“普遍者”。

2. 思想(*Denken*)意指关于某物的一般表-象，这种表-象乃作为当前化(*Gegenwärtigung*)，因而是对那个区域的预先规定，即存在者

① 1935年夏季学期讲座《形而上学导论》（《海德格尔全集》第40卷）。——原注

在其中得以根据持存的在场状态而被把握的那个区域,而向来都没有认识到这种解释的时间特征。这是很少发生的事,以至于即便在《存在与时间》首次把οὐσια[在场]阐释为持存的在场状态并且把握了这种在场状态的时间性质之后,关于"现时在场"(Präsenz)和"永恒性"(Ewigkeit)的无时间状态的谈论也还在继续,而且,这是因为
197 人们固守于通常的时间概念,这个时间概念仅仅被视为有关可变之物的一个框架,因而不能伤害到持存的在场者!

在这里,作为νοεῖν[觉知、思想][1]、λόγος[逻各斯]、ἰδεῖν[观看],思想乃是作为行为的理性,由之而来并且在其区域中,完全未经论证地,存在状态便得到了规定。必须与之区分开来的是那种在更宽广的、同时首先有待规定的哲思之实行意义上的"思想"(参看"开端性的思想")。在此角度上讲,一切对存在状态和存有的把握和规定(概念)就都是一种思想。不过,决定性的问题依然是:对存在之本质现身的揭露在何种真理领域里活动?根本上,即便当——就像在主导问题之历史中——存在状态是根据νοεῖν[觉知、思想]而得到把握的时候,这种思想的真理也不是被思考的东西本身,而是一切表-象活动都必须持留于其中的作为真理之本现的时间-空间。

在开端上,存在者总是也被规定为ἕν[一],而且在亚里士多德那里,ἕν[一]与ὄν[存在者],存在者与一(*Eines*),是可以相互交换的。统一性构成存在状态。而统一性在这里说的是:统一化,原始地聚集于共同在一起在场和持存的东西的同一性上。[2] 相应地,对于存在状态(统一性)之思想的突出规定,进而就变成"我"思的统一

① 希腊文动词νοεῖν通译为"思想",如巴门尼德的残篇"存在与思想是同一的";但海德格尔主张把νοεῖν译为"觉知"(Vernehmen),以为是一种接受、照看性的行为。可参看海德格尔:《演讲与论文集》,中译本,孙周兴译,三联书店,2005年,第249页以下。——译注

② 此句中的"统一性"、"统一化"、"同一性"原文依次为 Einheit, Einigung, Selbigkeit,英译本依次作 oneness, unifying, sameness。——译注

性,即先验统觉的统一性,自我的同一性;在一种更深刻和更丰富的意义上,两者已经在莱布尼茨的单子中结合在一起了。

101. 从早先而来必定清晰地处于一种可靠的光亮中……

从早先而来必定清晰地处于一种可靠的光亮中,那存有之真理的第一开端的伟大质朴性。(εἶναι[是、存在]被挪移入λόγος[逻各斯]之ἀλήθεια[无蔽、真理]和作为φύσις[涌现、自然]的νοεῖν[觉知、思想]之中,这意味着什么,又为什么建立了基础。)

使这个开端闪耀起来,这必定预先已经放弃了下面这回事,也就
是使所有那些东西作为解释手段起作用,那些唯由于开端的未被掌 198
握和ἀλήθεια[无蔽、真理]的坍塌才产生出来的东西,即:作为对
ἰδέα[相、理念]、κοινόν[共相、普遍者]之ἰδεῖν[观看]的νοῦς[奴斯、
心灵]的νοεῖν[觉知、思想],作为κατηγορίαι[范畴]之ἀπόφανσις
[陈述]的λόγος[逻各斯]。

但在与第一开端的争辩中,遗产才会变成遗产,将来者才会变成继承者。人们绝不只是由于偶然成为一个晚来者才变成这样一个继承者的。

102. 思想:西方哲学主导问题的引线

原初地,思想乃是在先行把握之际对涌现者和持续在场者本身之无蔽状态的觉-知和聚集。[①]

---

① 此处"觉-知"(Vor-nehmung)和"聚集"(Sammlung)是在νοεῖν[觉知、思想]和λόγος[逻各斯]的原初意义上讲的。——译注

但因为ἀλήθεια[无蔽、真理]依然是未经建基的,并且因而会下降到正确性层面,所以,作为一种能力的思想也会进入"心理学的"、也即存在者状态上的解释之中。而从开端来看,向正确性的下降首要地意味着,对于正确性本身来说,它本己的运作空间依然是未经建基的,因而总是令人不安的,而没有被认作它所是的东西。已经通过柏拉图得到酝酿的ψυχή[灵魂]与作为ξυγόν[重荷]的ἀλήθεια[无蔽、真理](ὄν[存在者])的关系,自笛卡尔以来越来越鲜明地变成主体-客体的关系了。思想变成我思(*Ich*-denke);我思变成:我原始地统一,我思统一性(预先地)。

思想乃是在场状态本身的预先给予(*Vorweggabe*)。

不过,这种关系只是思想的轨道,思想在上面先行把握和统一之际把照面事物的统一性设定起来,并且因此让照面事物作为存在者来照面。存在者变成了对象。

全部努力都隐含地,首先旨在把这种关系本身,即思想作为我思

199 某物的思想,完全弄成存在者之存在状态的基础,而且是接受了关于作为ἕν[一]的存在者的原初规定。

在此道路上,同一性变成存在者之为存在者的本质规定。它来自φύσις[涌现、自然]之ἀλήθεια[无蔽、真理],来自在场状态——作为在无蔽状态上无蔽地被聚集的状态。

而且在现代,它在自我(das *Ich*)中获得了自己的标识,而自我很快被把握为别具一格的同一性,也就是被把握为特别地归属于自身的同一性,即那种同一性,它在认识自身之际恰恰在这种知识中存在。

由此而来首先必须把握的是,为什么这种知识(*Wissen*)本身成了存在状态的基础,因而成了真正的存在者,为什么按黑格尔的看法,绝对知识就是绝对现实性。

在这种历史中,思想的主宰地位作为存在状态之规定的引线,得到了最为鲜明和无条件的表达。

作为自我认识的知识,按照那已然起着支配作用的引线,乃是最高的同一性,亦即真正存在者,而且作为这样一个存在者,它同时处于这样一种可能性中,即以其知识方式限定所有其他对象性——并且不仅是在相对先验的意义上,而是(比如在谢林那里)以这样的方式,即:自我的他者本身被规定为可见的精神,这样一来,同一性再次、并且最终地被提升到绝对的无差异性(*Indifferenz*)之中——后者诚然不是指单纯的空无。

有关思想的这种绝对引线地位的一个同样本质性的证据,乃是把哲学看作“知识学或科学学说”、“科学体系”的哲学观;这种“科学”概念完全远离于后来的、从前者脱落下来的科学(即19世纪的“实证科学”)。

哲学是“科学”,意思并不是说,它应当与其他现成的“科学”并驾齐驱(不是成为“世界观”或者“生活艺术”和“智慧”);而毋宁是 200
说:思想在其最高形态中乃是存在者之为存在者的解释的无条件的引线,也就是哲学之唯一使命的无条件的引线。因此,对于费希特来说,“知识学”=形而上学,同样,对于黑格尔来说:形而上学=“逻辑科学”。

但由于这样一来,我思统一性(*Ich-denke-Einheit*)(根本上是同语反复)的纯粹关系变成无条件的关系,所以这就意味着:向自身呈现的当前是所有存在者的尺度了。

而且,尽管一切都依然隐蔽于更深层的关联之中,但由此却显示出这样一个决定性的东西:因为思想变成了无条件的引线,而且思想越是本真地变成这条无条件的引线,则当前状态①亦即“时间”就越

① 此处“当前状态”(Gegenwärtigkeit)或可译为“当前性”。——译注

是明确地在一种原始意义上成为完全隐蔽地和不加追问地赋予存在状态以真理的东西。

现在,绝对知识、无条件的思想乃是决定性的、同时为一切奠基的绝然存在者。

现在才显而易见:这条引线不是思想实行过程中的一个辅助手段,而是给予存在状态之解释一个根本性的、但本身自行遮蔽着的视域。从未经建基的ἀλήθεια[无蔽、真理]而来,这种视域的给予只有通过它从自身而来、藉着本己的(自我认识——反思)的可能性为自己构成正确性的地基(主体-客体关系),才能在开端本身中展开自身——直到进入同一性本身的无条件性之中。

因此同时也表明,在绝对知识中"正确性"如何提升到极致,以至于它作为当前之当前,必须以某种方式并且在另一个层面上回到ἀλ ήθεια[无蔽、真理]那里——诚然是这样,即:任何一种与正确性的明确关联,现在还更确定地得到认识,甚至于得到了追问。

这一点是多么难得成功,已经为尼采的真理观所显明;对于尼采
201 的真理观来说,真理退化为必然的假象,退化为一种无可避免的固定,被吸纳入那个被规定为"权力意志"的存在者本身之中。

于是,西方形而上学在其终结处离存有之真理的问题最遥远,但同时又是最切近,因为它作为终结已经酝酿了向此问题的过渡。

作为正确性的真理不能认识到它本己的运作空间,亦即不能为之建基。它通过把自己提升到无条件之物、并且为了使自身不需要基础(看起来如此)而把一切都统辖起来,由此来帮助自己。

为了强调这条"引线"的历史,亦即绝对知识中的视域固定过程的历史,下列步骤是重要的:

从作为第一确定性的 ego cogito sum[我思故我在]——作为决定性的 certum[确定之物]=versum[真实之物]=ens[存在者],到必

然真理(veritas necessaires)的意识(connaissance),作为 reflexion[反思]的可能性条件,即对自我之为"自我"的把握的可能性条件。必然真理乃是作为 identitas[同一性]的真实者的本质,而同一性乃是**这个** entitas entis[存在者之存在状态],并且作为预先(qua Principium[作为原理])被意识到的视域之给予——即对 perceptio[知觉]及其 perceptum[被知觉物]的把握、对 apperceptio[明确知觉]、对**作为** monas[单子]的 *monas*[**单子**]的明确把握的视域之给予。

由此就已经指明了通向先验统觉的原始-综合统一性的道路。

由此通向"自我",作为原始的、归于自我认识的、因而"存在着的"同一性。(A=A 建立在"自我=自我"的基础上,而并非"自我=自我"构成 A=A 的一个特例。)

不过,只要"自我"先验地被把握为"我思统一性",则这种原始的同一性同时也是无条件的同一性,它限定一切,但尽管如此却依然不是**绝对的**同一性,因为以费希特的看法,被设定者仅仅被设定为**非**我(*Nicht*-Ich)。通向绝对同一性的道路只是在谢林那里才开启出来的。

103. 关于德国唯心主义这个概念 202

1. **唯心主义**:

a)乃取决于关于作为 ἰδέα[相、理念]的 ὄν[存在者]的解释,ἰδέα[相、理念]就是被视见状态(Gesichtetheit)、被表-象状态(Vorgestelltheit)——而且是被表-象为 κοινόν[共相、普遍者]和 ἀεί[永恒];其中也包含着一种先行认识,即先行认识到对作为表象之对-象(Gegen-stand)的存在者的解释。

b)作为 ego percipio[我知觉]的**表象**,对**我**思(*ich* denke)而言的

被表象状态本身，这个“我思”本身就是一种“我思自我”（*ich denke mich*），我向自身表象自我，因而对自我是确信的。

ego［自我］的优先地位的起源乃在于确信（Gewißheit）之意志中，〈它〉确信于自身，独立自主。

c）作为自身表象（Sichvorstellen）的“自我”表象（das “Ich”-stelle-vor）因而依然在恰恰各个自我的当下个别性中。如此这般被表象者作为ἰδέα［相、理念］之表象的基础，尚未吻合于这个ἰδέα［相、理念］本身，还不是κοινόν［共相、普遍者］和ἀεί［永恒］。因此自身表象必须成为绝对意义上的自身知识，成为那种知识，它完全知道对象与自我、自我与对象的一体关联的必然性。

这种对于这样一种必然性的自身知识摆脱了那种片面性，而且是如此绝对。这种绝对的知识——起于“我把表象及其所表象者表象出来”——作为绝对的知识，被等同于基督教上帝的绝对知识。这种等同经由下面这一点而变得容易理解了，即：所表象者在对这个上帝的表象中其实就是“理念”；可参看奥古斯丁，其时“唯心主义”尚未发展起来，那是在笛卡尔以后才发展起来的。

2. 德国唯心主义，它由莱布尼茨先行勾勒，基于康德的先验步骤而超越了笛卡尔，试图绝对地思考先验统觉的 ego cogito［我思］，同时在基督教教义学方向上把握绝对者，如此这般地，使得这种教义学在这种哲学当中达到它本真的、已经获得自身的真理，而且这也意味着——用笛卡尔的话来讲（！）——达到最高的自身确信。这种德国
203 唯心主义的迷途——如若在这些领域里竟可以这样来判断的话——并不在于它过于“疏离于生活”，而是相反地在于它完完全全地活动在现代此在（Dasein）和基督教的轨道中，而没有越出“存在者”之外提出存在问题。德国唯心主义是太接近生活了，本身在某种意义上导致了那种实证主义的非哲学——这种非哲学取代了德国唯心主

义，现在正在欢庆它的生物主义的胜利。

104. 德国唯心主义

在这里，真理变成确信（Gewißheit），这种确信自行展开到一种无条件的对精神的信赖之中，因而首先作为在其绝对状态中的精神而展开自身。存在者完全被置入对象性之中了，后者绝非通过它自己的“被扬弃”而得到克服；相反地，这种对象性扩展到表象着的自我以及对象之表象与表象之表象的关联上。现在，作为存在状态的基本特征，谋制挪移入主体—客体—辩证法的形态中，这种辩证法作为绝对的辩证法充分发挥一切熟悉的存在者领域的全部可能性，并且把它们安排在一起。在这里再一次作出了针对一切不安全性的连续保障，那种在绝对确信的正确性中的最后扎根，无意中对存有之真理的回避。由此没有一座桥梁通向另一开端。但我们恰恰必须知道这种德国唯心主义的思想，因为它把存在状态的谋制权力[①]带入极端的、无条件的展开过程中（把 ego cogito［我思］的无条件性提升为无条件者）并且为终结做好准备。

现在，存在的不言自明性没有被置于一种直接的明证性的平白
无奇中，而是被系统地扩展到精神的历史性及其形态的丰富性之 204
中了。

而且，这当中零星地散布了个别的进攻，犹如在谢林关于自由的论文中[②]；诚然，就像向“实证哲学”的过渡所表明的那样，谢林这篇

① 此处“存在状态的谋制权力”原文为 die machenschaftliche Macht der Seiendheit，英译本作 the machinational power of beingness。——译注

② 此处应指谢林：《对人类自由的本质及其相关对象的哲学研究》。可参看中译本，邓安庆译，商务印书馆，2008 年。——译注

论文不能导致任何决断。

105. 荷尔德林——基尔凯郭尔——尼采

但愿今天没有人会如此傲慢，把下面这回事情当做单纯的偶然，即：这三个人，他们以各自的方式最终都最深刻地彻底经受了那种把西方历史逐入其中的连根拔起的过程，并且同时最亲密地预感到了他们的诸神，他们不得不过早地离开了他们时代的光亮。

有什么东西在酝酿中吗？

这三人中**最早先者**，荷尔德林，在思想力求再次绝对地认识整个以往历史的时代里，同时成了**最深远地先行作诗者**[①]——这意味着什么呢？（参看《思索》IV，第115页以下）

在这里发生了聚讼纷纭的19世纪的何种隐蔽历史呢？将来者的何种运动法则在此得到了酝酿？

为了成为依然归属于这里正在启动的种种必然性的人，难道我们在此不是不得不把我们的思想转向完全不同的区域、尺度和方式吗？抑或，这种历史作为此在的基础还是我们不可通达的，并非因为它已经过去了，而是因为它对我们来说依然还在太远的将来？

205 106. 在第一开端和另一开端的争辩之实行中对全部“存在学”的决断

在从第一开端向另一开端的过渡中，对“存在学”的沉思是必然的，它是如此必然，以至于有关“基本存在学”的思想必须得到深思。

---

① 此处“最远地先行作诗者”原文为 der am *weitesten Voraus-dichtende*，也可译为“先行最远的作诗者”。——译注

因为在其中，主导问题首先被把握和展开为一个问题，并且向着其基础、在其结构中被揭示出来了。一种对"存在学"的单纯拒绝，若没有从其本源而来的克服，就根本不能完成什么，充其量只能危害每一种思想意志。因为那种拒绝（例如在雅斯贝斯那里）把一个十分可疑的思想概念当做其尺度——而且〈人们〉进而发现，这种思想并没有遭遇"存在"（在一种大混乱中意指存在者之为存在者），而只是被强行置入这个概念的框架和支杆中。在这种令人奇怪地肤浅的"存在学""批判"中（它毫无目标地在一种最大的混淆中谈论存在与存在者），起作用的无非是那种其本源根本没有被追问的内容与形式之区分，〈它〉依然"批判性地"被传布到"意识"、"主体"及其"非理性的""体验"上了，也就是那种李凯尔特和拉斯克[1]式的康德主义——举例说来，雅斯贝斯尽管做了种种努力，但绝没有摆脱这种康德主义。

与这样一种作为对"存在学"的简单拒绝的"批判"相对立，〈我们〉必须表明的是，为什么这种"批判"在主导问题的历史范围内变成必然的了（柏拉图主义的统治地位）。因此相反地，一种对存在学的克服恰恰首先要求从其开端而来把存在学展开出来，区别于对其学说内容的表面接受，对其正确性和错误的清算（尼古拉·哈特曼[2]）——所有这一切依然是表面的，因而也根本没有猜度到那种思想意志，后者在《存在与时间》中寻求一条从主导问题向基础问题的

---

① 海因里希·李凯尔特（Heinrich Rickert，1863－1936年）：德国哲学家，新康德主义弗莱堡学派代表之一，海德格尔的导师，著有《文化科学与自然科学》等；埃米尔·拉斯克（Emil Lask，1875－1915年）：德国哲学家，属新康德主义弗莱堡学派，海德格尔的师兄，著有《哲学逻辑学与范畴论》等——据传若不是战死沙场，拉斯克必定是20世纪德国哲学大师。——译注

② 尼古拉·哈特曼（Nicolao Hartmann，1882－1950年）：德国哲学家，提出"批判的存在学"体系。著有"存在学"三部曲。曾与海德格尔在马堡大学共事。——译注

206 过渡的道路。

因为全部存在学——不论是作为本身而发展起来的，还是作为这种发展的准备，就像第一开端的历史那样——都要追问存在者作为存在者，在这个角度并且仅仅在这个角度追问存在，所以，它们都挪移入那个基础问题的领域之中：存在如何本质性地现身？存在之真理是何种真理？——诚然，〈它们都〉没有猜度到这个基础问题本身，在任何时候没有能够承认存有的最高可疑问性、唯一性、有限性和令人诧异性。

需要表明的是，通过从存在学向存在-神学的发展（参看《黑格尔讲座》1930/1931 年[①]以及别处），对基础问题及其必然性的最终排斥是怎样得到确认的，在这种历史中，尼采是怎样来完成那个创造性的终结的。

107. 对主导问题的解答与传统形而上学的形式

依照柏拉图对作为εἶδος［爱多斯］—ἰδέα［相、理念］的存在者本身以及作为κοινόν［共相、普遍者］的εἶδος［爱多斯］—ἰδέα［相、理念］的解释，存在者之存在一般地变成κοινόν［共相、普遍者］。成为“最一般者”就成了存在本身的这个本质性规定。关于τί ἐστιν［什么存在］的问题始终是一个κοινόν［共相、普遍者］问题，而且因此已经给定了关于存在者之为存在者的总体深思的框架，即由至高的种类、最高的普遍者和特殊化组成的框架。存在者的主要领域只不过

---

① 1930/1931 年冬季学期讲座《黑格尔的精神现象学》（《海德格尔全集》第 32 卷）。——原注

是存在者的普遍性（即存在）的 specialia［特殊性］。而且如此这般地，在 Metaphysica generalis［一般形而上学］与 Metaphysica specialis［特殊形而上学］的区分中[①]，就反映了那个主导问题的特性。在这里根本就不再有关于 Metaphysica generalis［一般形而上学］与 Metaphysica specialis［特殊形而上学］的一种可能联合的问题了，因为两者恰恰已经以一种上面提到的对于存在者、而且尤其是对于存有来说十分表面的方式联合起来了。只要主导问题的未被认识的基础以 207
及学科的区分，犹如某种不言自明的东西而在出发点上被固定下来了，则在这里就会出现完全无根据的虚假问题。

尤其是当人们竟尝试借助于从基本存在学中形成的“存在学”差异而达到一种对问题的解决时，混乱就愈发增加了。因为这种“**差异**”（*Differenz*）其实不是在主导问题的方向上才发端的，而倒是作为进入基础问题之中的跳跃，并不是为了糊里糊涂地玩弄现在固定的标签（存在者和存在），而是为了返回到关于存有之本现的真理的问题之中，并且因此对存有与存在者的关联作另一番把握——尤其是因为，连**存在者**之为存在者也经历了一种已经转变了的解释（对本有之真理的庇护），再也不存在任何一种可能性，即不知不觉中把“存在者”当做“被表象的对象”或者“自在现成者”以及诸如此类的东西而偷运进来。

108. 主导问题历史范围内的形而上学基本立场以及它们各自具有的时间-空间解释[②]

1. 在第一开端中，空间和时间是怎样被经验、被把握和被命名

① 此乃沃尔夫-康德的区分。——译注

② 参看本书“建基”部分。——原注

的;在这里什么叫"神秘主义的"解释?

2. 空间和时间本身怎样进入作为持续在场者的存在者领域之中,两者怎样部分地成为一个μὴ ὄν[非存在者]?

3. 在这里,真理领域对于存在依然是锁闭的和未知的。

4. 回到空间和时间(位置与现在)的起源(归属于ἀλήθεια[无蔽、真理])来思考两者,这在何种意义上既是不可能的也是不必要的。

5. 那么,借助于那种着眼于μέγεθος[巨大、体积]而做的空间和时间解释,空间和时间何以变成为框架观念。

208 6. 那么,这样一个开端是怎样被现代"数学"思维所采纳的。

7. 在莱布尼茨那里,最后是在康德那里,空间和时间之本质的分裂,以及与"自我"和与"意识"的关联的分裂,是怎样被看作牢固的和概念上确定的;这种分裂本身已然就像早先对于作为οὐσία[在场]的存在者的解释了(何以在这里,就连尼采也没有进行彻底的追问)。

109. ἰδέα[相、理念]

〈ἰδέα[相、理念]〉是那种关于ἀλήθεια[无蔽、真理]的解释,通过这种解释,后来关于作为对象性的存在状态的规定得到了酝酿,而对于西方哲学的整个历史来说,关于ἀλήθεια[无蔽、真理]本身的问题因此就必然地被阻止了。

唯有从另一种关于存在及其与此-在的关联的开端性追问而来,关于第一开端中的思想所命名的ἀλήθεια[无蔽、真理]的问题才能产生出来。

110. ἰδέα[相、理念],柏拉图主义与唯心主义[①]

1. ἰδέα[相、理念](εἶδος[爱多斯])这个概念意即某物的外观,即某物作为什么给出自身和构成自身,即某物被置回到何处才成为它所是的存在者。尽管ἰδέα[相、理念]联系于ἰδεῖν[观看],但这个词恰恰并不意味着表象所表-象者,而是相反地,意味着外观本身的闪现(*Aufscheinen*),是为一种观审提供前景(*Aussicht*)的东西。从现代意义上讲,这个词恰恰并不是要显明那种与"主体"的关联,而是要显明那种在场现身[②],那种在外观中的前景之闪现,而且是作为同 209
时提供出在场中的持存的东西。在这里,在τί ἐστιν[什么存在](essentia[本质],quiddita[什么])与ὅτι[如此存在](existentia[实存])之间的区分的起源,乃在ἰδέα[相、理念]的时间性中(参看本书"跳跃"部分)。存在者在持续的在场状态中存在,ἰδέα[相、理念],被视见者乃在其被视见状态中(ἀλήθεια[无蔽、真理])。

2. ἰδέα[相、理念]乃是这样一个东西,依然变化的杂多之物被置回到它那里,是起统一作用的一,而且因此是ὄν[存在者],即存在=统一作用[③];而个中后果,关于其杂多(ἕκαστα[每个、全部]),ἰδέα[相、理念]就成了κοινόν[共相、普遍者],还有,奇怪的是,这种对作

---

① 参看本书"跳跃"部分,第 119 节,"跳跃在由基本问题之追问而做的准备中";参看 1937/1938 年冬季学期讲座《哲学的基本问题。"逻辑问题"选讲》(《海德格尔全集》第 45 卷,第 60 页以下)。——原注

② 此处"在场现身"原文为 Anwesung,英译本作 presencing。海德格尔通常用动词 anwesen(在场)和名词 Anwesen(在场)、Anwesenheit(在场状态、在场性)。而这里的 Anwesung 应该与他使用的 Wesung(本现、本质现身)有着相同的语义方向,故我们译之为"在场现身"。——译注

③ 德语原文为:seind=einigend,其中"存在"和"统一作用"均为分词形式。——译注

为存在状态的ἰδέα的[相、理念]事后做的伴随规定,进而竟成了第一性的和最后的关于存在状态(存在)的规定,这〈指存在〉就是“最一般者”!然而,这是不值得奇怪的,而是必然的,因为作为存在状态的存在自始就只是根据“存在者”——可以说从存在者而来,从**杂多**而来**并且**回到杂多那里——而得到经验和思考的,并且**只是**如此这般得到经验和思考的。

3. 一旦ἰδέα[相、理念]被设定为存在者之存在状态,并且被把握为κοινόν[共相、普遍者],则它——又可以说从存在者(个体)而来得到思考——必定是存在者中间**最具存在性者**,亦即ὄντως ὄν[真实存在者]。ἰδέα[相、理念]首先只符合存在状态之本质,因而可以要求成为最具存在性者和真正的存在者。个体和可变之物成为μὴ ὄν[非存在者],亦即没有符合、从不符合存在状态的东西。

4. 如果存在(总是作为存在状态,即κοινόν[共相、普遍者])如此这般地被把握,是ἕν[一],最具存在性者和最具统一作用的**一**,而且如果ἰδέαι[相、理念]本身是杂多,那么,这个**杂多**作为最具存在性者就只能以κοινόν[共相、普遍者]方式存在,亦即只能是处于自身中间的κοινωνία[关系、相关]。在存在状态即统一性中的在场和持存状态聚集于这个κοινωνία[关系、相关]中;γένη[种]作为统一性,〈乃是〉自身具有统一作用的,因而是来源或者“种类”。

5. 关于作为οὐσία[在场]的ὄν[存在者]以及作为ἰδέα[相、理念](κοινόν[共相、普遍者]、γένη[种])的οὐσία[在场][1]的解释,把握的是存在者之存在状态,因而把握的是ὄν[存在者](存在,但不是
210 存有)的εἶναι[是、存在]。在存在状态(οὐσία[在场])中,εἶναι[是],即存在,被猜度为某个在οὐσία[在场]中不能完全充实自己的

---

[1] 此处οὐσία是亚里士多德的核心概念,但通常被译为“实体”。——译注

他者。因此,在同一条道路上继续行进,也即通过对在场现身的把握,人们试图超越存在状态:ἐπέκεινα τῆς οὐσίας[在场之彼岸][参看《西方思想(形而上学)的形而上学基本态度》,1937/1938年冬季学期练习课]。但因为这个问题只涉及存在者及其存在状态,所以,它绝不能碰触到存有本身或者从存有本身而来。ἐπέκεινα[彼岸、那一边]因此只能被规定为某个东西,后者从现在起本身在它与人的关联中(εὐδαιμονία[幸福、幸运])得到标识,被标识为ἀγαθόν[善、价值],即适合者[①],为一切适合性奠基者,也就是"生命"、ψυχή[灵魂]及其本质本身的条件。这样就完成了迈向"价值"、"意义"、"理想"的一步。关于存在者之为存在者的主导问题已经处于其边界上,同时也处于那样一个地位上,在那里,这个问题落后了,再也不能更原始地把握存在状态,而只能对之进行评价,由此,评价本身竟冒充为至高者了。

6. 与此一体地,现在,ἰδέα[相、理念]本身与ψυχή[灵魂]的关联,也变得清晰和决定性的了:

a)作为εἶδος[爱多斯]与ἰδεῖν[看、观]和νοεῖν[觉知、思想]——νοῦς[奴斯、心灵]

b)作为κοινόν[共相、普遍者]和κοινωνία[关系、相关]与διαλέγεσθαι[对话]和λόγος[逻各斯]

c)作为ἀγαθόν[善、价值]—καλόν[美]与ἔρως[爱、爱情]。

7. 因为存在者之本质如此这般地聚集于ψυχή[灵魂]中了,所以,ψυχή[灵魂]本身就是ἀρχή ζωῆς[生命之本源],而ζωή[生命]就是存在者的基本形态。

---

① 希腊文的ἀγαθόν[善、价值]的原初含义要广泛得多,指"适合性",凡事凡物均有自己的"适合性"。海德格尔在此即强调:ἀγαθόν是"适合者"(das Taugliche)。——译注

在这里，甚至在亚里士多德那里，ψυχή［灵魂］并不是主体，而且因此，以这种与作为οὐσία［在场］的ὄν［存在者］的关联，本质性的东西得到了设定：

a）存在者之为存在者始终是对立面、对-象。

b）这个对立者本身〈乃是〉持续在场者、现成者、最具存在性者和无需存在问题者。

211 8. 按照εὐδαιμονία［幸福］来说，作为ἀρχή τοῦ ὄντος［存在者之本原］，ἐπέκεινα τῆς οὐσίας［在场之彼岸］具有θεῖον［神性］和θεός［神］的特征，可参照亚里士多德。

对存在者之为存在者的追问（在主导问题意义上），即存在学，因此必然地是神-学。

9. 随着第一开端的第一终结的这样一种展开（借柏拉图-亚里士多德哲学），就出现了一种可能性，即：这种哲学——而且从此以后在其形态上就是一般希腊哲学了——为犹太（斐洛）基督教（奥古斯丁）信仰提供了框架和论证领域；由此出发来看，希腊哲学甚至可以充当基督教的先驱，或者说充当“异教”，可以被认为已经得到了克服。

10. 然而，不光是基督教及其“世界”解释在这里找到了自己的框架和机理轮廓，而且一切后基督教的、反基督教的和非基督教的关于存在者和人的西方解释，都在同一个东西范围内找到了自己的框架和机理。ἐπέκεινα τῆς οὐσίας［在场之彼岸］作为ἀγαθόν［善、价值］（也就是：对关于存在者之为存在者，即关于存在的进一步追问和原始追问的根本否定），乃是某种“文化”框架内的一切关于存在者及其规定和赋形的解释的原型；是根据文化价值而进行的估价；是对“现实”的意义的解说；是根据“理念”和对理想的测量，对一种ἰδέα［相、理念］的构成，对存在者整体的直观，即世界观。凡在“世界观"起支配作用并且规定存在者的地方,柏拉图主义就在起作用,未弱化也未经认识;在柏拉图主义彻底地经历了现代对ἰδέα[相、理念]的重解之处,其作用就越发顽固。

11. 后来对柏拉图主义的第一个、也更合适的表述(关于作为存在者之存在状态的理念的学说)并不是"唯心论",而是"实在论";res[物]:实事,事物;作为实事性的 *realitas*[实在性],*essentia*[本 212
质],真正的中世纪的"实在论";*universale*[普遍之物]构成 ens qua ens[存在者之为存在者]。

12. 但通过唯名论,个体的实事性(Sachheit)被称为真正的 realitas[实在性],即这个(*Dieses*),此与相应,realitas[实在性]被用来标识个体,也就是最切近的在此时此地的现成存在,即 existentia[实存];奇怪的是:"实在性"现在成了表示"实存"、"现实性"、"此在"的名称。

13. 相应地,根据不同的动因,个体,个别灵魂和个别人,亦即"自我",被经验为最具存在性者、最实在者,因而 *ego cogito-ergo sum*[我思—故我在]才成为可能的;在这里,"存在"被判给了 individuum[个体];于此我们必须注意到,这个命题的真正意思是,cogitare[思想]与 esse[存在]的数学关联的确定性;数学(*Mathesis*)的原始命题。

14. ἰδέα[相、理念]现在不再指在场现身之εἶδος[爱多斯]这种希腊意义上的普遍之物本身,而是指在 ego[自我]的 percipere[知觉、感知]中被把握的 perceptum[被知觉者],具有我们的"表-象"(Vor-stellung)一词的歧义性的 perceptio[知觉];在这种宽泛意义上看,甚至连个体和可变之物也是一个 perceptum[被知觉者],作为 perceptum[被知觉者]的ἰδέα[相、理念]:在反射中的理念;作为εἶδος[爱多斯]的ἰδέα[相、理念]:处于在场现身之闪现中的理念①。而且,唯有在关于作为 perceptio[知觉]的ἰδέα[相、理念]的解释中,柏拉图主义才成为"唯心论",也就是说,存在者之存在状态现在才成为被表象状态(esse[存在] = verum esse[真实存在] = certum esse[确定存在] = ego percipio[我知觉],cogito me cogitare[我思我思]);存在者"以唯心论方式"被思考,因而在康德那里,"理念"得到了拯救,但却是作为表象和"理性"(作为人类理性)的原理。

由此就〈出现了〉通向绝对唯心论的一步。黑格尔那里的"理念"概念(参看下文的讨论),作为绝对知识的绝对者的绝对的自行向自身显现。于是就有了重新把握柏拉图的可能性,以及把希腊哲
213 学设定为直接性之阶段的可能性。[有关"唯心论",可参看 1937 年练习课《尼采的形而上学基本立场。存在与假象》;关于唯名论,可参看 1937/1938 年冬季学期练习课《西方思想(形而上学)的形而上学基本立场》。]

*

黑格尔的理念概念
以及一种哲学意义上的从其第一终结而来的哲学之
历史的第一种可能性

在这个概念中,关于理念历史的一切本质性的规定原始地得到完成,包含着:

1)理念作为显现

---

① 此处"处于在场现身之闪现中的理念"原文为 die Idee im Aufschein der Anwesung,英译本作 Idea in the shining forth of presencing。——译注

2）理念作为关于可知之物本身（现实之物）的**这个**规定

3）理念作为“概念”的普遍性

4）理念在表-象中被表-象，对“绝对者”的思考；斐洛、奥古斯丁

5）理念乃在 cogito me cogitare［我思我思］（自身意识）中被意识者（笛卡尔）

6）理念作为 perceptio［知觉］，逐步地展开的表象，与意志相统一，perceptio［知觉］与 appetitus［欲望］（莱布尼茨）

7）理念作为无条件者和理性的“原理”（康德）

8）所有这些规定原始地统一于以自身为中介的绝对知识的本质中，这种绝对知识知道自己不仅是意识的每一个形态的完成，而且甚至是以往哲学的完成。

9）**在哲学上**看，黑格尔**之后**出现的东西往往是向实证主义和生命哲学或者经院存在学的倒退和下降，在科学上，看则是对有关理念及其历史的大量认识的传播和修正；但即便在这种学究式的考察 214
中——尽管经常是难以识别的——，黑格尔的观点也还总是具有引导作用，其形而上学的影响力则未能展开出来。从这些模糊不清的源泉中，今天的“哲学”进而获得了自己的“理念”概念（参看本书“建基”部分，第 193 节。“此-在与人”，特别是本书第 314–315 页）。

10）因为随着**这样一种**对作为现实之现实性的“理念”的奠基，黑格尔把整个迄今为止的哲学史，也包括前柏拉图的哲学史，统统聚集到一种共属关系之中，而且因为他把这种知识把握为具有诸阶段和阶段序列的绝对的自身知识，所以，他便占有了一种源于存在状态（理念）之本质的必然性，而理念历史的诸阶段必定是依据这种必然性而一步步升级的。

换言之，从他自己的追问来看，黑格尔的哲学史乃是**第一部哲学上的**哲学史，是第一次适当的历史探究，但同时也是这种探究的最后

的和最后可能的形态。

跟随这整个探究而来的，乃是一种重要的学究工作，但根本上，也即从哲学上讲，却是一种束手无策的和漫不经心的结巴言语，只是从哲学家及其著作或者“问题”的序列中取得自己的统一性。

“唯心主义”概念包含着什么①

〈唯心主义概念包含着：〉

1）ἰδέα［相、理念］作为什么（Was）之在场及其持存状态（但后者却未被把握，而陷于被遗忘状态中，并且被曲解为作为 aeternum［永恒、永久］的 *ens* entium［一切存在者之存在者］！）；

2）νοεῖν［觉知、思想］（λόγος［逻各斯］），但尚未在“自我”中被固定下来，而是ψυχή［灵魂］、ζωή［生命］；

215 3）但由此预示了：一种 percipere［知觉、感知］的 *perceptum*［被知觉者］、被表-象者、可带到自身面前者、在场者，这种 percipere［知觉、感知］就是作为 cogito *me* cogitare［我思我思］的 *ego* percipio［自我知觉］；一道把自身表象出来，作为随之被表-象者，而在其视见和面貌中外观得以显现出来；②

4）作为对-象性的被表象状态，以及作为对象性（即存在状态）之基础的“自身”-（自我）确定性（存在与思想）。

*

15. 在严格历史性的“唯心论”概念意义上，柏拉图绝不是一个

---

① 参看1937年夏季学期练习课《尼采形而上学的基本立场。存在与假象》，显现——假象。——原注

② 此处“视见”、“面貌”、“外观”原文依次为 Sicht，Angesicht，Aussehen。——译注

“唯心论者”，而是一个“实在论者”；而这并不是说，柏拉图没有否认自在的外部世界，而倒是主张ἰδέα［相、理念］是ὄν［存在者］的本质，是 res［事物］*realitas*［实在性］。然而，恰恰作为现代的唯心论，“唯心论”却无疑就是柏拉图主义，因为对柏拉图主义来说，存在状态也必须根据“表象”（νοεῖν［觉知］）来把握，与亚里士多德的推动合在一起，就是必须根据作为διανοεῖσθαι［思想、思考］的λόγος［逻各斯］来把握，也就是必须根据思想来把握——根据康德的看法，这种思想就是关于一般某物的表－象（范畴与判断表；黑格尔的范畴与理性的自身知识）。说到底：对于整个西方哲学史（包括尼采）来说决定性的，乃是存在与思想。虽然尼采把存在者经验为生成，但通过这种解释，他依然是传统框架范畴内的一个敌人：存在者只是得到了不同的解释，而存在问题本身从来没有被提出来过。

16. 如果我们考虑到，柏拉图主义的统治地位，在不同的思潮和形态中，现在也引导着对于前柏拉图哲学的理解（而且恰恰是在尼采那里），那就可以明见，关于作为ἰδέα［相、理念］的ὄν［存在者］的解释具有何种意义，因而关于在此真正发生了什么的问题是多么重要。

17. 在上面这些思索中，要紧的并不是在作为柏拉图学说之变式 216
的学说序列意义上的柏拉图主义的历史，而唯一地只是在柏拉图主义的本质性统治地位支配下的对主导问题的处理的历史，〈因而这些思索〉带有从第一开端向另一开端的传送的任务。于是，柏拉图主义〈乃是〉关于那个存在问题的概念，这个问题追问存在者之存在状态，并且把如此这般被把握的存在置入与表象（思想）的关联之中。存在与思想〈乃是〉表示在第一开端和另一开端范围内的思想之历史的名称。

18. 对这种历史的本质性增补，乃是通过陈列ἀλήθεια［无蔽、真理]之历史,陈列ἀλήθεια[无蔽、真理]之历史的过早坍塌,以及陈列ἀλήθεια[无蔽、真理]向ὁμοίωσις[相似、肖似]和 adaequatio[符合]、并且由此向**确定性**的改造。这种历史进而导致了对真理问题的相应误解;最后在尼采那里,只还有关于真理之**价值**的问题,一个真正**柏拉图主义化**(!)的问题了。一切都远离于那个任务了,即要质疑处于与存有之真理(因而也即与存有本身)的最紧密关联中的真理之为真理的本质。

19. 从关于存在者的柏拉图主义解释中,产生出一种表象方式,它在未来以不同形态彻底地支配着主导问题的历史,因而支配着西方哲学。通过对作为κοινόν[共相、普遍者]的ἰδέα[相、理念]的设定,χωρισμός[分离]被设定为仿佛存在者;而且这就是具有不同形态的"超越"的本源,尤其是当ἐπέκεινα[彼岸、那一边]也被把握为对作为οὐσία[在场]的ἰδέα[相、理念]的设定的后果时。这里也有对于 *a priori*[**先天性**]的表象的根源。

20. 在"超越"①名下人们把握到不同的东西,它们进而同时又结合在一起。

a)"存在者状态上的"〈超越〉:还超逾了存在者的另一个他存在
217 者,用基督教的说法:已经超逾了受造存在者的创造者,造物主;在"超越"一词的十分混乱的用法中,"超越"(就像"校长阁下"!)=上帝本身②,**高于**其余存在者的存在者;无所不包因而是普遍者。多余地,并且为了提高混乱,同时还举出了"存在"!

b)"存在学上的"超越:指的是包含在κοινόν[共相、普遍者]本身中的超逾,作为总体性的存在状态(γένη[种]——范畴——"高

① 此处"超越"(Transzendenz)也可译为"超越性、超越者"。——译注

② 这个意义上的"越越"(Transzendenz)更应译为"超越者",是神学意义上的。——译注

于"和"先于"存在者,a priori[先天性])。在这里,关联和差异方式还是完全不清晰的;人们满足于对κοινόν[共相、普遍者]及其结果的确定。

c)《存在与时间》中"基本存在学的"超越。在这里"超越"一词重又获得了它原始的意义,即:超逾本身,而且它被把握为此-在的标志,为的是借此显明,此-在向来已经置身于存在者之敞开域中了。"存在学上的""超越"与此相结合,同时得到了更准确的规定,因为这种此在式的超越恰恰原始地被把握为**存在之理解**。不过,因为现在理解被把捉为被抛的开抛,所以,超越就意味着:置身于存有之真理中,诚然首先并不知道和究问这一点。

但现在,因为此-在作为此-**在**[①]原始地经受着遮蔽之敞开域,所以严格讲来,我们是不能谈论一种此-在的超越的;在这个开端的范围内,有关**任何**意义上的"超越"的表象都必定会**消失**。

d)这种〈有关超越的〉表象进而还在"认识论的"考察中得到了一种经常的应用,这种"认识论的"考察由笛卡尔发端,首先阻止了"主体"向"客体"的超出和超逾,或者说,使这种关联变得可疑了。甚至这种"超越"也随着此-在之设定而被克服了,因为它预先被跳 218
过了。

e)"超越"往往于自身中包含着那个被认为熟知和熟悉的"存在者"的起点,到以某种方式对存在者的超出。从存有之真理的基础问题角度来看,这就意味着陷于主导问题的问题方式中,也即陷于形而上学中。

而随着向基础问题的过渡,一切形而上学都被克服了。

---

① 此处两个"此-在"均为Da-sein,只不过后者中的"在"加了重点号,为Da-*sein*。——译注

不过，这种过渡因此必定会愈加清晰地沉思那些依然包围着它、并且不可避免的柏拉图主义形式，哪怕这些形式只是在防御中依然规定着这种过渡。

21. 柏拉图主义在当代的最后余脉和后果：

a）一切自称为“存在学”、并且想要或者不想要存在学的东西；甚至包括反对者，诸如基于一种康德主义的反对者，也停留在“各种存在学”之条件的同一个领域里。

b）一切基督教的和非基督教的形而上学。

c）一切以“价值”、“意义”、“理念”和理想为目标的学说；相应地也包括那些否定这些东西的学说，诸如实证主义和生物主义。

d）一切种类的“生命”哲学，对它们来说存在问题（即便在以往的主导问题的真正形态中）还是格格不入的（狄尔泰）。

e）此外就是那些思潮，它们混合了前述的一切东西，传授理念和价值，同时以“生命”哲学的方式来强调“实存”。在这里，极端的混淆被提升为一个原理，而一切真正的思想和追问全被放弃了。

f）最后是尼采的哲学，它恰恰由于把自己理解为柏拉图主义的颠倒，重新陷入柏拉图主义中了——可以说是暗渡陈仓。甚至在尼采作
219 为过渡性的思想家终于退出了柏拉图主义及其颠倒之际，也没有出现一种对存有之真理和真理之本质的具有克服作用的原始追问。

22. 另一方面，尼采乃是第一人，他首次认识到了柏拉图的关键地位以及柏拉图主义对于西方历史的影响（虚无主义的兴起）。更准确地说：尼采猜度到了柏拉图的关键地位；因为只有当前柏拉图的哲学根据自身原初地得到把握，而不是像在尼采那里，得到一种柏拉图式的解释，这时候，柏拉图在前柏拉图哲学与后柏拉图哲学之间的地位方得明见。尼采系缚于这种柏拉图式的解释，因为他没有认识到主导问题本身，没有实行向基础问题的过渡。不过，尼采发现了柏

拉图主义的最隐秘形态(而且这一点首先就颇有分量):基督教及其世俗化不外乎是“民众的柏拉图主义”。

23. 在其公然的和隐秘的统治地位中,柏拉图主义把存在者整体——如同它在西方历史的进程中被考察和被塑造的那样——移置入某种确定的机制之中,并且使特定的表象方向成了不言自明的“追问”道路了(参看上文关于“超越”的讨论)。而且,对于有关此-在的经验和向此-在的跃入来说,这是真正的障碍,其阻碍之大,以至于此-在首先还是未被理解的,尤其是因为此-在之建基的一种必然性还不是可明见的,其原因在于这样一种必然性的急迫是缺失的。而这种缺失植根于存在之离弃状态,后者乃是西方人当今历史的至深奥秘。

24. 所以,为了为向此-在的跃入提供一种准备,有一项无可回避的任务就是:通过对柏拉图主义的本质的更原始认识,开创对柏拉 220
图主义的克服。

25. 相应地,我们就必须追问:

a)在何种经验和解释中把存在者设定为ἰδέα[相、理念]的做法是有根有据的?

b)对作为ἰδέα[相、理念]的存在者即ὄν[存在者]的存在状态(οὐσία[在场])的规定处于何种(本质现身的)真理之中?

c)如若这种真理还是不确定的,而且它一仍其旧,那么,为什么没有对它进行追问呢?

d)如若根本没有关于这样一种追问的必然性起作用,那么,这种情形的原因何在呢?个中原因只可能在于,对作为ἰδέα[相、理念]的存在状态的解释完全符合关于存在者的追问,并且预先封死了所有其他的追问。而且这一点又必定是以存在者解释的唯一性为根据的。

e)这种解释根据持续的在场状态来开抛存在者。ἰδέα[相、理念]作为这样一种持续在场而本质性地现身[①],并且使任何超越这一点的步骤都变得不可能了;因为由此存在就在本现中给出自己,而存在者依照这种本现完全得到了充实。作为在场状态和持续状态,本现并不为一种不符合(Un-genügen)提供任何空间,因而也不为这种解释的真理性问题提供任何动因;它证实自己为对一切存在者之为存在者具有证实作用的东西。作为ἰδέα[相、理念]的存在状态,因此自发地是真实地(ἀληθῶς[无蔽地])存在者,即ὄν[存在者]。

f)通过这种存在者解释,人从此以后便与存在相应地,被指定了一种清楚的地位:作为持续的在场状态,真实存在者向来是对立面(*Gegenüber*)、处于面貌(Angesicht)中的前景(Aussicht);人成了那种显露者,它与这种对立面相关涉,本身被吸纳入其中;对于他自身,他依然能够在反思中成为对立面;后来有关意识、对象和"自身"意识的展开已经得到了酝酿。

221 g)不过情形依然是,在对作为φύσις[涌现、自然]的ὄν[存在者]的原初解释中,ἀλήθεια[无蔽、真理]得到了经验,被收入眼帘了。照此看来,在第一开端中就要比在柏拉图的解释中更为丰富。而且因此,在争辩中,第一开端就必定被置回到它未受歪曲的伟大性和唯一性之中;争辩并没有消除第一开端,而是首先为了另一开端而为第一开端的必然性建基。

26. 在此方向和以此方式对柏拉图主义的克服,乃是一种最大规模的历史性决断,同时又是对一种与黑格尔不同的哲学意义上的哲学史的奠基。(在《存在与时间》中作为"解构"阐发出来的,并不是

---

① 此处"本质性地现身"为动词 wesen,也可直接译为"本现"。下一句出现的"本现"则为名词 Wesung。——译注

指作为捣毁的拆解,而是指对形而上学基本立场的发掘方向上的**净化**。但着眼于回响和传送的实行来看,所有这一切都只不过是一个前奏。)

27. 在第一开端及其历史中存在之真理和这种真理的基础依然被掩蔽着,这就向对存在问题的原始的重新追问提出了要求,要求它过渡到**基础-问题**中:存有如何本质性地现身? 唯由此而来才能重新提出如下问题:存在者是什么?

“唯心论”的极端的、同时也最棘手的余脉,显示在那个地方,即唯心论表面上被放弃了甚至被制服了的地方(例如当人们否定德国唯心论具有接近生命的真实性的时候)。这种唯心论具有**生物主义**的形态,后者就其本质来看必然是意义模糊的,而且是蓄意要成为模糊的。因为通过把“生命”设为基本现实性(“生命”作为大全生命[All-leben],同时又作为人类“生命”),双重东西立即得到了确证:

生命作为行动和行为,乃是一种继续和前进,因而是超越自身朝向“意义”和“价值”的,也就是“唯心论”;但人们立即会反驳说,并不是表象和“意识”的生命形式,而是**体-验**(Er-leben)和作用的生命形式,是**生命与体验**;所有这一切听来都是“实在论的”,而且如若必 222
要,实际上总是能够做到同样也恰恰被看作最高的唯心论。

这种模棱两可给人一种宽广深远的假象,但实际上只不过是这种“思想”的完全无根基状态的结果;这种“思想”十分肤浅,对自己的历史性来源存心视而不见,并且把清楚明白的东西伪造成最高之物——带着那种能立即获得赞成的可疑优点。

111. “先天性”与φύσις[涌现、自然]

〈“先天性”与φύσις[涌现、自然]〉意味着τὸ πρότερον τῇ φύσει

[比自然更早先者]。φύσις[涌现、自然]乃是赋予尺度的,是"比……更早先的东西",是来源、本源。

最早先者,首先在场者,在场现身,就是φύσις[涌现、自然]本身,但立即就与ἀλήθεια[无蔽、真理]一体地,被ἰδέα[相、理念]掩盖起来了。

何以达到这样一个关于πρότερον[第一性]的问题呢?根据作为ὄντως ὄν[真实存在者]的ἰδέα[相、理念]。

本现中最早先者,乃是这种本现本身——作为存有之本现。

a priori[先天的]——从先行之物而来;在主导问题〈起支配作用〉的地方就是 a priori[先天的]:形而上学。

但在过渡中,"先天性"只在表面上还是一个"问题":从本有出发来把握,存有与存在者的关系是完全不同的。

112."先天性"

真正说来,先天性(*Apriori*)唯在ἰδέα[相、理念]所在处,而这就是说,存在状态(κοινόν[共相、普遍者])比ὄντως ὄν[真实存在者]更具存在性,因而是首先存在着的。

与其在柏拉图那儿的开端相应,先天性在后世形而上学中始终意味着存在状态对于存在者的优先性。

223 先天性随着ἰδέα[相、理念]一道转变为 perceptio[知觉],也就是说,先天性被指派给 *ego* percipio[自我知觉],因而被指派给"主体"了;它走向了表-象的优先性。

在《存在与时间》中被设为"存在理解"(Seinsverständnis)的东西,似乎只不过是这种优先的表象的扩展而已,但它(作为开抛的理解——此-在)实际上却是某种完全不同的东西;而作为过渡,它又回头指向形而上学。存有之真理和存有之本现既不是早先之物，也不是晚出之物。

此-在乃是时间-空间与作为存在者的真实者的同时性，它作为具有建基作用的基础、作为存在者本身的“之间”和“中心”而本质性地现身。

113. ἰδέα[相、理念]与οὐσία[在场、实体]

要紧的是显明：如何根据存在者之基本规定，即作为持续在场状态的存在状态，更好地是以这种基本规定为决定性的背景，赢获一切本质性的存在者之规定。

依照那种基本规定，存在着的就是同时存在的东西，能够完成这种“同时”(*Zugleich*)之可能性的东西。相继、先行和伴随(后来的原因和结果)之类，皆根据这种“同时”而得规定；注意一下康德关于原因的解释吧。

对于后世形而上学来说，具有标志意义的乃是以下事实：虽然时间性的特性刻画被用来区分各种存在者，但在这里，时间就已经被用作可变之物的数字(Zahl)，可数的东西，亦即同一东西的秩序形式，也就是说，时间被用作一个框架了。换言之，时间的更原始本质根本就没有获得经验，恰如那空间的更原始本质一般。作为“实体”的οὐσία[在场、实体]可以说无时间地(zeit-frei)被设置起来，目的是根据情况进一步被规定为“永恒的”(无限的)或者“时间性的”、有
限的。形而上学从不超出这种框架。“存在与时间”因此似乎就是 224
某种不言而喻的东西！

114. 关于尼采形而上学的基本立场[①]

其中〈含有〉“等级制”问题，而且并不是一般“价值”和自在“价值”的问题，而是关于人之存在的问题：主人与奴隶。

这个问题如何与形而上学以及形而上学基本立场联系在一起呢？关于这一点，可参照主导问题的展开：

人与人之存在，作为追问者、真理的建基者。

本真的“真理”，同时亦即真理的克服和转变，何时以及如何是可能的，并且被交付“高贵者”了。

真理作为固定——而且因为等同[②]——对于那些自下往上看的人来说始终是必然的，但不是对于那些具有相反眼光的人们。

这个意义上的等级制问题乃是一个过渡性的问题，〈而且意味着〉突显地位和独一状态的必然性，为的是实行存在之开启。

但比这个问题更为原始的，必定是那个关于时间-空间的问题，亦即真理问题——作为关于真实者的本质的原初问题（参看1937/1938冬季学期讲座[③]）。

---

① 关于权力意志，可参看1936/1937年冬季学期讲座《尼采：作为艺术的权力意志》（《海德格尔全集》第43卷）；关于永恒轮回，可参看1937年夏季学期讲座《在西方思想中的尼采形而上学基本立场。相同者的永恒轮回》（《海德格尔全集》第44卷）；关于两者，可参看1937年夏季学期练习课《尼采的形而上学基本立场。存在与假象》。——原注

② 此处“固定”原文为Festmachung，“等同”原文为Gleichmachung，英译本作consolidating和equalizing。——译注

③ 1937/1938年冬季学期讲座《哲学的基本问题。“逻辑问题”选讲》（《海德格尔全集》第45卷）。——原注

四、跳跃[①] 225

115. 跳跃的主导情调 227

跳跃,乃原初思想的行为中所冒最大之险,〈它〉摒弃一切流俗之物,对于存在者全无直接期待,而是先于一切地,使那种归属于存有的状态一跃而入作为本有的存有之全幅本现中。跳跃因此就在最肆无岂惮者的假象中显现出来,而实际上,它恰恰是由那种*畏惧*来定调的(参看本书"前瞻"部分,第 5 节,"对于少数人——对于稀罕者",本书第 13 页以下),以此种畏惧情调,抑制之意志超逾自身,达乎那种忍受之内立状态[②],即对有所踌躇之弃绝的最遥远之切近的忍受。

跳跃乃是一种冒险,向*存在历史*领域的最初突进的冒险。

116. 存在历史

由于开始为从第一开端的终结向另一开端的过渡做准备,人绝没有仅仅进入一个尚未曾在的"时期"中,而是进入一个完全不同的历史领域里。第一开端的终结还将在很长时间里蔓延到过渡中,甚至蔓延到另一开端中。

---

① 关于"存有",参看《思索》II,IV,V,VI,VII。——原注

② 此处"忍受之内立状态"原文为 Inständigkeit des Ausstehens,英译本作 inabiding and sustaining。——译注

正如这个终结史无疑地将继续下去，从事件来衡量将比以往“更有活力”、“更为快捷”也更为混乱，同样地，过渡本身也将保持为最值得追问的东西，以及首要地最不可认识的东西。少数互不相识的人将准备进入此-在的时间-游戏-空间之中，并且聚集到一种向存有的切近处，这种切近对于所有“接近生活的人们”来说必定保持为格格不入的。在漫长的时段中——对于存有历史来说只不过是瞬间而已——，存有历史认识若干稀罕的本有事件。[①] 此类本有事件
228 诸如：把真理指派给存有，真理的坍塌，对真理之非本质（即正确性）的凝固，存在者的存在之离弃状态，存有向其真理的投宿[②]，（存有之真理的）炉火的点燃（这炉火乃是最后之神的掠过的孤独场所），以及存有的一次性和唯一性的闪现。对以往世界的摧毁，作为一种自身摧毁，向着空虚把自己的凯旋叫喊出来，而存有之本质现身则把自身聚集到它最高的使命中：作为本-有过程，在其历史的一次性中，把关于诸神之神性的决断领域归本于基础和时间-游戏-空间，亦即此-在。

存有作为本-有，乃是在上帝之作证中不可回避之物的胜利。不过，存在者是否自行接合入存有之关节中？没落的唯一性（而不是在一种持续之进步中的荒芜化）是否已经被允诺给人了？这种没落乃是在对存有之唯一性和一次性的真理的期备时机中全部伟大事物的聚集。没落是对于那种拒予的最内在的切近——在这种拒予中本有把自身赠予人。

人之进入存在历史是不可计算的，并且独立于“文化”的形形色色的进步或者衰落，只要“文化”本身意味着对存在者的存在之离弃

---

① 作者在此用了复数的 Ereignisse，我们姑且译之为“本有事件”。本书通常使用的是单数的 Ereignis（我们译为“本有”）。——译注

② 此处“投宿”原文为 Einkehr，英译本径直译作 return。——译注

状态的凝固,只要“文化”推动了人类日益增加的在其“人类学主义”中的纠缠,甚或再一次压迫人,使人回到对全部存有之真理的基督教式误解之中。

117.跳跃

“基本存在学的”沉思(对存在学的奠基,作为对它的克服)乃是从第一开端之终结向另一开端的**过渡**。但这个过渡同时也是跳跃的启动,唯有通过这种启动,一个开端,尤其是另一开端——后者不断 229
地为第一开端所赶超——才可能发端。

在这里,在过渡中,最原始的、因而最历史性的决断正在得到酝酿,也即那种没有藏身之所和回避余地的非此即彼:**要么**系执于终结及其流变,也即那种变得越来越粗糙、越来越无根据和无目标的“形而上学”的更新了的变式(新“生物学主义”及其诸如此类),**要么**开始另一开端,也即要果断地为之做长期准备。

但现在,因为开端只在跳跃中发生,所以连这种准备也必定已经是一种跳跃,而且作为准备性的跳跃,这种跳跃必定同时来自和发源于与第一开端及其历史的争辩(传送)。

与第一开端相比较,另一开端的完全不同之处可以通过一种道说来说明,这种道说表面看来只是玩弄一种**翻转**,而实际上是使一切都发生了变化。

在第一开端中,存在(即存在状态)得到启思(通过νοεῖν[觉知、思想]和λέγειν[言说、聚焦]),得到察看,并且被置于其支配作用的敞开域之中,从而使得存在者本身自行显示出来。进而作为这一开端的后果,存在(存在状态)变成ὑπόθεσις[前提、条件],更准确地说,变成ἀνυπόθετον[无前提者、无条件者],在它的光亮中,一切存在者和非存在者才得以在场。而且如此这般地,存有便为存在者之故而起支配作用了。但现在,这种基本关联却经受了两种后来相互联结和混合在一起的解说,即:作为 summum ens[至高存在者]的"存在"变成作为 ens creatum[受造物]的存在者的 causa prima[第一原因];而作为 essentia[本质]、idea[相、理念]的存在变成对象之对象性的 a priori[先天性]。

存在变成了最普遍的、最空洞的、最熟知的东西,同时也变成了作为那种原因的最具存在性者,变成了"绝对者"。

在西方形而上学的全部变化和世俗化中,人们又能认识到:存在是效力于存在者的,尽管它作为原因表面上具有统治地位。

230 然而,在另一开端中,存在者却如是存在,为的是使存在者能同时承荷它置身于其中的澄明,这种澄明乃作为自行遮蔽之澄明,亦即作为本有的存有之澄明而本质性地现身。

在另一开端中,一切存在者皆被供奉于存有,由之而来,存在者之为存在者才获得其真理。

但存有作为本有而本现,也即作为关于最后之神的近与远的决断的时机之所而本现。

在这里,在存在者的无可回避的惯常状态中,存有乃是最非惯常的东西;而且,存有的这种疏离化并非它的一种显现方式,而是它本身。

在其真理的建基领域里,亦即在此-在中,与存有之非惯常性相应的乃是死亡的唯一性。

最可怕的欢呼必定是一个上帝的垂死。唯有人才"拥有"这样一种别具一格的地位,即能够置身于死亡面前,因为人内立于存有之中:死亡〈乃是〉存有的最高见证。

在另一开端中,存有之真理必须作为建基、作为此-在之启思而被冒险一试。

唯有在此-在中,那种真理才为着存有而被建基,而在此真理中,一切存在者只为存有之故而存在——这种存有乃作为最后之神的踪迹而闪现。通过此-在之建基,人发生了转变(寻求者、保存者、守护者)。

这种转变为关于诸神之切近和遥远的决断的另一些必然性创造了空间。

118. 跳跃

〈跳跃〉乃是对存有之本质现身的极端开抛,使得我们把我们(自身)置入如此这般被开启者之中,变成内立的,并且首先通过本有过程而成为我们自身。然则对于存有之本质现身的规定来说,难 231
道不必有一个存在者保持为主导性的吗?可在这里,什么叫主导性的呢?我们在某个预先给定的存在者身上把存在作为其最普遍者提显出来,这样一种做法或许只是在把握方面的一个增补而已。问题或许依然是:存在者为什么以及在何种意义上为我们而"存在"(seiend)?总是在先的乃是一种开抛,而且问题依然只是:开抛者作为抛者本身是否跳跃入那个有所开启的抛投轨道之中(参看本书"传送"部分,"第一开端");开抛本身是否作为来自本有的事件而得到经验和经受,或者,在开抛中突发亮光的东西,是否仅仅作为涌现者(φύσις[涌现、自然]——ἰδέα[相、理念])、在自行释放的当前化中被置回到自身之中。

但有关开抛方向和广度的决断之基础从何而来?关于存有之本质现身的规定服从于任意性呢,抑或服从于一种最高的必然性,因而也服从于一种急难?但急难向来是不同的,取决于存在的时期及其历史;存在之历史的被遮蔽状态(参看本书“回响”部分,第 57 节,“存有之历史与存在之离弃状态”)。

在另一开端中,要紧的是那种向本有之转向的开裂中心的跳跃,以便着眼于“此”之建基——在有所意识、有所追问并且引发风格之际——为“此”做准备。

我们绝不能通过基于另一个存在者而做的说明和推导来把握存在者。存在者只能根据其在存有之真理中的建基来知道。

但人多么稀罕地挪移到这种真理之中;人多么容易和快速地与存在者相合拍,从而依然被失本而脱离存在。存在之真理的多余性看起来是多么急迫而无法反驳。

119. 跳跃

232 在由基本问题之追问而做的准备中[1]

为此准备,就必须知道主导问题和过渡。主导问题本身唯在其迄今为止蔽而不显的历史中才是可知道的(参看本书“传送”部分,第 110 节,“ἰδέα[相、理念],柏拉图主义与唯心主义”)。

1. 第一开端及其终结包括了自阿那克西曼德至尼采的主导问题的整个历史。

2. 主导问题原初地并不是在明确的问题表述中被追问的,但因此却更为原始地得到把捉和决定性的解答:存在者之涌现,存在者之为存在者在其真理中的在场现身;这种真理建基于λόγος[逻各斯](即聚集)和νοεῖν[觉知、思想](觉知)。

3. 从这里开始直到亚里士多德所做的第一个、此后主导性的问

[1] 参看本书“传送”部分。——原注

题表述的道路；柏拉图所做的本质性准备；亚里士多德与第一开端的争辩，第一开端由此为后代获得了一种根深蒂固的解释。

4. 现在又在隐退、但在结果和路径方面依然支配着一切的问题表述的影响（范畴学说；神-学）；基督教神学带来的整体改造；在这个形态中，第一开端依然只是历史性的，甚至在尼采那里尤其如此，尽管尼采发现开端性的思想家乃是名人雅士。

5. 从笛卡尔到黑格尔，〈发生了〉一种更新的改造，但并不是本质性的转变；撤回到意识和绝对确信之中；在黑格尔那里首次完成了一种哲学的尝试，即根据所赢获的绝对知识的基本立场来探讨一种存在者问题的历史。

6. 在黑格尔与尼采之间的东西是多形态的，但全都没有原始地 233
落在形而上学范围内，连基尔凯郭尔也没有。

*

与主导问题相区别，基础问题作为一个被表达的问题，始于问题-表述本身，方得以从问题-表述跳回到存有之真理的思想的原始基本经验之中。

不过，同样作为被表述的问题，基础问题却具有一种完全不同的特征。它不是亚里士多德关于主导问题的问题表述的继续。因为它直接地起源于存在之离弃状态的急难的必然性，也即那种发生事件，后者本质上是由主导问题之历史以及对这种历史的错误认识一道来限定的。

置身于存有之本质现身中，并且因此追问那个预备问题（真理之本质），这不同于对存在者以及一切直接通达存在者的方式的对象化；在这里，要么人完全被遗忘了，要么存在者被当做确定之物指派给“自我”和意识了。与之相反:存有之真理、因而也包括真理之本质,只有在内立于此-在中的状态之中,唯在对于那种——基于与本有之召唤的归属状态——入于“此”(das Da)的被抛状态的经验中,才本质性地现身。

*

然而,为使这种完全不同的追问,作为此-在之持存性①,根本上能提升到一种可决断的可能性,我们首先就必须尝试,从主导问题出发,通过该问题的完全展开,造成一种过渡,即向基础问题的跳跃的过渡;绝没有一种进入基础问题的直接过渡。必定可以揭示出来的是:在主导问题中,关于存有之真理(意义)的问题依然是未经追问
234 的,以及为什么是未经追问的。在主导问题之道路的视界里来看,只是有所显明地来看,这个未经追问的问题乃是基础问题;时间之为存有之真理;这种存有首先开端性地被经验为不同形态的在场现身。

《存在与时间》乃是向跳跃的过渡(对基础问题的追问)。所以,只要人们把这种尝试编造为“实存哲学”,则一切都还是未被把握的。

“时间”作为时间状态(Temporalität),指的是自行澄明着又遮蔽着的移离的原始统一性,它为此-在之建基提供出最切近的基础。以这个起点,绝不是说以往的答案形式都应当被扣留下来,甚或被取而代之;因此,替代“理念”或者说“理念”在19世纪的畸变,替代“价值”,其他“价值”〈被设定起来了〉,或者竟再也没有什么价值被设定

① 此处“此-在之持存性”原文为 Da-seinsbeständnis,英译本作 Da-sein-steadfastness。——译注

起来了。而毋宁说，在这里，“时间”以及相应地在“实存”（Existenz）这个名称下被把握的一切，具有一种完全不同的含义，那就是对于一种历史性的人之存在而言的时机性（Augenblicklichkeit）之敞开场所的建基。因为一切决断迄今为止在“理念”领域和“理想”领域里（“世界观”、文化理念以及诸如此类）都不再是一种决断了，因为它们根本就不再质疑自己的决断空间，更不可能质疑作为存有之真理的真理本身，所以，我们首先必须来沉思一个决断空间的建基，亦即首先必须来经验无急难状态之急难、存在之离弃状态。但如果在以往的意义上——尽管表面上借用了“实存哲学”——，一切都还停留在“文化”、“理念”、“价值”和“意义”的领域里，那么，这时候，存在历史地并且从开端性的思想出发来看，存在之离弃状态就会重新被巩固起来，而无急难状态就可以说会被提升为一个原理。

这里全然没有猜度另一开端中的基本立场的无与伦比性。〈这里全然没有猜度〉那种跳跃——在此作为关于真理本身之本质的问题——首先把人带入诸神之到达和逃遁的突发和悬缺的游戏空间中。唯有这一点是另一开端所能意愿的。根据前面所述来考虑，这 235
就意味着放弃一种在“世界观”、“学说”以及宣布意义上的效果和应用。

并不是向某个陷入困境的人类活动宣布新学说，而是把人从无急难状态移置出来，使之进入无急难状态之急难中——作为极端的急难。

120. 跳跃

倘若我们知道诸神之到达和逃遁，那么，我们就对真理之突发和悬缺、因而也对存有之本现有了一种初步的把握。

存有并不是最普遍的特性，因而也不是最空洞的存在者规定（像一种长期习惯的、处身于第一开端的沉沦领域里的表象所以为的那样），就仿佛我们早已认识“这个存在者”，要紧的只是把那个“普遍之物”抽取出来。

存有也不是一个超大的存在者，它能引发一切其余的、被认为熟知的“存在者”，并且这样或别样地把它们囊括。

存有作为存在者之真理而本现。关于这个存在者，借着依然如此粗糙而迂回地被把握的存有之本现，向来已经做出了裁定。因此，关于真理的决断按任何角度来看都是在那种向存有之本现的跳跃中做出的。

我们以“跳跃”这个在这里与其他每个词一样容易被误解的词语指的是什么呢？

跳跃就是使那种对于归属于本有的状态的期备状态得以跃起。诸神之到达和逃遁的突发和悬缺，本有，是不能以思想方式受到强制的，恰恰相反，在思想上倒是能够为那个敞开域做好准备，这个敞开域作为时间-空间（时机之所）使存有之开裂变成在此-在中可通达的和持存的。只是在表面上，本有是由人来实行的，而实际上，人之
236 存在作为历史性的存在乃是通过这样那样地要求着此-在的本-有过程而发生的。被赐予历史性人类的存有之突发绝不能直接地昭示给人类，而是隐蔽地以真理之庇护的方式。但存有之突发，在自身中稀罕而不足地，始终来自存有之悬缺[1]，后者的冲击力和持久性丝毫不亚于那种突发。

作为本有之本现，存有因此不是一种空洞的、不确定的可规定之

① 此处“存有之悬缺”原文为 das Aus*bleib* des Seyns，英译本作 be-ing's staying away。——译注

物的海洋，而我们已然“存在着”从某处而来跳入其中了；而不如说，跳跃首先让这个“此”——作为归属于召唤、为召唤所居有的东西——作为某处某时的时机之所而产生。

于是，存有的整个开裂在其开端性的敞开状态和掩蔽过程的方向中已经一道被裁定了。而且有可能，连另一开端也只能在一种唯一的闪现中重又抓住本有，并且把本有当做澄明庇护起来，相应地有如在第一开端中，唯有φύσις［涌现、自然］才得以进入聚集（即λόγος［逻各斯］）之中——即便连这个φύσις［涌现、自然］也难得，而且只是瞬时地。

始终只有少数人并且在不同的路径上达到跳跃。他们始终都是有所创造和有所牺牲地为此-在建基的少数人，而在此-在的时间-空间中，存在者之为存在者得以保存，因而存有之真理得到庇护。不过，存有始终极端地是一种遮蔽，是移离入不可计算和独一无二的东西之中——在那最鲜明和最高的山脊上，后者构成对于虚无之离-基深渊的依循，并且本身就为离基深渊建基①。

所以，构成真理之本现的澄明与遮蔽，绝不能被看做空洞的过程，“认识”的对象，或者一种表象的对象。移离着和迷离着之际，澄明与遮蔽就是本有本身。

有一种假象，让人以为有一种空洞的、在自身中可实行的对存有者之直接可通达性的开启。在这种假象持存着的地方，并且只要这种假象持存着，人就只能置身于那种不再，而且尚未被把握的被离弃 237
状态之前部区域中，这个区域剩余下来，因而依然被当做一种诸神之逃遁的残余。

最本真的和最广大的跳跃乃是*思想*的跳跃。〈这〉并不是因为，

---

① 此句中出现的两个“离基深渊”（Abgrund），前一个书作 Ab-grund。——译注

仿佛从思想而来（陈述）便可规定存有之本质现身，而是因为在这里，在对本有的知晓中，存在之开裂才能最远地完全被攀登，真理在存在者中的庇护的可能性才能最远地得到测度。

作为开端性的思想，思想把时间-空间建基于其移离和迷离的结构中，并且完全攀登于存有之开裂上，即在其本现之唯一性、自由、偶然性、必然性、可能性和现实性中的存有之开裂。

然而，对时间-空间的建基并没有设计出一张空洞的范畴表，相反，它作为开端性的思想是最内在地历史性的，亦即取决于无急难状态之急难，它伸展到真理的本质性庇护的必然性中，以及对真理的主导性知识的本质性庇护的必然性之中。

当无急难状态之急难爆发出来时，这种急难就冲向诸神之到达和逃遁的悬缺。某个上帝的教会和弥撒形式愈长久，而且表面上持续地依然被保持下来，而无力于为一种原始的真理建基，则上面讲的这种悬缺就愈加阴森可怕了。

跳跃乃是向突发之场所的时机性的有所知晓的跃-入（Einsprung），是那种首要的东西，它使本有过程之庇护得以在指引性的词语中产生出来（参照“存有之本现”）。

121. 存有与存在者

把万物和现成之物放在天平的一侧，包括使其僵化了的东西得以凝固起来的谋制，又把存有之开抛放在天平的另一侧，包括开抛之
238 被抛状态的重量，则天平会向哪一边倾斜呢？会向现成之物倾斜，为的是让开抛之无力蹿入无作用之境。

然则谁是这个天平的把秤者呢？什么是现成之物？什么在谋制中翻腾？所有这一切绝不能达到存有之真理，而只是逃避这种真理，

要否认自己最初的东西即现成状态是一个虚空的东西，由此给出基础和无可回避者的假象。

谁订造了那个市场的天平？谁要求一切都只能在这个天平上得到衡量？

谁能跳越这种衡量，冒险一试那不可衡量者，并且把存在者回置入存有中？

更有甚者，让人取得这一点的空间在哪儿呢？为使存有之真理本质性地现身，难道不是必定要有可衡量者存在吗？不可衡量者难道不是必定只有在天平中才能得到衡量吗？

在最切近的、惯常的和连续的东西方面，存在者将超过和驱逐存有。而且这一点的发生，并不是在存有者本身聚集于自身而自行展开的时候，而是在存在者变成那种具有伪装作用的谋制的对象和状态、因而被消解于非存在者中的时候。在这里，在已经变得漠然无殊的存在者的最惯常的公共状态中，发生的是对存有的极端**挥霍**（*Verschleuderung*）。

我们要由此出发来考量存有必定落入其中的非真理吗？存在之真理与挥霍相对立，作为纯粹的拒予而本现出来，并且自为地具有唯一性和完全的奇异性——我们能估量这种真理吗？

为了使人摆脱已然过久地持续的惯常状态和对存有的滥用，并且把存有之本现的场所建立在存有作为本有本身而居有的东西中，亦即建立在此-在中，就必须找到那些最寂静和最陡峭的羊肠小道。

122. 跳跃 239

（被抛的开抛）

〈跳跃〉乃是存有之真理的开抛的实行，那是在移置入敞开域之中意义上的开抛，如此这般地，开抛之抛投者就把自身经验为被抛者，亦即被存有所居有者。通过开抛所造成的开启，只有当它作为对被抛状态、因而也包括归属于存有的状态的经验而发生时，才成为这样一种开启。这乃是一种本质性的差异，不同于一切着眼于可能性条件而进行的单纯先验的认识方式（参看本书“跳跃”部分，第134节，“此-在与存有的关联”）。

但被抛状态见证自身，唯在隐蔽的存有历史的基本事件中，而且对我们来说尤其是在存在之离弃状态的急难中以及在决断的必然性中见证自身。

由于抛投者开抛，在思想上“从本有而来”道说，于是显而易见，抛投者本身越是具有开抛的作用，他就越是成为被抛投者。

在存有之本现的开启中变得明显可见的是，此-在完成不了什么，除非它接受本-有过程之反冲[1]，亦即移置入这种反冲之中，并且因而首先成为它本身，即：被抛投的开抛的保存者，被建基的基础之建基者。[2]

123. 存有

让我们来冒险一试直接的话语：

存有乃是神性化之颤动（诸神关于其上帝的决断的先声之颤动）。

这种颤动拓展时间-游戏-空间，在其中，它本身作为拒予进入

① 此处“本-有过程之反冲”原文为 Gegenschwung der Er-eignung，英译本作 the counter-resonance of en-ownment。——译注

② 此处“被建基的基础之建基者”原文为 der gegründets Gründer des Grundes，英译本作 the grounded founder of the ground。——译注

敞开域之中。于是,存有乃"是""此"之本-有过程的本-有[1],即存有本身在其中颤动的敞开域的本-有过程的本-有。

我们必须深入这种极端来思存有。但这样一来,存有就自行澄 240
明为它本己的亲密性的最有限和最丰富的东西、**最具离基深渊性质的东西**。因为存有从来不是一种对上帝本身的规定;相反,存有倒是那种东西,它为上帝之神性化所需要,方使得上帝仍然能完全区别于存有。存在(如同形而上学的存在状态)既不是关于θεῖον[神]、Deus[神、上帝]和"绝对者"的最高的和最纯粹的规定,也不是——这也是上述解释的题中之义——每一个并非不"存在"(ist)的东西的最普遍和最空洞的庇护之所。

但作为拒予,存有并不是单纯的退却和撤退,而是相反:拒予乃是一种指派的亲密性。在颤动中被指-派的乃是在其离基状态中的"此"之澄明;这个"此"被指派为有待建基者、此-在。

因此,人原始地和不同地被存有之真理(因为这就是这种被指派的澄明)所要求。通过这种存有本身的要-求(An-spruch),人被委任为存有之真理的守护者(作为"烦忧"的人之存在,被建基于此-在)。

拒予乃是一种最亲密的强制,就是把最原始的、又是开端性的急难强制入防危的必然性中。[2]

本质性的防危不应为了排除急难而防御急难,而倒是相反地必须在抵御急难之际恰恰把急难保存下来,并且依照颤动的扩展而把急难释放出来,使之得到解决。

---

① 此处"'此'之本-有过程的本-有"原文为 das Er-eignis der Er-eignung des Da,英译本作 the en-owning of en-ownment of the t/here。"此"上面的引号为译者所加。——译注

② 此处"防危"原文为 Not-wehr,在日常德语中 Notwehr 的意思有"紧急自卫、正当防卫"。中译文未能完全显明此句中"急难"(Not)、"防危"(Not-wehr)、"必然性"(Not-wendigkeit)之间基于词根的意义联系。——译注

所以,作为有所指派的拒绝,存有乃是此-在的本-有过程。

然则,这种本-有过程却向作为神性化之颤动的本己之物进发,这种神性化为了它自己的决断而需要时间-游戏-空间。

而人之守护却是另一种历史的基础。因为它不是作为对某个现成之物的单纯守望来实行的,而不如说,这种守护乃是一种建基性的
241 守护。它必须把存有之真理建立和庇护于"存在者"本身之中,这个"存在者"又反过来——在进入存有及其奇异性之际——把其本质现身的具有迷移作用的质朴性展开出来,跳过一切谋制,并且已经躲避了体验,进入对另一种统治地位的建立,亦即这种统治地位的为最后之神所居有的领域的建立。

唯有通过存在者的大崩塌和颠覆,那种被强制推入谋制和体验之中,并且已然僵化为非存在者的存在者,才能达到在存有面前的退让并且因此进入存有之真理中。

任何一种虚弱的斡旋和拯救都只能更多地把存在者禁锢于存在之离弃状态中,并且使存在之被遗忘状态变成真理的唯一形式,即存有之非真理的形式。

在这里,如何还能为那种预感赢得一丁点儿空间,也即这样一种预感:**拒予乃是存有的第一个最高的赠予**,实即**存有之开端性本现本身的第一个最高的赠予**?它作为隐匿居有自身,这种隐匿进入那种寂静之中,在其中,真理根据其本质重新获得决断:它是否能够作为自行遮蔽的澄明而得到建基。这种自行遮蔽乃是拒予之解蔽,是一种让归属——让归属于另一开端的奇异性。

124. 跳跃

把存有之本现提升到具有概念把握作用的词语中去,在这样一

种开抛中含着何种冒险呢？

这种知识，这样一种不显眼的大胆行为，可能只有在抑制这种基本情调中才能得到忍受。但这样一来它也就知道了，每一种尝试，亦即要从外部、因而不是从所冒之险而来论证和说明那种冒险的尝试，都落后于所冒险者，并且损害了所冒险者。不过，难道这不是依然要 242
停留在一种任意性上面吗？确实如此吧，只不过依然有一个问题悬而未决，即：这种任意性是不是一种具有强迫作用的急难的最高必然性——这种急难迫使关于存在的思想道说达乎词语而表达出来。

125. 存有与时间

"时间"应当可以被经验为存有之真理的"绽出的"（ekstatische）游戏空间。进入被澄明者的绽-出[①]应当把澄明本身建基为敞开域，在其中存有自行聚集入其本质现身之中。这样一种本质现身不能像某个现成之物那样得到证明，其本现必须像一种冲力（Stoß）那样受到期待。首要的持久之事始终是：能够在这种澄明中等待，直至暗示到来。因为思想再也没有"体系"之宠爱，它在一种唯一的意义上是历史性的，即：作为本-有的存有本身首先承荷着每一种历史，并且因此是绝不能得到计算的。取代体系化和推导的，乃是对存有之真理的历史性期备。

而且，这一点首先就要求，这种真理本身从其几乎不能发出回声的本质现身中已然创造了自己的场所的基本特征（此-在），而人之主体必定自行转变为这个场所的建造者和守护者。

存在问题唯一地只关乎我们的历史的这个准备者的实行。《存

---

① 此处"绽-出"（Ent-rückung）或可译为"移-离"。——译注

在与时间》之初步尝试的全部特殊“内容”、“意见”和“道路”都是偶然的，可能消失的。

然则向存有之时间－游戏－空间的扩展必须保持下来。这种扩展抓住了每一个已经变得足够强壮的人，他们足以去彻底地深思那些原初的决断，而在这些原初决断的领域里，一种有所知晓的严肃性与我们依然被居有于其中的时代是相合拍的；这种严肃性不再反感于好与坏，传统的沉沦与拯救，好心肠与暴行，而只是观看和把握什
243 么**存在**(*ist*)，以便促成这个存在者——在其中非本质作为某个本质之物而起支配作用——进入存有之中，并且把历史带入其固有的基础之中。

《存在与时间》因此不是一个“理想”和一个“纲领”，而是存有本身之本现的自行准备的开端，并不是**我们**启思的东西，而是——假如我们已经准备好了——把**我们**强制入一种思想之中的东西，这种思想既不给出一种学说，也不引发一种“道德”行动，也不保障“实存”，而毋宁说“只是”把真理建基为时间－游戏－空间，在其中存在者能够重又变成存在性的，亦即能够重又成为存有之保存。

因为有些别具一格的人们需要此种保存，方得以从根本上让存在者于自身中出现，所以必须有把真理置入其**作品**中的艺术。

126. 存有与存在者与诸神

存在状态一度成了最具存在性者(ὄντως ὄν[真实存在者])，而且按照这个看法，存有成了上帝本身的本质，而上帝则被把握为一切存在者的制作原因(“存在”之源泉，因而必然地本身就是最高的“存有”、最具存在性者)。

这一点带来一个假象，仿佛由此就对存有(因为它被置入这种

最具存在性者中了）作了最高的估价，因而也切中了它的本质。然而实际上，这却是对存有的错误认识，是对存有问题的逃避。

唯当存有被认作那个为诸神之神和一切神化所需要的东西时，存有才达乎其伟大。这种“被需要”的伟大是与一切利用相抵触的。因为那是此-在之本-有过程的本-有[1]，在其中作为真理之本现，那个寂静的场所得到了建基，即那个掠过之时间-游戏-空间，那个激起本-有过程之风暴的未受保护的中心。

存有不存在，绝不比存在者更具存在性，但也并不比诸神更具非 244
存在性，因为诸神根本就不“存在”。存有乃“是”存在者与诸神中间的“之间”（das Zwischen）——完全地而且在任何角度都不可比较，为诸神“所需要”并且隐匿于存在者。

因此，只有在向作为神性化（即拒予）的存在之离弃状态的跳跃中，〈存有〉才是可达到的。

127. 开裂

开裂乃是存有本身之亲密性在自身中的展开，只要我们把存有“经验”为拒予和在拒予中倒转。[2] 不过，倘若人们想要尝试那不可能之事，想要借助于“形而上学的”“样态”来把握存有之本质现身，那么，人们就会说：拒予（存有之本现）是最高的可能者之为可能者的最高现实性，因而就是第一位的必然性——但却扣除了“样态”从οὐσία［在场、实体］中的来源。这种对存有的“说明”把存有从其真

[1] 这里“此-在之本-有过程的本-有”原文为 das Er-eignis der Er-eignung des Daseins，英译本作 the en-owning of en-ownment of Da-sein。——译注

[2] 此处“拒予和在拒予中倒转”德语原文为 Verweigerung und Umweigerung，译文从英译本 refusal and turning-in-refusal。——译注

理（此-在之澄明）中移了出来，并且把它贬降为某种全然自在地现成的东西，可能为存在者所有的最荒芜的荒芜化——〈更别提〉这种"说明"竟还被传布到存有本身上的时候了。相反地，我们必须尝试根据存有的那种基本本现（Grundwesen）来思开裂，因为正是借助于这种基本本现，存有才是诸神之争的决断领域。这种诸神之争搏的是诸神的到达与逃遁，在这斗争中诸神才神性化并且对它们的上帝提出决断。

存有乃是这种神性化的颤动，这种颤动乃作为对时间-游戏-空间的扩展，而在此时间-游戏-空间中，颤动本身作为拒予居-有自己的澄明（"此"）。

这种颤动的亲密性需要最具离基深渊特性的开裂①，而且在这种开裂中，存有的不可穷尽性才能得到猜度和启思。

245

128. 存有与人

对人而言，存有之猜度和表象从何而来呢？来自关于存在者的经验——人们喜欢这样来回答。但这是什么意思呢？难道关于存在者的经验只是保持为那种存有之表象的一个动因，这个动因，抑或存有作为存在状态是直接地"在"存在者"身上"和"在"存在者"之中"被抓住的？再者，我们立即就面临一个经常被提出来的问题：在不知道存有的情况下，一个存在者之为存在者如何能够被经验？

抑或对人而言，存有之猜度恰恰并非来自存在者，而是来自那个因为归属于存有而唯一地还与存有门当户对的东西，亦即来自虚无

① 此处"最具离基深渊特性的开裂"原文为 abgründigste Zerklüftung，英译本作 a cleavage that is held utmost to abground。——译注

(das Nichts)？然则我们在此怎么来理解虚无呢？(参看本书“跳跃”部分,第129节,“虚无”)作为纯粹拒予的过度。“虚无”愈丰富,存有愈简单。

但当务之急乃是对存有之真理的建基。只有在这时候,我们才能使“虚无”这个棘手的词语失去其空无性,并且赋予它指示存有之离-基状态[1]的力量。

存有之猜度只对人才出现吗？我们从哪里知道这种专有性呢？还有,这种存有之猜度是对“什么是人？”这样一个问题的第一位的和本质性的回答吗？因为对此问题的第一位的回答就是把此问题转变为如下形式:谁是人。

人猜度着存有,是存有的猜度者,因为存有为自身而居-有人,而且是这样,即:本-有过程首先需要一个自身-本己[2],需要一个自身(*Selbtst*),人必须经受这个自身的自身性——在那种内立状态中,后者让人在内立于此-在之际,变成那个唯有在谁之问题(Werfrage)中才能找到的存在者。

129. 虚无 246

从存在者角度来看,存有并不“是”(ist)存在者:〈它是〉非存在者,因而按惯常的概念来讲〈就是〉虚无。我们不能对这种说明提出异议,尤其是当存在者被看做对象性的和现成的东西,而虚无正好被视为对如此被意指的存在者的完全否定时。在此,否定本身具有对

---

[1] “存有之离-基状态”原文为 *Ab*-gründigkeit des Seyns。英译本作 the ab-ground-dimension of be-ing。——译注

[2] 此处“本-有过程”(Er-eignung)也可译为“居-有过程”;“自身-本己”原文为 ein Sich-eignes。——译注

象性的陈述的特征。

诚然,联系到最普遍的和最空洞的关于作为对象的“存在”的概念,上面这种关于“虚无”的“否定性”规定乃是“最虚无化的东西”①,人人都会立即,而且轻易地对之产生厌恶感。倘若我们的追问仅只关乎这种被承认的(但却尚未被把握的)的虚无性,那么,这种追问就不能主张对形而上学进行了设问,并且更原始地规定了存有与虚无的共属状态。

但倘若存有本身乃是自行隐匿者,并且作为拒予而本现,那又如何呢?这是某种虚无化的东西还是最高的赠礼?甚至首先借助于存有本身的这种“不性”②,“虚无”竟充斥那种具有指派作用的“强力”,而一切“创造”(即存在者变得更具存在性)都起于这种“强力”的持存性?

现在,当存在之离弃状态归属于谋制和体验的“存在者”之际,如若“虚无”被误解为一味虚无化的东西,又有什么可奇怪的呢?

当“制作”和“体验”③的肯定(das Ja)如此唯一地规定着现实之现实性时,一切否定(Nein)和“不”(Nicht)看起来必定多么无耻!因为关于“不”和否定的决断始终取决于那种方式,即人们如何直接地和未加考虑地把通常的肯定提升为那种赋予每一种否定以尺度的肯定。

然则本质性的、“创造性的”肯定是更为艰难和稀罕的,甚于通常对于通行的、可理解的和令人满意的东西的赞同所愿意承认的。
247 因此,否定的畏惧者和蔑视者始终首先必须追问自己的“肯定”。而

① 此处“虚无”原文为 das Nichts,“最虚无化的东西”原文为 das Nichtigste,英译本分别译作 nothing 和 most nihilating。——译注

② 中译文难以传达此处“不性”(*Nicht*haftigkeit)与“虚无”(Nichts)、“虚无性”(Nichtigkeit)之间的字面联系。——译注

③ 此处“制作”(Machen)和“体验”(Erleben)显然联系于海德格尔在本书思考的“谋制”(Machenschaft)和“体验”(Erlebnis)。——译注

且此时往往显而易见,他们本身甚至对自己的肯定也没有把握。难道这一点可以成为一个原因,说明他们为什么成为"虚无"的所谓勇敢仇敌吗?

而最后,肯定与否定,这两者连同它们的差异和对立,具有何种起源呢?还有另一个问题是:谁为可肯定性与可否定性之间的差异、可肯定之物与可否定者之间的这个"与"建立了基础?一切"逻辑学",而且尤其是形而上学,在这里都失灵了,因为它们其实都只是从思想出发来把握存在状态的。

反转(das Gegenwendige)必定包含在存有本身的本现中,而且基础乃是作为拒予的本-有过程,后者即是一种指派。若然,则甚至"不"和否定也是存有中更为原始的东西了。

130. 存有之"本质现身"

若要以少数词语来命名这种本质现身,那么,也许下列说法可以做到:

存有作为此之建基的本有而本现,[①]简言之:存有作为本有而本现。但在这里,一切仍旧为种种误解所包围,而且即便这种种误解被拒斥了,我们也必须始终考虑到:决没有一个公式能道出本质性的东西,因为任何公式都始终仅仅是在一个层面上和一个角度上被思考和言说的。不过,为克服公式特征,一种原初的解说倒是能够提供若干帮助的。

所谓此之建基的本有,其中的"的"[②]是作 genitivus objectivus

① 此句原文为:Das Seyn west als das *Ereignis der Dagründung*,英译本作:Be-ing holds sway as enowning thegrounding of the t/here。——译注

② 即 das *Ereignis der Dagründung*(此之建基的本有)中的冠词第二格 der,海德格尔强调这个 der 并非一般的所有格用法。——译注

[宾语第二格]用的,这个"此"(Da),在"此"之建基中的真理之本现(此-在的更原始的东西),乃被居有,而且建基本身澄明着那种自行遮蔽,即本有。转向与真理(自行遮蔽之澄明)之于存有之本质现身的归属状态。

248 根据原始的真理之本质现身,真实者、因而也即存在者才首先得到规定,而且是这样,即:现在存在者不再存在(*ist*),而是存有生起而成为"存在者"。因此,在思想的另一开端中,存有被经验为本有,而且这种经验作为生起(Erspringung)转变了一切与"存在者"的关联。从此以后,人——亦即本质性的人——以及人这个种类当中的少数人,就必须从此-在而来建造其历史,而且这也即说,必须首先根据向存在者的存有来对存在者发挥作用。不光像以往那样,存有是某种被遗忘的东西,却无可避免地仅仅被预先意指;而倒是相反地,存有,它的真理,特别地承荷着每一种与存在者的关联。

这就要求作为基本情调的抑制,这种基本情调彻底地调谐着那种在时间-空间中对于最后之神的掠过的守护。

这种对以往的人的推翻,也即首先把更原始的真理建基于一种新历史的存在者之中,是不是能够成功,这是不能计算出来的;相反,〈这乃是〉本有过程本身的赠礼或者隐匿——即便当存有之本现已然在眼下的沉思中得到预先思考、并且其基本特征已经得到了知晓时,情况也还如此。

此之建基的本-有过程当然要求人方面的迎合,而且这诚然意味着本质性的东西,以及也许对于眼下的人来说已经不可能的东西。因为眼下的人必须从眼下的基本状况出发,而这种基本状况所包含的无非是对一切历史的否定。

人的迎合(*Entgegenkunft*)首先要求那种最深刻的期备,即期备于真理,期备于对真实者的本质的追问,同时放弃在正确之物和通过谋制而已经预备好的东西中的一切支撑。

在另一开端中，一个存在者，无论是某个特定的领域和区域还是
存在者之为存在者，都不再能成为存有的决定性标尺。在这里，我们
必须如此深远地思考开去，或者更准确地说，思考进去，思入这个 249
“此”之中，以致存有之真理原始地闪耀起来。

存有变成奇异之物，而且是这样，即：存有之真理的建基增强了这种奇异性，并且因此把这种存有的存在者保持在存有之奇异性中。唯在这时，本有之完全的唯一性以及被指派给这种唯一性的一切此-在之时机性，才得以实现自己。唯在这时，那种最深刻的快乐才从其根基中被解放出来，成其为一种创造力，这种创造力在最静默的抑制中已经得到了保护，从而免于退化为来自盲目欲望的一种单纯而不满的驱动。

131. 存有之本质现身中的过度（自行遮蔽）

过-度（Über-maß）并非单纯的量方面的过多，而是对一切评估和测度的自行隐匿。① 但在这种自行隐匿（自行遮蔽）中，存有由于居-有此-在而有了它在“此”之澄明中的最切近的切近。

本有过程之过-度属于本有过程本身，并非作为一种特性，仿佛本有过程没有过-度就可以成为本-有过程似的。②

过-度诚然也不是超越了超-感性之物的东西，而不如说，它作为本-有过程乃是对存在者的强制。

---

① 此处“自行隐匿”（Sichentziehen）也可译为“逃避、摆脱”。——译注

② 此句中出现了两个“本有过程”（Ereignung），后一个书作 Er-eignung。——译注

过-度是测度(*Ausmessung*)的自行隐匿,因为它首先让争执、因而也让争执空间以及一切枯萎之物(Abständiges)得以出现并且保持开放。

然而,存有针对存在者的争执,却是一种原始归属状态的抑制的这一自行遮蔽。

因此,在这种有所赠予的自行隐匿中,本有过程往往具有自行遮蔽的本质现身,而这种自行遮蔽为了能够本现出来就需要最广大的澄明。

250 132. 存有与存在者

自《存在与时间》以来,〈存有与存在者之间的〉这样一种区分被把握为“存在学差异”,而且这是有意图的,意在确保存有之真理的问题,使之免受任何混淆。但这种区分立即就被推到作为它的来源的轨道上面了。因为在这里,存在状态乃作为οὐσία[在场、实体]、ἰδέα[相、理念]而起作用,而且作为后者的结果,对象性被搞成作为对象之可能性条件。因此,在力图克服包含于《存在与时间》及其扩散(《论根据的本质》和康德书[①])中的存在问题的第一个发端的尝试中,就需要做出不断变化的尝试,努力去掌握“存在学差异”,把握它的本源本身,亦即把握它真正的统一性。因此就需要做出努力,从作为一种单纯“数学上的”回溯的“可能性条件”中摆脱出来,从其本己的本质现身而来把握到存有之真理(本有)。所以才有了这种区分的折磨作用和分裂因素。因为根据起源来思考,为了从根本上为存有问题提供一个最初的视野,这种区分是十分必然的,而同样也一

① 《康德与形而上学问题》(《海德格尔全集》第3卷)。——原注

直是灾难性的。因为这种区分其实恰恰起于一种对存在者之为存在者(对存在状态)的追问。但以此为途径,是绝不能直接达到存有问题的。换言之,这种区分恰恰变成了真正的范限,它阻挡着一种对存有问题的追问,只要人们企图以这种区分为前提,比这种区分走得更远,去追问它的统一性。这个统一性始终只能成为这种区分的反照,而绝不能通向本源——由此本源而来,这种区分才能被视为不再原始的区分。

所以,要紧的事体是:不要去超愈存在者(超越性),而是要跳过这种区分、因而也跳过超越性(*Transzendenz*),从存有和真理而来原 251
初地进行追问。

可是,在过渡性的思想中,我们却必须经受住这样一种分裂,即:一方面,要着手对这种区分做初步的澄清,进而恰恰是要跳过这种区分。另一方面,这种跳过却是通过那种跳跃(作为对存有之真理的基础的探-基[①])而一道发生的,是通过向此-在之本有的跃入〈而一道发生的〉。[②]

133. 存有之本质现身[③]

存有需要人,方得以本现,而人归属于存有,方得以完成其作为此-在的极端使命。

但如果这种需要甚至构成存有之本质现身,而不只是一个本质

---

① 此处“探-基”原文为 Er-gründung,也有“建立、建基”之义,英译本作 en-grounding,亦作 projecting-grounding(筹划性建基)。——译注

② 注意此处“跳过”(Überspringen)、“跳跃”(Sprung)和“跃入”(Einsprung)的字面联系。——译注

③ 参看“跳跃”部分,第 166 节,“本现与本质现身”。——原注

后果,那么,存有不是将依赖于一个他者吗?

但当这种需要恰恰把被需要者改造入其基础之中,并且首先把它掌握,使之成其自身,这时候,我们怎么可以来谈论依赖性呢?

还有,如果人为了成为被居-有者和归属于存有的东西,实际上恰恰必须牺牲掉他对于存在者的沉迷,那么,人如何能够反过来把存有置于自己的统治之下呢?

这种需要与归属的反冲[①]构成作为本有的存有,而且,把这种反冲的摆动提升入知晓之质朴性中,并在其真理中为这种反冲建基,这乃是我们在思想上要承担的第一要务。

而于此我们必须戒除那种习惯,就是想要把这种存有之本现确保为一种人人随时都能任意地表象出来的东西。

252 相反地,我们向来只是在跃入中获取在其纯粹的自行遮蔽中的摆动的唯一性,意识到我们在此获得的并非"终极之物",而是寂静之本现[②],最有限和最独一的东西,作为那种关于诸神之悬缺与到达的伟大决断的时机之所——而且在其中才有对于最后之神的掠过的看守之寂静。

存有的唯一性(作为本有)、不可表象性(不是对象)、最高的奇异性以及本质性的自行遮蔽——这些乃是我们首先必须服从的指引,从而准备好逆着存有的不言自明性去猜度那最稀罕的东西,并且置身于它的敞开状态中——即便我们人之存在多半忙碌于一种离开之在。

唯当我们既忍受存在之离弃状态的急难,同时又置自身于有关

---

① 此处"需要与归属的反冲"(*Gegenschwung des Brauchens und Zugehörens*),英译本作 counter-resonance of needing and belonging。——译注

② 此处"寂静之本现"原文为 die Wesung der Stille,英译本作 the essential swaying of stillness。——译注

诸神之悬缺与到达的决断面前，上述那些指引方能招呼我们。

在何种意义上这些指引能获得抑制之基本情调，在何种意义上抑制能与对这些指引的顺从相称？

134. 此-在与存有的关联

在《存在与时间》中，〈这种关联〉首次被把握为“存在理解”，而理解被把握为开抛，开抛被把握为被抛的开抛，而且这就是说：归属于通过存有本身的本-有过程。

然而，如果我们首先没有认识到存有的奇异性和唯一性（无与伦比性），并且与此一体地，没有认识到此-在之本质，那么，我们就太容易陷入这样一种看法，即：这种“关联”吻合于，甚或可以等同于主体与客体的关系。然则此-在已经克服了一切主体性，存有也绝不是客体和对象，绝不是可表-象的东西；能够成为对象的始终只不过是存在者——而且即使在这里，也并非每一个存在者〈都能成为对象〉。

但如果“主体性”以及与对象之对象性的关联被把握为先验的 253
（就像在康德那里），那又如何呢？还有，如果此外对象、“自然”被看作唯一地可经验的存在者，因而对象性可与存在状态合一，那么，这里不是呈现出一个时机，甚至是一种历史性地独一无二的基本立场，靠着这种基本立场，尽管有种种本质性的差异，但那种此-在与存有的关联却能出乎以往之物，首次被带到今天的人们近处——是这样吗？确实如此。而且这就是〈我的〉《康德书》[1]所尝试的；但这只有

① 指海德格尔的《康德与形而上学问题》，初版于 1929 年，现为《海德格尔全集》第 3 卷，美茵法兰克福 1991 年。——译注

通过以下途径才是可能的，即：在一种对先验开抛[1]及其统一性的更为原始的把握、对先验想象力的强调的方向上，使用针对康德的暴力。这种康德解释"在历史学上"当然是不正确的，但它却是历史性的，亦即是与将来思想的准备，而且只与这种准备相联系的，是本质性的，是一种对于某个完全不同的东西的历史性的指引。

然而，正如康德的著作通过此种解释"在历史学上"被误解了，同样确凿地，现在那种应当作为他者、将来者而被带到近处的东西也又被误解了：这在表面上看来无异于一种"实存的"抑或以某种特殊方式被现代化了的"康德主义"。可是，如果人们断言——而且也有理由断言——康德在这里是在历史学意义上被歪曲了，那么，人们也就必须放弃把这种歪曲由之而来，并且向之而去得以发生的基本立场冒充为康德主义。换言之，此种历史学上的比较性清算触及不了任何本质性的东西。历史性的争辩（参看本书"传送"部分）恰恰是一种做法，这种做法不仅把早先的历史回置入它隐蔽的伟大性之中，同样地，同时并且只是如此地，并不是为了比较把它与另一种追问对立起来，而是把它当做对那种伟大性及其必然性的顺从而带向实行。

这样一来，〈我的〉《康德书》就必然完完全全地是有歧义的，但
254 并不是一种偶然的传达，因为康德依然是唯一之人，他把自希腊以降的存在状态（οὐσία［在场、实体］）解释带入某种与"时间"的关联之中，并且因此成为存在状态与时间的联系那种隐蔽的支配作用的见证人了。

尽管如此，对于康德来说就如同在希腊人那里，思想（λόγος［逻各斯］——判断形式——范畴——理性）在确定存在者之为存在者

[1] 此处"开抛"（Entwurf）或应按照通常译法，作"筹划"。——译注

的解释的视界方面仍然持有优先权。此外，按照笛卡尔的做法，思想作为“思想”达到了统治地位；而依照同一个历史性原因，存在者本身变成了 perceptum［被知觉者］（被表象者），变成了对象。因此，思想便不可能达到一种对此-在的建基，亦即说，关于存有之真理的问题在这里是不可追问的。

135. 作为本有的存有之本现（此-在与存有的关联）

〈这种关联〉于自身中包含着此-在之本-有过程。因此，严格讲来，关于此-在与存有的关联的说法是令人误入歧途的，它容易让人以为，存有“自为地”本现，而此-在获取与存有的关联。

此-在之于存有的关联属于存有本身之本现。这一点也可以做如下说法：存有需要此-在，若没有这种本有过程，存有根本就不能本质性地现身。

本-有是如此令人诧异，以至于它看起来首先是通过这种与他者的关联才得到补充，而实际上在那儿本-有根本不可能以别样方式本质性地现身。

关于此-在之于存有的关联的说法把存有搞成有歧义的，搞成某个对立面（Gegenüber）——存有不是这个对立面，因为存有本身向来就首先居-有着那个东西，即存有要作为对立面向之而本现的那个东西。所以，这种关联也是完全不能与主体-客体关系相提并论的。

255

136. 存有[1]

存有——那种奇怪的异端邪说：存有必须始终“存在”，而且存有越是持续而长久地存在，就越是“具有存在性”。

但首先，存有根本就不“存在”（ist），而是本现（wesen）。

其次，存有乃是最稀罕者，因为它是最独一者，而且，没有人能完全估量那些少数的时机，即存有在其中为自己建立一个场所并且在其中本现的少数时机。

何以人如此厉害地错误估计了存有呢？因为人为了经验存有之真理，必须已经遭受了存在者。在这种遭受中，存在者就是真实者、敞开者，而且这是因为，存有作为自行遮蔽者而本现。

人就这样持守于存在者，使存在者为自己服务，并且陷于存有之被离弃状态，而且所有这一切都**处于那个假象中**，仿佛人正在完成本真的东西并且是切近于存有的。

唯有当存有作为自行遮蔽克制自己时，存在者才能出现，看起来主宰了一切，才能表现为针对虚无的唯一限制。不过，所有这一切都建基于存有之真理。但进而却出现了一个最近的唯一后果，即放任存有在遮蔽状态中，甚至于遗忘了存有。然而：放任存有在遮蔽状态中与把存有经验为自行遮蔽者，两者是根本不同的。关于存有的经验，对存有之真理的忍受，固然把存在者带回到自己的范限之中，并且剥夺了存在者所享有的那种优先地位的虚假的唯一性。但这样一来，存在者并没有变得更少些存在性；相反，存在者倒是变得更具存在性，亦即更多地在存有之本现中本质性地现身。

---

① 参看《思索》V，第 17—18 页，第 34 页，第 51—52 页。——原注

现在多少人(所有人)在谈论"存在",而始终只是意指一个存在者,而且也许是意指那个为人们提供了回避和抚慰之时机的存在者。

如果我们来谈论人与存有的关联,以及反过来存有与人的关联, 256
这容易听出毛病,仿佛存有为人而本现,有如一个对立面和一个对象。

但人作为此-在为作为本有的存有所居-有,并且因此归属于本有本身。

存有既不围着人而"存在",也不是通过人作为一个存在者而摆动。而毋宁说,存在居有此在,并且唯因此才作为本有而本现。

而最后,本有不能像一个"事件"和一种"新奇之物"那样被表-象出来。本有之真理,亦即这种真理本身,唯有在作为艺术、思想、作诗和行动的庇护(*Bergung*)中才可能本现,因此就要求那种摒弃单纯表-象的所有虚假直接性的此-在之内立状态。

存有作为本有而本现。这乃是上帝对人的支配以及反过来人为上帝效力这两回事情的基础和离基[①]。但这种支配唯有在此-在中才被忍受。

(如果存有绝不能被规定为"最普遍者"、"最空洞者"和"最抽象者",因为它是一切表-象都无以通达的,那么,出于同样的原因,存有也就不能被说成是"最具体者",更不能被把握为这两种本身就不充分的解释的结合。)

依照此在来看,转向性的支配[②]乃在抑制的基本情调中得到调

① 此处"基础和离基"原文为 Grund und Abgrund,中译文听来不免怪异了。——译注

② 此处"转向性的支配"原文为 die kehrige Verfügung,英译本作 the turning disposal。——译注

谐，而且调谐者就是本有。但如果我们根据我们关于“情感”的观念来解说情调，那么，人们在这里就会轻松地说：存在现在不是被联系于“思想”，而是被联系于“情感”了。然而，我们在这里关于作为“心灵”之“能力”和“现象”的“情感”的思考是多么情绪化，多么肤浅；我们距离情调的本质——可以说：距离**此**-**在**——是多么遥远。

257 假如为了径直理解，还允许我们从“存在者”出发来标识存有的特性，那么，我们就将求助于作为本真存在者的现实之物。这个现实之物，我们把它认作在场者、持存者。

但在另一开端中，存在者绝不是这种“当前之物”意义上的现实之物。这种“当前之物”，即便当它在持存状态中照面之际，它对于存有之真理的原始开抛来说也是最稍纵即逝的东西。

现实的，亦即存在着的，首先是那种被回忆的东西，还有那种准备好的东西。回忆与准备开放出存有的时间-游戏-空间，而对于后者，思想必须发誓放弃把“当前状态”当做迄今为止第一位的和唯一的规定。[因为这里就是关于存有之真理的决断的最切近领域，所以向另一开端的起跳(Ansprung)必须作为《**存在与时间**》来进行尝试。]但基于惯常的时间理解(自亚里士多德-柏拉图以降)，人们会让νῦν[现在]保持在其优先地位中，从后者的变化中才推导出过去和将来——尤其是因为回忆只能根据并且求助于某个当前之物和当前已经存在之物才能进行回忆，尤其是因为将来之物命定了只能成为某个当前之物。

尽管当前之物从来都不是虚空之物，并且参与了回忆和准备的建基，但这一切之所以这样，只是因为向来在场者的当前在场已经被回忆和准备所承担和调谐，而从回忆和准备的亲密性中始终只有当前闪闪发光。原始地来经验，这种当前是不能根据其稍纵即逝的性质来计算的，而是要根据其*唯一性*〈来考量的〉。这种唯一性，乃是必须根据回忆和准备来规定的持存状态和在场现身的全新的和根本的内涵。

137. 存有 258

在另一开端中，必须作为开端性的东西来获得的，乃是存有本身之本现，即处于其相对于存在者的完全奇异性中的存有本身之本现。存在者本身不再是那个熟悉者，存有只能作为正在蒸发的残余而与之区分开来，仿佛存有只不过是关于通常熟知的存有者的尚未把握的、最普遍的规定性。

在另一开端中，实行着对作为所谓*标尺*的“存在者”的极端移离，尽管它依然如此严重地支配着一切思想（参照“存在之离弃状态”）。

存有在这里并不是一个追加的种类，并不是添加进来的原因，并不是站在存在者前后和存在者上面的大全者。若是，存有就会蒙受耻辱，被贬为一个增补——任何一种向“超越”的提升都再也不能取消这种增补的增补性。

存有，不如说，那种本现——由之而来并且回到其中得到解蔽和庇护，存在者之为存在者才变成存在着的（参看本书“建基”部分，关于真理）。

在这里，关于存在与存在者之区分的问题具有完全不同的特性，完全不同于在主导问题的问题域（存在学）中。“存在学差异”的概念作为主导问题向基础问题的过渡，只是准备性的。

在存有之真理中并且作为这种真理，存有之本现在有所揭示之际遮蔽自身。存有之真理乃是本有。而且，本有同时也是真理之为真理的本现。在本有之转向中,真理之本现同时也是本现之真理[①]。而这种反转本身属于存有之为存有。

为何之故竟是作为澄明着的遮蔽的真理呢?这个问题是以"为何之故"的真理为前提的。但两者,即真理与"为何之故"(建基之呼声),却是同一的。

259 本现乃是归属于存有的、起源于存有的真理本身。

唯有在(恰如在第一开端中)本现仅仅作为在场而凸现的地方,才会**立即**出现存在者与其"本质"的**分离**,而这恰恰就是作为在场状态的存有之本现。在这里,存有之为存有的问题,也即存有之真理的问题,必然地还是不可经验的和未被提出来的。

138. 存有之真理与存在理解

开场白:如果人们没有首先去倾听《存在与时间》关于存在理解所讲的话,而是径直把理解看做"主体"内在"体验"的一种有所断定的认识,相应地又把理解者看做自我-主体,那么,对我所讲的存在理解的意思的任何把握都将是无望的。这时就会不可回避地产生极其粗暴的误解,比如说,人们以为,通过存在理解,存有(这里所指的仍然是存在者)就将"依赖"于主体,一切都将导致一种"唯心主义"——其概念依然晦暗不明的"唯心主义"。

与此相反,人们必须注意的是关于作为开**抛**的理解的基本规定。个中含义在于:理解是一种揭示,是把自身抛出去和摆出去,使自身

---

① 所谓"真理之本现同时也是本现之真理"(die Wesung der Wahrheit ist zumal die Wahrheit der Wesung),可参照海德格尔1930年的演讲"论真理的本质",其中有"真理之本质即本质之真理"的说法。参看海德格尔:《路标》,中译本,孙周兴译,商务印书馆2001年,第205页以下。——译注

进入敞开域中,而在此敞开域中,理解者才得以达到自己,成为一个自身(Slebst)。

此外,作为开抛的理解乃是一种被抛的开抛,是进入敞开域(真理)之中,这个敞开域已然出现在被揭示的存在者中间,植根于大地之中,耸立于一个世界之上。于是乎,存在之理-解(Ver-stehen)作为存在之真理的建基,就是"主体化"的反面了,因为〈它是〉对一切主体性以及由之规定的思想方式的克服。

依照此在之本源,在作为被抛的开抛中必然地包含着转向(die Kehre);开抛之抛者乃是一个被抛的抛者——但只是在抛投中并且通过抛投。

理解乃是对有所忍受的内立状态(即此-在)的实行和接受,作 260
为遭受(Er-leiden)的接受,自行锁闭者就在其中作为承荷和结合的东西而开启自身。

139. 存有之本现:真理与时间-空间①

存有本现;存在者存在。②

存有作为本有而本现。本有包含着那种唯一性和奇异性,即那个出乎意料地突发,并且因此首先得以扩展开去的场所之时机性所具有的唯一性和奇异性。

在何种形态中存有之突发③首次被提出来和被保存起来,这要由对到达和逃遁的上帝之真理的庇护领域的预先勾画来给出。

在何种程度上那早就变得无根基的,但依然持存着的通常之物,

① 参看本书"跳跃"和"建基"部分。——原注

② 此句原文为:Das Seyn west; das Seiende ist。——译注

③ "存有之突发"原文为 Anfall des Seyns,英译本作 the onset of be-ing。——译注

向来依然能够被带入一种对于突发的期备(Anfallbereitschaft)之中,这一点共同决定了存有之真理的可能的关键领域。

存有作为本有而本现。这不是一个命题,而是对本质现身的非概念的隐瞒——这种本质现身唯对开端性思想的完全的历史性的实行才开启自身。历史性地,唯从存有之真理而来才出现存在者,而且存有之真理被庇护在此-**在**之内立状态中。所以,尽管这个名称听起来对一切都是共同的,但"存在"从来不能被弄成**共同的**(*gemein*)。而且实际上,无论"存在"在哪里以及在何时本现,它都比任何存在者更切近和更亲密地本现。在这里,从此-在而来,一种完全不同的与存有的关联得到了思考和实行;而且[*][①]这发生在起于真理本身之移离和迷移的时间-空间中。时间-空间本身〈乃是一个〉争执性的争执区域。在第一开端中,从这个争执区域里,根据向
261 存在者之为存在者的直接冲击(φύσις[涌现、自然]、ἰδέα[相、理念]、οὐσία[在场、实体]),唯有**在场现身**(*Anwesung*)才变成可把握的了,并且被确定为一切存在者解释的标准了。据此,时间〈被思考为〉当前,而空间,亦即作为**此地**和**彼地**的**位置**,〈被看做是〉在在场状态范围内并且归属于在场状态的。但实际上,空间并不具有**在场状态**,正如它并不具有不在场状态一样。

时间化的空间化——空间化的时间化[②](参看"争执之纷争")作为存有之真理的最切近的接合区域[③],但并非一种落入共同的形式的空间和时间概念之中的下降(!),而是把〈时间和空间〉收回到**争执**之中,即世界与大地——本有之中。

---

① 见"编者后记",本书第541页。——编注

② 此处"时间化的空间化——空间化的时间化"原文为 Zeitigendes Räumen - räumende Zeitigung,英译本作 timing spacing-sapcing timing。——译注

③ 此处"接合区域"原文为 Fügungsbezirk,英译本作 region of joining。——译注

140. 存有之本现

如若人们没有通过设定一切存在者的第一原因(这个第一原因是自因的),逃避入一种存在(存在状态)的说明之中,如若人们没有存在者之为存在者消解于对象性之中,然后又根据对象及其先天性的表-象来说明存在状态,如果存有本身应当达乎本现,而实际上每一种存在者都自在地远离于本有,那么,这一点只有根据一种必然的(把存在之离弃状态当做急难来经受的)沉思才能成功。这种沉思洞见到了如下内容:

存在之真理,因而也包括存在本身,唯在有此-在的地方和时候才本质性地现身。

此-在唯在有真理之存在的地方和时候才"存在"。

有一种转向,实即**这一种**转向,它恰恰显示着作为在自身中反冲着的本有的存在本身之本质现身。

本有于自身中为此-在建基(I)。

此-在为本有建基(II)。

建基在这里是具有转向特性的:I. 承荷着彻底耸立着,II. 创建着开抛着(参看本书"跳跃"部分,第 144 节,"存有与原始争执",本书第 278 页)。

141. 存有之本质现身[①] 262

存有对此-在的本-有过程与存在之真理在此-在中的建基——

---

① 参看本书"建基"部分,"真理之本质现身"。——原注

本有中的转向既不仅仅包含于呼唤(缺席)中,也不仅仅包含在归属状态(存在之离弃状态)中,也不在两者的结合中。因为这种结合以及两者本身唯在本有中才得以深深地回荡。在本有中,本有本身回荡于反冲(Gegenschwung)中。

这种在本有之转向的深深回荡的颤动乃是本有最隐蔽的本质现身。这种遮蔽唯在时机之所的最深澄明(Lichtung)中才自行澄明为遮蔽。为了在那种稀罕性和唯一性中本现,存有"需要"此-在,而此-在为人之存在建基,是人之存在的基础——只要人在经受和内立之际为之建基。

142. 存有之本质现身

在转向中的振荡之颤动,归属性的、有所建基和庇护的此在向着暗示的本己化,这种存有(Seyn)之本现本身并不是最后之神,而不如说,存在(Sein)之本现为庇护建基,因而也为对上帝[①]的创造性保存建基——这个上帝向来只有在作品和牺牲、行为和思想中才把存有贯通并神化(*durchgottet*)。

于是,作为另一开端的开端性思想,思想也能够进入最后之神的遥远的切近之中。

思想进入那种遥远的切近之中,通过这个上帝自行建基的历史,并且在这种历史中,但从来不以一种结果的形态,一种把上帝带向庇护的有所生产的表-象方式。所有这些表面上最高的要求其实都是低下的,是一种对存有的贬降!(参看本书"建基"部分,第230节,

① 或译为"神"。译者在本书中对"上帝"与"神"两个译名未做严格区分。——译注

"真理与正确性")

本-有及其在时间-空间之离基状态中的接合(Erfügung)乃是 263
一张网,最后之神把自身悬于这张网中,为的是不把它撕毁并且让自己终结于它的唯一性中,那神性的和罕有的,以及在一切存在者中最奇异者。

大火的突然熄灭,留下既非白昼又非黑夜的东西,无人能把握的东西,已经走向终结的人依然在其中折腾的东西——只是为了还能使自己麻醉于自己的谋制的制作物中,佯称后者已经被做成了,也许是为了那种既非白昼亦非黑夜的"其他附加物"。

143. 存有

〈存有〉作为本-有。本-有过程把人规定为存有之本己性[①]。

那么,存有竟还是与本有不同的东西么?不是,因为本己性乃是归属于本-有过程的,因此本-有过程本身就是存有。

诚然,本有绝不能直接对象性地被表象。本有过程乃是人与诸神之间的反冲,但恰恰这种"之间"本身及其本现,是通过此-在并且在此-在中被建基的。

上帝既不"存在"也非"不存在",也不能被等同于**存有**,而不如说,**存有**在时间-空间上作为那个"之间"而本现,这个"之间"绝不可能建基于上帝中,但也不可能建基于现成的和生活的人身上,而是建基于**此-在**。

存有与存有之真理的本现乃归于人,只要人作为此-在成为内

① 此处"本己性"(Eigentum)也可译为"所有物",注意它与"本-有"(Er-eignis)、"本-有过程"(Er-eignung)的联系。——译注

立性的。但这同时也就是说:存有之本现并非靠着人的恩赐,并非因为只有人出现。

264 存有"是"归于人的,而且是这样,以至于人为存有本身所需要,成为诸神之逃遁与到达的时机之所的保存者。

想要从某一个被抓住的存在者出发把存有提取出来,这是不可能的,尤其是因为所谓"某一个存在者",如果它仅仅被经验为真实者,那么它向来就已经是它自身的他者了——绝不是作为自己所包含的对立面的某个他者;相反,这个他者意味着那个东西,它作为存在之真理的庇护让存在者是一个存在者。

144. 存有与原始争执[①]
(存有或者存有本身之本质现身中的非存有)

从存有中的不[②]而来的争执之本源!本有。

存有中的不之亲密性:首先归属于它的本现。为什么?还能这样来追问吗?如果不能,为何不能?

不之亲密性与存在中有争执者——难道这不就是黑格尔的否定性吗?不是,而且就像柏拉图的《智者篇》以及之前的赫拉克利特已经做过的那样,黑格尔实际上已经——只是更本质性地,但又是不同地——经验到了本质性的东西,却在绝对知识中把它扬弃了;否定性只是为了让它消失,并且使扬弃运动保持运行。

〈这〉恰恰不是本现。为什么不呢?因为〈对黑格尔来说〉存在作为存在状态(现实性)来自思想(绝对知识)。这并非首要而且唯

① 参看"存在与非存在——决断"。——原注

② "存有中的不"原文为 das Nicht im Seyn,英译本作 the not in be-ing。——译注

一的要紧之事,即:也有一个反题(Gegen-teil)“存在”,两者〈反题与正题〉是共属一体的;而倒是在于:如果已经有反题作为反冲,那么〈它就〉作为本有。从前始终只有扬弃和聚集(λόγος[逻各斯]),而现在则是释放和离基,以及在原始真理的时间-空间中的完全本现。

现在[要紧的整体]不[是]νοεῖν[觉知、思想],而是有所庇护的 265
内立状态。作为“之间”(Zwischen)之本现的争执,并非作为“让相反者同样地起作用”①。

虽然在赫拉克利特的πόλεμος[战争]箴言中包含着西方哲学的最伟大的洞见,但就真理问题来说,如同对于存在问题一样,西方哲学都未能得到展开(1933/1934 年冬季学期讲座)②。

但存有中的不之亲密性从何而来?这样一种存有之本现从何而来?追问一而再再而三地碰触到这一点;那就是关于存有之真理的基础的问题。

但真理本身〈就是〉基础以及这种〈真理〉吗?〈它〉起于那种在真理中的自身守持!而这种起源的情形如何呢?自身守持于真理中〈是〉我们的启程(Aufbruch)和我们出乎我们的急难的意志,因为我们已经被托付和被转交给自身了——我们?我们本身是谁呢?

所以实际上不是我们的,而不如说,我们在开启之际经受自身,而且,那种“向着自己”(das Zu-sich)、因而也即作为本有的存有,在自身中(参看本书“建基”部分)隐蔽地开启自己。

而且,据此看来,“我们”并不〈是〉起点,不如说,“我们”〈是〉作为被遭受和被安置的,但却是在这种安置的被遗忘状态中。

当本有如此这般地进入自身性(Selbstheit)之中闪耀出来时,其

① 引号为译者所加。原文为 das Auchgeltenlassen des Widrigen。——译注

② 1933/1934 年冬季学期讲座《论真理的本质》(《海德格尔全集》第 36/37 卷)。——原注

中就包含着向亲密性的指引。

我们愈原始地成为我们自身，我们就愈深远地被挪移出来，进入存有之本现中了，而且被倒转了（参看“存有之本现——存在与此-在的转向性建基”）。

唯当追问在这里取得了立足点，亲密性之“基础”才是敞开的。这个立足点〈具有〉一种决断特性。存有并非“人的东西”和人的制作物，不过存有之本现需要此-在，因而也需要人的内立状态。

266

145. 存有与虚无

在整个形而上学历史中，一般地亦即在以往的思想中，“存在”始终被把握为存在者的存在状态，因而被把握为这种存在者本身。即便在今天，在所有“思想家”那里，这种把存在与存在者等同起来的做法仍然是优先的，而且可以说是基于全部哲学在区分方面的无力。

相应地，虚无始终被把握为非存在者，因而被把握为否定性。如果人们竟把这种意义上的“虚无”设为目标，那么，“悲观主义的虚无主义”就完结了，对所有病态的“虚无哲学”的蔑视就合法化了，而且首要地，人们便得以解除任何追问的重负，而推动这种减免正是“英雄的思想家们”的标志。

我对虚无的追问起于存有之真理的问题，与上面讲的一切毫无共同之处。虚无既非否定的也不是一个“目标”，而不如说，它是存有本身的本质性颤动，因而比任何存在者更具存在性。

当《形而上学是什么？》[①]引用黑格尔逻辑学的命题“存在与虚无

① 海德格尔发表于1929年的文章。可参看海德格尔：《路标》，中译本，孙周兴译，商务印书馆2001年，第119页以下。——译注

是同一的”时,它意味着、而且只可能意味着一种把存在与一般虚无放在一起的类比。然而,恰恰对于黑格尔来说,不仅“存有”是将来要在存有名下来思考的东西的某个特定的、第一位的等级,而且这个第一等级作为非确定的、非间接的等级,恰恰已经是对象性与思想(存在状态与思想)的纯粹否定性。

对将来来说,要从“形而上学”的思想中摆脱出来将变得多么困难,同样,“虚无”对于将来来说首先也是不可通达的,它是比存在者的所有“肯定性”和“否定性”合计在一起还更高级的。

为了变得足够强壮,足以把存有本身中的无化作用[1]——它首先真正在把我们开释到存有及其真理之中——经验为最隐蔽的赠礼,思想的追问首先必须已经获得了一种肯定力量方面的原始性,这种肯定力量本质上超出了一切卖弄力量的乐观主义和所有纲领性的 267
英雄主义。诚然,这时候已经认识到了,虚无绝不能被清算和结算为与存有相对立的,比如竟作为必定流失和有待否定的东西,因为存有(而且也就是虚无)并不是存在者和神性化的“在之间”[2],绝不能成为一个“目标”。

146. 存有与非存有[3]

因为存有之本质现身包含着“不”(das Nicht)(作为本有中的转向的成熟;参看本书“最后之神”部分),所以存有属于“不”;亦即说,

---

① 此处“无化作用”原文为 das Nichtende,英译本作 the nihilating。——译注

② 此处“在之间”原文为 das Inzwischen,英译本作 the in-between。——译注

③ 参看本书“跳跃”部分,第 144 节,“存有与原始争执”;参看“前瞻”部分,第 47 节,“决断之本质”。——原注

真正的虚无化乃具有不之性质[①]，绝不是单纯的“虚无”，正如它只能通过对某物的表象性否定而被表象出来，而根据这种否定，人们就说：虚无不“存在”。然而，**非存有本现**，存有也本现；**非存在在非本质中本现，存有作为具有不之性质的东西而本现**。

唯因为存有以不之方式[②]本现，存有才具有非存在作为自己的他者。因为这个他者乃是它自身的他者。

作为具有不之性质者而本现之际，存有同时使他者性(*Andersheit*)**成为可能又强求这种他者性**。

但在这里，对于一方与他者的极端限制，因而对于“或者-或者”的极端限制，从何而来？

从存有之唯一性中得出归属于存有的不之唯一性，因此也得出他者的唯一性。

一方**与**他者为自身强求第一性的“或者-或者”。

但鉴于这种表面上最普遍和最空洞的区分，我们必须知道，这种
268 区分本身只是对于作为ἰδέα［相、理念］的存在状态的解释而言的（存在与思想！）：某个东西（任意地和一般地）与非-东西（虚无）[③]；同样根据表象，“不”也是无根的和空洞的。

可是，这种表面上最普遍和最空洞的区分乃是最独一和最充实的决断，因此，对于这种区分，我们不可能毫不自欺地预设一种不确定的“存有”表象——无论“存有”如何出现；相反，存有乃作为本有。

---

① 此处“虚无化”原文为 das Nichtige，“不之性质”原文为 das Nichthafte，英译本作 nihilating 和 the charactor of the not。两者自然都与“不”（das Nicht）相联系。——译注

② “以不之方式”原文为 nichthaft，此处从英译：in terms of the not。——译注

③ 此处“某个东西”原文为 Etwas，“非-东西”原文为 Nicht-Etwas。英译本以 something 译 Etwas。——译注

本有乃作为有所踌躇的拒绝，其中亦有“时间”的成熟，成果之强大和赠予之伟大，但却是在作为自行遮蔽之澄明的真理之中。

成熟乃是为原始的“不”所充满，成熟过程还不是赠予，不再是处于反冲中的两者，本身在踌躇中被拒绝，因而是移离中的迷移[1]。在这里首先〈乃是〉作为本有的存有的本现着的不性[2]。

147. 存有之本现（它的有限性）

说存在“是”无限的，这是什么意思呢？如果存有之本质现身没有一道得到追问，则这个问题根本就不能得到解答。

同样的情形也适合于以下命题：如果无限性和有限性被看做现成的大小概念，那么存在就是有限的。抑或这是指一种质（*Qualität*）么？是何种质呢？

存有之本现的问题最终处于那些命题的争执之外；而且，“存有是有限的”这个命题指向对任何种类的“唯心主义”的过渡性防御。

但如果人们是在那些命题的争执中活动，那或许就得说：如若存有被设定为无限的，那么，它恰恰就得到了规定。如若存有被设定为有限的，那么，它的离-基状态就得到了肯定。因为无-限者其实不 269
可能意指流逝着的、一味流失着的无穷尽的东西，而倒是意指封闭的循环（*Kreis*）！与之相反，本有则处于其“转向”中！（有争执的）。

---

[1] 此处“移离中的迷移”原文为 die *Berückung* in der Entrückung，英译本居然译为 the charming-moving-unto in the removal-unto。——译注

[2] 此处“本现着的不性”原文为 das wesende Nichthafte，英译本作 the swaying not-character。——译注

148. 存在者存在

这个"命题"没有直接说出什么。因为它只是重复了用"存在者"一词已经道出的东西而已。只要这个命题直接地得到理解,只要它毕竟是可能的,亦即说,只要它漫不经心地被思考,那么它就无所道说。

相反,如果这个命题立即被移置入真理之领域中:存在本现,那么它所说的就是:存在者归属于存有之本现。而且现在,这个命题就已经从漫不经心的不言自明性过渡到值得追问的状态中了。

显而易见,这个命题并不是可道说性方面的终极之言,而是在可追问性方面的十分暂时性的东西。

说〈存在者〉归属于存在之本现,这是什么意思呢?而且立即也会产生如下问题:存在者,是何种〈存在者〉?对我们来说什么是存在者呢?是对立面么?是被撇开在一边的东西,我们让它置于其中的作为对象的东西么?存在者从照面而来成为"存在着"的,那么为何而照面?何时以及如何照面?为了表-象?

抑或,"存在者"是存有之本现的脱落[①]吗?

抑或在这里,只要"存在者"依然如此这般地被纳入普遍表象中,那么,关于存在者就不可能道说什么,因为存在者"存在着",向来从一种庇护而来,并且以庇护的方式归属于存有?尤其是因为这种存有本身历史性地存在,并且终将是本有本身?

难道我们不会总是一再过深地陷身于表象的惯常轨道中,尤其是带着那种对一般和普遍存在者的癖好,以至于我们依然很少而且

① 此处"脱落"原文为 Ausfall,英译本作 the issuance。——译注

十分不足地洞见到那个东西，即存有之唯一性——一旦得到把 270
握——对于存在问题来说于自身中包含着的东西？

149. 根据τί ἐστιν［什么存在］与ὅτι ἔστιν［如此存在］而作的存在者之存在状态的区分

这种在第一开端范围内的区分，也就是在主导问题之历史中出现的区分，必定与在这里起主导作用的关于存在者之为存在者的解释紧密地联系在一起。

以某种方式任意地，我们把τί ἐστιν［什么存在］称为法相（*Verfassung*）（什么性、本质），把ὅτι ἔστιν［如此存在］称为“方式”（*Weise*）（如此存在和如何存在，实存）。[①] 比名称更为重要的是实事，因而也是问题，即：这种区分如何源起于存在者之存在状态，因而归属于存有之本现。

关于这种区分和被区分者的直接表象将通向一条死胡同，我们今天早已熟悉了的东西的死胡同。“大门”有它的“什么存在”[②]，“时钟”与“鸟儿”亦然，它们向来各有其“如此存在和如何存在”[③]。

如果在上述名目下只是把握到“现实性”甚或可能性和必然性，那么，这些“样态”就是现实性的样态吗？这种现实性本身向来〈是〉与其他样态并列的一种〈样态〉，那么是什么东西的样态呢？

首先在主导问题的意义上以及在主导问题的视界内，指出在场

---

① 海德格尔在此区分了源于希腊的西方形而上学的两个问题方向：τί ἐστιν［什么存在］与ὅτι ἔστιν［如此/如何存在］，前者为“本质”（essentia）之问，后者为“实存”（existentia）之问。——译注

② 引号为译者所加。——译注

③ 引号为译者所加。——译注

状态与不在场状态的区分,比如关于现成之物与上手之物的区分[①]——这就够了吗?

无论如何,对这种区分的直接"思想"丝毫不能指明把它规定为视界和真理的东西——只要我们固执于这种思想,以之为最终的和首要的思想。

对 essentia[本质]与 existentia[实存]之关系做一种完全形式的探讨,亦即一种把这样一种区分当做简单给定的和从天上掉下来的东西来加以采纳的辩证探讨,这依然是空洞的学究做派,其标识恰恰
271 在于:这种做法依然不具有着眼于广义存在者之概念的视界和真理沉思。于是,出路就是根据最高存在者把"存在"说明为通过这个最高存在者来制作和思考的东西。

然而,历史性的事实依然是,对于主导问题的处理早就已经冲向对存在状态本身的区分了——早就已经!何时?当存在者在ἰδέα[相、理念]和οὐσία[在场、实体]的光照中得到解释之时。为什么是在那里和在那时呢?(参看本书"传送"部分,第 110 节,"ἰδέα[相、理念],柏拉图主义与唯心主义")以拘泥于形式的措辞,人们可以说:每一种"法相"皆有其方式,而每一种方式皆是一种法相的方式。所以两者是共属一体的。而且,这就提示出一种隐蔽的、在某种程度上更为丰富的存在状态之本质现身。

Essentia[本质]与 existentia[实存]并不是更丰富的东西和某个简单之物的后果,而倒是相反地,它们是某种于自身中更为丰富的存有之本质现身及其真理的一个确定的贫乏化过程(这种真理的时间-空间性作为离基深渊)。

---

① "现成之物"(das Vorhandene)与"上手之物"(das Zuhandene)的区分是海德格尔在《存在与时间》中所做的重要区分,可参看海德格尔:《存在与时间》,中译本,陈嘉映、王庆节译,三联书店 2006 年,第 78 页以下。——译注

争辩中必须做的下一步乃是：向着其视界和基础，把作为表象、作为νοεῖν[觉知、思想]的οὐσία[在场、实体]之思想开启出来，并且揭示出那种把οὐσία[在场、实体]的特性标识为持续的在场状态的做法。今天人们这样做，就仿佛这永远都是已经熟知了的。这是正确的又是不正确的。说其正确，乃是因为持存状态和在场状态已经未曾明言地被意指和预先意指了；而说其不正确，则是因为恰恰持存状态和在场状态本身并没有被提升至知识层面上，并没有被把握为一种更为原始的时间（时间-空间）的“时间”特性，而且——更为本质性地——是没有首先由此出发被弄成一个问题。

150. 存在者之什么与如此之区分的本源[①] 272

存在者于此已经在其存在状态中得到了规定，而且被规定为ἰδέα[相、理念]，即外观，后者本身又被规定为持续的在场状态。在何种意义上在ἰδέα[相、理念]中有两个时间-空间的规定呢？

在场（时间的）　作为闪耀者、外观之聚集——什么（*was*）。

持存状态（时间的）　作为持久和持续——“外观并不缺席”[②]这一如此实情（*daß*）。

持存状态（空间的）　充满者、构成持存者。

在场（空间的）　给予空间，回置之何所往，“它持存”[③]这一如此实情（*daß*）。

---

① 参看本书“传送”部分，第98节，“根据持续的在场状态对存在状态的开抛”；第110节，“ἰδέα[相、理念]，柏拉图主义与唯心主义”；参看1927年夏季学期讲座《现象学的基本问题》（《海德格尔全集》第24卷）。——原注

② 引号为译者所加。——译注

③ 引号为译者所加。——译注

各个规定,在场状态与持存状态,同时是时间的和空间的,每每从时间化而来,同样也根据空间化,〈就是〉那样一种区分,后者作为存在者的"什么"与"如此"对我们来说是太过熟悉和无疑了。

但在时间化与空间化中的双重性从何而来?来自它们移离与迷移[1]的基本本现,这种基本本现植根于真理之本质现身(参看本书"建基"部分,第 242 节,"时间-空间作为离-基深渊")。

如果"什么"与"如此"并没有作为存在状态的规定——与这种存在状态一起并且着眼于其真理性——而得到究问(时间-空间),那么,一切关于 essentia[本质]与 existentia[实存]的探讨,正如中世纪已经证明的那样,就依然是无根概念的一种空洞堆砌。

然则存在状态已然建立在那种隐蔽的和不能被克服的存有与存在者的"区分"之上。

273

151. 存在与存在者[2]

这种区分首先来自关于存在状态的主导问题,并且已经藏身于此(参看本书"传送"部分,第 110 节,"ἰδέα[相、理念],柏拉图主义与唯心主义")。但即便在另一开端中,这种区分亦有其真理性——其实是现在才赢得了其真理性。因为现在,"思想"不再追问存在状态(并非存在状态与思想,而是"存在与时间",过渡性地得到了理解),这种"区分"命名着那个本有领域,即在真理中(也就是在真理之庇护中)的存在的本现过程[3]的本有领域,由此,存在者之为存在

---

① 此处"移离与迷移"(Entrückung *und* Berückung)英译本作 removal-unto *and* charming-moving-unto。——译注

② 参看本书"跳跃"部分,第 152 节,"存有之等级"。——原注

③ 此处"本现过程"原文为 Erwesung,英译本作 essential enswaying。海德格尔通常用的是 Wesung(本现)而非 Erwesung(本现过程)。——译注

者才被移置入"此"之中(参看本书"建基"部分,第227节,"关于真理的本质现身",本书第376页)。

这个"此"(das Da)乃是在本有过程中存在者之澄明的发生着的、被居-有的和内立性的转折时机之所①。这种区分不再与那个无根基的、仅仅在逻辑-范畴-先验意义上被意指和被要求的东西相关。关于作为被区分者的存在与存在者的单纯观念,现在是无所言说的和引人误入歧途的,只要它固守于单纯的表象。②

在这种区分中为思想开启出来的东西,根本上只能在此-在之开抛的整个关节中才能得到包涵性的思考。

152. 存有之等级③

升级过程从何而来?无疑是基于ἰδέα[相、理念]以及与ἰδέα[相、理念]的接近,如可参看柏拉图《理想国》;但在那里〈出现的是〉"存在者"的等级,或者说从非存在者到存在者直到ὄντωςὄν[真实存在者]的等级。

然后主要就是新柏拉图主义的等级划分了!

基督教神学——ens creatum[受造物]与analogia entis[存在之类比]。

凡有一个*summum ens*[至高存在者]处〈皆有等级划分〉。莱布尼茨:沉睡的单子←→核心单子。一切都以一种新的新柏拉图主义 274

① 此处"转折时机之所"原文为Wendungsaugenblicksstätte,英译本作site for the moment of the turning。——译注

② 译文未显明此句中的"(单纯)观念"(Vorstellung)与"(单纯的)表象"(Vorstellen)之间的意义联系,实际上我们可以把两者统一译为"表象"。——译注

③ 参看本书"跳跃"部分,第132节,"存有与存在者",第154节,"生命"。——原注

的系统形式[重现]于德国唯心主义中。在何种意义上所有这一切都要回溯到柏拉图那里,都是柏拉图主义,始终只不过是作为最高存在者的不同充实的存在者等级?

从作为本有的存在之真理出发来追问,根本上竟有这样一种等级——甚至存有的等级吗?

如果我们把存有与存在者的区分思考为此-在之本有过程和存在者之庇护,并且注意到在这里一切都是完完全全历史性的,一种柏拉图主义-唯心主义的体系因为不充分而已经变得不可能了,那么,问题依然在于:生命体,“自然”及其无生命的东西,诸如器具、谋制、作品、牺牲及其真理力量(真理之庇护原始性,因而也就有本有之本现过程)必须怎样来安排。任何一种合乎表象的和计算性的安排在这里都是表面的,本质上都只是在存有之真理的**历史**中(其时代正在兴起)的一种历史必然性。

“谋制”(技术)的情形如何,一切庇护如何聚集于其中,或者首要地,存在之离弃状态的渗透如何凝固于其中?

本质性的东西乃是历史性的、为此在建基的庇护力量,以及要达到这种力量及其对于本有之持存的效果的决心。

然而尽管如此,不是还有一条道路,至少暂先地,按照不同“领域”(自然、历史)的“存在学”的方式,提供出一个合乎存在的开抛的视界,并且因此使诸领域重新成为可经验的?诸如此类的东西作为**过渡**可能成为必需的;但它依然是棘手的,只要由此而来人们容易滑落到一个具有早先风格的体系之中。

但如果“秩序”是一种接合(Fügung),隶属于历史之形成和历史
275 奥秘的实现,那么,这种接合本身就能够——实为必须——具有一个领域和一条道路;并非任意哪一条庇护之道路(比如技术)都能够被托付给沉思。

这里必须回想一下以下实情：庇护始终是世界与大地之争执的纷争，世界与大地交互地赶超着相遭遇，而在两者的相互逆反中预先并且首要地发生着真理之庇护。

世界乃是“大地的”（具有大地性的），大地乃是世界性的。在某个角度看，大地比自然**更为原始**，因为大地是与历史相关联的。世界比单纯“被创造者”更高，因为它**构成着历史**从而最切近于本有。

那么，存有有等级么？真正说来，是没有的；而存在者也是没有〈等级〉的。然则**庇护**之多样性从何而来、具有何种意义呢？这是不能说明的，是不能通过对某个天命规划的推算来加以推导的。但一种单纯的与表象相合的接受也同样无效；相反，要紧的是在存在历史时代的历史必然性中做出的**决断**。

技术该是什么呢？并非在某个**理想**（*Ideal*）的意义上，问题倒是在于：在要克服存在之离弃状态的必然性范围内，或者说，在要从根本上对存在之离弃状态提出决断的必然性范围内，技术的情形如何？技术是通向**终结**的历史性道路吗？是导致最后的**人退化为技术化动物、甚至因此也使这个技术化动物丧失掉被嵌入的动物的原始动物性的历史性道路**吗？抑或，**首先作为庇护被采纳下来，技术能够被嵌入此-在之建基中**吗？

于是就在某个时机为我们储备了对于每一个庇护种类的决断，或者说，我们与之交臂而过和干脆在其中消失的那个东西。

153. 生命

由于一切生命体都是有机的，也就是肉身的，人们就**能够**把这种肉身视为躯体，进而机械地来考察这种躯体。的确，甚至有某些任务 276
是要求这样一种考察的，比如大小和重量的测量（诚然，后者立即就处于一种着眼于生命体的解释的视界内了)。

然而,问题依然是,人们在这里以这样一种方式(机械地)能够做到的事情,是否总是通向人们首先和主要地必须做的事情——假如一种与生命体的基本关系是必然的。在何种意义上这是对头的呢?如果我们抽掉功用、美化和供养之类,那么,植物和动物对我们来说还有什么呢?

如若生命体是毫不艰辛的,那么,当一切都根据艰辛以及对艰辛的克服来安排并且活动于谋制中时,生命体就是最难以观察的。

只要与生命体的基本关联付诸阙如,只要生命体没有成为此-在的另一种回响,能有"生物学"吗?

但难道当"生物学"实际上只是从现代谋制范围内科学的统治地位中推出自己的合法性和必然性时,它必定是存在的吗?难道任何一种生物学不是必然地将摧毁"生命体",禁阻与"生命体"的基本关系吗?难道与"生命体"的关联不是必定要完全在"科学"之外被寻求吗?还有,这种关联当保持在何种空间中呢?

与一切能够成为对象的东西一样,"生命体"将为科学的进步提供无尽的可能性,而同时,它也将越来越隐匿自身,科学本身则变得越来越无根基。

154."生命"[①]

〈"生命"〉乃是存在者之存在状态(存有)的一种"方式"。存在
277 者开始向着在自身保存中的生命开启出来。在自身保存中,最初的

① 参看本书"跳跃"部分,第152节,"存有之等级";参照生物主义,见"传送"部分,第110节,"ἰδέα[相、理念],柏拉图主义与唯心主义",本书第219—224页。——原注

幽暗化过程为生命体的迷糊状态建立了基础，一切激动和兴奋性都在这种迷糊状态中得以实行，还有幽暗及其展开过程的不同等级。

幽暗化与本能之本质。自身之保存与“种类”的优先地位——这个种类不知道有任何自身相关的(selbstisch)“个体”。

幽暗化与无世界状态[①]。(先前作世界之贫乏！易致误解。石头甚至也不是无世界的，因为它毕竟是没有幽暗化的。)

僵化与生命从原初开启中退化。与此相应也没有任何锁闭(Verschließung)，只要生命体没有一道得到增加——“大地”(石头、植物、动物)。石头和河流不是不带有植物、动物的。如何形成和做出关于“生命”的决断呢？对于“生物学因素”的沉思。

155. 自然与大地

自然科学把自然从存在者那里分离出来后，自然由于技术而发生了什么事呢？是不断增长的——或者更好地说，干脆席卷至其终点的——对“自然”的摧毁。自然曾经是什么呢？是诸神之到达和逗留的时机场所，其时自然——还是φύσις[涌现、自然]——落在存有本身之本现中。

此后，自然立即变成了一个存在者，进而竟变成了“恩赐”的对立面，经过这种废黜，自然终于被放置出来，被置入计算性的谋制和经济的强制过程中了。

而最后还留下了“风景”和疗养机会，现在，甚至这些东西也被纳入巨大之物中而得到了计算，并且为大众打造起来了。那么然后

① 此处“幽暗化与无世界状态”原文为 Die Erdunkelung und die *Weltlosigkeit*，英译本作 the darkening and *worldlessness*。——译注

呢？这就是终结吗？

为什么大地在这种摧毁过程中默然无语？因为大地未被允许那
278 种与世界的争执，因为大地未被允许存有之真理。为什么不？是因为人这个巨大之物越来越巨大，他也就变得越来越渺小？

自然必须被委弃和被交托给谋制吗？我们还能够重新寻求大地吗？谁能点燃那种争执——在其中大地找到自己的敞开域，在其中大地自行锁闭而成为大地？

156. 开裂

为了知道开裂及其结构，我们必须把离基深渊（参看“真理”）经验为归属于本有的。

存有之本现对于哲学将永远保持锁闭，只要哲学以为，诸如通过挖空心思地琢磨出不同的样态概念，人们就能知道存在，并且可以说把存在装配起来。撇开可疑的样态之本源，在这里有一点是决定性的：向作为本有的存有的跳跃；而且唯从这里，那种开裂才开启自身。但恰恰这种跳跃需要最长久的准备，而且此所谓准备，也包括完全解除作为存在状态和“最一般”规定的存在。

是否有朝一日一个得到更好装备的思想家能冒险一试这种跳跃呢？他必须在一种创造性的意义上已经遗忘了迄今为止关于存在、亦即关于存在状态的追问的方式。这种遗忘并不是丢失了某个还得去占有的东西，而是转变入一种更为原始的追问形势中去。

然而在这里，一个人必须已经为了质朴之物的不可穷尽性而得到了装备，方使得这个质朴之物不再因为一种误解而作为空洞之物向他隐匿起来。一切本现皆已聚集于这个质朴之物之中了；必须在每个存在者身上重新找到这个质朴之物——不对，是必须在质朴之物中重新找到每个存在者。但我们要获得这个质朴之物,途径只有一条,就是要在其神秘(Geheimnis)的运作空间中把每个存在者(每个事物)保存下来,而不能以为,通过分析我们关于每个存在者之特 279
性的已然固定的知识,就能把存有捕捉住了。

这种分析以及对**一种**经验作为**这种**经验的固守,曾经是必需的,方使得康德一度能够指出"先验的"知识种类要把握的那个东西。而且,即便为了这种指示及其在康德著作中的付梓成文得以发生,也不得不经历了几个世纪的苦苦准备。

如果说关键还在于一个完全不同的东西,对之而言,康德只能是一个遥远的前奏,而且即便这个前奏已经根据更为原始的任务而得到了把握也只能如此,那么,这时候,我们该对我们的初步摸索有何期望呢?

在原理分析论的结尾部分探讨了"样态"[①],因而对前面的一切都作了预先规定——这意味着什么呢?

157. 开裂与"样态"

"样态"乃是存有者(存在状态)的样态,还根本没有对存有本身的开裂言说什么。只有当做为本有的存有之真理闪耀起来,亦即作为上帝所需要(由于人归属于上帝)的那个东西,这时候,上面这种开裂才成为问题(参看本书"最后之神"部分,第256节,"最后之神")。因此,样态落后于开裂,就像存在状态落后于存有之真理;而且,关于样态的问题必然地系执于主导问题的框架内,与之相反,唯

① 指康德在《纯粹理性批判》中"先验逻辑"之第二卷"原理分析论"结尾部分的讨论。参看康德:《纯粹理性批判》,中译本,邓晓芒译,人民出版社200年,第197页以下。——译注

有基础问题才有权进行关于开裂的追问。

在一个方向上,开裂在上帝之需要方面有其原初的和最广的尺幅;而在另一个方向上则处于人(对于存有)的归属状态中。在这里本质性现身的乃是上帝之坠落与被建基于此在中的人的上升[①]。开
280 裂乃是本-有过程之内在的、不可计算的脱落状态(Ausfälligkeit);这种本-有过程即是存有之本现,作为被需要的和允诺归属性(Zugehör)的中心,依然同时联系于上帝的掠过和人的历史。

通过使人归本于上帝,本-有把上帝转本于人[②](参看本书"前瞻"部分,第7节,"从本有而来",本书第26—27页)。

当此-在(因而也即人)成功地跃入创造性的建基中时,此在(也即人)就朝向离基深渊而被建基于本有中了。

在这里居有自身的乃是拒予与悬缺、爆发与偶然、抑制与美化、自由与强制。此类东西居有自身,亦即归属于本有本身之本现。任何一种"范畴"的安排、推延和混合在这里都失灵了,因为范畴是从存在者而来、朝着存在者来说的,因为范畴是从来不能命名和认识存有本身的。

与此类似,掠过、本有和历史也绝不能被思考为"运动"种类,因为运动(即便它被思考为μεταβολή[转变、变化])始终与作为οὐσία[在场、实体]的ὄν[存在者]相联系,这种关联甚至也包括了δύναμις[潜能]与ἐνέργεια[实现]及其后来的变式。

但首要地,构成本有之内在的脱落状态,以及向来根据本有保持掩蔽或者显露出来的东西,是绝不能在一个"招牌"上或者在其他无

① 此句中的陈"坠落"和"上升"原文为Abstürze和Anstieg,英译本作precipitant descending和ascending。——译注

② 此句中的动词"归本"原文为zueignen,动词"转本"原文为übereignen,均为"本有"(Ereignis)之"作用"。——译注

论何种体系格式中得到列举和描绘的,而毋宁说,每一种关于开裂的道说都是一种关乎上帝、针对人类、从而进入此-在之中、并且因此进入世界与大地之争执中的思想话语。

在这里没有任何一种关于“结构”的探究性分析,更没有一种一味用“符号”结结巴巴地说话的做派,弄得好像真有某个东西得到招呼了。

通向“密码”(Chiffre)的逃遁之路,只不过是未被克服的、而恰恰被预设的“存在学”和“逻辑学”的最后结果。

开端性的思想的道说处于概念与密码的区分之外。 281

158. 开裂与“样态”①

“样态”之来源和统治地位,比那种根据ἰδέα[相、理念]而做的存在者之解释更为可疑;这种存在者之解释在哲学史进程中得到了确定,方得以成为一种可以说自在地现成的“问题库”。

对于来源来说重要的是“现实性”之优先地位(也可参看:existentia[实存]作为与essentia[本质]的这种区分),作为ἐνέργεια[实现]的现实性与可能性和必然性,〈后两者〉可以说是前者的触角。

不过,ἐνέργεια[实现]〈却是〉根据未经展开的φύσις[涌现、自然]而真正地被把握的,而这个φύσις[涌现、自然]是依照作为存在状态的μεταβολή[转变、变化]而得到分析的。为什么是μεταβολή[转变、变化]呢?因为就对持存者和在场者的先行把握和确定而言,μεταβολή[转变、变化],尤其是作为φορά[冲动],完完全全是

① 参看1935/1936年冬季学期讲座《物的追问。论康德的先验原理学说》(《海德格尔全集》第41卷)。——原注

这一种相反-显现①,因而是那个东西,它允许从它出发作为一个他者返回来,指向οὐσία[在场、实体]。这里蕴含着亚里士多德"存在学"的核心。

159. 开裂

一条本质性的鸿沟乃是在被弯回状态②中的存在(能力,但不是从可能性而来,后者迄今为止始终只是根据作为现成之物的存在者而被思考的)。

使这道鸿沟分裂,并且因此作为主宰③统一地裂开来,〈此就是〉先行跳跃的本源。主宰作为遗赠(Vermächtnis)而存在(*ist*),更确切地说,作为遗赠而本现,不是本身得到遗赠,是赠送出持续的原始性。
282 凡存在者要根据存有而被转变、亦即被建基的地方,主宰就是必然的。

主宰乃是自由者走向自由的必然性。它作为自由领域里的无条件性而起支配作用并且本质性现身。其伟大之处在于:它不需要任何权力,因而也不需要任何强力,但却比权力和强力更起作用,尽管是以它的持存状态的原本方式(即那种与自身相关涉的时机的表面上长期地被中断的恒定性)。

权力——保障一种对强力可能性的占有的能力。作为保障,权力始终要面对一种相反的权力,因此绝不是一个本源。

强力——某种变化能力向存在者的无力的突破,没有先跳,也没

---

① 此处"相反-显现"原文为 Gegen-erscheinung,或译"对立-现象",英译本作 counter-appearance。——译注

② 此处"被弯回状态"原文为 Zurückgebogenheit,英译本作 bending back。——译注

③ 此处"主宰"原文为 Herr-schaft,英译本作 mastery。——译注

有对可能性的展望。凡存在者要通过存在者(不是从存有而来)被改变的地方,强力就是必需的。任何一种行为都是强力行为,如此便使得强力在这里依照权力方式而受到支配了。[①]

160. 向死而在[②]与存在

在其极其隐蔽的形态中,向死而在乃是最高的历史性的芒刺,以及对于最短之轨道的决心的隐秘基础。

但向死而在,作为此-在之真理的本质规定而展开出来,于自身中庇护着开裂的两个基本规定,乃是它们的多半未被认识的在"此"(das Da)中的反射:

一方面,在这里自行遮蔽的乃是"不"(das Nicht)对于存在之为存在的本质归属状态——**这一点在这里**,在作为存在真理之建基的别具一格的此-在中,唯以一种独一的鲜明性昭示出来。

另一方面,向死而在遮蔽着"**必然性**"的深不可测的本质丰富性,重又作为存在本身的这一道鸿沟;向死而在又是此在式的。

必然性与可能性的碰撞。唯有在此种区域里我们才能猜度,什 283
么东西真正属于作为苍白而空洞的"样态"大杂烩的"存在学"要处
理的**东西**。

161. 向死而在

在《存在与时间》的语境中,而且**只是**在那儿,亦即在"基本存在

① 这里讨论的"权力"(Macht)和"强力"(Gewalt)在日常德语中似没有太大的差别。英译本译作 power 和 coercion。——译注

② 原文为 das Sein zum Tode,或可译为"向死存在"。——译注

学”意义上(而绝不是在人类学和“世界观”意义上来看的),鉴于“向死而在”而得到预先思考的东西,依然无人加以猜度并且敢于加以思索。

在人之此-在中的死亡的唯一性属于此-在的最原始规定,亦即:要为存有之真理(自行遮蔽之敞开状态)建基,此-在必须为存有本身所居有。在死亡的非惯常性和唯一性中,开启出一切存在者中最不惯常的东西,即作为奇异性而本现的存有本身。可是,为了能够根据惯常的和用滥了的公共意见和算计的立场,根本上对这种最原始的联系有所猜度,必须首先十分鲜明而独一地揭示出此-在与死亡的关联、决心(开启)与死亡的联系,以及那种先-行(Vor-laufen)。但这种先行向死却不是为了达到单纯的“虚无”,而倒是相反,是为了使敞开状态完全地并且从其极致而来为存有开启自身。

然而,如果说在这里并不是在“基本存在学”意义上着眼于存有之真理的建基来思考的,那么,有种种最糟糕和最荒谬的误解潜入和蔓延开来,并且自然地弄出一种“死亡哲学”,就是顺理成章的事了。

恰恰针对《存在与时间》这一章节的种种误解,乃是那种还处于昌盛期的无能的最清晰标志,即无能于切实领会在那里得到准备的
284 问题提法,而且这也就意味着,无能于始终同时更原始地思想和创造性地超出自身。

在此在之将来状态的原始联系中,死亡在此在的基本存在学的本质现身中得到开抛,这一点在《存在与时间》的任务框架内其实首先意味着:死亡与被设定为存有本身之真理的开抛领域的“时间”联系在一起。这一点已经是一种指示,一种对于意愿一道追问者来说足够清晰的指示:在这里死亡问题处于与存有之真理的本质性关联之中,并且只是处在这种关联中;所以在这里,死亡绝不能被看做对存有的否定,甚或存有之本质现身方面的“虚无”,而是恰恰相反,死

亡〈乃是〉最高的和极端的存有之见证。但这一点只能为那种人所知晓，他能够在自身存在的本真性(Eigentlichkeit)中经验此-在，并且共同为此-在建基——而此所谓“本真性”并没有道德-人格上的意思，而总是一再地仅仅在“基本存在学”意义上来讲的。

162. 向死而有[①]

〈向死而有〉必须被把握为此-在之规定，而且**只能**如此。在这里得到实行的，乃是对**时间性**的极端估量，以及与此相应地，对于存有之真理的**空间**的获取，即对**时间-空间**的**指引**。可见并不是为了否定“存有”，而倒是为了为存有的丰富而根本性的可肯定性创建一个基础。

然而，举出“向死而在”这一说法，借此编造出一种粗糙的“世界观”，进而把这种“世界观”投入《存在与时间》中去，这是多么蹩脚和廉价的做法啊。表面看起来，这种计算工作开展得特别好，因为这本“书”确实也还谈论了“虚无”。因此就可能得出直截了当的结论：向
死而在，也就是向虚无而在，而且这就是此在的本质！这不会是一种 285
虚无主义罢？

但要紧的其实不是把人之存在消解于死亡中，并且把它解释成单纯的虚无状态，相反地倒是：把死亡拉进此在之中，为的是掌握在其离基深渊般的广度中的此在，因而对存有之真理的现实性的基础做出完全的测定。

不过，并非每个人都需要去实行这种向死存有，并且在这种本真性中接受此-在之自身，而不如说，这种实行唯在那种为存有问题奠

① 此处“向死而有”原文为 das Seyn zum Tode，或可译为“向死存有”。——译注

定-基础的任务范围内才是必然的——诚然,这种任务并没有被限于哲学。

向死而在的实行唯对于另一开端的思想家来说才是一种义务,但置身于这些未来的创造者中间的每一个本质性的人都能对此有所知晓。

倘若哲学学者们没有获得乏味的取笑机会,新闻记者们没有获得自作聪明的权利,那么,向死而在或许就不是在其本质状态中被遭遇的。

163. 向死而在与存在

〈向死而在〉始终必须被把握为此-在之规定,这就是说:此-在本身并没有溶化于其中,而倒是相反,此-在于自身中包含着向死而在,而且唯凭借这种包含,它才是完全的、朝向离-基深渊的此-在,也就是那种"之间"(Zwischen),后者为"本有"提供时机和场所,并且因此才能够成为归属于存在的。

"在世界观意义上",向死而在依然是不可通达的,而且如果向死而在如此这般地被误解,就仿佛它是要传授一般存在之意义,因而要传授通常意义上的存在之"虚无状态",那么,一切就都从本质性的联系当中被撕裂开来了。本质性的东西没有得到实行,亦即包括性的此-在之思想——在这个此-在之澄明中,存有之本现的丰富性得以在遮蔽之际揭示自身。
286

在这里,死亡进入到奠-基性沉思的领域之中,并不是为了"在世界观意义上"传授一种"死亡哲学",而是为了把存在问题首先带向其基础,并且把此-在当做离基深渊般的基础而开启出来,把此-在推移入开抛(Entwurf)之中,在《存在与时间》的意义上,亦即对此-

在的理-解(*ver-stehen*)(绝不是为了把"死亡"搞成能够为新闻记者和市侩庸人们所"理解"的东西)。

164. 存有之本现[①]

当存有者[②]"存在"(ist)之际,存在(*Sein*)不能也存在。这时候,存在或许必须被设定为存在者,因而被设定为存在者的一个特性和附加物;而关于存在者的追问或许因此已经倒退到第一开端背后了。所以根本上,存有或许尚未以无论何种方式得到究问,而是被否定了,但因此也把"存在者"掩蔽起来了。

存在不存在,但我们仍然不能把存在与虚无等同起来。而另一方面,我们又必须下决心把存有设定为虚无——如果"虚无"说的是非存在者。但超出这样一种"虚无"之外,存有现在并非又"是""某个东西"(Etwas)——我们或许能够通过表象活动而憩息于这个可遇见的东西那里。我们说:存有本现,这时我们实际上又要求和使用了一种命名,这种命名在语言上归属于存在者(参照"曾在"—"在-场"[③])。

但在这里,在这种极端情形下,词语必定需要强力,而本现不能命名某种还重又超出存有之外的东西,而是要把存有最内在的东西带向词语,那就是本-有,即存有与此-在的那种反冲——在其中两 287
者并不是现成的两极,而是纯粹的振荡本身。

---

① 参看本书"跳跃"部分,"存有之本质现身"。——原注

② 此处"存有者"原文为 das Seyende。海德格尔在本书中一般用"存有"(Seyn)取代"存在"(Sein),但极少用"存有者"(das Seyende)取代"存在者"(das Seiende)。——译注

③ 此处"曾在"(Gewesen)和"在场"(An-wesen)词根均为 wesen,即"存有本现"(das Seyn west)中的 wesen(本现)。——译注

这种反冲的唯一性与一种单纯在场者意义上的不可表-象性(das Unvor-stellbare),乃是对作为ἰδέα[相、理念]和γένος[种、属]的存在状态的规定所做的最鲜明的防御;当那种向存有的显突(Aufbruch)从作为φύσις[涌现、自然]的"存在者"而来首次发生出来时,上述规定乃是原初地必然的。

165. 作为本现的本质现身[1]

"本质现身"不再是οὐσία[在场、实体]和τόδε τι[这个](即ἕκαστον[每一个])的κοινόν[共相]和γένος[种、属],而是作为存有之真理的发生的本现[2],而且是在存有的完全历史中,后者向来包括使真理进入存在者之中的庇护。

不过,因为真理必须在此-在中被建基,所以存有之本现只能在持存状态中被争得——那是"此"(das Da)在如此这般被规定的知识中所忍受的持存状态。

作为本现的本质现身绝不是单纯可表象的,而只能在对真理及其各个庇护的时间-空间性的知识中得到把握。

对本质现身的知晓[3]要求此-在,并且本身就是向此-在的跳跃。所以,对被给予物及其已然被固定下来的解释所做的一种单纯而普遍的观察,是绝不能赢获这种知晓的。

本现并不位于存在者"上面",并且与存在者相分离,而不如说,

---

[1] 参看"区分"。——原注

[2] 此句中的"本质现身"(Wesen)和"本现"(Wesung)是在相同的意义方向上使用的。英译本把 Wesen 译作 Essential sway,把 Wesung 译作 Essential Swaying。——译注

[3] "对本质现身的知晓"原文为 das Wesen-Wissen,英译本作 knowing-awareness of essential sway。——译注

存在者立身于存有中，唯在存有中（置身于其中并且离开之），〈存在者〉才有其作为真实者的真理。

与这个本现概念一体地，现在也必须设定和把握那种关于存有与存在者的“区分”，以及在这种区分基础上被建立起来的所有东西——只要一切“范畴因素”和“存在学因素”落到了存在状态“一边”。

166. 本现与本质现身[①] 288

〈本现与本质现身〉被把握为存有之真理的生发（Geschehnis）。存有不能被回头转嫁到本现上，因为这种本现本身会变成某个存在者。唯有在关于κοινόν［共相、普遍者］之本质现身的设定范围内，关于本质现身之存在的问题才是可能的和必需的（参照后来的普遍性问题）。无论这个问题如何得到解答，“本质现身”本身总是被贬降了。

“本质现身”概念取决于那种关于存在者之为存在者，或者说关于存有的追问的方式，以及与此一体地，取决于那种有关哲学思想之真理的问题的追问方式。即便在真理问题中也突现出那种转向：真理之本质现身与本质现身之真理。[②]

当我们在惯常的问题方向上来追问“本质”[③]时，问题就成为：什么把一个存在者“弄成”它所是的东西？问题因而也就是：什么构成

---

① 参看本书“前瞻”部分，“开端性的思想”。——原注

② 引句原文为：Wesen der Wahrheit und Wahrheit des Wesens，或可译为“真理之本质与本质之真理”。相关讨论可参看海德格尔作于1930年的演讲“论真理的本质”（收入《路标》书中），该演讲被认为对海氏思想来说具有“转向”意义。——译注

③ 此处“本质”（Wesen）显然是在通常或传统哲学意义上使用的。——译注

它的什么-存在(*Was*-sein),也即存在者的存在状态?在这里,“本质”(Wesen)只是表示存在(被理解为存在状态)的另一个词语。而且相应地,本现(*Wesung*)就意味着本有,只要本有在它所包含的东西即真理中居有自身。存有之真理的生发——这就是本现;因此本现绝不是一种重又添加到存有身上,甚或高于存有而自在地持存的存在方式。

这种表面上看来名副其实的继续追问的方式(存在者——它的存在——而且又是存在之存在,等等)必须通过什么手段才能被切断,并且被引回到真正的追问之中呢?只要一切停留在οὐσία[在场、实体]那里,则“不再以同一种方式继续追问”①的一个基础就似乎是找不到的。于是就只好拐向ἐπέκεινα[早先]了。

一旦“存在”不再是可表-象者(ἰδέα[相、理念]),以及相应地,一旦“存在”不再被思考为离开存在者的和与存在者“分离的”(出于那种要尽可能纯粹而毫无掺杂地把握存在的癖好),一旦存有作为
289 (在时间-空间的一种原始意义上)与存在者同时的东西,被经验和思考为存在者的基础(并非原因和 ratio[理性、理由]),那么,就再也没有一个动因,促使人们现在也还重又去追问它本己的“存有”,为的是在如此这般对它进行表-象之际把它更远地撇在一边。

在这样一种沉思的方向上,我们首先可以来探讨一下“本质”概念的历史序列。这个历史序列是在主导问题的历史中出现的,成为有关存在状态之追问的引线:

1. 作为ἰδέα[相、理念]的οὐσία[在场、实体]

2. 在亚里士多德《形而上学》Z H Θ 三卷②中所探讨的οὐσία[在

---

① 引号系译者所加,其中文字以连字符联结为“一个词”,原文为:das Nichtmehr-in-derselben-Weise- Weiterfragen。——译注

② 即亚里士多德《形而上学》卷六、七、八。——译注

场、实体]

3. 中世纪的 essentia[本质]

4. 莱布尼茨的 possibilitas[可能性](参看莱布尼茨练习课)

5. 康德所讲的"可能性条件",先验的本质概念

6. 黑格尔的辩证-绝对的唯心主义的本质概念。

167. 驶入本现之中

本质(Wesen)只是被表-象,即ἰδέα[相、理念]。而本现(Wesung)不光是"什么〈存在〉"与"如何存在"的结合,因而是一种更丰富的表象;而不如说,〈本现〉乃是这两者的更原始的统一体。

本现并不属于每一个存在者,其实根本上只属于存在,以及归属于这种存在本身的东西,即真理。

从存在之本现出发,与把主导问题纳入基础问题之中的做法相应,现在就连早先的"本质"也发生了转变。

本现〈乃是〉我们必须驶入其中的那个东西。在这里,这意思就是"经验";驶入〈其中〉,为的是在本现中立身并且忍受本现[①]——而这是作为此-在及其建基而发生的。

---

① 此句中就是"经验"(*Er*fahrung)和"驶入"(einfahren)有同一词根 fahr(驶、行)。中译文显然无法传达个中意味。——译注

291 # 五、建基[①]

建基

此-在

真理

时间-空间

293 ## (一)此-在与存在之开抛

168. 此-在与存有[②]

此-在意味着在作为存有之本质现身的本有中的本-有过程。而唯基于此-在,存有才达乎真理。

可是,植物、动物、石头、大海和天空成就存在之处,并未沦于对象性境地,在那里起支配作用的乃是存有之隐匿(拒予)——作为隐匿的存有。而隐匿乃是此-在的隐匿。

存在之离弃状态乃是存有的第一次破晓,作为从形而上学之黑夜而来的自行遮蔽;而通过形而上学,存在者突现入显现之中,因而

① 参看真理问题之为预备问题。——原注

② 参看《沉思》,第 448 页以下。——原注

突现入对象性之中,存有成了以先天性为形态的增补。

然则为了隐匿不至于表层地显现为一种单纯虚无的东西,而倒是作为馈赠而起支配作用,为自行遮蔽的澄明必定已经如何朝向离基深邃而得到了澄明。

169. 此-在[①]

此-在的内在颤动有着极坚硬的严格性,这意味着它并没有把诸神计算在内,也没有指望诸神,更没有预期某个个体。

向来归于每一个,谐同于出乎意料之物,这样一种对于诸神的不作预计,远不是任何承认一切的任意性。因为这种不作预计已然是一种更原始的此-在的结果:它集合于倒转性的拒绝[②]、存有之本现。以陈旧的形而上学语言来讲,这就是说:作为存有之本现的拒予乃是 294
至高的可能之物之为可能之物的至高现实性,因而是第一性的必然性。此-在(Da-*sein*)乃是这种最简朴的开裂之真理的建基。

170. 此-在

〈此-在〉并非这样一个可以在现成的人身上简单地找到的东西,而倒是基于作为本有的存有的基本经验所必需的存有之真理的基础,通过这个基础(及其建基),人从根本上被改变了。

唯现在才有了 *animal rationale*[理性动物]的崩塌,所到之处,凡在我们既没有意识到第一开端及其终结,又没有意识到另一开端之

---

① 参看本书"跳跃"部分,第121节,"存有与存在者"。——原注

② 此处"倒转性的拒绝"原文为 Umweigerung,英译本作 reversing-refusal。这里的用法应与下句讲的"拒予"(Verweigerung)相关。——译注

必然性的地方，我们必定会重又一头跌回到这种〈*animal rationale*[理性动物]〉之中。

以往之“人”的崩塌，唯有基于一种原始的存有之真理才是可能的。

171. 此-在[①]

〈此-在是〉未来人之存在于建基中本质性地现身的基础。

此-在——即烦忧(Sorge)。

在此-在的这个基础上，人〈乃是〉：

1. 存有(本有)之寻求者
2. 存在之真理的保护者
3. 最后之神的掠过之寂静的守护者

寂静与词语之起源。

但首先，此-在之建基就其自身来说是过渡性的和探索性的，烦
295 忧、时间性；时间性系于时间状态[②]：作为存有之真理。与作为自行遮蔽之敞开状态的真理相关联的是此-在，是通过存在理解而得到设定的。在开抛之际，〈此-在乃是〉存在的敞开性。此-在作为存有之真理(“此”)的开抛。

172. 此-在与存在问题

在《存在与时间》中，此-在尚处于“人类学”、“主体主义”和“个

① 参看《思索》V，第81-82页，“柏拉图”。——原注

② 此处“时间性”原文为Zeitlichkeit，“时间状态”原文为Temporalitat。可参看海德格尔：《存在与时间》，中译本，陈嘉映、王庆节译，三联书店2006年，第22页以下。——译注

人主义”等等之类的假象中,而实际上,所见一切皆相反;诚然并非作为首先一味谋求的东西,而毋宁说,此所谓相反者,往往只是作为那个把“存在问题”从主导问题转变为基础问题的决定性过程的必然后果。

〈在《存在与时间》中〉“存在理解”与开-抛,而且是作为被抛的开-抛!此在的在世界之中存在。但“世界”并不〈是〉非基督教的*saeculum*[世界]以及对上帝的否定,或者无神论!世界乃是根据真理和“此”的本质现身〈而得到经验的〉!世界与大地(参看本人关于艺术作品的演讲[1])。

173. 此-在

〈此-在〉乃是第一开端与另一开端之间的危机(*Krisis*)。这意思是说:根据名称和实事来看,此-在在第一开端的历史中(亦即在整个形而上学历史中)意味着某种根本不同于在另一开端中的东西。

在形而上学中,“此在”(Dasein)乃是表示存在者现实地存在的方式的名称,而且所指与现成存在无异,用某个在确定方向上更原始一步的解释,就是:在场状态[2]。这种对于存在者的标识甚至可以回想到开端性的命名,回想到φύσις[涌现、自然]以及规定着前者的 296
ἀλήθεια[无蔽、真理]。于是,“此在”这个名称尤其获得了真正的第一开端性的内涵:从自身而来涌现着无蔽地(在此)本现。然则贯穿整个形而上学史,一直都有那种不无偶然的习惯,即:把这个表示

① 艺术作品的本源。1935年弗莱堡演讲[译按:收入《林中路》中]。——原注

② 海德格尔在此揭示形而上学意义上的“此在”(Dasein)意同“现成存在”(Vorhandensein)和“在场状态”(Anwesenheit)。——译注

存在者之现实性方式的名称转嫁到存在者本身上面，并且用“此在”来意指“这个此在”[①]，即完全现实地现成的存在者本身。此在于是只不过是拉丁文 existentia［实存］一词的良好的德文迻译，亦即存在者的从自身而来显露出来，并且从自身而来持立，从自身而来在场（在不断增长的对ἀλήθεια［无蔽、真理］的遗忘中）。

“此在”之所指概无例外。而且，人们据此就可以来谈论事物的、动物的、人类的、时间性的此在了。

在另一开端的思想中，此-在一词的含义和实质则与此迥然不同，其差异之大，以至于前述的此在用法与这个不同的此-在用法之间根本就没有中介性的过渡。

此-在并不是任何存在者的现实性方式，而本身就是“此”之存在[②]。然而，这个“此”却是存在者之为存在者整体的敞开状态，是更原始地来思的ἀλήθεια［无蔽、真理］的基础。此-在乃是一种存在方式，由于它“是”（*ist*）（差不多是主动-及物的[③]）这个“此”，按照这种别具一格的存在并且作为这种存在本身，它就是一种独一无二的存在者（存有之本现的本质现身者）。

此-在乃是φύσις［自然、涌现］之ἀλήθεια［无蔽、真理］的特别地自行建基的基础，是那种敞开状态的本现，这种敞开状态首先开启出自行遮蔽者（存有之本质现身），并且因而就是存有本身之真理。

另一开端意义上的此-在，即追问存有之真理的另一开端的此-在，决不能作为照面和现成的存在者的特征而被我们找到；但也不能

---

① 此处“此在”原文为 Dasein，“这个此在”原文为 das Dasein，后者多了一个定冠词 das。——译注

② 海德格尔在这里把他使用的带有连字符号的“此-在”（Da-*sein*）解为“此之存在”（das Sein des Da），近乎一种语言游戏。——译注

③ 此处“是”（ist）不作系词用，而作及物动词用，有“让是出来”之义。——译注

作为让这样一个存在者成为对象，并且处于与对象的关系中的存在者之特征而被我们找到；此-在也不是人的特征，仿佛现在唯有这个 297
通常涉及一切存在者的名称，被限制到表示人之现成存在的标志作用中了。

然而，只要此-在意味着未来人之存在的可能性的基础，而人将来由于接受了存在之"此"而存在（*ist*）——假如人把自己理解为存有之真理的看护者，而这种看护被显示为"烦忧"——，那么，此-在与人就还处于一种本质性的关联之中。所谓"可能性的基础"仍旧是形而上学的说法，但却是根据朝向离基深渊的-内立性的共属状态[①]来思考的。

另一开端意义上的此-在乃是我们还完全陌生的东西，这个东西我们从未碰到过，我们唯有在跃入自行遮蔽者之敞开状态的建基之中时才能跳入其中。此所谓敞开状态，乃是那种存有之澄明，未来的人必须置身于其中，才能使之保持敞开。

从这种意义上的此-在而来，作为现成之物的在场状态的此在才成为"可理解的"，这就是说，在场状态表明自身为一种特定的对存有之真理的居有，同时，相对于曾在状态和将来状态，当前状态就获得了一种得到了确定解说的偏爱（也即被固定于对主体而言的对象性、客体性）。

作为自行遮蔽之澄明的本现，此-在属于这种作为本-有而本现的自行遮蔽本身。

如果此-在要在思想上得到把握，那么，形而上学的所有领域和角度在这里就都不起作用了——而且必须不起作用了。因为"形而

① 此处"朝向离基深渊的-内立性的共属状态"原文为 abgründg-inständige Zugehörigkeit，英译本作 belongingness that inabides in abground。——译注

上学”从存在者出发(在开端性的、也即最终的φύσις[自然、涌现]解释中)追问存在状态,听任这种存在状态的真理、也即存有之真理必然地不受追问。ἀλήθεια[无蔽、真理]本身乃是存在者的第一存在状态,而且甚至这种存在状态也还未得到把握。

298 在迄今依然通常的用法中,此在之所指如同:这里那里现成地存在,在某个地方和某个时间出现。

在将来的另一种含义中,这个“存在”(sein)并不是指出现,而是指作为“此”之建基的内立忍受性[1]。这个“此”并不意味着一种以某种方式总是可规定的此地和彼地,而是指存有本身的澄明,唯这种澄明的敞开状态才为任何一种可能的此地和彼地以及在历史性的作品、行为和牺牲中的存在者之设置提供了空间。

此-在〈乃是〉澄明的内立忍受性,亦即“此”(存有在其中自行遮蔽)之自由者、未保护者、归属者的内立忍受性。自行遮蔽之澄明的内立忍受性在那个人的寻求、保护、看护中得到接受,这个人向着存在居有自身,知道自己归属于作为存有之本现的本有。

174. 此-在与内立状态

内立状态(Inständigkeit)之为建基于此-在的人的领域。

内立状态包括:

1. 强壮:(决不是一种单纯的力量总和,而是)带有此-在性质的:创造性的自行扩张的最广大运作空间之自由允诺方面的精通。

2. 坚定:(决不是一种固执的僵硬,而是)归属于本-有、进入不

---

① 此处“内立忍受性”原文为 inständige Ertragsamkeit,英译本作 inabiding carriablity。——译注

受保护者之中的确信。

3. **柔和**:(决不是宽恕之软弱,而是)慷慨地唤醒被蒙蔽者和被张开者,后者始终令人诧异地把一切创造结合到自己的本质性因素之中。

4. **质朴**:(决不是流行之物意义上的"轻率",决不是未被掌握和失去未来的东西意义上的"未开化",而是)对于统一之必然性的激 299
情,即必然要把存有之不可穷尽性庇护到存在者的照看之中,并且必然不放弃存有的诧异特性。

175. 此-在与存在者整体

对于作为存有之真理的建基的此-在的首次提示,是在追问人的过程中得到完成的(《存在与时间》),因为人被把握为存在之开抛者,因而脱离了任何一种"人类学"。这种提示或许会唤起和强化一种错误看法,仿佛此-在若要获得本质性的完全的把握的话,就只能在这种与人的关联中被理解。

然而,光是对这个"此"——作为自行遮蔽(存有)的**澄明**——的沉思,就已经一定能让我们猜度到,此-在与存在者整体的关联是多么关键,因为这个"此"经受着存有之真理。在这个方向上来思考,此-在,即便无处安身,也就移离了与人的关联,并且揭示自身为那个"之间"(das Zwischen),后者从存有本身中展开出来,成为存在者的敞开的突现领域,在此领域中存在者同时又自行回置到自身那里。这个"此"乃为存有本身所居有,而且相应地,人作为存有之真理的看护者而被居有,因而以一种别具一格的唯一方式归属于此-在。所以,一旦对此-在的首次提示得到了成功,那就必得同意在此提示中昭示出来的要义,即:此-在为存有所居有,作为本有本身的存有构成一切思想的中心。

唯有这样,作为本有的存有才完全进入游戏之中,但同时却没有像在形而上学中那样成为人们只能直接回溯的“至高者”。

300 据此,同样也从存在者出发,假定存在者已经开始变得更具存在性了,则这个“此-”[1]就必须在其被接合的澄明权力中得到展开。此-在本身作为被居-有的此-在而变成更本己的,成为自身(Selbst)的自行开启的基础;而且唯通过这个自身,人的看护才获得其鲜明性、坚定性和真挚性。

现在,人是谁的问题才有了某个轨道的开启,而这个轨道依然伸展于未受保护者中,并且因而让存有之风暴侵袭自身。

176. 此-在。词语解说

以《存在与时间》首次本质性地设定起来的这样一种含义,〈此-在〉这个词语便是不能翻译的,也就是说,它是与西方历史上迄今为止的思想方式和言说方式的各种角度相抵触的:此 在[2]。

但在通常的含义中,例如这把椅子“在此”(ist da),这个叔叔“在此”,这个词语指的是已经到了和在场着;因而〈是指〉在场(présence)。

此-在本身意指一个“存在者”,不是意指上述意义上的存在方式;而且〈它〉仍然意指那种具有独一无二的标识的存在方式,即:它首先规定着法相,作为谁-存在(Wer-sein)的什么-存在(Was-sein),自身性。

---

① 原文如此,书作 das Da-。——译注

② 此处海德格尔“此-在”书作“此 在”(das Da sein),即去掉了中间的连字符号。用意不明。——译注

不过,“这个存在者”并不是这个“人”和以其方式存在的此-在(在《存在与时间》中还是十分容易误解的),而不如说,存在者之为此-在,乃作为某种确定的、未来的人之存在的基础,而非作为自在之人“的”基础;即便在这一点上,《存在与时间》也没有足够的清晰性。

关于“人的此在”的谈论(在《存在与时间》中)引起一种意见,让人以为也存在着动物的“此在”、植物的“此在”,就此而言,它是会引人误入歧途的。

“人的此在”——在这里“人的”并不意指对一般“此在”(作为现成存在)的种类上的限制和分化,而是指唯一地具有此-在的人这 301
个存在者的唯一性。但又怎样呢?

此-在——标识着在其可能性中的人的存在;也就是说,它根本不再需要附加“人的”这个形容词了。在何种可能性中呢?在其至高的可能性中,即成为真理本身的奠基者和保真者[①]的至高可能性。

此-在——同时把人降低又提高的东西。所以有了关于作为那种建基之生发的在人身上的此-在的谈论。

但人们也可以说:在此-在中的人。人“的”此-在。

在这里,任何一种谈法都是容易误解的和不受保护的——如果它没有得到那些人的认可,这些人一道实行了此种追问,走出重要的一段,由此而来并且唯由此而来理解了所道说的东西,献出一起带来的观念(参看“关于《存在与时间》的持续评注”[②])。

① 此处“保真者”(Wahrer)或可译“保存者”,英译作 preserver。——译注

② 现收入《海德格尔全集》第82卷。——译注

177. 离开之在

〈离开之在〉也〈意味着〉离去之在；在这种意义上〈它〉简直等于相对于παρουσία[在场]的ἀπουσία[不在场]，此在=现成存在（可比较：取走=拿走）。①

另一方面，一旦此-在根本上被不同地理解，则离开之在也就与此-在相吻合。

此-在：经受自行遮蔽之敞开状态。离开之在：推动神秘和存在的锁闭状态，存在之被遗忘状态。而且，这一点发生于离开之在中，是依照如下含义：沉迷和热恋于某物，迷失于某物。

这个意义上的离开之在首先乃在此-在的所在。离开：对存有的消除、排挤，表面看来只是对自为"存在者"的消除、排挤。其中反过来表达出此-在与存有的本质关联。我们多半而且一般地在离开之在中，尤其是当我们"接近生活"时。

302 这种"解释"或可以轻松地阐述为一个范例，说明在这里，我们只是用单纯的"词语"来"进行哲思"。但实际情形则相反：离开之在命名的是一种本质性的方式，即人如何与此-在相关，而且必然与此-在相关的方式，而此-在本身因此就获得了一种必然的规定。

〈所有这些都是〉在非本真性方面不充分的显明，只要本真性其实不能在道德-实存状态上被理解，而是要在基本存在学意义上被理解为对那种此-在的显示——在这种此-在中，"此"之被经受，各各以某种真理之庇护方式（以思想的、诗歌的、建造的、领导的、牺牲

---

① 此处"离开之在"（Weg-sein）与"离去之在"（Fort-sein）在字面上可与"取走"（Wegnehmen）和"拿走"（Fortnehmen）相比较。——译注

的、受苦的、欢呼的方式)[①]。

178.“此-在为其自身之故而实存”

在何种意义上讲的？什么是此-在，以及什么叫“实存”呢？此-在乃是存有之真理的持存[②]；存有而且唯有存有才“是”这种此-在，亦即作为实存着的、内立地经受着遭受状态的**自身**-存在者。

“为其自身之故”，也就是纯粹地作为存在的保真和守护[③]，只要存在理解确实是根本性的东西。

179.“实存”
(《存在与时间》，第42页)

首先根据古老的existentia[实存]：**不**是“什么”，而是“如此-存在”和“如何-存在”。但后者就〈是〉παρουσία[在场]、在场状态、现成存在(当前)。

在这里相反地：实存(Existenz)=完全的时间性而且作为绽出的时间性。ex-sistere[实-存][④]——**向着存在者的遭受状态**。**因为〈它〉容易受误解而久已不再被使用了**——“**实存哲学**”。

此-在作为ex-sistere[实-存]：入于存有之敞开状态中的进驻状 303

---

① 类似地，在“艺术作品的本源”一文中，海德格尔举出了真理发生的几种方式：艺术、建国、牺牲、思想等。参看海德格尔：《林中路》，中译本(修订本)，孙周兴译，世纪出版集团·上海译文出版社2008年，第49页。——译注

② 此处“持存”原文为Beständnis，英译本把它动词化，译为standing fast。——译注

③ 此处“保真和守护”原文为Wahrung und Wächterschaft，英译本作preserving and guardianship。——译注

④ 拉丁语ex-sistere为动词的“实-存”。——译注

态和持立。由此而来,此-在的“什么”,即此-在的“谁”(*Wer*)和自身性才得到了规定。

实-存(Ex-sistenz)——为此-在之故,亦即存有之真理的建基。

在形而上学上,实-存〈意味着〉:在-场现身、显-现。在存在历史上,实-存〈意味着〉:入于“此”(Da)之中的内立性移离①。

180. 存在理解与存有

基于存在理解,保持在存在理解中,而此即说,置身于敞开状态中,因为理解〈就是〉敞开者之开抛。

〈存在理解意味着〉与在敞开状态中开启自身者(自行遮蔽者)相关联。

存在理解并没有使存有变成“主观的”,也没有使之变成“客观的”,而倒是可能克服所有的“主体性”,并且把人移置入存在之敞开状态中,把人设为遭受到存在者(首先是存有之真理)的东西。

但与通俗意见相反,存有却是最令人诧异和自行遮蔽的东西,而且实际上,它先于一切站立到它之中的存在者而本质性地现身——这当然是决不能通过以往的“先天性”而得到把握的。

“存有”并不是“主体”的一个制作物,而不如说,此-在作为一切主体性的克服,起源于存有之本现。

181. 跳跃

〈跳跃〉乃是“进入”此-在之中的有所开启的自行抛投。此-在

① 此处“内立性移离”原文为 inständliche Entrückung,或译为“内立性绽出”,英译本作 inabiding removal-unto。——译注

建基于跳跃。它在开启之际跃入其中的东西，唯通过跳跃才能得到建基。

自行抛投；自身唯在跳跃中才居有“自己”，但不是一种绝对的创造，而倒是相反：自行抛投和抛投者的被抛状态**通过归于深渊**而开 304
启自身；完全不同于在所谓现成的被创造者和造物主的生产的任何一种有限性中〈的创造〉。

182. 存有之开抛。
开抛之为被抛的开抛

〈存有之开抛〉始终只是指存有之真理的开抛。抛投者本身，即此-在，乃是被存有抛投、居-有的。

被抛状态同时以**存在之离弃状态的急难性**和**决断的必要性**发生和产生出来。

由于抛投者开抛，敞开状态开启，通过开启就揭示出：抛投者本身乃是被抛者，所作所为无非是截获存有中的反冲，也即使这种反冲移入存有之中，因而使之移入本有之中，从而才成为它本身，即成为被抛的开抛的保存者。

183. 向存有的开抛

〈向存有的开抛乃是〉独一无二的，诚然是这样，即：开抛的抛投者本质上解脱自己而抛入开抛着的开启的敞开者之中，为的是在这个敞开者中，作为基础和离基深渊而首先成为它**自身**。

移入敞开状态之中，这听起来诚然是容易误解的，就仿佛敞开状态已然站好了，而实际上敞开状态只不过是与这种移置一道发生的。

在这种移置之前是离开之在,这种离开之在甚至是恒久的。离开之在乃作为对进入存有之真理的遭受状态的否定。

305

184. 存在问题作为存有之真理的问题

在这里,存有之本质现身既不能在某个特定的存在者那里,也不能在一切熟知的存在者那里一起被解读出来。确实,一种解读根本上是不可能的。要紧的是一种原始的开抛和跳跃,后者唯有从最深刻的人的历史中才能获取其必然性,只消人被经验,人的本质得到经受,作为那样一个存在者,它已经遭受到存在者(而且首先是存有之真理)——这种遭受状态(保护者、看护者、寻求者)构成人的本质的基础。即便ἰδέα[相、理念]的设定也不是什么解读!知道这一点,就意味着克服这种设定。

存有之真理,它能在存有之前、无视于存有而得到规定吗?或者在存有之后、首先顾及存有而得到规定吗?或者不是两者中的任何一种情况,而倒是由于归属于存有之本现、因而与存有一体地得到规定?

这条先验的(但却是不同的"超越性")道路只不过〈是〉暂时的,旨在为骤变和跃入做准备。[①]

185. 什么叫此-在?

1.《存有与时间》[②]的使命〈是提出〉存在问题,作为关于"存有

---

① 此处"骤变和跃入"原文为 Umschwung und Einsprung,英译本作 reversing-mometum and leaping-into。——译注

② 注意此处用了 Seyn und Zeit(存有与时间),而非《存在与时间》(*Sein und Zeit*)。——译注

之意义”的问题；参看《存在与时间》之导论。[①]

基本存在学〈乃是〉过渡性的。它要论证和克服一切存在学，但必然地不得不以熟悉和流俗之物为出发点，而且因此始终处于模糊光线中。

2. 存在问题与人的问题。基本存在学与人类学。

3. 作为此-在的人之存在（参看“关于《存在与时间》的持续评注”[②]）。

4. 存在问题作为主导问题的克服。主导问题的展开；参照该问题的构造。什么叫展-开（*Ent-faltung*）？〈就是〉撤回到有待开启的基础之中。 306

186. 此-在

原始建基性的此-在问题的必然性，可以历史性地展开出来：

1. 从ἀλήθεια［无蔽、真理］出发，作为φύσις［涌现、自然］的基本特征；

2. 从受 ego cogito［我思］强制的、由莱布尼茨和德国唯心主义所触及的关于双重 *repraesentatio*［表象］的问题：

1）我表象某物——此-有；

2）我表象某物——是某物；“此-在”[③]。

这个“此”（Da）每每恰如原初的ἀλήθεια［无蔽、真理］一样未经

① 参看海德格尔：《存在与时间》，中译本，陈嘉映、王庆节译，三联书店 2006 年，第 3 页。——译注

② 现收入《海德格尔全集》第 82 卷。——译注

③ 上句中“此-有”原文为 *Da-habe*，用的是动词 habe，意即“在此我有”；本句中的“此-在”原文为 *Da-sein*，意即“在此我在（是）”。——译注

追问。

而且,这个“此”向来只是衍生出来的敞开者,它必定自为地要求表-象的正确性及其本己的可能性。

307 (二)此-在[1]

187. 建基

〈建基〉是模棱两可的:

1. 根据[2]具有建基作用,作为根据而本现(参看“真理的本质现身与时间-空间”)。

2. 这个具有建基作用的根据作为这样一个根据而被达到和接纳。

探-基[3]:

a)让根据作为具有建基作用的根据而本现;

b)信赖根据之为根据,把某物带向根据。

根据的原始建基(1)乃是存有之真理的本质现身;真理乃是原始意义上的根据。

根据之本质现身原始地出于真理之本质现身,真理与时间-空

---

① 参看“关于《存在与时间》的持续评注”;1937/1938 年冬季学期练习课《西方思想的形而上学基本立场(形而上学)》。——原注

② 此处“根据”(Grund)或译为“基础”。——译注

③ 此处“探-基”原文为 Er-gründung,在日常德语中有 Ergründung 一词,意为“探究、探索”。海德格尔明言是在“让根据(或基础)本现、把某物带向根据”意义上来使用此词的。我们姑且译之为“探基”,以照顾日常含义和海氏用法。在某些场合也处理为“探……之基础(根据)”。——译注

间（离-基深渊）。

参看《论根据的本质》；[①]以及 1936 年作的注释。

在“建基”这个名称下，首先依据与“跳跃”的联系，意指上列 2. a）和 b）的含义，但因此恰恰不仅与 1. 相联系，而是由之出发得到规定的。

188. 建基[②]

存有之真理的根据的探-基，因而也即对存有本身的探-基：通过此-在的持存，让这个根据（本有）是（*sein*）根据。相应地，探-基便成为作为根据之探-基的此-在之建基，即：存有之真理。

根据——创建着——承荷着——占据着 308

离-基　　与　　无基

（存在之遮蔽　　（伪装

无化）　　腐败）

根据与真理之间的一种原始的本质关联持存着，但真理被把握为澄明着的遮蔽。ratio［理性］与 veritas iudicii［判断之真理］的关系，在主导问题之解答的历史上成为显而易见的（尤其是莱布尼茨），它只不过是那种原始关联的一个十分表层的假象而已。

真理，相随地还有根据的本质现身，在时间-空间上失却了自己的构造。但在这里，时间与空间是原始地基于真理而得到把握的，并且根本上与建基关联起来了。

① 参看海德格尔：《路标》，中译本，孙周兴译，商务印书馆 2001 年，第 142 页以下。——译注

② 参看本书“前瞻”部分，第 13 节，“抑制：抑制作为基本情调，抑制与烦忧”。——原注

在《存在与时间》中，作者看到了这种关联，但却是隐约地，没有予以掌握。

唯有在本有之探－基中，此－在的内立性[①]才能以把真理庇护入存在者之中的方式和途径而获得成功。

在这里，在建基及其思想上的掌握范围内，才有时间与空间借以获得其本质概念的那种联系。

此－在的本质，以及与之相随，在此－在的本质基础上建立起来的历史，乃是把存在之真理、最后之神庇护到存在者之中。

由此而来，将来者的形态和种类便得到了规定。

189. 此－在

如若此－在仅仅在归属于本有之际才本现，那么，实际上以第一
309 次命名，就必定已经实行了那种指引，借助于这种指引，此－在根本上无异于仅仅对与我们毫不相干的人之存在的基础的形式规定。

从“形式因素”来讲，此－在必须充实地被经验，可以说是作为对那种向另一个人类历史的过渡的首次准备。

此－在被经验，并非被表－象为对象，而是作为此－在通过一种有所移离的进驻而得到实行和忍受。

这也意味着：对存在之离弃状态的急难的忍受，〈是〉与接受关于诸神之悬欠和到达的决断一体的：守护岗位的首次进入，即对在那种决断中最后之神的掠过之寂静的守护（参看本书“跳跃”部分，第133节，“存有之本质现身”，本书第263页）。

① 此处“内立性”原文为 Inständlichkeit，海德格尔在本书中常用的是 Inständigkeit（内立状态）。英译本对两者未做区分，统一译为 inabiding。——译注

此-在的开抛唯有作为向此-在的进驻才是可能的。不过,进驻着的开抛仅仅源起于那种顺从,即对我们的历史在抑制这种基本情调中的最隐蔽接合的顺从。[1] 尤其是在存在之离弃状态的急难渐渐降临,同时决断被寻求之际,那个本质性的瞬间,其广度和深度不可估量的本质性瞬间,就已经开始了。

然而,我们历史的这一基本“事实”不可能通过任何对时代“精神的”或者“政治的”形势的“分析”而得到揭示,因为对“精神”的观察就如同对“政治”的观察一样,已经进入表层的和过往的东西中了,已经拒绝去经验本真的历史——人为存有所居有的过程之斗争——,并且拒绝在这种历史的命令的轨道中追问和思考,也就是拒绝根据历史之基础而成为历史性的。

190. 关于此-在[2] 310

关于此-在,我们只还能以有所建基的方式加以道说,在回响、传送和跳跃的思想实行中加以道说。

但“有所建基的”同时也意味着:在我们的未来历史中以及对我们的未来历史而言历史性的,我们的未来历史的最内在急难(存在之离弃状态)以及从中起源的必然性(基础问题)乃是自行接合的。

这种接合,作为对极端决断的时机之所的有所接合的准备,乃是另一开端的思想行为的法则,区别于在第一开端的终结历史[3]中的

---

① 译文未能传达“顺从”(Fügsamkeit)与“接合”(Fügung)的可能联系。——译注

② 对此概念的引导性说明,参看关于《存在与时间》的争辩;参看《西方思想的形而上学基本立场(形而上学)》,1937/1938 年冬季学期练习课。——原注

③ 此处“终结历史”(Endgeschichte)或可译为“历史终结”(从英译 the historical end)。——译注

体系。

尽管如此，一种最初的对此-在、因而向着此-在的有所命名的指示必定是可能的。诚然决不是一种直接的“描写”，就仿佛它在某个地方现成可找到似的；同样也决不能通过一种“辩证法”——这在更高层次上是同一回事。而不如说，〈这种对此-在的指示的可能性〉很可能在于一种得到正确理解的开抛，这种开抛也许只是把现在的人带入其存在之离弃状态中，并且为回响做好准备，以至于人就是那种存在者，他突发进入敞开者之中，但首先而且长久地错认了这种突发（*Ausbruch*），最后只是从存在之离弃状态中首次完全地估量出这种突发。

突发与离弃，暗示与转投[①]，乃是于自身中共属一体的本己化事件，表面上只从人的角度来看，在这些本己化事件中本有开启自身（参照“本己性”）：

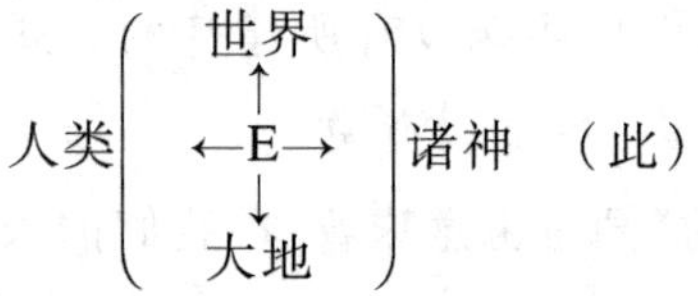

世界
↑
人类 ←E→ 诸神 （此）
↓
大地

由此出发已经可以看出，为了把有所开启的跳跃当做此-在之

311 跳跃[②]而加以实行，并且为建基做充分追问式的和知识性的准备，需要何种具有统一结构的开抛力量。

此-在乃是本有之转向的转折点的开裂之生发。开裂乃是本-

① 此处“实发与离弃，暗示与转投”原文为：Ausbruch und Verlassenheit，Wink und Einkehr，英译本作 Breaking-out and abandonment，hint and returning。——译注

② “此-在之跳跃”原文为 Erspringung des Da-seins，英译本把 Erspringung 译为 enspringing。——译注

有过程，尤其是这样一种开裂，由之而来，向来就有历史性的人类与存在之本现，诸神的近化与远化。

在这里不再有“照面”了，没有对人而言的显现，这个人预先已经固定下来，并且此后只是抓住已经显现之物。

历史的最深刻本质同样也依据于：开裂性的（为真理建基的）本有过程才让那些东西得以起源，这些东西相互需要，首先在转向之本有中相互转向和背弃。

这种近化与远化的开裂，这种在离弃与暗示之间向来决定性的或者由此进入非确定状态之中的自行掩蔽的开裂，乃是时间-空间的起源和争执的领域。

此-在乃是存有之真理的本现的持存。

“此”之此性[①]的展开乃是此-在的建基。

这个“此”（Da）本质性地现身，而且在本现之际，这个“此”必定在此-在之存在中被接受；“之间”。

191. 此-在

〈此-在〉乃是本有之转向中的转折点，是呼声与归属的对立作用的自行开启出来的中心，是要像王侯领地一样来理解的本己性[②]，是本-有过程（作为归-属于本有的归本过程）的主配中心，同时也归本于本有：自身生成。

于是，此-在就是处于人（作为对历史具有建基作用的人）与诸

---

① 这里“‘此’之此性”原文为 Daheit des Da，英译本把其中的“此性”（Daheit）译为 t/hereness。——译注

② 海德格尔这里显然是要读者注意“王侯领地”（Fürsten-tum）与“本己性”（Eigen-tum，或译“所有物”）两个词语在构词上的一致性。——译注

神(具有自身历史的诸神)之间的那个“之间”(*das Zwischen*)。

312 这个“之间”首先并不是从诸神与人类的关联中得出来的,而不如说,它是那样一个“之间”,它首先为这种关联的时间-空间建基,其方式是:它本身源起于作为本有的存有之本现,并且作为自行开启出来的中心,使诸神与人类相互间变得可决断的。

192. 此-在

作为自行遮蔽的敞开状态之建基,此-在向针对“存在者”的通常目光显现为不存在的和虚构的。实际上:作为开抛着-被抛的建基,此在乃是想象领域的最高现实性——假如我们以此并不只是把想象理解为一种心灵能力,也不只是把它理解为一种先验的能力(参看康德书[①]),而是把它理解为一切美化[②]回荡于其中的本有本身。

“想象”乃是澄明本身之生发。只不过,“想象”,即 imaginatio,是根据对ὄν[存在者]和存在者的直接觉知的视位来命名的名称。由此出发来考虑,一切存有及其开启就都只是一种添加到一种所谓确凿之物上面的构成物(*Gebilde*)。但在这里一切都是颠倒的,在通常意义上“虚构的”始终是所谓“现实的”现成之物,它被想象出来,被带向闪耀,而得以进入澄明之中,进入“此”之中。

193. 此-在与人

长期以来,人的本质都是在身体、心灵、精神之类的货色方向上

---

① 此处指海德格尔的《康德与形而上学问题》,《海德格尔全集》第3卷,美茵法兰克福1991年。——译注

② 此处“美化”原文为 Verklärung,英译本作 transfiguration。——译注

被规定的;分层和穿透的方式,一方向来获得对于另一方的优先地位的方式,是各不相同的。同样地,此类“货色”中的每一件,作为其他 313
存在者之规定的引线和基准点所承担的作用也是变化的(例如 ego cogito[我思]中的意识,或者理性,或者精神,或者就意图而言,尼采那里的“身体”或“心灵”亦然)。

可参照前柏拉图哲学中的λόγος[逻各斯](但不是作为主体和心灵)与νοῦς[奴斯、心灵],以及柏拉图和亚里士多德那里的ψυχή[灵魂](ἡψυχὴ τὰὄντα πώς ἐστιν[灵魂显示存在者如何存在]);所有这些都指向一点,即:人本身所是、但又超过和越过人的某个东西,对于存在者之为存在者整体的规定来说总是在起作用了。

而且,因为关于存在者的问题必定原初地径直被提了出来,以后作为主导问题尽管有笛卡尔、康德等等也还如此这般地被提了出来,所以,诸如心灵、理性、精神、思维、表象之类的东西,也必定总是要充当一条引线——尽管这样一来,随着主导问题提法本身的未经澄清状态,连这条引线所具有的引线特征也还是未经规定的,尤其是没有追问,为什么这样一条引线是必然的,是否这种必然性并不包含在存在本身的本质现身和真理中,以及在何种意义是这样。

正如从这种提示中不难见出的那样,关于存有之真理的问题预先就必须被当作与主导问题有着本质区别的基本问题而建立起来。但这时候,那个未经追问和未被解决的东西才凸现出来,即:人以某种方式——但又不是人,而且向来在一种伸展和一种挪移中——参与了存有之真理的建基。而恰恰是这种值得追问的东西,我称之为此-在。

由此也显示了这个值得追问的东西的来源:它并非起源于一种任意设定的对人的考察和规定,无论是哲学的或者生物学的考察和规定,还是某种人类学的考察和规定,而不如说,它唯一地起源于关于存在之真理的问题。

314 而且,如果存有本身就是最独一无二者和最高者,那么,我们由此也就达到了一个关于人的独一无二的、同时也是最深刻的问题提法。

反过来,现在就得出了那种必然性,即要在与迄今为止的主导问题的历史的争辩中进行沉思,并且追问:

一、为什么以及如何恰恰在与存在者问题相联系的关于人的解释当中,诸如ψυχή[灵魂]、νοῦς[奴斯、心灵]、animus[灵魂]、spiritus[精神、灵魂]、cogitatio[思维]、意识、主体、自我、精神、人格之类的东西发挥着作用?

二、我们称之为此-在的那个东西在此是否以及如何一定必然地参与进来,而且同时必然是隐蔽地参与进来?

为解答第一个问题,我们必须注意,对ψυχή[灵魂]、νοῦς[奴斯、心灵]等等的强调和解释是受关于作为φύσις[涌现、自然]的存在者的解释引导的——后来就是关于作为ἰδέα[相、理念]、ἐνέργεια[实现]和οὐσία[在场、实体]的存在者的解释;最后在亚里士多德那里,就是关于作为οὐσία[在场、实体]和ἐντελέχεια ἡ πρώτη[第一隐德莱希]的ψυχή[灵魂]的存在者的解释。这一发端以不同的变式一直保持到黑格尔和尼采那里,向"主体"的转向没有改变什么本质性的东西。相应地,"身体"是一个附属物或者说一个底座,始终只能根据它与心灵,或者与精神,或者与这两者的区分才能得到规定。

事情的关键决不在于,根据存在者之真理本身来规定和究问如此被解释的人的存在,而是在人对于存在者之真理的引线作用中,并且如此这般地把那种可能性收入眼帘,以至于到最后,人之存在在此鉴于存在而承担了一项任务,它使人之存在出离自身——把它移入那种值得追问的东西即此-在中。

此-在并没有脱离存在者，并没有使存在者蒸发到精神中，而倒是相反地，依据存有的唯一性，此-在首先开启出存在者之不安，存在者之“真理”唯在它进入由历史性的人类所创造的东西之中的庇护的重新开端的斗争中才得以持存。

唯有内立于此-在中的我们所建基和创造，并且在创造之际使 315
之作为冲击迎向我们的东西，唯有这个东西才可能成为一个真实者、敞开者，并且因此才能被认识和意识。我们的知识范围只能到此程度，即在此-在中的内立性伸展的范围，亦即把真理庇护入被赋形的存在者之中的力量的范围。

康德的纯粹理性批判完成了自希腊以来又一个本质性的步骤。它必定是以上面这样一种联系为前提的，而没有能够把握这种联系本身，而且根本没有能够把这种联系带向一个基础（此在与存在的转向性关联）。而且由于这个基础不曾被建基，这种批判就还是无根据的，必定会导致以下结果，即：通过这种批判，并且在当时借助于它自己的手段（先验的问题提法），很快就进展到绝对知识了（德国唯心主义）。因为在这里精神变成绝对的了，所以它必定隐蔽地包含着对存在者的摧毁以及对存有之唯一性和诧异性的完全排挤，并且加速了向“实证主义”和生物主义（尼采）的倒退，直到眼下越来越把这种倒退加固起来了。

因为现在关于德国唯心主义的“争辩”——如果它竟配得上这样的命名的话——只不过是“反-动的”。它把在完全的不确定性和纷乱中的“生命”**绝对化**，这种不确定性和纷乱可能就隐藏在这个名称中。这种绝对化不光是被对立面所规定这样一回事情的标志；首要地，这是一个提示，表明这种绝对化比它的对立面还更少地获得一种形而上学主导问题的沉思（参看本书“传送”部分，第 110 节，“ἰδέα［相、理念］，柏拉图主义与唯心主义”，特别是本书第 224–225

页,黑格尔)。

这里也含着一个原因,可以说明尼采表面上从一种原始的问题力量和决断力量中提出来的真理问题,其实在他那里恰恰并没有被提出来,而是完全根据“生命”中的基本态度而得到说明的——这种说明是以生物学的方式,把〈真理问题〉当作生命的持存保证,而且
316 是服从于对流传下来的存在者解释(作为持存状态和在场状态)的奠基工作的。

但为了解答第二个问题(参看上文),我们必须说:

如果此-在进入运作,而且,凡在存在者之为存在者、因而隐蔽地存有之真理受到追问之处此-在必定进入运作,那么,我们就必须来查看一下,按照关于存在者的原初解释(作为持存的在场状态),什么东西将明显地得到把握,彻底地和最普遍地被把握引线。这就是作为关于某物的表-象的“思想”——关于普遍的某物的表-象,而且在这里是关于**最普遍**的某物的表-象,因而就是极端的表象。

在表-象中显示出此-在之踪迹,亦即着眼于它**向着**某物的**移离**①。表-象把自身掩蔽起来,合乎此在地成为一种进入敞开者之中的站出来,而这个敞开者本身如同在其本质和基础中的敞开状态一样少受究问。

此外,表-象乃是一种“站出来”,但同时作为心灵的一个过程和行为,它在**心灵**中又是落后的,而心灵本身最后作为“自我”构成了对象的对立面。

作为敞开者之解释,**正确性**成为主体-实体关系的基础。

然而,只要表-象者表-象自身,则这种“站出来”就只是被重复,

---

① 此处“移离”(Entrückung)或可译为“绽出”,以对应于下文讲的“站出来”(Hinausstehen)。——译注

并且被置回到这个表-象者本身那里，而那个标志着此-在的东西依然被伪装起来了，恰恰就是这个“此”，为遮蔽的澄明，存在于自身性之内立性[①]中——作为进入存在者之中的真理的建基。

尤其是，如果现在表象被纳入“生命”中，那就成功地做到了对表-象之原始的此-在特征的完全掩蔽。表-象本身只还根据其功用和价值而得到估价，而且在此种估价中，表-象也被分派了一种解说，那是表-象唯作为相对于“行为”的“知识”才可能要求的解说。

为了使此-在变得可经验和可见的，从这样一种关于世界的表- 317
象（照耀）而来寻找一个开端是困难的。这个困难似乎是不可超越的，尤其是因为必定还缺乏一切之前提，追问的力量和求清晰的意志依然付诸阙如。而在这样的一片荒芜中，关于存在的至高问题如何可能成为一个问题呢！

194. 人与此-在

为什么此-在〈乃是〉历史性人类的基础和离基深渊呢？为何不是一种对人类的直接改变，还有，为何人类竟不该如其所是地保持下去呢？人类究竟要如何存在？这一点可以确定吗？从何而来？根据何种标准的何种估价呢？

在存在之真理的历史中，此在乃是本质性的之间情形，亦即那个“之间”的插入，人必须被移离入这个“之间”中，才能重新成为他自身。[②]

---

① 此处“自身性之内立性”原文为 Inständlichkeit der Selbstheit，英译本作 inabiding of selfhood。——译注

② 此句中的“之间情形”原文为 Zwischenfall，“插入”原文为 Ein-fall，作者故意把 Einfall 分写为 Ein-fall，以表示它是插入“之间”的“情形”（Fall）。——译注

作为归-本的轨道和领域，以及作为"归"(Zu)和"自身"(sich)之本源的轨道和领域，自身性〈乃是〉归属于存有的状态的基础，这种状态包含着那种转-本(内立的)。唯在预先并且持久地〈出现〉归-本之处，才有这种转-本；但两者都出自本有之本-有过程。[1]

然而，归属于存有的状态之所以本质性地现身，只是因为存在在其唯一性中需要此-在，在其中得以建基，并且在为此-在建基之际需要人。要不然，就没有什么真理本质性地现身了。

要不然，就只有虚无在"现实"和"生命体"也即非存在者的近处的最棘手的形态中占据统治地位了。

此-在，被把握为人之存在的此-在，已经在先行把握(*Vor-griff*)中了。对于这种先行把握的真理而言，问题依然是：人在变得更具存在性之际，如何在如此这般为此-在建基的同时回置入此-在之中，

318 为的是因此把自身置入存有之真理而摆出来。然而，这种自行摆置及其持立性却建基于本有过程。于是我们要问：

人必须置身于何种历史中，才能成为归属于本-有过程的？

为此，难道人不是必须被预先推入"此"之中，这个"此"的生发作为被抛状态才对人来说变成可敞开的？

被抛状态唯有根据存有之真理才能得到经验。在最初的准备性解说中(《存在与时间》)，这种被抛状态还是容易误解的，容易在一个在其他存在者中间的人的偶然事件意义上〈受到误解〉。

由此而来，大地和身体为着何种权力被激发。人之存在与"生命"。

除了在存有本身的本质现身中，向着此-在思出去[2]的冲力又能

---

① 注意此处"归-本"(Zu-eignung)、"转-本"(Über-eignung)、"本-有过程"(Er-eignung)均为"本有"(Ereignis)的发生和运动。——译注

② 此处"思出去"原文为 hinausdenken，英译本作 think all the way out。——译注

在哪里呢？

195. 此-在与人

人是谁？是那个为存有所用者，被用于经受存有之真理的本现。

但作为如此这般被使用者，人却只是就他建基于此-在之中，也即本身在创造之际成为此-在的建基者时才“是”(*ist*)人。

可是，存有在此同时也被把握为本-有。两者共属一体：返回到此-在之中的建基与作为本有的存有之真理。

如果我们不知不觉中把关于人和关于“存在者之为存在者”的任意观念当作基础，而没有一体地追问“人”与存有（不光光是人的存在）并且保持在这种追问中，那么，我们就对在此开启出来的问题方向毫无了解。

196. 此-在与民族[①] 319

唯有从此-在而来，民族的本质才能得到把握，同时也就是说，我们才能知道：民族决不能成为目标和目的，而且，这样一种意见只不过是对“自由主义的”“自我”思想和关于“生命”保存的经济观念的一种“民族性的”扩大化。

然而，民族的本质就是它的“声音”。这种声音恰恰不是在那个普通的、自然的、非畸形的和未受教育的“人”的所谓直接倾诉中说话的。因为这个如此这般唤来的产物已经是十分畸形的，早就不再活动于与存在者的原始关联中了。民族的声音罕有说话，而且唯在

① 参看本书“将来者”部分。——原注

少数人中间说话——还有,它是不是还能发出声音呢?

197. 此-在——本己性——自身性[①]

自身存在乃是此-在之本现,而且,人的自身存在唯根据在此-在中的内立状态才能实行自己。

一方面,人们习惯于在一个自我与"自己"的关联中来把握"自身"[②]。这种关联被看作一种表象性的关联。而到最后,表象者与被表象者的同一状态(Selbigkeit)被理解为"自身"的本质。不过,在这条道路上以及在相应地变化了的道路上,我们是决不能达到自身之本质的。

因为,事先并没有现成的人的一个特性,连同自我意识一道只是表面上给定了的。这种假象从何而来,我们只能根据自身的本质来加以澄清。

作为此-在之本现,自身性起源于此-在的本源。而且,自身的
320 本源乃是本己性。在这里,这个词就像"王侯领地"一般被看待的[③]。
本有中的本己化之支配地位。本己化既是归本又是转本。只要此-在作为归属于本有的东西被归-本于自己,则此-在就达乎自身,但决不是这样,仿佛"自身"已然是一个现成的、只不过迄今为止没有达到的储存物。而毋宁说,唯由于归-本于归属状态同时也成为那种转-本,即转-本于本有,此-在才达乎自身。此-在即"此"之持存(Beständnis)。本己性作为本己化的支配地位,乃是于在自身中接合

① 参看本书"前瞻"部分,第16节,"哲学"(沉思之为自身沉思)。——原注

② 此句中的"自我"、"自己"、"自身"原文依次为:Ich,sich,Selbst。——译注

③ 上文已有提及,注意这里的"本己性"(Eigen-tum)与"王侯领地"(Fürsten-tum)之间相同的构词法。英译本把两者译为 own-dom 和 king-dom。——译注

起来的归本与转本的生发。

在这种本己性之生发事件中的内立状态，才使得人有可能历史性地达到“自己”，并且寓于自己而存在。而且，唯有这种“寓于自己”才是真正地接受那种“为了他者”的充分根据[①]。不过，这种达到自己恰恰决不是一种预先解决了的自我-表象，而是对归属于存在之真理的状态的接纳，是进入“此”之中的跳跃。本己性作为自身性之根据为此-在建基。但本己性本身又是本有中的转向的持存性。

因此，本己性同时也是抑制状态的合乎此在的根据。

在“自己”中被命名的与“自己”、寓于“自己”、为“自己”的反向关联，乃在本己化中有其本质。

现在，只要人（即便在存在之离弃状态中）也还置身于存在者之非本质的敞开者中，那么，人在任何时候就都有为“自己”而存在、回到“自己”的可能性。不过，这种“自己”以及从中得到规定的自身作为单纯自身还是空洞的，唯有根据现成可发现之物和恰恰由人推动的事物才能到充实。“成为自己”（das Zu-sich）并不具有任何决断特征，并不知道那个拘执于此-在之生发的过程。

自身性比每一个我、你和我们都更原始。后者唯在自身中才聚集为本身，并且因此向来成为他们“自身”。

相反，我、你和我们的消散、破碎和大众化，并不是单纯的对人的 321
拒绝，而是那种无力于经受和认识本己性的昏聩无能之生发事件，是存在之离弃状态。

自身-存在（*Selbst-sein*）——我们首先始终是指：自发地行为和无为，占有和使用。但这种“自发”乃是容易混淆的表面现象。自发

① 此句中的“寓于自己”原文为 das Bei-sich，“为他者”原文为 das Für Andere。译文中的引号为译者所加。——译注

地只可能是单纯的“固执”，一切起于本有的归-本和转本，都是这种“固执”所没有的。

自身之振幅取决于本己性的本源性，因而取决于存有之真理。

既已从存有之真理中被驱逐出来，并且蹒跚于存在之离弃状态，我们就不足以了解自身的本质以及通向真正的知识的道路。因为“自我”意识的优先地位是太过顽固了，尤其是因为这种“自我”意识有可能以多重形态隐藏起来。最危险的形态乃是那些形态，在其中无世界的“自我”似乎已经放弃自己，已经委身于另一个东西，后者比自我更“大”，而且自我已经被片断地或者逐项地指定给这个东西了。“自我”在作为民族的“生命”中的消解，在这里就是对“自我”的一种克服，已经初露端倪了——前提是放弃了这样一种克服的第一条件，即对取决于归本和转本的自身-存在及其本质的沉思。

自身性乃是分裂中的争执之逆反性的颤动，这种颤动是从本有过程中涌现出来的，并且经受着这种本有过程。

198. 此-在之建基作为探-基[1]

此-在决不能像一个现成事物那样被指明和描写。〈它〉只能在解释学上来赢获，但按《存在与时间》来讲，也即只能在被抛的开抛
322 中来赢获。所以不是任意的。此-在乃是一种完全非同寻常的东西，远远先于一切关于人的认识而被发送出来了。

这个“此”〈乃是〉既澄明着又遮蔽着的敞开的“之间”——大地与世界的“之间”，它们的争执的中心，因此〈是〉最亲密的归-属状态的场所，从而也即“成为自己”、自身和自身性的根据。自身决不是

---

① 让根据本质地现身；本有〈即〉根据。——原注

"自我"。自身的"寓于自己"作为本-有过程之接-纳的内立状态而本质性地现身。自身性乃是进入争执(作为本有过程之争得)之亲密性中的归属状态。

自发地自行安排和设置之际,无论"我们"和"你们",还是"我"和"你",任何一个集体,在任何时候都达不到自身;相反,它们一味错失自身,始终为自身所排除掉了——除非它们首先把自身建立在此-在基础上。

随着此-在的建基,一切与存在者的关系都发生了转变,而且,存有之真理首先得到了经验。

199. 超越性与此-在与存有[①]

即便"超越性"被做了不同于以往的把握,也即被把握为超逾[②],而不是被把握为作为存在者的超-感性之物,即便这样,以"超越性"的规定,此-在的本质也将太过轻易地被伪装起来。因为超越性也是同样地以一个下面和此岸[③]为前提的,并且处于被误解为一个"自我"和主体的行为的危险之中。而且说到底,这个超越性概念也隐藏在柏拉图主义中(参看《论根据的本质》)[④]。

此-在原初地处于本有之建基中,探存在之真理的基础,并没有从存在者过渡到存在者之存在。而毋宁说,本有之探基作为真理之

① 参看本书"传送"部分,第 110 节,"ἰδέα[相、理念],柏拉图主义与唯心主义"。——原注

② 此处"超越性"(Transzendenz)也可译为"超越",主要在《论根据的本质》中,海德格尔建议用德文"超逾"(Überstieg)译解"超越"(Transzendenz)。——译注

③ 此处"下面和此岸"原文为 Unten und Diesseits,英译本作 under and this-side。——译注

④ 参看海德格尔:《路标》,中译本,孙周兴译,商务印书馆 2001 年,第 142 页以下。——译注

庇护而发生出来，即在存在者中并且作为存在者的真理之庇护，因而不切实际的是，个中关系乃是一种相反的关系——倘若竟还可能做一种比较的话。

323 在存有中，存在者才作为这样一个存在者而得到庇护，诚然是这样，即：存在者立即就可能为存有所离弃，并且只可能作为假象而持存，作为ἰδέα［相、理念］的ὄν［存在者］，以及与之相随而来和由之得出的东西。

200. 此-在

〈此-在〉作为时间-空间，并非在通常的时间和空间概念意义上，而是作为存有之真理的建基的时机之所。

时机之所源起于伟大的寂静之孤寂状态，而本有过程正是在此寂静中成为真理。

最后从根本上，撇开以往一切流俗和随意之见，存有之真理的时机之所何时以及如何获得了思想上的探究，它的建基如何以及何时得到了准备？

就这个问题的解答而言，对在主导问题之解答的历史范围内的形而上学基本态度的沉思能得出什么呢？

时间-空间在其本质现身中乃作为本有之**时机之所**而得展开。但"时机"决不仅仅是几乎不可攫取的"时间"的细微残余。

201. 此-在与离开之在

不过，**离开之在**（*Weg-sein*）的意思，也还可能是在另一种同样本质性的意义上来讲的。因为如果此-在已经被经验为人之存在的创造性根据，并且因而被带向了下面这样一种知识，即：此-在只不过是时机与历史，那么，通常的人之存在就必定由此出发而被规定为离开之在。它[①]从“此”之持存性那里“离开”了，并且完全只寓于作为现成之物的存在者（存在之被遗忘状态）。人就是这种离开[②]。

离开之在乃是表示此-在之非本真状态的更原始的名称。 324

离开之在，〈正是〉这样一种从“此”而来被看待，并且归属于“此”的对现成之物的推动方式。

但除此之外，现在恰恰必须被建基的是那种人之存在，它反过来又保存和展开此-在，为创造者做好准备并且为之而斗争。

202. 此-在
（离开之在）

人“是”这个“此”，只是作为历史性的人，亦即为历史建基的，并且以把真理庇护于存在者中的方式内立于“此”之中的人。

此-在之经受，只是要内立于至高地创造性的、同时也即忍受性的对最宽广之移离的穿越。

这个“此”包含着那种在其最本己的敞开者中的遮蔽状态，以之为其极端，也即包含着那种离开，作为持久可能性的离开之在；人在各种不同的死亡形态中认识这种离开之在。但在此-在首次要得到把握的地方，死亡必定已经被规定为“此”的极端可能性了。如果在这里谈到“终结”，而且预先十分鲜明地把此-在与每一种现成存在方式区分开来了，那么，“终结”在这里就决不能意指一个现成事物

---

① 指“通常的人之存在”。——译注

② 海德格尔在此把德语副词 weg（离开）名词化为 das Weg（离开）。——译注

的单纯终止和消失。如果时间作为时间性恰恰就是移离，那么在这里，“终结”就意味着这种移离的一个否定、一个它者，“此”之为“此”进入“离开”之中的完全移置。①

而且，“离开”又并非意指一个从前现成之物的单纯不在场状态那里“离去”②，而是“此”的完全他者，是对我们完全遮蔽着的，但却在这种遮蔽状态中本质性地归属于“此”，并且需要一道经受此-在之内立状态。

325 死亡作为“此”之极端，同时也是其可能的完全转变的最内在的东西。而且，其中也含着对虚无之最深刻本质的暗示。唯有通常的理智（它依恋于作为唯一存在者的现成之物）也才一味以通常方式思考虚无。它对于一切存在者在其归属于“此”的状态中的离开与移离的内在关联一无所知。在这里作为最本己的遮蔽状态进入“此”之中而持立的东西，即“此”与朝向“此”的“离开”的交互关联，乃是在存在本身之本质现身中的转向（Kehre）的反照。存在在其真理中越是原始地得到经验，则虚无就越是比离基深渊更为深刻地处于根据之边缘。

从未经检验的关于“终结”和“虚无”的日常观念出发来编造关于死亡的说法，而不是相反地学会猜度，由于以内立的、合乎移离的方式把死亡引入“此”之中，“终结”和“虚无”的本质一定会如何发生转变——这当然是适意的做法了。

存在的亲密性以愤怒为其本质，而且争执始终同时是纷乱。③

① 此处“移离”和“移置”原文为 Entrückung 和 Verrückung，英译本作 removal-unto 和 displacing。——译注

② 中译文难以切实地区分这里的“离开”（Weg）与“离去”（Fort）。——译注

③ 此句中的“愤怒”（Ingrimm）和“纷乱”（Wirrnis）颇为费解，英译本作 fury 和 maze。——译注

还有,两者每每可能失落于无关紧要和被遗忘之物的荒芜之中。

先行进入死亡[①]并不是通常意义上的求虚无的意志,而相反地倒是至高的此-在,它把"此"之遮蔽状态一道引入真理之经受的内立性之中。

203. 开抛与此-在[②]

开抛只是那个"之间",在这个"之间"的敞开状态中,存在者和存在状态才成为可区分的,而且这样一来,首先只是存在者本身(亦即它恰恰隐蔽地作为这样一个存在者,并且因此着眼于它的存在状 326
态)成为可经验的。向作为ἰδέα[相、理念]的本质的单纯过渡同样错认了开抛,就如同诉诸"存在者"的必然的预先确定性一样。

然而,开抛及其作为此-在的本现如何通过表-象的统治地位而依然掩蔽着,如何出现了主体-客体关系以及自我-表象-"意识"[③],进而,与之相反,"生命"是如何被强调的。最后在尼采那里,这种反-动即是表示其追问的非原始性的最清晰证据。

开抛不能得到"说明",但可能可以在其根据和离基深渊中得到美化,并且把人之存在移-置入其中,亦即移-置入此-在中,因而向人之存在显示出其历史的另一开端。

---

① "先行进入死亡"(Vorlaufen in den Tod)是海德格尔在《存在与时间》中提出的说法,可参看海德格尔:《存在与时间》,中译本,陈嘉映、王庆节译,三联书店 2006 年,第 271 页以下。——译注

② 参看本书"前瞻"部分,"开端性的思想";参看本书"前瞻"部分,第 17 节,"哲学的必然性"。——原注

③ 此处"自我-表象-'意识'"原文为 Ich-stelle-vor-»Bewußtsein«。——译注

327 ## （三）真理的本质现身[①]

204. 真理的本质现身

我们在此不是在追问**真理之真理**吗？还有，在如此追问之际，我们不是开始了一种进入空洞之中的空洞进展吗？

本质现身之建基乃是开抛。但在这里，要紧的是开抛领域本身的抛投，因而也是被抛状态的原始接纳，即那种对于存在者本身的归属状态的必然性的原始接纳，这种必然性是通过开抛之急难而一道起源的，而这个存在者本身是以被抛状态的方式进入"中心"(das Inmitten)的。

如果在这里真理意味着作为存在者之中心的敞开状态的存有之**澄明**，那就根本不可能追问这种真理的真理了，除非人们指的是开抛的**正确性**——但后者却在多重角度缺乏本质性的东西。因为一方面，我们根本不可能追问一种开抛的"正确性"，尤其不能追问**这种**开抛的正确性，即根本上为澄明之为澄明建基的开抛的正确性。而另一方面，"正确性"乃是真理的一个"种类"，它落**后**于原始的本质现身而成为这种本质现身的结果，并且因此已经不足以把握原始的

---

① 参看本书"前瞻"部分，第5节，"对于少数人——对于罕有者"，第13页；本书"前瞻"部分，第9节，"洞察"；作为预备问题的单独论文；ἀλήθεια[无蔽、真理]。对第一开端的回忆；此-在；对《存在与时间》第44节第103—122页的持续评注；"论真理的本质"，1930年演讲；《论根据的本质》之第一部分（《路标》，《海德格尔全集》第9卷）作者样书和评注；法兰克福演讲1936年《艺术作品的本源》（《林中路》，《海德格尔全集》第5卷，特别是第25页以下）；1937/1938年冬季学期讲座《哲学的基本问题。"逻辑问题"选讲，真理问题基础》（《海德格尔全集》第45卷，第27页以下）。——原注

真理了。

那么,开抛是纯粹的任意之举吗?不是的。它是至高的必然性,诚然不是一种可以用命题来说明的逻辑结论意义上的必然性了。 328

急难的必然性。何者的急难呢?存有本身的急难,存有本身必须通过另一开端把第一开端带入自由之境,并且因此克服第一开端。

在通常的"逻辑学"和支配性思想的视野里,真理之建基的开抛还是纯粹的任意之举,而且也只有在这里才开放出通向那种无限的、表面上彻底的对于真理的真理的真理等等的反向追问的道路。人们在这里把真理看作一个计算和清算的对象,并且把对一个日常谋制性的理智的最终可理解性要求设定为尺度。而且,在这里实际上就暴露出那种任意之举了。因为这种要求并不具有必然性,原因在于它缺乏急难,而这是由于它是从不言自明之物的无急难状态中推导出自己的虚假的合法性的——假如它根本上仍然有能力参与关于它自身的合法性问题,因为确实地,这样一种能力是远离于一切不言自明之物的。

而且,还有什么是比"逻辑学"更不言自明的啊!

可是,**"此"之本质性开抛,乃是这种开抛本身在抛投中才出现的被抛状态的未受保护的分解**[1]。

205. 敞开者[2]

从正确性出发,〈敞开者〉唯作为条件而得以显明,但〈它〉因此

① 此处"分解"(Austrag)为海德格尔后期基本词语之一。在日常德语中,Austrag 有"解决、调解"等义;其动词形式 austragen 有"解决、澄清、分送"等义。海德格尔以 Austrag 一词来传达"存在/存有"的区分化或差异化运动。主要可参看海德格尔:《同一与差异》,《海德格尔全集》第 11 卷,美茵法兰克福 2006 年,第 27 页以下。英译本作 execution(实现),可备考。——译注

② 真理与此-在。——原注

并非起源于自身。

敞开者：

作为创造之果敢勇气的自由之境[①]，

作为被抛状态之分解的未受保护者；两者于自身中共属一体而为自行遮蔽的澄明。

“此”乃在本有中被居-有。

329 这个自由之境反对存在者。〈它是〉未受存在者保护者。〈它是〉纷乱与暗示的时间-游戏-空间。归属于存有的东西。

206. 从ἀλήθεια［无蔽、真理］到此-在[②]

1.〈这是〉从正确性向敞开状态的关键回行。

2. 敞开状态首先是在这个角度尚未得规定的ἀλήθεια［无蔽、真理］的本质性范围。

3. 这个本质性范围本身规定着敞开状态的“位置”（时间-空间）：存在者的已得澄明的中心。

4. 于是，真理在任何一种解释中最终都脱离于一切存在者，无论是被解释为φύσις［涌现、自然］、ἰδέα［相、理念］，还是被解释为perceptum［被知觉者］、对象、被意识者、被思想者。

5. 但现在更有了关于真理的本己本现的问题；这种本现唯根据本质现身方可规定[③]，而这个本质现身是要从存有出发来规定的。

---

① 此处“自由之境”（das Freie）也可译为“开放之境”。——译注

② 参看1937/1938年冬季学期讲座《哲学的基本问题。“逻辑问题”选讲》（《海德格尔全集》第45卷）中的真理问题。——原注

③ 此处“本现”原文为Wesung，“本质现身”原文为das Wesen，虽然两者都联系于动词wesen，但在字面上das Wesen（本质现身）更具动词性。——译注

6. 但原始的本质现身乃是自行遮蔽的澄明，亦即说，真理乃是原始的存有之真理（本有）。

7. 这种澄明在被调谐的创造性收成[1]中本现和存在[2]：也即说，真理作为“此之建基”和此-在而“存在”。

8. 此-在〈乃是〉人之基础。

9. 但因此就要重新追问：人是谁？

207. 从ἀλήθεια［无蔽、真理］到此-在

ἀλήθεια［无蔽、真理］，原初地被理解为φύσις［涌现、自然］之基本特征的从ἀλήθεια［无蔽、真理］，按其本质来看是阻止任何一种
与它者（诸如思维）的关联的。这种关联唯有在ἀλήθεια［无蔽、真 330
理］原初的本质现身已经被放弃掉，ἀλήθεια［无蔽、真理］已经成为正确性时，才可能受到追问。

完全相反地，ἀλήθεια［无蔽、真理］要求一种对于本己的本质现身的更原始的探究（遮蔽与解蔽从何而来，为何之故？）。但对于这种问题提法来说，有必要首先在其本质范围内把ἀλήθεια［无蔽、真理］把握为存在者之敞开状态，而同时，这种本质范围显示出那个为存在者之敞开状态本身所要求的位置，对于敞开状态（作为得到澄明的存在者之中心）而言的位置。

然而这样一来，ἀλήθεια［无蔽、真理］就已经脱落于一切存在者了，这事是如此确定，以至于现在关于ἀλήθεια［无蔽、真理］的本己存有，由ἀλήθεια［无蔽、真理］本身并且从其本质现身而来得到规定

① 此处“收成”原文为 Ertragsamkeit，英译本作 yielding。——译注

② 此处“本现和存在”均为动词，原文为 west und ist。——译注

的存有，变得无可回避了。

不过，唯有当这个为自身建基，并且规定着时间-空间的被澄明的中心已经在它**由之而来**并且对之而言（亦即对**自行遮蔽**而言）成为澄明的东西当中跃起时，原始的真理之本现才能得到经验。但自行遮蔽却是关于第一开端及其历史（形而上学本身）的基本学说。自行遮蔽乃是**存有**一个本质特征——恰恰是因为存有需要真理，并且因此居-有此-在，因而于自身中原始地是本有。

现在，真理之本质现身已经原始地转变为此-在了，而且现在，下面的问题根本就没有什么意义了，即：诸如"思维"（它原初地和衍生地只归属于ἀλήθεια[无蔽、真理]、ὁμοίωσις[相似、肖似]）是否以及如何能够实行和接纳"无蔽状态"。因为思维本身现在就其可能性而言，已经完全被托付给被澄明的中心了。

因为"此"（自行遮蔽之澄明的本质现身）之本现，是只能根据它本身来规定的，此-**在**唯根据"此"与自行遮蔽（作为存有的自行遮蔽）的有所澄明的关联才可能得到建基。

而这样一来，基于后面可明见的原因，以往人类（animal rationale
331 [理性动物]）的任何"能力"都是不够的。此-在在被调谐的、创造性的收成中为自己建基并且本质性地现身，而且因此本身首先成为那种人的根据和建基者，这种人现在重新面临他是谁的问题，这个问题更原始地探问这种人，甚于探问最后之神的掠过之寂静的守护者。

208. 真理

对于我们来说，真理如何可能成为柏拉图式的ἀλήθεια[无蔽、真理]（ἰδέα[相、理念]）的极端沉沦的那种最后残余，作为理想的正确性本身的有效性，亦即一切无关紧要和昏聩无能的东西中最大者？

作为真实者之本有事件，真理乃是朝向离基深渊的开裂，在其中，存在者走向纠纷并且必定置身于争执中。

真理对我们来说也不是固定的东西，有效性本身的那个可疑的后裔。但真理也不是单纯的反面，〈不是〉所有意见的粗糙流失和持续流动。真理乃是朝向离基深渊的中心，它在上帝之掠过中颤动，因而对于创造性的此-在的建基来说乃是被经受的基础。

真理乃是一切“真实者”的伟大蔑视者，因为“真实者”立即遗忘了真理，对那种唯一者（作为向来本质性的东西）的单一性的可靠激发。

209. ἀλήθεια［无蔽］——敞开状态与自行遮蔽者之澄明

粗略看来，它们是表示同一个东西的不同名称，但在此类命名背后却隐藏着一个决定性的问题。

I. 甚至ἀλήθεια［无蔽、真理］与ἀλήθεια［无蔽、真理］也不是同一者。甚至在这里人们也必须追问，ἀλήθεια［无蔽、真理］原初地是如何被经验的，它的规定性触及到多远的程度，是不是唯有通过柏拉图的ζυγόν［枷锁］才获得了最初的规定，因而也已经通过存在领悟 332
预先标示了本质性的限制（φύσις［自然、涌现］），并且最终被固定下来，也就是被限制到具有景象特性的东西[①]以及后来与觉知者（Vernehmenden）相对-立的东西上。

ἀλήθεια［无蔽、真理］本身被强制到“枷锁”中，它作为“光亮”

① 此处“具有景象特性的东西”原文为 das Anblickhafte，英译本作 what has the character of a look。——译注

关涉到存在者之为存在者的无蔽状态以及觉知的通道，因而仅仅涉及存在者与心灵各自的相互转向方面的领域。确实，它首先规定着这个领域本身，可又没有进一步追问它本己的存有和基础。

而且，因为ἀλήθεια[无蔽、真理]如此这般成了φῶς[光、光明]，是从这个φῶς[光、光明]出发来解说的，所以，就连否定性前缀α-的特征也失落了。关于遮蔽状态和遮蔽、它们的起源和根据的问题，并没有被提出来。因为仿佛只是估计到了无蔽状态的“肯定方面”，即那个自由地可通达和保证通达的东西，所以，ἀλήθεια[无蔽、真理]也在这个方面失去了它原始的深度和离基状态——假如ἀλήθεια[无蔽、真理]总是在这个方面受到思想上的探问的；而且没有任何东西暗示出这一点，除非我们必须假定，ἀλήθεια[无蔽、真理]的广度和不确定性在前苏格拉底的用法中也要求一种相应的不确定的深度。

通过柏拉图，ἀλήθεια[无蔽、真理]成为可通达性①，在存在者之为存在者的空置与觉知之通道的双重意义上〈的可通达性〉。而且，如果ἀλήθεια[无蔽、真理]只是从存在者之为存在者的“方面”被看待的，那么，这种可通达性也可以叫做可敞开状态，而觉知也可以叫做使……可敞开②。

无论何处，ἀλήθεια[无蔽、真理]都保持为存在者之无蔽状态，而从来都不是存有的无蔽状态；那只是因为，在这种原初的解释中，ἀλήθεια[无蔽、真理]本身即构成存在状态（φύσις[涌现、自然]）、

① 此处“可通达性”原文为 Zugänglichkeit，英译本作 accessibility。——译注

② 此处“可敞开状态”（Offenbarkeit）和“使……可敞开”（Offenbarmachen）在英译本中分别作 manifestness 和 rendering manifest。特别值得注意的是，海德格尔在此上下文中区分了“可敞开状态”（Offenbarkeit）和“敞开状态”（Offenkeit，英译本作 openness）。——译注

ἰδέα[相、理念]、被视见状态。

在向第一开端的回行中，什么东西因此失落了，使得关于遮蔽状态和遮蔽本身的问题没有受到追问？

ἀλήθεια[无蔽、真理]一直是根据可通达性和可敞开状态（δηλούμενον[可敞开者]）而被确定的，而且同样撇开特殊的遮蔽，在其中一直未受追问的东西乃是敞开状态本身。 333

因此，即便ἀλήθεια[无蔽、真理]这个名称仍然可以使用，在这里撇开一种更深刻的历史联系，其实也必定有一个它者被看见和被思量了。

II. 敞开状态乃是：

1. 原始地多样统一者，不光是那个对于可觉知之物和觉知而言的"之间"（ζυγόν[枷锁]）；不光是若干不同的东西，而是作为这个统一者，敞开状态必须得到探问。

2. 不光是觉知和认识，而是任何一种行为和态度，尤其是我们所谓的情绪，全然归属于敞开状态，这种敞开并非状态，而是一种生发。

3. 敞开者乃是被开启的和自行开启着的东西，是围绕、揭示。[①]

210. 关于真理之本质现身的历史

自柏拉图以降，ἀλήθεια[无蔽、真理]成为存在者之为存在者置身于其中的光明，存在者的被视见状态（*Gesichtetheit*）成为存在者的在场状态（ἀλήθεια καὶ ὄν[无蔽与存在者]）。同时作为νοεῖν[觉知、思想]在其中得以观看的光明。也即说，光明乃是把ὄν ᾗ ὄν[存

---

① 此处"围绕"（Umfängnis）和"揭示"（Ent-schließung）在英译本中分别作 the enclosing 和 dis-closing。——译注

在者作为存在者]与νοεῖν[觉知、思想]连接起来的东西,即ζυγόν[枷锁]。

现在,ἀλήθεια[无蔽、真理]乃作为对觉知者与照面者的关联的ζυγόν[枷锁],而且因此,ἀλήθεια[无蔽]本身被紧夹入正确性的"枷锁"之中了。

可参照亚里士多德:ἀληθεύειν τῆς ψυχῆς[灵魂的无蔽]。ἀλήθεια[无蔽、真理]成为可通达性、存在者之为存在者的空位、对于觉知而言的通道。

于是有如下阶段:

从ἀλήθεια[无蔽、真理](作为φῶς[光、光明])到ζυγόν[枷锁]。

334 从ζυγόν[枷锁]到ὁμοίωσις[相似性]。

从ὁμοίωσις[相似、肖似]到作为rectitudo[正确性]的veritas[真理];同时在这里,真理,即陈述的正确性,从陈述角度被把握为συμπλοκή[结合、交织]、connexio[连系](莱布尼茨)。

从rectitudo[正确性]到certitudo[确定性、确信],一种共同持存的确信(connexio[连系])。

从certitudo[确定性、确信]到作为对象性的有效性。

从有效性到合法性。①

在ζυγόν[枷锁]之设定中,真理得到把握,但却是这样,即:ἀλήθεια[无蔽、真理]由此作为存在者之为存在者的无蔽状态以及作为观看和把握的视见领域而被要求。这就是说:由于达到了正确性的设定,ἀλήθεια[无蔽、真理]就在那种有限的双重意义上被设为

① 此处"有效性"原文为Gültigkeit,"合法性"原文为Geltung,英译本分别作validity和legitimacy。——译注

正确性的根据了，而且是这样，即：这个根据只被设立在其明见状态的被设定者的被建基状态（基于这个根据）中。因此，在希腊意义上，恰恰这个ὁμοίωσις［相似、肖似］依然是（*ist*）ἀλήθεια［无蔽、真理］，依然以这个根据为依据，依然在其中作为本质现身而本现，而且因此也还能够，并且必须如此这般地被命名。

但后来，ἀλήθεια［无蔽、真理］本身失落了。首当其冲的只还留下那种“对准、指向……”，也即 *rectitudo*［正确性］①，而且，在这种规定范围内，一种关于“正确性”的说明必须根据对人（作为心灵）和存在者的当下理解来寻求——除非它根本上径直被看作不言自明的东西了。

211. ἀλήθεια［无蔽、真理］。它在柏拉图和亚里士多德那里的历史的危机，最后的光芒和完全的坍塌

1. ἀλήθεια καὶ ὄν［无蔽与存在者］——无蔽状态，而且是存在者之为存在者的无蔽状态，以柏拉图的说法，ἰδέα［相、理念］的无蔽状态；ἀλήθεια［无蔽、真理］总是在ὄν［存在者］一边，参看柏拉图《理想国》第六卷结尾部分的相关段落②。

2. 存在者之为存在者的闪亮；从存在者而来闪耀，存在者在其中 335
得以本质性地现身的光明。光明是从存在者角度来看的，只要存在

① 德语中动词“对准、指向……、”（das Sichrichten nach）与名词“正确性”（Richtigkeit）有着字根上的和意义上的联系。——译注

② 参看柏拉图：《理想国》，中译本，郭斌和、张竹明译，商务印书馆1996年，第228页以下。——译注

者〈乃是〉作为ἰδέα[相、理念](同时来自前缀"α-"这一"反")。[1]

3. 由此而来向何方闪耀呢?除了朝向觉知别无它方,而且这种觉知本身就在对存在者的迎合中,这种觉-知(*Ver-nehmen*)只有在光明中、贯通光明才是可能的。也就是说,光明,亦即作为被视见者的ἰδέα[相、理念]本身,乃是枷锁,即ζυγόν[枷锁],尽管标志性地,这种枷锁从未得到过表达。

4. 然而,只要枷锁是被当作联结者本身、而不是被当作符合一致的根据而得到把握和探究的,那么,枷锁,或者说被把握为枷锁的真理,就是作为正确性的真理的先行形式;亦即说,ἀλήθεια[无蔽、真理]真正地失落了。留下来的只是对"光"的比喻的回忆,而"光"对于"观看"来说是必需的(可参照中世纪的lumen[光]!)。

柏拉图把ἀλήθεια[无蔽、真理]把握为ζυγόν[枷锁]。但从ζυγόν[枷锁]而来,ἀλήθεια[无蔽、真理]再也得不到掌握了;而相反的情形倒是有可能的。这就完成了迈向ὁμοίωσις[相似、肖似]的步骤。把ζυγόν[枷锁]解释为ἀλήθεια[无蔽、真理],这是正确的,但人们必须知道,这样一来,ἀλήθεια[无蔽、真理]本身就是在特定的角度上被解释的,对于ἀλήθεια[无蔽、真理]的真正追问于是就被截断了。

5. 还有,上面第四点所讲的事情是无可避免的,因为有第二点的情况,因为ἀλήθεια[无蔽、真理]在地道的希腊意义上,始终只是从存在者及其持续的在场状态角度〈得到解释的〉;而且充其量是作为之间的过渡(das *Zwischen*)。

只不过,正如历史所表明的那样,这是不够的。无蔽状态必须作为存在者整体的敞开状态而得到探基和建基,敞开状态必须作为

① 指ἀλήθεια[无蔽、真理]的否定性前缀"α-"。——译注

（存在的）自行遮蔽的敞开状态而得到探基和建基，（存在的）自行遮蔽必须作为此－在而得到探基和建基。

212. 作为确定性的真理 336

只要 ratio［理性］在这里首先并没有与 fides［信仰］相对立，而是在与之并驾齐驱之际要求以自身为依靠，那么，ratio［理性］（表－象）为了以其本己方式拥有它自身，就只还剩下了与自身的相关性；而且，这种对"我－表－象"（*ich*-stelle-vor）的表－象[①]就是确定性，就是那种知识，它本身是一种被意识的知识。

然而，这样一来，ratio［理性］就贬降自身，落到它自身的"水准"之下了——它原本是要直接地觉知存在状态整体的。

既已如此这般贬降自身，理性恰恰因此就成功地获得了一种支配地位的假象（基于自身贬降）。这种假象之支配地位有朝一日必定会分崩离析，而最近几个世纪正在完成这样一种破碎——但必然地，要伴以作为谋制之"原则"的"理性状态"（*Vernünftigkeit*）的不断提高。

不过，一旦理性贬降自身，它对它自身来说就成为更可把握的了，以至于它现在竟从这种成就中获取可理解性、可明见性的尺度。现在，这种可明见性就成了有效之物和可能有效之物的尺度，现在也就是可以存在，并且可以被叫做存在者的东西的尺度了。

现在，存在本身就益发是可把握的了，是更熟悉的，毫无陌生感了。

---

① 此处"对'我－表－象'的表－象"原文为 Vor-stellen des *ich*-stelle-vor，英译本译作 re-presenting of the "I-re-present"。——译注

在柏拉图那里确定下来的东西，特别是作为从τέχνη［技艺］出发来解释的存在状态的优先地位，现在如此强烈地得到了加剧，并且被提升到专一性水平，以至于一个人类时代的基本条件得到了创造，在此时代里，“技术”必然地取得支配地位——也就是谋制、准则和程式对于深入其中并且为之所切中的东西的优先地位。存有的不言自明性和作为确定性的真理的不言自明性，现在是无边无际的了。因此存有的可遗忘性成了定则，而且原初地发生的存在之被遗忘状
337 态扩展开来，笼罩于人类一切行为之上。

对全部历史的否定表现为那样一种转换，即把一切发生事件都转换为可制作的和可设置的东西；这事尤其表露在：它完全毫无关联地、只是忏悔式地在某个地方被视作一种“天命”和“命运”。

但确定性作为自我确定性，却加剧了关于作为 animal rationale［理性动物］的人的解释。这一过程的结果乃是“人格性”，今天仍旧有许多人相信并且想使人相信，“人格性”就是自我性（Ichhaftigkeit）的克服，而实际上，“人格性”只可能是自我性的伪装。

可是，笛卡尔依然企图根据作为 creator［创造主］的 creatum［受造物］的至高存在者，把确定性本身当作 lumen naturale［自然之光］来加以辩护，这意味着什么呢？

这样一种联系后来取得了何种形态呢？就是康德关于假设的学说！在德国唯心主义中，就是自我和意识的绝对性！

所有这一切都只不过是基于先验之物[①]，对笛卡尔的思路——ego［自我］、ens finitum［有限存在者］、causatum ab ente infinito［由无限存在者所引发者］——所做的深度模仿。

---

① 此处“先验之物”原文为 das Transzendentale，是形容词 transzendental（先验的）的名词形式。——译注

通过这个途径，原初地预先确定的存在及其真理的人化（自我－理性确定性）尤其被提升为绝对之物，因而似乎真正地被克服了，但实际上，一切都是一种克服的反面，亦即最深地陷于存在之被遗忘状态中（参看本书“传送”部分，第 90 节和第 91 节，“从第一开端到另一开端”）。

再有，甚至那个在 19 世纪中期以后到来的时代，也没有对这样一种形而上学的努力有所了解，而是沉迷于关于“科学理论”的技术，而且并非完全没有理由地，在这方面求助于柏拉图。

新康德主义是“生命”哲学和“实存”哲学也予以肯定的，因为两
者（例如狄尔泰，雅斯贝尔斯亦然）一直对下面这回事情一无所知： 338
在西方形而上学中真正发生了什么，而作为另一开端的必然性，什么
东西必定在酝酿之中。

213. 真理问题关键何在

1. 关键不在于一种对概念的单纯修改。

2. 关键不在于一种对本质的更原始的洞见。

3. 而在于跃入真理之本现中。

4. 而且因此，就在于一种人之存在的转变——在一种对人在存在者中的地位的移－置意义上。

5. 而且因此，首先在于一种对作为本有的存有本身的更为原始的尊重和授权。

6. 而且因此，首要地在于人之存在在此－在中的建基——此－在乃是为存有本身所必需的存有之真理的根据。

214. 真理的本质现身
（敞开状态）

无论是根据对开端的回忆（ἀλήθεια［无蔽、真理］），还是根据对正确性（adaequatio［符合］）之可能性基础的沉思，我们都碰到了同一个东西：*敞开者之敞开状态*。诚然，这只不过是对那种更本质地被规定为*自行遮蔽之澄明*的本质现身的初步显明。

但即便我们完全撇开敞开状态的本现方式不谈，它也已经呈现出足够的神秘性了。

敞开状态，它不就是*空洞之物中最空洞者*么？（参照“真理与离-基深渊”）要是我们试图自以为是地把它看作一个事物，那么，它看来就是如此。

然而敞开者，在自行遮蔽之际向来有存在者站立到其中的敞开
339 者——而且不只是最切近的手边的事物——实际上就是像一个*空洞中心*之类的东西，例如一把壶的空洞中心。不过在这里，我们却要认识到，并不是一种任意的空洞仅仅被墙壁所包围，并且任由自己未为“事物”为充满，而倒是相反，这个空洞中心乃是墙的内壁及其边缘的决定性的赋形者和承受者。墙壁和边缘只不过是那个原始的敞开者的扩散，这个敞开者通过要求这样一种围绕自身和朝向自身的内壁（容器形式）而让自己的敞开状态本质性地现身。于是，这个敞开者的本现反射到包围者中。

我们必须以类似方式来理解“此”的敞开状态之本现，只不过要理解得更加本质性些和更加丰富些。诚然，这个“此”的有所围绕的内壁并不是什么物性的现成之物，其实根本就不是一个存在者，本身并不是存在者，而是属于存在本身的，是自行遮蔽之暗示中的本有的

颤动。

在ἀλήθεια[无蔽、真理]、无-蔽状态中已经经验到:遮蔽存在(*Verborgensein*)以及对这同一个东西的部分克服和偶尔消除。然而,甚至于这一点——即:随着这种消除(取消:否定性前缀 α-),恰恰任何无蔽之物都要站立到其中的敞开者必须本质性地现身——也没有专门得到追踪和建基。或者在这里,我们必须在其与作为一种觉知和"观看"的解蔽的关联中来思量关于光和光明的观念吗?确实如此(可参照"对洞穴比喻的解释"①)。在这里有某个东西得到了比喻性的显示;而且连前面对壶的提示实际上也是一个比喻。那么,难道我们根本就不能超出比喻吗?既不是又是;因为相反地,其实最感性的语言和形象恰恰从来不是"感性的",而是首先得到了理解的——一种不只"添加了什么"的理解。

然而,甚至关于光的主导观念也未曾能抓住那种敞开者及其敞开状态,未曾能把后者提升到知识水平上,这种情况表现在:恰恰"澄明"和"被澄明者"没有得到把握;相反,表象在闪亮、火光和火花 340
的方向上展开出来,而这样一来,很快就只还有一种照亮的因果关系成为决定性的了,直到最后,一切都滑落到"意识"和 *perceptio*[知觉]的不确定性中了。

正如敞开者和敞开状态极少在其本现方面得到追踪(希腊人先已被指定了另一个完全不同的东西),同样地,被遮蔽状态-遮蔽的本现也极少变得清晰起来,极少被指定给基本的经验。即便在这里,地道希腊式地,被遮蔽者也变成了不在场者,而且遮蔽之生发失落了,因而也失落了那种必然性,即:必然要特别地为这种生发建基,尤

① 1931/1932 年冬季学期讲座《关于真理的本质。关于柏拉图的洞穴比喻和泰阿泰德篇》(《海德格尔全集》第 34 卷)。——原注

其是要在其与敞开状态之本现的内在联系中把握这种生发,最后而且首要地,也把这种单一性当作原本的本质现身来加以建基。

这方面的尝试乃是对此-在的命名和展开。这只能从“人”出发才可能发生,而且就此而言,通向对人“之”此-在、“在”人中的此-在、在此-在中的人[①]的建基的最初步骤,乃是十分模糊的和笨拙的,尤其是因为一直以来都缺乏任何意志,根据自身并且出于其对存有之真理的基本意图来把握所展开的问题,并且竭尽全力只为了把决定性的东西回溯到以往之物,并加以说明,因而予以消除。

因此,连那条对正确性及其可能性基础的沉思的道路,首先也不是十分令人信服的(参看1930年真理演讲[②]),因为人们没有摆脱关于一种人-物[③](主体、人格以及诸如此类)的表象,只把一切都编造为人的“体验”,并且又把人的“体验”编造为人身上的事件。

这种沉思同样也只能表明,有一个必然的东西还没有得到理解和把握。而要达到个种东西本身,即此-在,唯有通过一种对人之存
341 在整体的移置,也就是通过对存在之为存在及其真理的急难的沉思。

215. 真理之本现

一个决定性的问题:真理之本现作为自行遮蔽的澄明是建基于此-在呢,抑或真理的这种本现本身就是此-在的根据,抑或这两种说法都是有效的?还有,其中的“根据”每每意指什么?

---

① 此处“人‘之’此-在”、“‘在’人中的此-在”和“在此-在中的人”原文依次为:Da-sein “des” Menschen, Da-sein “im” Menschen, Menschen im Da-sein。——译注

② 即作者1930年的演讲“论真理的本质”,参看海德格尔:《路标》,中译本,孙周兴译,商务印书馆2001年,第205页以下。——译注

③ 此处“人-物”原文为Menschending,或可译为“人这个物”。英译本作human-thing。——译注

只有当真理在所指明的方式中作为存有之真理,并且因此从本有而来被把握时,上述问题才是可解决的。

所谓在其敞开(*Offen*)中持续地置身于自行遮蔽、拒-绝,犹豫面前,这意味着什么呢?〈意味着〉抑制,因而〈意味着〉基本情调:惊恐、抑制、畏惧。此类东西只是"赠送"给人的——无论何时与如何。

216. 真理问题的开端

因为长期以来真理问题不再是一个问题了,所以,〈真理问题的开端〉现在看起来似乎是完全任意的。而实际上,从这种情形中可以得出相反的结论:这个开端有其独一无二的规定性,亦即处于那种急难中,该急难如此根深蒂固,以至于它对任何人来说都不是急难,以至于我们根本没有把关于真实者之真理的问题当作势所必然的问题来加以经验和把握。

相反,不断增长的连根拔起过程要么把人推向最粗暴的意见强制之中,要么把人逐入冷漠状态之中,要么使人进入软弱无力的依赖于以往事物的境况中。

217. 真理的本质现身 342

这种本质现身最内在地包含着一点:它是历史性的。真理的历史,真理之本质现身的闪现、转变和建基的历史,只具有一些稀罕的和相互远离的时机。

长期以来,这种本质现身似乎都是僵化了的(参照"作为正确性的真理的漫长历史:ὁμοίωσις[相似、肖似],adaequatio[符合]"),因为只有被这种本质现身所规定的真实者才被寻求和被推动。于是就产生出一个假象，仿佛真理的本质现身基于这种留下来的持存性甚至于是“永恒的”——尤其是当人们把“永恒性”设想为单纯的延续时。

是否我们处身于真理之本质现身的硬化过程的这样一个漫长时期的终点，进而处于在其隐蔽历史的一个全新时机的门前呢？

所谓真理首先是有所澄明的遮蔽（参照“离－基深渊”），这种说法的意思就是：一种澄明为自行遮蔽者而自行建基。在“此”之澄明中的存有的自行遮蔽。在自行遮蔽中，存有本质性地现身。本有决不能像一个存在者、在场者那样暴露于光天化日之下（参看本书“跳跃”部分，“存有”）。

在其转向中的本－有过程既不仅仅包含于呼声中，也不仅仅包含于归属状态中，它并不包含于两者中的任何一方，而倒是使两者共－鸣，而且，这种在本有之转向中的共－鸣的颤动，乃是存有的最隐蔽的本质现身。这种遮蔽需要最深的澄明。存有“需要”此－在。

真理绝不“存在”，而是本质性地现身。因为真理乃是存有的真理，存有“只是”本质性地现身。于是，包含于真理中的一切也本质性地现身，时间－空间，以及相应地也包括“空间”和“时间”。

“此”本质性地现身，而且作为本质现身者，这个“此”同时必须在一种存在中被采纳：此－在。所以，〈它是〉对存有之真理的本现的
343 内立性经受。这种分裂状态〈乃是〉一个谜团。因此，此－在〈乃是〉介于存有与存在者的“之间”（参看本书“建基”部分，第 227 节，“关于真理的本质现身”，第 13 段，第 377 页）。

因为这种本质现身是历史性的（参看本书第 363 页），所以，任何一种在真实者意义上的“真理”都更历史性地仅仅是一个真实者——如果它此前已经回到一个基础中成长起来，由此同时变成了先行发挥作用的力量。

凡在真理掩蔽于“理性”和“理性之物”的形态中的地方,它的非本质就着手工作了,也即那种对所有人都有效的东西的摧毁性的权力,这样一来,人人都被任意地合法化了,产生了那种满足感,即:其实没有人先于其他人预先拥有某种本质性的东西。

正是这种普遍有效性的“魔力”巩固了关于作为正确性的真理的解释的统治地位,使之变得几乎不可动摇。

最后,这一点表现在,即便在人们相信自己把握了真理的历史性本质中的某个东西的地方,也只有一种表面的“历史主义”暴露出来:人们以为真理不是永恒有效的,而只是“暂时”有效的。然而,这种意见只不过是对普遍有效性的一种“量上的”限制,而且为了成就这样一回事情,就需要如下前提:真理乃是正确性和有效性。

当人们最后尝试把两者(即永恒有效性本身与时间上受限制的有效性)带向一种平衡时,上面这种“思想”的肤浅性还会进一步提高。

218. 真理之本现的显示

如果我们说真理是为遮蔽的澄明,那么,这样一来,本现就只有通过对本质现身的命名才能得到显示。而同时,这种命名应当能显
示,对真理之本现的解释置身于对于ἀλήθεια[无蔽、真理]的回忆 344
中——也就是说,并不是对这个单纯字面上被翻译的、进而又可能包含传统理解的词语的回忆,而是对ἀλήθεια[无蔽、真理]本身的回忆,这种ἀλήθεια[无蔽、真理]乃是表示真理本身的名称,而且必然地与对作为φύσις[自然、涌现]的存在者的原初命名相统一。

然而,对本质现身的显示必须知道,为遮蔽的澄明必须既从时间-空间(离基深渊)方面展开自己,又从争执和庇护方面展开自己。

219. 真理问题之关节

真理乃是原始之真实者[1]。

真实者乃是最具存在性者。

比任何存在者更具存在性的，乃是存有本身。最具存在性者不再“存在”，而是作为本现（本有）而本现。[2]

存有作为本有而本现。

真理的本质现身乃是本有之澄明着的遮蔽。

澄明着的遮蔽作为此-在的建基而本现；而建基却是模棱两可的。

此-在的建基发生为真理的庇护，亦即使真理进入如此这般才得以成就的真实者之中的庇护。

真实者让存在者成为存在着的。

如果存在者如此这般站立到“此”之中，那么，存在者就是可表-象的。正确之物的可能性和必然性得到了奠基。

正确性乃是真理的一个必要分支。

因此，凡在正确性预先规定真理之“理念”的地方，所有通向其本源的道路都被掩埋起来了。

345

220. 真理问题

正如真理的关节被接合起来了，这同样也依然是存在之历史对

---

① 此处“真实者”（das Wahre）似也可以径直译为“真”。——译注

② 此处两个“本现”，前者为名词 Wesung，后者为动词 wesen（或译“本质性地现身”）。——译注

我们的一种支配——只要我们还有力量在其洪流中维持自己。

真理问题,在上面所标识的意义上并且仅仅在这个意义上的真理问题,对我们来说乃是我们首先必须彻底经历的这一个先行问题。

唯有这样,一个决定性领域才为本质性的沉思建立起来[参照"对真理问题(作为以时间-空间为定向的先行问题)的分别阐明"]。

真理问题乃是追问真理之本质现身的问题。真理本身乃是那个包含着真实者之基础的东西。在这里,

基础〈意味着〉:1. 把〈真实者〉在其中隐蔽、扣留起来的东西;

2.〈它〉[①]由之成为必需的;

3.〈它〉由之而来得以贯通和耸立。

真实者〈是〉:　置身于真理中并且因而成为存在的或者不存在的东西。

真理〈是〉:　为遮蔽的澄明(作为非-真理的真理),于自身中争执性的、具有不之性质的和原始的亲密性(参看本书"建基"部分以诉法兰克福演讲[②]),而且这是因为

真理〈是〉:　作为本有的存有之真理。

真实者与成为真实者,同时于自身中〈包含〉非真实者,被伪装者及其变式。

真理的本现。

① 此处"它"为译者所加,指"真实者"。——译注

② "艺术作品的本源"(《林中路》,《海德格尔全集》第5卷)。——原注

346 ## 221. 真理之为存有的本现[1]

真理:为自行遮蔽的澄明(即本有;作为成熟、成果和馈赠的犹豫着的拒绝)。但真理并非简单地〈是〉澄明,而恰是为自行遮蔽的澄明。

存有:本有,在反冲中是具有不之性质的,因而是有争执的。争执的本源——存有或者非存在。

真理:作为离基深渊的基础。基础不〈是〉从何而来,而是在何处作为归属者。离基深渊:作为争执的时间-空间;争执作为大地与世界的争执,因为〈它是〉真理之于存在者的关联!

第一个(原初的)庇护〈乃是〉问题与决断。关于真理的问题(沉思),要对它的本质现身作出决断。(对此问题的)决断的本源与必然性。问题〈是〉:(本质上)我们必须追问吗?如果是的,那么为何之故?问题与信仰。

222. 真理

唯当我们置身于澄明中,我们方才能经验到自行遮蔽。

真理从来都不是人们可以依据的、由命题组合而成的"体系"。

真理是回收着和高耸着的基础,它耸立于被遮蔽者之上,而又没有消除之,作为这个基础而起调谐作用的情调。因为这个基础乃是作为存有之本现的本有本身。

本有承载真理=真理耸立于本有之上。

---

① 参看本书"前瞻"部分,第9节,"洞见"。——原注

真理问题 347

真理问题听起来是十分苛求的，并且唤起一种假象，仿佛人们虽然在追问，但却知道什么是真实者。

可是，这种追问在此决不是一种单纯的前奏，为的是把某个无疑问之物展示出来，仿佛它已经争得了。追问在此乃是开端和终结。

而且，“真理”指的是真实者的可疑本质，某种对于每个想要径直把握和占有真实者的人来说都十分暂时的和古怪的东西。

还有，倘若在这里有一条出路，那么，哲学为了避免任何一种假象（仿佛在这里预示着伟大的宣告），或许就不得不把真理问题隐藏到一个听起来不同的、似乎无关紧要的问题之中。

223. 真理的本质现身①
（它的非-本质）

如果真理乃作为自行遮蔽者之澄明而本现，还有，如果依照存在的不之性质，本质包含着非-本质，那么，难道本质之倒转未必扩展于非-本质中，也就是说，对作为本质之假象的澄明的伪装，从而也包括这种伪装，不必被推向最表面、最表层的东西之中，由此成为一种展示、表演吗？舞台——对现实的造型可是舞台设计者的任务！

如果表演性质不时地取得了权力，那么，本质的情形又如何呢？难道它不必隐蔽地，并且在寂静中作为基础来建基，而且到了这等程度，以至于几乎没有人知道这一点？可这样一来，它如何还是基础

---

① 此节中出现多处 Wesen，我们却只能以“本质”、“本质现身”来翻译这同一个词。——译注

呢？是根据普遍性来看的吗？但存在之本质现身不就是陌生化的唯一性和稀罕性吗？在关于真理的演讲中，真理的真正非本质被称为
348 谬误[①]。这种规定在“此”之无化[②]中还要更原始些。

而另一方面，至高的非本质恰恰在展示之假象中。

非－本质的双重含义。

224. 真理的本质现身

我们关于诸神的知识是多么微薄，而诸神在“此”之遮蔽状态的敞开状态中、在真理中的本现和腐败[③]又是多么重要？

但这时候，关于真理本身之本质现身的经验，一定会从本有而来对我们道说些什么吗？而我们如何能够对这种道说真正保持缄默呢？

真理乃是存有的第一真实者，而且是澄明着－遮蔽着的。真理的本质现身在于，作为存有之真实者而本现，因而成为真实者在存在者中间的庇护的本源，而由此庇护，真实者才成就存在。

关于真理的先行问题同时也是关于存有的基础问题，作为本有的存有乃作为真理而本现。

225. 真理的本质现身

〈真理的本质现身〉乃是为自行遮蔽的澄明。这种亲密的－争执

---

① 参看海德格尔：“论真理的本质”，载《路标》，中译本，孙周兴译，商务印书馆 2001 年，第 205 页以下。——译注

② 这里“‘此’之无化”原文为 Nichtung des *Da*，英译本作 nihilating of the there。——译注

③ 此处译文未能显明“腐败”（Verwesung）与“本现”（Wesung）的字面和意义联系。英译者把所谓“腐败”译为 dis-swaying，把它与“本现”对应起来了。——译注

性的真理之本质现身表明,真理原始地和本质性地乃是存有(本有)之真理。

然则问题依然在:我们是否根本上充分地经验到这种真理的本质现身,我们是否在每一种与存在者的关联中,总是在其本己的方式中,把那种自行遮蔽(因而也包括有所踌躇的拒绝)采纳为本-有过程,并且使之转-本于我们。这种转本只是这样发生的,即:我们根据其包含的指令来获取、制造、创造、守护当下存在者本身,并且让它 349
发挥作用,为的是以此为澄明建基,使得澄明不至于变成那种空洞,那种使一切都显得只是同样地"可理解"和可控制的空洞。

自行遮蔽贯通澄明并且使澄明耸立,而且唯有当此事发生时,当有争执者在其亲密性中彻底支配着这个"此"时,才可能成功地摆脱不确定的和作为本身根本没有得到把握的表-象和体-验领域,并且尝试此-在的内立状态。

唯有当自行遮蔽彻底支配被生产、被创造、被处理和被牺牲者的一切相互在场着的区域,并且规定着澄明,因而同时对着澄明范围内的自行锁闭者现身出来,唯有这时候,世界才出现,同时随世界一起(出于存有与存在者的"同时性"),大地才涌现出来。现在,历史就是一个时机。

也就是说,真理绝不只是澄明,而是同样原始地作为遮蔽而本现,并且与澄明相亲密。这两者——澄明与遮蔽——并不是两个东西,而是唯一的东西(即真理本身)的本现。由于真理本现,真理生成,[①]本有遂成为真理。本有居有[②],意思无非是说:它,并且唯有它

① 此处动词"生成"(wird)的名词形式 Werden,在传统哲学中也被译为"变易"。——译注

② 此处"本有居有"原文为 das Ereignis ereignet,英译本作 Enowning enowns。1950 年代以后的海德格常有此种类似于同语反复的表达。——译注

才成为真理,才成为这种归属于本有的东西,以至于真理根本上就是存有之真理。

任何一个真理问题,如若没有如此深远地先行思考,就都思得过于短浅了。

即便那种完全不同的、在(形而上学)主导问题的领域内活动的,并且此外还从其最切近的希腊基础上连根拔起了的中世纪关于作为(存在者的)ens[存在]之规定的 verum[真理]的解释,也还是真理与存有的这样一种亲密性的一个假象。然而,人们不应该把这种关于本有的追问与那种完全不同的、完全以作为表象(intellectus[理智])之正确性的真理为基础建造起来的关系——即存在者(ens)与 *intellectus divinus*[上帝之精神、神智]中的被表-象状态的
350 关系——混淆起来;后面这种关系只是在某个前提下才是正确的,这个前提就是:omne ens[一切存在者](除了 Deus creator[造物主上帝])都是一种 ens creatum[受造物]。同时,从"存在学上"来看,连上帝也是从 creatio[创造]角度被理解的,这就以这样一种"哲学"方式证明了《旧约全书》的创世故事中决定性的东西。但是,对于这种联系的观察现在却越来越变成本质性的了,既然这种联系也还往往保持在近代形而上学中——即便在中世纪教会以"信仰财富"为定向的做法早就被放弃了,甚至从根本上彻底被放弃了。恰恰在后基督教和反基督教的时代里,"基督教"思想的发生了多重变化的支配地位妨碍了任何一种尝试,任何一种摆脱这个基础、并且根据对存有与真理的基本关联的更原始经验来进行原初思考的尝试。

226. 遮蔽之澄明与ἀλήθεια[无蔽、真理]

ἀ-λήθεια[无蔽、真理]意指无蔽状态和无蔽者本身。这一点即

已表明，遮蔽本身仅仅被经验为有待消除者，必须被取消的东西（α-）[1]。

而且因此，追问也并不朝向遮蔽本身及其基础；而且因此，反过来被解蔽者也只是作为本身而变得重要了；再者，〈追问〉也并不〈朝向〉**解蔽**，甚至作为**澄明**的解蔽，后者从根本上使遮蔽本身得以进入敞开者之中。但由此，遮蔽却并没有被消除，而是首先在其本质现身方面变成可把握的了。

因此，作为为遮蔽的澄明，真理乃是一种根本上不同于ἀλήθεια［无蔽、真理］的开抛，虽然这种开抛恰恰归属于对ἀλήθεια［无蔽、真理］的回忆，而这种回忆归属于这种开抛（参看本书第374页）。

作为原始统一的本质现身，为遮蔽的澄明乃是基础的离基深渊，而“此”（das Da）即作为这种离基深渊而本现。

“真理乃是非-真理”——这个棘手的表述依然过于让人误解，351
以至于它肯定不能指引正确的道路。但它依然可以指明新的本质开抛中包含的令人诧异的东西——为**遮蔽的澄明**，以及作为在本有中的本现的这样一个东西。

如果要把**这种**真理的本质现身作为原始的真实者提升到知识水平，那么，这在等级上要求此-在的何种内立性的抑制状态呢？

现在才变得更为清晰的是**谬误**的起源，以及存在之离弃状态的权力和可能性，遮蔽和伪-装；无基（Ungrund）的支配地位。

为了说明在此被设为基础的真理之本质现身，对ἀλήθεια［无蔽、真理］的单纯提示帮不了多大的忙，因为在ἀλήθεια［无蔽、真理］中，恰恰解蔽与遮蔽的发生没有被经验并且被把握为基础，原因在于，其实这种追问依然是从φύσις［涌现、自然］角度被规定的，依然

---

① 此处“（α-）”为ἀ-λήθεια［无蔽、真理］的否定性前缀。——译注

是存在者之为存在者〈的规定〉。

然而在为遮蔽的澄明那里,情形却是不同的。在这里,我们置身于真理之本现中,而且这种真理就是存有之真理。为遮蔽的澄明已然是本有之转向的反响的回荡。①

*

但迄今为止我在《存在与时间》以及接着的著作中所做的尝试,是要把这种真理的本质现身当作此-在本身的基础来反对表-象和陈述的正确性;此类尝试必定还是不充分的,因为它们始终还是出于防御而得到实施的,因而始终以是所防御者为基准点的,从而就不可能从那个基础而来认识真理的本质现身,而这种本质现身本身就是作为这个基础而本现的。为了成功地做到这一点,就再也不必抑制关于存有之本质现身的道说了——〈对此道说的抑制〉又基于那样
352 一种意见,即:尽管有对先行跳跃的开抛的洞见,但最后却依然有可能从以往的东西出发,逐步地开辟出一条通向存有之真理的道路。这种做法却是永远不会成功的。

而且,不论那种新的危险变得多么厉害,以至于本有现在只是成了一个名称和方便的概念,从中可以"推演"另一个东西,我们都依然必须道说本有——但又不是在一种"思辨的"探讨中被解除掉,而是在强制的、通过存在之离弃状态的急难而得到保持的沉思中。

*

遮蔽之澄明并不意指对遮蔽者的消除并且把它开放出来,把它

① 此处"本有之转向的反响的回荡"原文为 die Schwingung des Gegenschwunges der Kehre des Ereignisses,英译本作 the resounding of the counter-resonance of the turning of enowing。——译注

转变为无蔽者，而恰恰是指对离基深渊般的[①]基础的建基，这个基础是为遮蔽的（有所踌躇的拒绝）。

在我迄今为止对于这种真理之本质现身的开抛的尝试中，力求明白可解的努力始终首先是要揭示出澄明的方式、遮蔽的变式及其本质性的共属一体性（例如可参看1930年的真理演讲[②]）。

在得出诸如"此-在同时既在真理中也在非真理中"之类的规定性时，人们很快就在道德和世界观意义上来看待这种句子了，而没有把握哲学沉思的要义——这个"同时"的本现乃是真理的基本本现[③]——，而没有原初地把握遮蔽意义上的（而且决不是虚假性意义上的）非-真理。

*

"置身"于遮蔽之澄明中并且经受这种澄明，这话意味着什么呢？〈意味着〉抑制的基本-情调。这种内立状态的别具一格地历史 353
性的一次性，亦即在这里首先唯一地对"真实者"作出了决断。这种内立状态拥有何种持存性呢？或者换一种问法：谁能够成为此-在？何时以及如何成为此-在？

在这里，为了准备这种存在，思想道说的原初沉思能够做到什么呢？

为什么在这个时机里，这个"现在"——而且这就意味着追问性的知识——必定会带来推力？

在何种意义上已经先行的诗人荷尔德林，以其最独一无二的诗

① 此处"离基深渊般的"（abgründig）或可译为"朝向离基深渊的"。——译注

② 参看海德格尔："论真理的本质"，载《路标》，中译本，孙周兴译，商务印书馆2001年，第205页以下。——译注

③ 此处"基本本现"原文为Grundwesen，英译本作the grounding sway。——译注

人经验和作品，**现在**才成了我们的必然性？

227. 关于真理的本质现身①

1. **真理本现吗**？**为何之故**？因为只有这样〈才有〉存有的本现。存有为何之故？

2. 真理的本质现身为这个为何之故的必然性、因而也为追问的必然性奠定基础。

真理问题因为存有而发生，存有需要我们作为此在之建基者的归属性。

3. 第一个问题(1)本身就是真理的本质规定。

4. 如何才能着手探讨真理问题。

从**本质性的**歧义性出发："真理"被意指为"真实者"；而真实者就是真理——作为本有的有所澄明的遮蔽。

起初这种光乃是一种光明，但没有光辉和照耀。遮蔽本身越来越明亮，贯通遮蔽状态之深处而闪耀。

5. 长期传承下来的作为正确性的真理概念如何不仅首先引导着
354 这个问题，而且也导致如下情形：对此问题的回答必定是以正确性为尺度的，因而可以从一个先行给定的东西身上解读出真理的本质（这个东西能再-现真理的本质）。

6. 把本质现身中的真理首先展开为有所澄明的遮蔽（伪装与掩蔽）。

7. 真理作为时间-空间的基础，但因此，同时本质上也是从这种

① 参看1930年演讲"论真理的本质"；关于《存在与时间》第44节的评注。——原注

时间-空间而来方可得到规定。

8. 时间-空间作为起于本有之转向的时机之所。

9. 真理与庇护之必然性。

10. 庇护作为世界与大地之争执的开展。

11. 历史地必然的庇护之道路。

12. 何以在庇护中存在者才成为存在着的（参看本书“跳跃”部分，第152节，“存有之等级”）。

13. 何以唯有在对先前道路的反思性穿越中才展开出那个领域，在其中，存有与存在者的“区分”得以发生——而且这个领域本身即作为这种“区分”而发生（参看本书“跳跃”部分，第151节，“存在与存在者”）。此-在作为这个“之间”而本现。

*

有鉴于不断增长的哲学之荒芜化和畸形化，倘若人们已经成功地以正确的方式、出于其必然性提出了真理问题，那么，就已经有某种本质性的东西持久地被赢获了。

真理问题的必然性起源于存在之离弃状态的急难。正确的提问方式乃是通过澄清出发点即关于正确性的支配性概念而过渡到原始的本质现身。同时必须理解的是，随着转向中的真理，本质现身之真理和本现之真理①首先得到了规定，因此从一开始，人们就不能追求和要求某种“本质”概念，即一种对人人都能立即通达的最普遍特性 355
的一般而正确的总括意义上的“本质”概念；而毋宁说，〈人们可追求

① 此处“本质现身之真理和本现之真理”原文为 die Wahrheit des *Wesen* und der Wesung，英译本作 the truth of the *essential sway* and the truth of the essential swaying。——译注

的是〉一种更高的东西，据此立即可以测度早就起支配作用的对真理问题的连根拔起。由此而来，也就是必然历史性地来经验，真理就是移置入被转移状态之中①。

既然人是历史性的，而且只要人是历史性的，则这种被转移状态就总是以某种方式持存着，不过，这种被转移状态却仍然被掩蔽起来了，而此种情况本质上乃是由于正确性的支配状态。依照这种正确性，人立即仅仅置身于一种对立当中，在一种对立中发现自己（ψυχή［灵魂］——ἀντικείμενον［对立者］，cogito［我思］——cogitatum［所思］，意识——被意识者）。人从这种对立中获取要求，并且指望着满足自己的要求。在这种对立中反映出人自以为已经理解了的一切东西。其中也包括“超越”（*Transzendenz*）的支配地位（参看本书“传送”部分，第 110 节，“ἰδέα［相、理念］，柏拉图主义与唯心主义”）。

而且，这里蕴含着此-在的被掩蔽状态和被伪装状态的最深刻原因。因为，尽管有种种对“自我”的敌对态度，但比起“我”、“我们”面对对象而存在这样一回事情来，存在之物是更为清晰和更无疑问的——在此，“我们”和“我”首先是无疑问的东西，是人们可以安静地把它抛在后面的。

因此，甚至只有在这种基本态度范围内，人们却不敢如此深入地进行沉思，从而得以看到：我们再也“没有”“给出”什么东西，某种可能在再现和复制之际成为真实者的东西。

倘若我们只能承认到这个地步，那就必定会生出这样一个问题，即：正确性，首先为这样一种关于存在者和表象者本身的表-象作出了论证（而不是预设）的正确性，作为真理之本质现身，究竟是否能

① 此处“移置入被转移状态之中”原文为 die Verrückung in die Versetztheit，英译本作 being-displaced into transference。——译注

够论证和规定那种对真实者的寻求和要求。

再有，这样一种正确性或许决不能从存在之离弃状态的急难中引导出来，相反地只能重新以隐蔽方式证实和要求这种急难。

然而，说现在真理之本质开抛作为有所澄明的遮蔽必须被冒险 356
一试，而把人移置入此-在之中的过程必须得到准备，这是什么意思呢？

从那种我们所置身其中的情境中移-置出来：在巨大的空洞和荒芜中，被强制入那种作为本身变得不可认识的流传之物中，没有尺度而且首要地没有探问这种尺度的意志。但荒芜却是隐蔽的存在之离弃状态。

228. 真理的本质现身乃是非-真理[1]

这个命题被故意做了自相矛盾的表述，它要表达的是，真理包含着不性（das *Nichthafte*），但绝非仅仅作为一种缺陷，而是作为阻力，是那种进入澄明本身之中的自行遮蔽。

因此，真理与存有的原始关联被把握为本有。

尽管如此，就旨在通过这样一种疏离化而把真理的令人诧异的本质现身带到近处的意图来说，上面的命题仍旧是可疑的。

完全原始地来理解，在这个命题中含着最本质性的洞见，同时也含着对作为本有的存有本身中的亲密性和冲突性的暗示。

---

① 参看法兰克福演讲“艺术作品的本源”，见《林中路》（《海德格尔全集》第5卷，第36页以下，特别是第40-41页）。——原注

229. 真理与此-在

为自行遮蔽的澄明在开抛中澄明自身。开抛之抛投作为此-在而发生出来，而且，这种抛投的抛投者每每都是那样一个自身-存在(Selbst-sein)，即人内立于其中的自身-存在。

357 每一种开抛都把那个被推入其澄明中、因而被免除的东西，纳入与开抛者的反向关联之中，反过来讲，开抛者唯由于采纳了那种吸纳关联[①]才成为它自身。

被推移入开抛之中的东西，决不是一种绝对的自在，开抛者也向来不能纯粹自为地设置自己；相反，这样一种争执——即每一个在吸纳和反向关联之际都背弃每一个——乃是在真理之本质中作为自行遮蔽者的澄明而本现出来的亲密性的结果。以一种纯然表面的主体-客体关系的辩证法，在此是把握不了什么的；相反，这种关系本身植根于作为真理之分支的正确性，其渊源乃在于真理的本质。

诚然，这种争执的本源以及这种争执本身现在是必须得到显示的。为此，仅仅思考澄明以及通过开抛对澄明的创建，那是不够的，而不如说，首先要思考的是，澄明使自行遮蔽者进入敞开者之中，并且让由此而来的迷移(Berückung)——作为决定性的东西——贯通开抛者之自身存在而起调谐作用。唯如此，才能发生向存在的转-本以及在其中向抛投者本身的归本，由此，抛投者本身才能进入(自行遮蔽者的)澄明之中而得以持立，才得以内立于“此”(Da)之中。

存有越是本质性地归属于此-在，而此-在越是本质性归属于存

---

① 此处“吸纳关联”原文为 Einbezug，与前面的“反向关联”(Rückbezug)有词根联系。——译注

有，则那种“不让自己自由”[①]的相互对立也就越是原始。

开抛者必须采纳那种吸纳关联，而且因此，只要开抛者显而易见地归属于由澄明开启出来，并且被带入自由之境中的东西本身，那么，它便得以首先承担被抛状态。

230. 真理与正确性

正确性的优先地位对那种说明要求作出论证，并且使之变得不言自明——此所谓说明要求，乃是在把作为可置造者的存在者从其他 358
存在者中推导出来的意义上讲的（“数学”[②]、最广义的“机械学”）。

在这种说明失败处，人们就求助于不可说明者，或者合乎逻辑地断言不可说明者是**不存在的**。

但这样一来，不可说明者（“超验者”）就只是那种说明癖的后裔，本身并非较高级的东西，而是一种贬低。

但所有这些活动的隐蔽基础却在于正确性的优先地位和要求，而这种优先地位和要求又在于那种对于真理本身之本质的无力，也即无力于**知道**，什么东西承担或者说阻碍了一切依然如此真诚的对于真实者的努力追求。

231. 真理即ἀλήθεια［无蔽、真理］如何成为正确性

真理，ἀλήθεια［无蔽、真理］，几乎不会〈在正确性中〉发出声

---

① 此处“不让自己自由”原文为 Sich-nicht-frei-lassen。引号为译者所加。——译注

② 此处“数学”原文为 Mathesis，也可译为“数理”。笛卡尔用 methesis universalis 表示一种作为一切科学之源的数学理想。——译注

响——虽然强大,但却是未经建基的,也不是真正具有建基作用的。

正确性把ψυχή[灵魂]带入优先地位中,并且因而把它带入主体-客体关系中。因为正确性之统治地位已经有了长久的历史,所以,它的渊源以及某个它者[1]的可能性,只可能艰难而迟缓地被收入眼帘。与ψυχή[灵魂]一道,λόγος[逻各斯]已然原始地成了聚集,然后成了言谈和道说。

陈述成为"真理"的这个唯一位置,这也是真理历史上最可诧异的事,尽管这在我们看来已经是流行的了。

但因此,撇开对本现本身的把握不谈,我们就愈加难以在我们根本没有对之加以猜度的地方,更为原始地去寻求和保存真理和真实者了。

这种对真理的除根过程,是与对存有之本质现身的蒙蔽过程结伴而行的。

何以从设置和庇护(语言)的角度看,"正确性"〈是〉本质性的呢?

359 232.真理问题作为历史性沉思

这里〈以此标题〉,我们并不是指关于那些着眼于真理"概念"提出来的种种意见和学说的历史学意义上的报告。

另一开端中的哲学本质上是历史性的,而且在此角度上,现在也必定得出一种更为原始的对第一开端之历史的回忆。

问题是:真理之本质现身的何种基本运动及其解释条件承担了西方历史,并且还将承担西方历史?

---

[1] 指不同于正确性的东西。——译注

在这种历史中有两种别具一格的基本态度，乃以柏拉图和尼采为标识。

而且，柏拉图（参照洞穴比喻解释[1]）实际上是这样一位思想家，在他那里，在向陈述之真理的过渡中，还清晰可辨ἀλήθεια［无蔽、真理］的最后一次闪耀（也可参看亚里士多德：《形而上学》，Θ，IV[2]）。

还有尼采，在他那里，西方传统汇集于现代的变式，尤其是在19世纪实证主义的变式中，同时把"真理"带入与艺术的本质性对立之中，因而带入与艺术的共属一体性之中——两者作为权力意志的基本方式，作为存在者的本质（essentia［本质］），而存在者的existentia［实存］被称为相同者的永恒轮回。

233. 把洞穴比喻的解释（1931/1932年和1933/1934年）插入真理问题之中

1. 为什么这种解释历史地是本质性的呢？因为在这里，即便在一种已经实行的沉思中，仍可明见ἀλήθεια［无蔽、真理］如何依然本 360
质性地承担和引导着关于ὄν［存在者］的希腊追问，而同时地，ἀλήθεια［无蔽、真理］如何恰恰通过这种追问（也即通过对ἰδέα［相、理念］的设定）而被带向坍塌。

2. 进一步来反观，同时即显而易见：这种坍塌并不是某个被建立起来的，甚至特别地被建基的东西的坍塌。无论一方还是另一方，都没有在原初的希腊思想中得到完成，尽管有赫拉克利特的πόλεμος

① 1931/1932年冬季学期讲座《关于真理的本质。论柏拉图的洞穴比喻和泰阿泰德篇》（《海德格尔全集》第34卷）。——原注

② 亚里士多德：《形而上学》卷四；中译本，《亚里士多德全集》第七卷，苗力田译，中国人民大学出版社1993年，第91页以下。——译注

[战争]定则和巴门尼德的教育诗。不过,普遍地在思想与诗作中(悲剧和品达),ἀλήθεια[无蔽、真理]都是本质性的。

3. 唯当这一点已经得到经验和制订时,方可显明,进而以何种方式——并且在某种意义上必然地——必定保存着ἀλήθεια[无蔽、真理]的一种残余和假象,因为实际上,连作为正确性的真理,而且恰恰是这种真理,也必定庇藏于某个已然敞开的东西中(参照“关于正确性”)。表-象所指向的东西必须是敞开的,那种适恰性为之得以昭示的东西也必须是敞开的(参照“正确性与主体-客体关系;此-在与表-象”)。

4. 如果我们从具有这样一种关键地位的洞穴比喻出发,往前和往后来综观ἀλήθεια[无蔽、真理]的历史,那么,我们就可以间接地来衡量一下,说作为ἀλήθεια[无蔽、真理]的真理唯在思想中树立起来,在其本质现身中得到展开和奠基,这到底意味着什么。说这一点在以往的形而上学中,甚至在第一开端中不仅没有发生,而且也不可能发生,这到底意味着什么。

5. 进而,作为对ἀλήθεια[无蔽、真理]中的首次闪耀的揭示,真理的本质建基不只是对词语及其相应的翻译“无蔽”[①]的采纳,而不如说,要紧的是把真理之本质现身经验为自行遮蔽的澄明。

有所澄明的遮蔽必须作为此-在而得到建基。

自行遮蔽必须被了解为作为本有的存有本身之本现。

361 在其转向中的存有与此在的最亲密关联成为可明见的,成为那样一个东西,它使基础问题成为必需的,并且强制人们超越主导问题,因而超越一切形而上学——实际上就是超越到“此”(Da)的时

① “无蔽”(Unverborgenheit)是作者建议的对希腊文ἀλήθεια的德文翻译。——译注

间-空间性[①]之中。

6. 但现在,因为“真理”本身及其概念,按照其中混杂了大量事物的漫长历史和紊乱传统来看,再也不能以任何清晰的和必然的提问方式而得到追问,所以,连对真理概念之历史的解释,尤其是对洞穴比喻的解释,也是贫乏不堪的,依赖于那种本身预先从柏拉图主义和判断学说中得到把握的东西。对一种有关在洞穴比喻中被道说,并且在这种道说中发生的东西的开抛来说,缺失的是基本态度。

因此就必须一般地首先端出一种自成一体的、起于真理问题的关于洞穴比喻的解释,并且使之发挥一种引导到真理问题的领域之中,并且引向这个问题之必然性的作用,带着全部与此种直接的尝试相随的保留条件;因为,这种解释及其步骤之开抛的基础和视野,仍然是未被探讨的和被预设的,并且表现为暴力的和任意的。

234. 真理问题(尼采)

最后并且最具激情地追问“真理”的人,就是尼采。因为一方面,尼采的出发点是:“我们不拥有真理”(XI,第 159 页)[②],而另一方面,尼采却又追问:什么是真理,甚至,真理有什么价值(VII,第 362
471 页)[③]。

不过,尼采并没有原始地追问真理。因为以〈“真理”〉这个词,

① 此处“时间-空间性”原文为 Zeit-Räumlichkeit,英译本作 the temporal-spatiality。——译注

② 尼采:《遗著。〈人性的,太人性〉和〈曙光〉时期未发表著作(1875/1876 年-1880/1881 年)》。见《尼采著作集》(大八开本版),第 XI 卷,莱比锡(克罗纳)1919 年,第 159 页。——编注

③ 尼采:《论道德的谱系》。见《尼采著作集》(大八开本版),第 VII 卷,斯图加特(克罗纳)1921 年,第 471 页。——编注

尼采几乎总是意指“真实者”，而且，凡在尼采追问真实者的本质之际，这个真实者都不免与传统纠缠在一起，而并非如此这般地来自一种原始的沉思，使得这种沉思同时也可被把握为对于“真实者”的本质性决断。

诚然，如果我们更原始地来追问，那么，这一点决不能担保某个答案；相反，只能提供出真理之本质的一种更高的可疑问性；而且，这种可疑问性正是我们所需要的；因为要是没有这样一种可疑问性，则真实者就还是无关紧要的。

但在关于“真理”的沉思中，尼采却没有达乎自由之境，因为他

1. 把真理与“生命”（“生物学的”和唯心论的〈“生命”〉）联系起来，把它当作“生命”的持存保证。“生命”径直被设定为基本现实，并且被宣判为生成的普遍特征。

2. 但同时，尼采完全在最古老的柏拉图主义传统意义上，把“存在”把握为“持存者”，而且从生命角度并且根据生命来看，“存在”作为这样一个持存物，就是被确定的、因而总是“真实的”东西。

3. 此外，这个以“生命”为定向、并且从传统的存在概念而来得到规定的真理概念，完全处于传统轨道之中，因为真理乃是思想和表-象的一种规定和结果。这种流俗意见始于亚里士多德。

所有这些未经追问地传承下来的东西阻碍了一种关于真理之本质的原始追问。

363 当然，只要这种情况处于尼采最后的沉思的中心位置（参照尼采关于（知识的）真理与艺术的关系的命题，参照关于欲望之透视角度的学说），那么，一切就都能赢得一种全新的生命活力，但这种生命活力却不能掩盖基础的脆弱性，尤其是当人们考虑到，尼采其实是要以自己的方式克服柏拉图主义的。

虽然现在看起来，仿佛尼采不管怎样也都要把真理的本质重新

纳入“生命”之中。但是，难道尼采已经对这一“生命”开端的真理、因而对权力意志和相同者的永恒轮回的真理了然于心了吗？以他自己的方式，很可能是的；因为尼采把此类存在者之开抛理解为我们拿“真理”做的一种试验。这种哲学应当成为一种对于“生命”本身的持存保证，而且是这样，即：这种哲学径直把“生命”释放到它不可超越的可能性之中。而且，也许在这里包含着尼采思想的一个步骤，对于这个步骤的大小规模，我们尚未能测度，因为我们与它过于接近了，因而不得不依然过多地在这个视野里（即“生命”的视野里）来看待一切，而这个视野根本上是尼采想要加以克服的。于是，对我们来说变得越来越必要的是，更原始地进行追问——而且不至于因此沦于那种谬见，即认为尼采的追问就此“已经完成了”。

使尼采最本己的思想变得十分艰难，并且几乎对之起着阻碍作用的，乃是下面这样一种洞见：真理之本质现身意味着此-在，亦即置身于自行遮蔽者之澄明中，而且从中汲取人之存在的基础和力量。因为，尽管有着“透视主义”的回响，“真理”依然被卷入“生命”之中了，而生命本身几乎像一个事物那样，依然是一个意求它自己的增强和提高的意志中心和力量中心。

如果我没有看错的话，那种有所移离地站出来而进入未知之物之中的情况，对于尼采来说固然是一种基本经验，但却不可能成为他自己的追问的已经得到建基的中心；而且之所以不可能，是因为尼采 364
被牢牢地固定在我们上面（本书第386页）所指出的传统的三重纠缠中了。

由此可见，首先而且还长期地，尼采是不能根据他那隐蔽莫测的思想意志来把握的，而不如说，我们得把尼采置于19世纪主流思想和世界观的流行视野之中，方能把他与这种主流思想和世界观区分开来，其实也即借助于后者的帮助找到尼采的本色和“新意”，并且使之变成有用的。

实际上,与尼采的争辩如何来掌握(或者没有掌握)他的“真理”观——这种掌握方式必须成为一块基石,借以做出决断:我们是否能促成他那真正的哲学获得自己的未来(而又没有成为“尼采信徒”),或者我们是否对他进行“历史学的”归类。

当尼采接过“一切求真理的意志[1]意味着什么?”这样一个问题,并且把有关该问题的知识称为“我们的难题”(VII,第482页)[2]时,他似乎最深刻地进入真理的本质之中而进行追问了。尼采的答案是:求真理的意志就是求假象的意志,这种假象必然地作为一种权力意志[3]、生命的持存保证——而且,这种意志在艺术中是至高无上的,因而艺术比真理更有价值。不过,求“真理”的意志因此就是有歧义的了:这种意志作为固定乃是一种反生命的意志,而作为求假象(求美化)的意志则是生命的提高。尼采的问题在于:我们身上的这种意志意愿什么?

不过,即便这个问题以及关于这个问题的知识也不是原始的(完全撇开“生命”的开端和有关“存在”的解释)。因为真理是什么,在尼采看来是完全解决了的,他对于本质的解释(参看本书第386-387页)已经充分得到了建基,使得他能立即采纳看起来更鲜明的和更原始的问题(因为与“权力意志”相关联)。

365　然则什么是真理?而且首要地,我们从何而来知道什么是真理?难道“什么是真理”这样一个**问题**不是以真理为前提的吗?还有,这是什么样的一个前提呢?我们如何取得这样一个前提?

---

① 此处“求真理的意志”(der Wille zur Macht)也可译为“求真意志”。——译注

② 尼采:《论道德的谱系》,同上,第482页。——编注

③ 在此上下文中“权力意志”(ein Wille zur Macht)也可译为“求权力的意志”。——译注

对尼采来说，真理乃是生命的一个条件，这个条件本身是反对生命的。因此，生命就需要这种“反对者”（这里显露出什么了？是那种根本上没有被经验、没有被释放并且没有在表象和思想基础上建立起来的与“存在者”本身的关联吗？）。

但因为“生命”已经是极其多义的唯心主义（它已经献身于实证主义了）意义上的这种现实性，所以，真理预先只能被设定为被纳入生命之中的单纯条件。所以，那个最终的、表面上原始的问题，就只还是关于真理的“价值”的问题：在何种意义上真理是“生命”的条件——在贬降、镇静、一同保证抑或提高的意义上吗？

然而，根本上我们何以达到生命“价值”的尺度呢？生命本身要求关于它本身的条件的决断吗？何种生命呢？而且，如果它要求这种东西，那么问题就在于：条件本身以及对条件的决断如何归属于“生命”，以及“生命”这时到底意味着什么？

如果权力意志就是超出自身之外的意愿[1]，并且是以此方式达到它自身的，那么，真理就表明自身——诚然与尼采的理解不同——为权力意志的条件。所谓“超出自身之外”，如果不光是一种数量上的提高，而是开启和建基，那它就要求时间-空间的敞开状态。

如此看来，真理作为求真理的意志就不只是生命的一个条件，不如说，真理作为权力意志乃是生命之 essentia［本质］的基础。

诚然，“生命”的整个多义性在此显示出来了，而问题依然：譬如与莱布尼茨的单子论相应，在这里是否以及如何可能设定一种等级制。

① 此处“超出自身之外的意愿”为一个词：das Über-sich-hinaus-wollen。——译注

366

235. 真理与真正[①]

我们把真实的金子称为“真正的金子”[②]；我们把真正的德国人称为“真实的德国人”。真正的东西乃是那个东西，它符合并且满足真实者，而真实者在这里是指现实的东西，或者适恰的东西。

因此，在真正性中包含着一种符合，因而包含着一种正确性。

然而，真正的东西却并非简单地只是与适恰的东西“符合一致的东西”，诸如某个命题。一个命题是正确的，却并不是真正的；抑或就是真正的么？一个非真正的、并非起于亚里士多德的命题倒可能是正确的，而且反过来讲，一个不正确的命题可能是真正的。也就是说，真正性说的是某种不同于正确性的东西，如果这个名称理当被固定下来，用于表示一个表达对于所指实事的符-合。

但举例说来，一块金子是真正的。一个“真正的丢勒”，但也可以是一个“真正”席勒式的措辞。在这里，“真正的”又一次意指某个不同的东西——决不是没有被伪造的和根本上仅仅来自丢勒、席勒的东西，而恰恰是与之相称，且仅仅与之相称的，是合乎本质的。同样地，当我们说一个人在其所作所为中是“真正的、地道的”，我们也是在说真正的东西。

真正的东西不只是适恰的和相称的东西，因此实即与某个已然持存者相符合的东西，而同时也是：尺度之建立方面的相称性，在展开过程中真正的，在原始性的遵守方面忠实于本源的。

---

① 真正的（echt）；êhaft［守法］——合法的，filius legitimus［合法儿子］；“婚姻”（Ehe）［在古高地德语中 Ehe 意同“永恒律法”］。——原注

② 原文为 echtes Gold，或译为“真金”。作者在此分辨的“真实的”（wahr）与“真正的”（echt）以及相应的名词。——译注

但在这里,什么是“原始性”呢？什么是由“原始性”规定的呢？是人,是人之存在！(此-在的内立状态！)

真正性也是比真诚性更本质性的东西[1]。真诚性始终仅仅涉及对已经被给定和可动用的东西的展开(参照“真正之物、质朴之物与简单之物”)。

真正性〈意味着〉:共同被给予之物的创造性的保存力量,被委 367
派之使命的创造性的获取力量。性情、勇气、有情绪的和有所知道的持久意志的真正性。本质性的忍耐〈乃是〉最高的勇气。

真正性与抑制:后者是更为原始的。

236. 真理

真理是为何之故呢？真理到底存在吗,如何存在呢？倘若真理不存在,那么,甚至这种“为何之故”的可能性会立足于何方呢？这种“为何之故”的问题已经证实了真理的持存,即真理必以某种方式存在。追问乃是对真理所从出和所依据的那个基础的寻求。但这种追问从何而来呢？难道它不是以人向一个为着遮蔽而开启自身的敞开者的突破为基础的吗？还有,这种有所澄明的遮蔽不就是真理的本质吗？而人的那种突破,向着他以为自己所是的那个他者的突破,是从何而来发生的以及如何发生的呢？什么东西向人显现为他自己的区域？还有,什么是人实际上并不真正所是的,什么是对人来说更多地被禁阻和被伪装的,其中只还为人留下一个假象(此-在)？

然则对作为有所澄明的遮蔽的真理之本质的规定是以什么为基

---

① 此处“真正性”原文为 Echtheit,“真诚性”原文为 Ehrlichkeit,英译本作 genuineness 和 honesty。——译注

础的呢？是基于一种对ἀλήθεια［无蔽、真理］的把握。但谁向来决定性地彻底考虑了这个ἀλήθεια［无蔽、真理］呢？还有，对于这种流传下来的、却又被遗忘的东西的权利从何而来？我们如何在真理的本质现身中抓住一个立足之所，而没有后者，一切“真实者”就都只还是一种欺骗而已？通过向一种十分可疑的“生命”所具有的活生生现实的逃遁，在这里是得不到什么的。

显而易见，这就是要做一种尝试，来看看是不是在“真理是为何之故？”的问题中，真理作为这个“为何之故”的根据而展开自身，并且因而在其本质现身中得到规定。

但看起来，这个问题却似乎已经连系于一种关于“真理”的知
368 识——十分不确定、混乱而寻常无殊——，为的是重新去质疑一种对此类知识和意见的诉求是否可靠。

如果我们宣布与假象和普通俗物脱离了关系，那么，我们究竟是在何处蹒跚呢？

倘若我们倒是进入本有之近处了，后者可能在其本质现身方面是阴暗模糊的，但却依然显示出，一个“之间”在我们与存有之间本质性地现身，这个“之间”本身乃属于存有之本现，那又如何呢？

237. 信仰与真理

这里所指的并不是对于某个“信条”的归属状态的特殊形式，而倒是指信仰的本质，是根据真理的本质来理解的。

信仰〈意味着〉：持以为真[①]。在此含义中，信仰指的是对“真”[②]

① 此处“持以为真”原文为 das Für-wahr-halten，英译本作 holding-for-true。——译注

② 上文以及别处，我们一般把这里的“真”（das Wahre）译为“真实者”。——译注

的居有，不论这种"真"是如何被给予的以及是不是可采纳的。在这种宽泛的意义上：〈信仰〉意味着赞同。

持以为真将按照"真"而发生变化（尤其是首先要按照真理及其本质）。

可是，特别是在与知识的敞开的或静默的对立之中，信仰意指的是那种持以为真，亦即对于说明性的洞察意义上的知识所不能把握的东西的持以为真（甚至"相信"一个报道，后者的"真实性"得不到检验，但可以由传达者和证人来担保）。即便在这里也显而易见：这种信仰在其本质状态中是依赖于总是与之相对立的知识方式的。

信仰：对于任何一种知识都不能把握的东西的持以为真。但在这里什么叫知识呢？真正的知识是何种知识呢？是那种知识，它知道真理的本质，因而首先在转向中根据真理的本质本身来规定这种本质。

如果真理的本质是：为存有之自行遮蔽的澄明，那么，知识[1]就 369
是持守于这种遮蔽之澄明中，因而就是与存有之自行遮蔽以及存有本身的基本关联。

于是，这种知识就不只是一种对于某个真实者或者一个别具一格的真实者[2]的持以为真，而倒原始地是：**持守于真理之本质现身中**。

于是，这种知识，本质性的知识，就是更为原始的，甚于任何一种信仰，信仰始终仅仅指向某个真实者，而且因此——如果它竟要走出完全的盲目状态的话——必然地要知道对它来说什么叫真实的和真实的东西！

---

① 此处"知识"（Wissen）似更应译为"知晓"。——译注

② 此处"真实者"（das Wahre）也可译为"真"。——译注

本质性的知识乃是一种在本质中的**持守**。这话是要说：本质性的知识并不是一种对某种照面的单纯表象，而是在一种开抛的突发范围内的经受——这种开抛在开启中本身得以知道承载着它的离基深渊。

因此，如果人们在迄今为止的表象活动和表象占有意义上来看待“知识”，那么，这种本质性的知识当然就不是一种“知识”，而是一种“信仰”了。然而，〈“信仰”〉一词这时候却具有一种完全不同的意义，不再是“持以为真”的意义了（在此意义上真理已经被认识到了，即便是十分混乱地），而倒是“在真理中持守”的意义了。而且，后面这种持守作为具有**开抛**性质的东西，始终是一种追问，其实就是**这种**原始的追问本身，在其中，人使自己面临着真理并且对本质提出决断。

这样一种**追问者**乃是原始的和本真的信仰者，也就是那种人，他们严肃地并且彻底地对待**真理**本身（而不只是真实者），他们要作出决断：真理的本质是否本质性地现身，以及这种本现本身是否承载和引导我们这些知识者、信仰者、行动者、创造者，简言之，就是历史性的人们。

诚然，这种原始的信仰与一种接受——对直接提供支持，并且使
370 勇气变得多余的东西的接受——毫无共同之处。而毋宁说，这种信仰乃是坚持于极端的决断中。光是这一点就可能再度把我们的历史带向一个已经得到建基的基础。

因为，只要这种原始的信仰作为追问恰恰把自身摆出来而进入存在之本现中，并且经验到离-基状态的**必然性**，那么，它也就绝不是对于某种自身制作的可靠性的一种自私自利的攫取了。

（四）作为离-基深渊的时间-空间 371

238. 时间-空间

在何种问题提法中如此这般被命名的东西[①]得以被设定起来？

时间-空间之起源于和归属于真理之本质现身，作为“此”的如此这般被建基的移离-迷移构造[②]（即接合）。（还不是事物之表象的“框架”，还不是相继序列的单纯的自在流逝。）

时机之所和世界与大地的争执。这种争执与本有之真理的庇护。

时间-空间与此在的“实际性”（参看关于《存在与时间》第一部第5章的持续评注！）[③]。转向之“在之间”（Inzwischen），而且是作为历史性地特别内立性的转向之“在之间”！被规定为此时此地！此-在的唯一性。因而就有对被委派之物和共同给予之物的有所知道的经受的唯一性。

时间-永恒-时机[④]

永恒者并不是持-续者，而是那个为了将来返回而可能在眼下自行隐匿的东西。能够返回的东西并不是作为相同者，而倒是作为

---

① 指本节标题所示“时间-空间”。——译注

② 此处“移离-迷移构造”原文为 Entrückungs-Berückungsgefüge，英译本作 jointure of removal-and charming-moving-unto。——译注

③ 现收入《海德格尔全集》第82卷。——译注

④ 此处“时机”（Augenblick）也可译为“瞬间”。——译注

重新转变者、一个唯一者，即存有，以至于它在这种可敞开状态中首先并没有被认作同一者！

那么，什么是**永恒化**(*Ver-ewigung*)呢？

372

239. 时间-空间[①]
(准备性的思索)

时间与空间，在向来自为地被表象，并且在通常的联系中的时间与空间，本身乃源自时间-空间——比起时间与空间本身及其计算性地被表象的联系来，时间-空间是更为原始的。而时间-空间乃属于作为本有的存在的本质现身[②]意义上的真理(由此出发我们方能理解，为什么"存在与时间"的关联在过渡中起着指路作用)。然而问题在于：时间-空间如何以及作为什么属于真理。真理本身是什么，这是不能预先孤立地充分说出来的，相反，这恰恰是要在对时间-空间的理解中说出来的。

时间-空间乃是本有之转向轨道的被居有的开裂[③]，是那种在归属性与召唤、存在之离弃状态与招呼(存有本身之颤动的战栗！)之间的转向(Kehre)的被居有的开裂。切近与遥远、空洞与赠予、激昂与迟疑，所有这一切都不能从通常的时间观念和空间观念出发而得

---

① 参看本书"传送"部分，第108节，"主导问题历史范围内的形而上学基本立场以及它们各自具有的时间-空间解释"(或者关于空间和时间)；参看1935/1936年冬季学期讲座《物的追问。关于康德的先难原理学说》(《海德格尔全集》第41卷，第14页以下)。——原注

② 此处"本质现身"原文为Erwesung，英译本作essential enswaying。作者在本书中通常使用Wesung(我们译之为"本现")，而少用Erwesung，两者应该同义。——译注

③ 此句原文为：Der Zeit-Raum ist die ereignete Erklüftung der Kehrungsbahnen des Ereignisses，英译本作time-space is the enowned encleavage of the turning trajectories of enowning。——译注

到时间-空间上的把握,相反地,在通常的时间观念和空间观念中蕴含着时间-空间的隐蔽本质。

然则如何能使这一点接近于今天通常的表象呢?在此必须踏上不同的准备性的道路。虽然看起来,最可靠的做法似乎是干脆离弃以往关于空间与时间及其概念性理解的观念领域,重新开始。但这是不可能的,因为其实事情的关键绝不仅仅在于表象活动和表象方向的一种改变,而在于人之本质向此-在的一种移-置(Verrückung)。追问和思想诚然必须是原初性的,但恰恰又必须是过渡性的(参看本书"传送"部分)。

对这个来自第一开端之历史的来源的沉思(存在作为存在状 373
态——持续的在场状态)乃是无可避免的。〈我们〉必须显明,何以空间与时间成为"数学"计算的框架性观念("ordo"[秩序]概念)("直观形式"),以及为什么这样一些空间和时间概念掌握了一切思想,即便在——并且恰恰在——人们谈论"被体验的时间"(柏格森等)的地方亦然。

为此就必须有亚里士多德《物理学》第四章中关于τόπος[位置、地方]和χρόνος[时间]的解释了——自然地,这是在《物理学》的整个基本立场框架内。

这就将表明,何以在这里[①]还根本就没有达到那个"框架"观念,而且也是不可能达到那个"框架"观念的,因为后者是以现代意义上的"数学因素"的产生为前提的。再者,这一点,亦即关于空间与时间的相应解说,又只有在下述情形下才是可能的,即,这种解说的基础,也就是关于存在状态的希腊经验,已经失落了,并且在保留亚里士多德的"结论"的条件下,径直被基督教的存在者解释取而代之

① 应指在亚里士多德那里。——译注

了。对οὐσία［在场、实体］的权力褫夺和 substantia［实体］的出现早就已经得到了酝酿。

这就是唯名论当时完成的事了。

但有关时间与空间，一种形而上学的解说何以恰恰在近代依然得到了固定、得到了重新试验——空间作为 sensorium Dei［上帝的感觉中枢］①。

在莱布尼兹那里，空间与时间的歧义性，它们的起源模糊不清；在康德那里，〈时间与空间〉干脆被判给人类主体了！

然而凡此种种，都是对时间-空间一无所知。

为什么以及在何种前提下，空间与时间的相互分裂是历史性地必然的呢？

有一条从已经完成的破碎返回到另一个起源中去的道路吗？看起来是有的。因为既然坚持了那些熟知的空间观和时间观，那么看
374 起来就总是这样，仿佛某种“形而上学因素”被堆积到这些空洞的秩序形式（何种秩序？）上了。但问题却在于这些空洞形式的合法性和来源的问题，这些空洞形式的真理性尚未根据它们在计算领域的正确性和可用性而得到证明；倒是相反的情形由此得到了证明。

另一方面，对它们的来源的追溯却没有通向那个本质渊源，即“真理性”，尽管τόπος［位置、地方］（设置着空间的）和χρόνος［时间］（归属于ψυχή［灵魂］的）是返回来指向φύσις［涌现、自然］的。在此根本就不需要“神秘的”“观念”。因为这些“观念”只能最后作为对第一开端来说前-开端性的（vor-anfänglich）东西而得到把握。如果人们由这些“观念”开始，那么，充其量就只能得出那种“陈词滥

① 这是牛顿在《自然哲学的数学原理》第三卷中对空间做的规定：sensorium Dei［上帝的感觉中枢、上帝的感官］。——译注

调”，就是说：后来被置入 ratio［理性］之光中的东西，在这里还是“非理性地”得到经验的。

然而，通向一种初步而暂时的、而且过渡性的对于时间-空间的沉思的道路是何种道路呢？在此-在的时机之所中。而这个时机之所就是我们如此这般避开此-在的地方吗？

我们能够做出尝试，按照通常的观念，从关于“空间与时间”的“统一性”的问题出发吗？（参看 1935/1936 年冬季学期讲座，导论部分）[①]自古以来，时间与空间从何处、又为何总是在一起的，两者又是怎样在一起的？是何种没有被克服掉的基本经验呢？（这个“此”！）只是表面地依照主导性的存在状态吗？而这个“与”[②]对于两者来说又是怎么回事？受追问的就是这个“与”吗？这个“与”是可追问的吗？

这个“与”实际上乃是时间与空间之本质的基础，即移置入那个具有划界作用的，并且对在场现身和持存性具有构成作用的敞开者之中，而这个敞开者本身又没有变成可经验和可论证的。可参照同时发生的ἀλήθεια［无蔽、真理］之坍塌，及其向ὁμοίωσις［相似、肖似］（即正确性）的改造。

因为在这里，有所经验的开抛并不是在对一种普遍本质（γένος［种、属］）的表象方向上发生的，而是在对此-在的时机之所的原始的和历史性的进入过程中发生的。这样一回事情何以是在希腊悲剧中〈发生〉的呢？

时机之所、唯一性和最明亮之移离的爆发——即从自行拒绝者 375
和迟疑者的温柔迷离而来的暗示之领域的最明亮移离的爆发——，

① 现被辑为《海德格尔全集》第 41 卷，即《物的追问。关于康德的先验原理学说》，美茵法兰克福 1984 年。——译注

② 指“时间与空间”中的“与”（und）。——译注

在决断方面的近和远,存在历史的"何处"和"何时",〈都是〉从抑制之基本情调的本有过程而来自行澄明和遮蔽的。这种抑制和"此"之基本经验,因而〈也是〉时间-空间的基本经验。

诚然,把空间观念和时间观念反向联系于情调,现在看起来不只是一种对空洞形式的形而上学转达,而且同时也是一种新的"主体化"。

但对于这种"主体化",我们必须说:

因为此-在本质上是自身性(本己性)[①],而自身性本身乃是自我和我们以及所有低级的和高级的"主体性"的基础,所以,把时间-空间从时机之所中展开出来,这并不是什么主体化,而倒是主体化的克服——如果不说是一种原则性的先行拒斥的话。

时间-空间的这个本源相应于作为本有的存有的唯一性。

这个本源唯在依照当下必然的庇护轨道而进行的真理之庇护的生发中,把自身带入自己的敞开者中。

作为真理之本现(朝向离基深渊的基础的本现),时间-空间首先在另一开端的实行中方能得到认识。而此前,而且必然地,时间-空间依然掩蔽于未被把握的、但又习以为常的对"空间"和"时间"的共同命名之形态中。

空间和时间之空洞性的优先地位从何而来,它们那种直接被表-象的延展的优先地位,以及它们那种量化特性[②]和可计算性的优先地位从何而来?

一切都要回溯到希腊人关于οὐσία[在场]的基本经验上。〈在

---

① 此处"自身性"和"本己性"原文为 Selbstheit 和 Eigentum,英译本作 selfhood 和 ownhood。——译注

② 此处"量化特性"原文为 Mengenhaftigkeit,英译本作 dimension of quantifiability。——译注

其中,〉空间和时间直接地得到表-象,甚至那种在φύσις[涌现、自然]中强行充当如此这般可表-象者的东西(可参照在时间方面,因此就有νῦν[现在]的优先地位)。

借着在场状态,πέρας[界限、边界]和περιέχον[包括、包围]得 376
到了设定。这个开端及其解释保持下来了,没有赢获向某种更原始之物的回归——这只有根据关于存在之真理的问题才是可能的;与之相反,在亚里士多德那里,ποῦ[何地]、ποτέ[何时]——〈乃是〉范畴、存在状态之规定性、οὐσία[在场、实体]!

不论后来通过新柏拉图主义、奥古斯丁、中世纪加进了什么东西(也即通过基督教所信仰的永恒性和 summum ens[至高存在者]),基本开端却一直保持下来了,而且是那种在笛卡尔那里作为存在状态之规定性的本质引线来发挥作用的 Mathesis[数理、数学]的基础。于是,可计算性与纯粹的机械论一道,便愈加发挥其效用了;而空间和时间就如同关于存在状态的观念一样,顽固而自明地在这种解释中固定下来了。

关于它们[①]那种具有统一作用的、原始的、完全不同的本质现身的问题,乃是十分令人诧异的、不可理解的,因而是任意的。

240. 时间与空间。它们的"现实性"与"来源"

就如同空间极少是物性的,时间也极少是自我性的;而且尤其是,空间不是"客观的",时间不是"主观的"。

时间与空间是在时间-空间中原始统一的,〈两者〉归属于真理之本质,乃是对"此"的朝向离基深渊的建基——而通过这个"此",

---

① 此处"它们"应指"时间与空间"。——译注

自身性和存在者的全部真实性才得以建基。

有关空间与时间之“现实性”和“来源”的追问所碰到的窘迫困境，对于“什么是存在者？”这个主导问题的视野来讲是标志性的。可参照作为离基深渊的时间-空间。

377 241. 空间与时间——时间-空间

空间与时间是根本不同的。空间在特定方面被表象为 ordo[秩序]和共同现成之物的框架区域，这就表明，如此这般被表象的空间乃是在一种当下化(确定的时间性)中变成可表-象的。不过，这根本就没有对空间本身是什么说出什么来。没有任何理由因为关于空间的表-象乃是一种时间化过程，就把空间归结为“时间”。而毋宁说，两者绝不仅仅在通常所谓的“维度”的数量上是有差异的，根本上具有最本己的本质，而且只是借助于这种极端的差异性，两者才归于它们的本源，即时间-空间。两者的本己本质越纯粹地得到维持，这个本源越深刻地得到铺设，则对两者作为时间-空间的本质现身的把握就越能成功——这种时间-空间归属于真理的本质(作为遮蔽的有所澄明的基础)。

1. 正如关于“时段”[①]的通常表象极少涉及时间-空间所指的东西，对于通向时间-空间之本质现身的道路来说可能也只不过是一个出发点而已。

378 2. 同样地，时间-空间也不只是空间与时间的一种耦合，也就是

---

① 此处“时段”德语原文为 Zeitraum(若按字面直译，即为“时空”)，与作者所思的“时间-空间”(Zeit-Raum)在字面上极为接近。英译本把这里的 Zeitraum 译为 time-space，并附以另一译名 span of time。关于“时段”，作者在下文还有进一步讨论。——译注

在下列意义上的一种耦合,即:被当作计算之(t)的时间,变成第四个参数,而且因此设定了**物理学**的四维“空间”。在这里,既然空间与时间预先已经被平整为可计数的和使计数成为可能的东西的相同者了,那么,两者就只不过是被串连在一起了。

3. 但在另一种也许可设想的意义上,时间-空间也只是一种耦合,比如说,任何一个历史性事件在某时某地,因而或许在时间和空间上得到了规定。

而毋宁说,〈时间与空间的〉统一体乃是本源之统一性,而这个本源只有在下列条件下才能得到探究,即:

1. 两者的本质作为各自本己的本质已得到澄清,而且

2. 每个本质都于自身中得到了显突,以其极端的分离状态区别于另一本质,而且

3. 每个本质都于自身中被把握为是起源于某个原始之物的;而且

4. 作为不同于两者的东西,这个原始之物乃是两者的共同根基,但却是这样,即:它作为根基需要以两者为“树干”,方能成为为根基建基的基础(真理之本质)。

根据时间-空间来解释空间和时间,这种解释并不是要证明以往关于空间和时间的知识都是“错误的”。相反,以往的知识首先将被嵌入到其正确性之区域里(这个区域当然是受限制的),并且由此得以说明,空间和时间是如此不可穷尽,本质上就如同存有本身。

关于“时段”的通常的、已经陈旧的观念

这里〈所谓“时段”〉指的是关于时间本身的一种规定,而且只是关于时间的一种规定,并不像“时间-空间”一词,指的是对于时间和空间来说原始统一的基本的本质现身。

“时段”意指一段“时间”，从现在到后来，从过去到今天，等等；还有如一个百年“时段”；在这里，只要时间作为指数包括某个东西，一种“从……到……”，一种被衡量的东西，则时间就被设想为空间性的了。甚至不是以转义用法，“时段”指的是时间的那个敞开者，后者归于时间的移离，当然并不是“空间性的”。所以，在“时段”一词中，关于“时间”的通常概念也得到了表象。

人们或许会指望从一种对空间观念和时间观念的历史的考察中，获得一种对时间－空间的澄清。

然而，所有这些自19世纪以来屡屡为人们所尝试的历史学描述，却全都是盲目的、无用的，没有真正的哲学追问的意义——且不
379 说它们只不过是从各个问题语境中拣出若干个“段落”并且给予排列而已。

这些“观念”的历史乃是存有之真理的历史，唯有与主导问题的历史一体地结合，它才能在哲学上得到富有成效的显明。所有其他的做法都是学究把戏，更有甚者，它们只能诱发肤浅而琐碎的文献考证作风。

242. 时间－空间之为离－基深渊

离－基深渊乃是基础的原始本现。基础乃是真理之本质。所以，如果时间－空间被把握为离－基深渊，而且反过来，离－基深渊从时间－空间出发得到了更确定的把握，那么，借此就开启出时间－空间与真理之本质的转向性关联和归属性。

离基深渊乃是空间与时间的**原始统一性**，是那种具有统一作用的统一性，它首先让空间和时间分道扬镳，进入它们的分离状态之中。

不过,离-基深渊首先也是基础的原始的本质现身,是基础之建基、真理之本质的原始的本质现身。

什么是离-基深渊呢?它的建基方式是何种方式?离-基深渊乃是基础之离失[①]。

还有,什么是基础呢?基础乃是自行掩蔽-接纳[②],因为它是一种承荷,而且这种承荷乃是有待奠基者的贯通和耸立。基础〈乃是〉:在有所承荷的贯通和耸立中的自行遮蔽。

离-基深渊〈即〉离失[③];作为自行遮蔽中的基础,它是一种以基础之拒绝(Versagung)为方式的自行遮蔽。然而,所谓拒绝并非一无所有,而倒是一种别具一格的、原始的"让未充满"、"让空虚"的方式;因而是一种别具一格的开启方式。

不过,作为基础之本现,离-基深渊并非一种单纯的自行拒绝,亦即简单的退却和离去。离-基深渊乃是离-基深渊。[④] 在自行拒绝中,基础以一种别具一格的方式带入敞开者中,也就是带入那种空虚 380
的首次敞开中心,这种空虚因而是一种确定的空虚。基础同样地,并且恰恰植根于离基深渊,但并非真正地植根于离基深渊,就此而言,基础处于踌躇中。

离-基深渊乃是基础的有所踌躇的拒绝。在拒绝中,原始的空虚自行开放,原始的澄明发生出来,而这种澄明同时也是为了在自身中让踌躇显示出来。

---

① 此处"离失"(Weg-bleiben)英译本作 the staying-away。——译注

② 此处"自行掩蔽-接纳"原文为 das Sichverhüllende-Aufnehmen,英译本作 the self-concealing-receiving。——译注

③ 此处"离失"(Ausbleiben)意同上文讲的"离失"(Weg-bleiben),英译本均译为 staying-awayi。——译注

④ 此句原文为:Der *Ab*-grund ist Ab-*grund*,前后两个 Abgrund 只有重点号(斜体字)之别。——译注

离-基深渊乃是原初本质性的**澄明着的遮蔽**,是真理之本现。

但是,因为真理乃是存有的澄明着的遮蔽,所以作为离-基深渊,它首先就是基础,这个基础只是作为本有的有所承荷的“让贯通和耸立”[①]而起建基作用的。因为有所踌躇的拒绝乃是那种暗示,在此暗示中,此-**在**(实即澄明着的遮蔽的持存性)得到了召唤,而且,这就是呼唤与归属状态之间的转向之颤动,即之**本**-**有过程**、存有本身。

真理作为本有之真理而建基。所以,从作为基础的真理角度来把握,本有就是:**原始**-**基础**(*Ur-grund*)。这个原始-基础唯在离-基深渊中作为自行遮蔽者而开启自身。不过,离基深渊却完全被无-基(Un-grund)伪装起来了(参看下文)。

有所建基的原始-基础乃是**存有**,但向来在其真理中本现。

基础(真理之本质)越彻底地得到探基,则存有就越是本质性地本现。

而对于基础的探基必须冒险一跳,跃入离-基深渊之中,必须去测度和经受住离-基深渊本身。

作为上述意义上的基础之离失,离-基深渊乃是作为“空虚”的敞开者的首次澄明。

但这里所指的到底是何种空虚呢?并不是那种秩序形式和框架的空缺,即缺失空间和时间的可计算的现成之物的秩序形式和框架,也不是空间和时间范围内的现成之物的不在场状态,而是指时间-
381 空间性的空虚,在踌躇着的自行拒绝中的原始开裂[②]。然则难道踌躇着的自行拒绝一定不会冲向一种诉求,一种寻求,一种投身意愿

① 原文为一个“词”:das Durchragenlassen。——译注

② 此处“开裂”(Aufklaffung)英译本作 gaping open。作者在本书一般用的是另一个词,即 Zerklüftung,我们也译之为“开裂”。——译注

(Hinwollen),从而使之可能成为一种自行拒绝吗? 当然啰,但两者向来作为本有而本现,而且,现在要紧的只是对空虚本身之本质的规定——这就是说,对离基深渊之离-基状态(Ab-gründigkeit)的思考,也即离-基深渊是如何建基的。真正说来,这始终只有根据那个原始-基础(即本有)来思考,而且要在向本有之颤动着的转向的跳跃的实行中来思考。

作为基础之离失,离-基深渊倒可能是真理之本现(即澄明着的遮蔽)。基础之离失——难道这不就是真理的不在场状态吗? 但踌躇着的自行拒绝其实恰恰是为遮蔽的澄明,因而是真理的在场现身。确实,〈这里说的是〉"在场现身",但不是以现成之物在场的方式,而是首先为存在者之在场和不在场状态奠基的东西的本现[①]——而且还不止于此呢。

"离失"作为基础的(踌躇着的)自行拒绝,乃是作为离-基深渊的基础之本现。基础需要离-基深渊。而且,在自行拒绝中发生的澄明不是一种单纯的开裂和张开(χάος[混沌]——与φύσις[涌现、自然]相反),而恰恰是对这个被澄明之物(它让那种自行遮蔽站到它之中)的本质性移-置(*Ver-rückung*)的有所调谐的接合[②]。

而且,之所以如此,是因为作为澄明着的遮蔽,真理乃是作为本有的存有的真理,是来回往复颤动着的本有过程的真理,后者在真理中(在"此"之本现中)自行建基,在真理中、而且唯在真理中为自己赢获为其自行遮蔽的澄明。

本有调谐和贯通真理之本现。因此,遮蔽之澄明的敞开状态原

---

① 注意这里的"在场现身"(Anwesung)与"本现"(Wesung,或译"本质现身")有着共同的词根 wesen。——译注

② 此处"有所调谐的接合"原文为 das stimmende Erfügen,英译本作 the tuning enjoining。——译注

始地并不是一种空缺状态的单纯空虚，而倒是离-基深渊的被调谐的和有所调谐的空虚，与本有之有所调谐的暗示相应，离-基深渊乃是一种被调谐的、在此也即被接合的离-基深渊。

382 “空虚”也不是一种期望和一种愿望的单纯不满足。它仅仅作为此-在，也即作为抑制状态而存在（参看本书“前瞻”部分，第13节，“抑制”），也就是面对踌躇着的拒绝的克制，由此，时间-空间就作为决断的时机之所而得以自行建基。

同样地，“空虚”真正说来也就是尚未决断者、有待决断者的全部丰富性，是离-基深渊之物（das Ab-gründige），是指示着基础、即存在之真理的东西。

“空虚”乃是存在之离弃状态的已充实的急难，但存在之离弃状态已然移置入敞开者之中了，因而与存有及其不可穷尽性的唯一性相关联。

“空虚”并不是作为与一种贫困一道被给予的东西，并不是这种贫困的急难，而毋宁说，它是抑制之急难（这种抑制于自身中就是突现出来的开抛），是最原始的归属状态的基本情调。

因此，用“空虚”来命名在对于有所踌躇的拒绝的抑制之本-有过程当中自行开启出来的东西，这是不合适的，这样的称法始终太过依赖于那种难以克服的基于事物空间和过程时间的定向了。

为遮蔽的自行开启者原始地就是不可决断状态之遥远，即不能决断上帝是远离我们还是向我们走来。这就是说：在这种遥远及其不可决断性中，显示出我们依照这种开启而称之为上帝的那个东西的遮蔽。

这种不可决断状态之“遥远”乃先于任何被孤立起来的“空间”和任何被显突出来的流逝的时间。它也先于所有维度性而本质性地现身。这样一个东西唯源起于真理之庇护，因而源起于在存在者中的、而且首先是在物性现成之物和翻转之物中的时间-空间之庇护。

唯在某个现成之物被掌握和固定下来的地方,才产生在它一旁流逝的"时间"之流以及包围着它的"空间"。

作为基础的第一次本现,离-基深渊以时间化和空间化的方式 383
建基(让基础作为基础而本质性现身)。

然而,就关于离-基深渊的适当把握来说,这里正是关节点所在。时间化和空间化是不能从流俗的空间观念和时间观念出发来把握的,而不如说,这些观念必须反过来根据它们的来源,从原初本质性的时间化和空间化来获得自身的规定性。

这种时间化和空间化是从何处得到它们统一的本源和分离性[①]的呢?原始的统一性具有何种方式,使得它能被分开来而抛入这种分离之中?在这里,在何种意义上被分离之物作为离-基状态(Abgründigkeit)之本现恰恰是统一的?这里我们所讨论的不可能是无论何种"辩证法",而只可能是基础(即真理)本身的本现。

这种本现的构造必须一再地被置入开抛之中:真理之本质乃是澄明着的遮蔽。这种遮蔽接受本有,并且在承荷本有之际让本有之颤动通过敞开者而耸立。有所承荷的让耸立之际,真理乃是存有之基础。这个"基础"并不比存有更原始,而倒是让这个东西即本有得以源起的本源。

可是,作为基础的真理原始地却作为离-基深渊而建基。而且,这个离-基深渊乃作为时间化和空间化的统一性而建基。它们因此就从那个使基础成为基础的东西(即本有)中获得了自己的本质现身。

---

① 此处"分离性"(Geschiednis)是作者生造的词,英译本作 separatedness。——译注

暗示乃踌躇着的自行拒绝。这种自行拒绝不仅创造出匮乏和期待之空虚，而且与这些东西一道，也提供出那样一种空虚，后者乃是一种在自身中移离着的，移离入未来状态中、因此同时打开一个曾在者——这个曾在者与将来者一起出现，构成那种当前，即移置入离弃状态之中、但却有所回忆和有所期待的当前。

384 但因为这种离弃状态乃是原始地回忆着和期待着的（对于存在的归属状态与存有的呼唤），所以，它本身决不是一种单纯的在某种“非拥有”（Nichthaben）中的沉沦和消失，相反地，它倒是那种被建立起来的、仅仅被落实到决断之中的当前，即：瞬间时机[1]。移离被移置入这个瞬间时机中，而且，这个瞬间时机本身仅仅作为移离之聚集而本质性地现身。

回忆着的期待（回忆一种被掩蔽的归属状态，期待一种存有的呼唤）对存有之突发的“是”与“否”作出决断。更清晰地讲，作为（踌躇着的）自行拒绝的这样一种接合，时间化以离-基深渊的方式为决断领域建基。然而，随着向自行拒绝者的移离（这正是时间化的本质），或许一切都已经被决定下来了。但自行拒绝者却在踌躇之际拒绝自身，它因此提供出赠予和居有的可能性。自行拒绝把时间化的移离接合起来，作为踌躇着的自行拒绝，它同时也是最原始的迷移（*Berückung*）。这种迷移乃是瞬间时机以及时间化得以在其中守持的环绕支撑[2]（〈我们〉应当如何〈来思考〉原始的离-基深渊？〈是〉“空虚”吗？既不是空虚也不是充满）。这种迷移允许赠予的可能性（作为本质地现身的可能性），为之设置了空间。迷移乃是本有

① 此处“瞬间时机”（Augenblick，英译作 moment），可译为“时机、当下时机、瞬间”。——译注

② 此处“环绕支撑”（Umhalt）在英译本中作 the encircling hold。无论中译还是英译都不无勉强。——译注

的空间设置[①]。通过迷移，离弃状态就成为一种得到固定的、必须经受的离弃状态了。

基础之"离失"，它的离基状态，乃是根据那种踌躇着的自行拒绝而被调谐的，同时既时间化又空间化，既移离着又迷移着。空间设置建基着，并且就是瞬间时机之场所。时间-空间作为时间化和空间化的原始统一性，原始地本身就是瞬间时机之所，而这个瞬间时机之所乃是朝向离-基深渊的本质性的时间-空间性[②]，也就是遮蔽之敞开状态——亦即"此"——的时间-空间性。

那么，时间化与空间化中的分离性从何而来呢？来自根本上不同地要求自身的移离和迷移，来自踌躇着的拒绝的统一性。移离和迷移的分离性从何而来？来自踌躇着的拒绝，而且这种弃绝乃作为 385
本有之原初本质现身的暗示（*Erwinken*），原初地处于另一开端中。这种存有之本质现身是独一无二的，无与伦比的，因而满足存有最内在的本质现身；甚至φύσις［涌现、自然］也〈是〉独一无二的和无与伦比的。

如果那种时间化和那种空间化〈乃是〉时间和空间的原始的本质现身，那么，它们的来源，那个朝向离基深渊的、为离-基深渊建基的来源，就已经从存在之本质现身而来得到了显明。时间与空间（原始地）不"存在"，而是本现。

然而，踌躇着的拒绝本身具有这种原始地具有统一作用的接合，即对自行拒绝与来自暗示的踌躇的接合。这种暗示乃是自行遮蔽者

① 此处"空间设置"（Einräumung）在英译本中作"空间化"（spatializing）。中译本把动词 einräumen 译为"设置空间"，把名词 Einräumen 和 Einräumung 译为"空间设置"；而把动词 räumen 和名词 Räuung 译为"空间化"。——译注

② 此处"时间-空间性"原文为 Zeit-Räumlichkeit，英译本作 temporality-spatiality。——译注

本身的自行开启，而且是为了本-有过程和作为本-有过程的自行开启，作为呼唤进入对本有本身的归属状态中，亦即对于作为存有之决断领域的此-在的建基的归属状态。

但唯有在从存在之离弃状态的急难而来的存有之回响中，这种暗示才能达乎暗示，而且这又仅仅意味着：既不是从呼唤而来也不是从一种归属状态而来，而只是从使两者颤动的“之间”（Zwischen）中才开启出本有。而且〈这也意味着〉，时间-空间之本源的开抛，作为来自基础之离基深渊的原始统一性，才变成可实行的（〈这是一张〉网，参看本书“跳跃”部分，第142节，“存有之本质现身”）[①]。

空间乃是对环绕支撑（Umhalt）的迷移着的离-基深渊化。

时间乃是对聚集（Sammlung）的移离着的离-基深渊化。

迷移乃是朝向离基深渊的聚集之环绕支撑。

移离乃是朝向离基深渊的向环绕支撑的聚集。

如果移离被证明为聚集，而迷移被证明为环绕支撑，那么，这当中每每含着某种反转。因为移离看起来是分散化，而迷移看起来是疏异化。这种反转恰恰是本质性的东西，指示着两者以它们的分离性为基础的原始的相互指引状态。

386 时间设置空间，[②]从不起迷离作用。

空间设置时间，[③]从不起移离作用。

但时间与空间也并不以任何共同的东西为统一体，而不如说，它们所拥有的是它们的具有统一作用的东西，后者让它们源起而进入

① 在本书第142节中，作者谈到“本-有及其在时间-空间之离基状态中的接合乃是一张网”。——译注

② 此处“设置空间”原文为 einräumen，英译本作“空间化”（spatializes）。——译注

③ 此处“设置时间”原文为 einzeitigen，英译本作“时间化”（temporalizes）。——译注

那种不可分离的被指引状态（Gewiesenheit）中，即时间－空间，基础的离－基深渊：真理的本现。然而，这种源－起（Ent-springen）决不是挣脱，而是相反：时间－空间只不过是真理之本现的本质展开。

因此，基础之离－基深渊在其本质上并没有被耗竭，而只是作为"此"之建基而得到了廓清。

时间－空间乃是迷移着－移离着的有所聚集的环绕支撑，是如此这般被接合、并且相应地有所调谐的离－基深渊，这个离－基深渊的本现在"此"之建基中、通过此－在（它的真理之庇护的本质轨道）而变成历史性的。

在这种原始的本质现身中，时间－空间依然丝毫没有人们通常所认识的自在的"时间"和"空间"的性质，实际上倒是时间－空间于自身中包含着向它们①的展开——而且是在一种更大的丰富性中，胜于以往通过对空间和时间的数学化可能显露出来的东西。

时间－空间是如何变成"空间和时间"的呢？

如此提问，问题还过于模糊而易致误解。

预先要区分的是：

1. 在关于作为φύσις［涌现、自然］的存在者的解释范围内（根据未曾展开的ἀλήθεια［无蔽、真理］来进行的解释），τόπος［位置、地方］与χρόνος［时间］的曾在历史（参看本书"建基"部分，第 241 节，"空间与时间——时间－空间"，本书第 402－404 页）；

2. 对空间和时间的展开——根据在另一开端之思想范围内作为基础之离基深渊明确而原始地被把握的时间－空间；

3. 在未来的此在之建基范围内（通过把本有之真理庇护到由此得到重新赋形的存在者之中）对作为真理之本现的**时间－空间**的

① 指通常所认识的"时间"和"空间"。——译注

授权。

387 4. 真正地澄清、消解或者排除那些困难，即向来在以往的思想历史中、在人们所认识的空间和时间身上堆积起来的困难；例如，关于空间和时间的“现实性”的问题；关于空间和时间的“无限性”的问题；关于空间和时间与“事物”的关系问题。只消空间和时间还没有根据时间-空间而得到理解，也就是说，只消关于真理之本质的问题根本还没有作为哲学之基本问题的先行问题（存有如何本现？）而得到追问，那么，上述所有这些问题就不仅依然是不可解答的，而且首先是不可追问的。

如若我们试图从以往的解释中取得空间和时间本身，但又在这种解释的方向上把握它们的前数学的形态，那么，时间-空间与空间和时间的联系，以及空间和时间从时间-空间而来的展开，就可能在某种程度上得到最佳的预先澄清（参看我在《存在与时间》关于此-在之空间性的讨论；时间性作为历史性）①。

然而，关键问题在于：何以竟出现了在空间和时间中准许数学化的东西呢？答案在对那个生发事件的沉思中，即：离-基深渊——几乎未经探究——就已经被无-基（Un-grund）掩盖起来了（可参照第一开端）。

迷移之环绕支撑具有那种暗示之隐蔽可能性的未锁闭的广度。

移离之聚集具有那种被指派的共同被给予和委托者②的未经测度的、与尺度格格不入的遥远性。

离-基深渊的敞开者不是毫无根基的。离基深渊不像无根基础

---

① 可参看海德格尔：《存在与时间》，中译本，陈嘉映、王庆节译，三联书店 2006 年，第 128 页以下和第 421 页以下。——译注

② 此处“共同被给予和委托者”（das Mitgegebene und Aufgegebene）在英译本中被译作 what is allotted and given along with as a task。——译注

状态那样是对任何基础的否定,而倒是对基础的隐蔽广度和遥远性的肯定。

离-基深渊因而是在自身中时间化-空间化-反向颤动着的“之间”的时机之所——而作为这个“之间”,此-在必定得到了建基。

离-基深渊就像踌躇着的拒绝一样并不是“否定性的”;直接地(“在逻辑上”)来看,两者固然包含一种“否”(nein),但踌躇着的拒绝却是暗示的第一次至高的闪现。

更原始地来理解,在踌躇着的拒绝中当然有一种“不”(Nicht) 388
本质性地现身。不过,这乃是一种原始的“不”,它属于存有本身,因而归属于本有。

从“空间”和从“时间”而来的相反道路(参看上文第413-414页和第241节。“空间与时间——时间-空间”):

最可靠地,这条相反道路要这样来看待,即:事物、器具、作品、谋制以及所有存在者的空间性和时间性,它们作为真理之庇护都是在某种解释中得到揭示的。未明言地,这种解释的开抛乃是由关于作为离基深渊的时间-空间的知识来规定的。但以事物为起点,解释本身必须唤起全新的经验。有一个似是而非的假象,仿佛我们这里是要做一种不言自明的原本描写;这个假象是没有什么危险的,因为其实,这条解释道路就是要以时间-空间为定向来处理空间和时间。由此开始的道路与从存在者出来的道路是一定会碰在一起的。循着从“存在者”而来的道路(但它已然被移置入大地与世界的争执的敞开者中了),进而就有了一个机会,〈让我们〉得以把以往关于空间和时间的探讨嵌合到原初的争辩之中(参看本书“传送”部分)。

389 (五)作为庇护的真理之本现

243. 庇护

完全撇开"真理绝非现成的"这一点不谈,〈庇护〉并不是事后把自在地现成的真理安置在存在者当中。

庇护归属于真理之本现。而如果真理从未在庇护中本质性地现身,那它就不是本现了。

因此,如果通过显示[①]方式,把真理之"本质"命名为自行遮蔽的澄明,那么,这一点之发生,只是为了首先把真理之本现展开出来。澄明必定把自身建基于它的敞开者中。它需要它在敞开状态中所保持的东西,而且,后者是一个各各不同的存在者(事物-器具-作品)。但敞开者的这种庇护必须同时、而且预先如此这般地存在,即:自行遮蔽(因而存有)在敞开状态中本现,敞开状态才以此方式变成存在着的。

所以,从"存在者"出发找到通向真理之本现的道路,并且在此道路上揭示归属于真理的庇护,这必定是可能的——诚然是藉着相应的向存有的先行跳跃。但这条道路应当从哪里开始呢? 难道为此我们不是必须首先要把握住今天的与存在者的关联,就像我们置身于其中的那样,也就是要把那种最流行的东西置于我们眼前么? 而且,这恰恰就是最艰难的事情,因为若没有一种震荡,这根本上是不

---

① 此处"显示"原文为 anzeigend,或与海德格尔前期的"形式显示"(formale Anzeige)现象学方法相关。——译注

能实施的；而所谓没有一种震荡，意思就是说：没有一种移置，亦即对与存有本身的基本关联以及与真理的基本关联的移置（参看本书“前瞻”部分，第5节，“对于少数人——对于稀罕者”，“关于哲学认识”，本书第15-16页）。

必须显明的是存在者处于何种真理中，以及它每每如何处于这种真理中。必须弄清楚，在这里世界与大地如何处于争执中，以及这种争执、因而世界与大地如何自行解蔽和自行遮蔽。而这种最切近 390
的自行遮蔽只不过是离-基深渊的先行闪现，因而也就是本有之真理的先行闪现。可是，真理在最遥远的自行遮蔽的最完全和最丰富的澄明中本现，而且唯以庇护方式，按照所有那些道路和方式，即归属于这种庇护、历史性地承荷和引导着对此-在的内立性经受，并且因此构成民众之存在的所有道路和方式。

庇护同样确定地总是把自行遮蔽移置入敞开者中，一如它本身为自行遮蔽的澄明所贯通和支配一样（参看1936年法兰克福演讲[①]中对此联系的说明）。

因此，在这种关于真理之本质的开抛中，自始就没有为一种始终还是显而易见地对柏拉图关系的再解释留下地盘。因为，真理在存在者中的庇护——这难道不是太过清晰地让人回想起从“理念”、εἶδος［爱多斯］向ὕλη［质料］的形成过程吗？不过，甚至“真理在存在者中的庇护”这个讲法就是引人误入歧途的，就仿佛真理向来预先就已经可以自为地是“真理”了。

真理向来已经、而且仅仅作为此-在而本现，因而就是作为争执之开展而本现。（关于εἶδος［爱多斯、形式］——ὕλη［质料］之区分的起源，同样可参看上列演讲。）

---

① “艺术作品的本源”（《林中路》，《海德格尔全集》第5卷）。——原注

然而，对于这里呈现出来的种种联系的理解，要求我们彻底地摆脱关于在场者的简单的表-象思想方式（从作为在场状态的存在以及作为对在场者的适应的真理出发），并且如此这般地设定思想的目光，使得这种目光首先横贯整个真理之本现。

244. 真理与庇护[①]

庇护从何处获得它的急难和必然性呢？从自行遮蔽中。为了不
391 排除这种自行遮蔽，而是把这种自行遮蔽保存下来，就需要对这个发生事件的庇护。这个发生事件被转换和被保存（为何）入大地与世界的争执中。这种争执的展开把真理置入作品中，置入器具中，把真理当作事物来经-验（er-fährt），在行为和牺牲中来完成真理。[②]

然而，始终必须有对自行遮蔽的保存。因为只有这样，根据此在而被建基的历史才能保持在本有过程中，并且因此才归属于存有。

245. 真理与庇护[③]

所有把真理庇护入存在者之中的过程，全都以各各不同的方式包含着开抛和执行[④]。

每一种开抛都是狂飙、狂喜、激昂、瞬间。每一种执行都是泰然、

---

① 参看本书“前瞻”部分，第 21 节，“开端性的思想（开抛）”。——原注

② 作者这里的思想在“艺术作品的本源”一文中得到了更稳重的表述。参看海德格尔：《林中路》，中译本，孙周兴译，世纪出版集团 · 上海译文出版社 2008 年，第 1 页以下。——译注

③ 参看本书“前瞻”部分，第 35 节，第 39 节，“本有”。——原注

④ 此处“开抛和执行”原文为 Entwurf und Ausführung，英译本作 projecting-opening and executing。——译注

坚毅、放弃(本真地来把握;以及相应的非本真状态的形式;非-本质?)。若没有另一方的共同调谐,两者中的任何一方都不会发生,而且,两者始终是根据一种庇护的必然性基础而发生的。

真理之庇护乃是返回到大地之锁闭状态中的生长。这种"返回之生长"①决不是在单纯的表-象和情感中完成的,而是向来在照料、制作、劳作中完成的,简言之,是在让一个世界世界化②过程中完成的,假如这种让世界化并没有衍变为单纯的忙碌经营。

对技术的强化利用不仅发展了技术本身,而且把技术的权力提升到无度的和不可阻挡的境地——如若没有一种还更伟大和更本质性的沉思,亦即对此-在之建基的沉思,而此-在乃一种必然性,后者要求对于时机之有所踌躇的突发性有一种安宁姿态和长久的期备。

246. 真理在真实者中的庇护 392

庇护根本上乃是通过争执之展开对本有的保存。

对自行遮蔽(踌躇着的拒绝)的保存绝不是对某个被给予之物的单纯保持,而是一种进入敞开者之中的开抛着的维系,是那种争执的展开,在此争执的持存性中争得了与本有的归属状态。

因此,真理乃作为向来被庇护的真实者而本现。不过,这种真实者唯作为非真实者才成其所是,它既是非存在的又是未经建基的。

从其最切近的照料(*Besorgen*)方式而来,相应于空间与时间,使真理之庇护变成可通达的。

---

① 此处"返回之生长"(Zurückwachsen)英译本作 growing-back,差不多也可译成"长回去"。——译注

② "让一个世界世界化"原文为 Weltlassen einer Welt,其中出现了动词性 welten(世界化)这个海德格尔特色的表达。——译注

247. 此-在的建基与真理之庇护的轨道

取自这一领域并且因此归属于这里的，〈乃是〉关于“艺术作品的本源”的特殊问题（参看弗莱堡和法兰克福演讲[①]）。

机械与谋制（技术）

机械，它的本质。它所要求的服务，它所带来的连根拔起的作用。“工业”（运作）；工业劳动者，中断了与家园与历史的联系，为收入而被利用。

机械训练；谋制与生意。在此开始了人的何种转变呢？（世界——大地？）谋制与生意。大数字，巨大之物，纯粹的延展和不断增长的平坦化和虚空化。必然地沉沦于庸俗拙劣和虚情假意。

---

① 艺术作品的本源（《林中路》，《海德格尔全集》第5卷）。——原注

六、将-来者[①] 393

248. 将来者 395

〈将来者〉乃是那些具有相同心思的陌生人，他们对于已经被赐予给他们的赠予和拒予是同样坚决的。存有之真理的持权杖者，在其中，存在者被提升到对于每一事物和每一气息的简单的本质支配状态。那种对于最寂静之寂静的最寂静的证明，在此寂静中，一种不可察觉的冲击(Ruck)把真理从一切被计算的正确性之混乱状态倒转入它的本质之中：使最隐蔽者保持隐蔽，诸神之决断的掠过的战栗，存有之本现。

将来者：这种真理之本质现身的迟缓不决而长久倾听的建基者。对存有之冲力的抵抗者。

将-来者[②]乃是那样一些到来者，[③]作为归途上的期待者，在有所牺牲的抑制中，他们获得了最后之神的远去和临近的暗示和突发。

这些将来者是需要得到准备的。而开端性的思想，作为本有之静默，就是为此种准备工作服务的。不过，思想只是少数人跳跃入存有之中的**一种**方式。

---

① 参看《思索》，V，第44-45页；VII，第47—48页。——原注

② 参看本书"前瞻"部分，第45节，"决断"。——原注

③ 此句中的"将-来者"原文为die Zu-künftigen，"到来者"原文为Künftigen，两者有共同的词根kunft(到来)。——译注

249. 将来者的基本情调[①]

回响与传送,跳跃与建基,都各有自身的从基本情调而来原始地共同起着调谐作用的主导情调。

而这种基本情调与其说是要描写出来的,不如说是要在整个开端性思想中获取的。

另一方面,这种基本情调几乎不能用一个词语来加以命名,除非
396 是用抑制这个名称。但这时候,〈抑制〉这个词语就必须在整个原始丰富性中被看待,后者历史性地落在它来自本有之启思的意蕴上了。

基本情调包含着那种心情,那种勇敢情绪,即作为被调谐的和有所知道的本有之意志的勇敢情绪。

各种主导情绪乃是在相互协调中被调谐的和起调谐作用的。

回响之主导情绪乃是自行揭示的存有之离弃状态方面的惊恐,同时也是对回响着的本有的畏惧。惊恐与畏惧一体地,首先让回响在思想中得到实行。

主导情调的原始协调唯有通过基本情调才能得到完全调谐。将来者在基本情调中存在,而且作为如此这般被调谐的东西,将来者乃为最后之神所规-定[②]。(关于情调,可参看本人的荷尔德林讲座的核心部分[③])

---

① 参看本书"前瞻"部分,第5节,"对于少数人——对于稀罕者",第13页以下。——原注

② 此处"规定"(be-stimmen)在词根上也是"调谐"(stimmen)。——译注

③ 1934/1935年冬季学期讲座《荷尔德林的赞美诗〈日耳曼尼亚〉和〈莱茵河〉》(《海德格尔全集》第39卷);1941/1942年冬季学期讲座《荷尔德林的赞美诗〈追忆〉》(《海德格尔全集》第52卷;1942年夏季学期讲座《荷尔德林的赞美诗〈伊斯特河〉》(《海德格尔全集》第53卷)。——原注

250. 将来者

他们处身于作为真实知识的支配性知识中。谁要获得这样一种知识，就不能让自己被计算和强制。此外，这种知识是无用的，而且没有任何“价值”；它不起作用，不能被径直被当作正在进行的事业的条件。

真正知识者的知识必须从何开始呢？从**本真的历史性的认识**开始；也就是要从关于那个领域的知识，以及在那个领域内的（追问着的）内立[①]开始，未来历史就是从这个领域而来得到决断的。这种历史性的认识决不在于对各种事件及其所含目标和要求的当下状态和 397
层级的确认和描写。这种知识知道首先构成历史的发生事件的时辰。

我们的时辰乃是没落时代。

从根本意义上来看，没-落[②]乃是行向一种默而不宣的准备，亦即对于在其中做出关于诸神之到达和缺席的决断的到来者、时机和场所的准备。这种没落乃是最早的开端。不过，没落之非-本质却走上自己的另一条路，而且是一种堕落、一种“不再能够”、一种终止，处于巨大之物和巨量之物的假象背后，以及那种设置相对于它所要完成的东西的优先地位的假象背后。

根本意义上的**没-落者**乃是那些人，他们遇到了来者（到来者），

---

① 此处“内立”（Innestehen）完全取字面直译。我们在本书中把与此相关的 Inständigkeit 和 Inständlichkeit 译为“内立状态”和“内立性”（英译本均译为 inabiding）。——译注

② 此处“没-落”（Unter-gang）也可译为“下行、下降”，英译本作 going-under。——译注

为后者(作为它未来的不可见的基础)牺牲自己,他们是不停地使自己遭受追问的内立者。

没-落时代唯有对于那些归属者来说才是可知的。所有其他人必定都害怕这种没-落,因而否定和否认这种没-落。因为对他们来说,没-落只不过是虚弱和完蛋。

真正没-落者不知道令人沮丧的"听天由命",后者不再意愿什么,因为它不要求任何到来者;而且,〈它〉同样也不知道那种喧嚷不休的"乐观主义",后者虽然有种种担保,却还没有真正意愿什么,因为它拒绝超出自身去愿意,拒绝仅仅通过转变去赢得自己。

没-落者乃是不断追问者。追问的不安并不是空洞的不可靠性,而是开启和保护那种安宁,后者作为对最值得追问者(本有)的聚精会神,企盼着那种呼唤的质朴亲密性,并且经受着存在之离弃状态的极端狂怒。

对真理之本质现身和存有之本现的追问——这难道不就是对于
398 极端沉思的坚定决心吗?但这种决心却是从对那个必然之物而言的敞开状态中生长起来的——正是这个必然之物使得关于存在之离弃状态的急难的经验成为无可回避的。不过,关于这种急难的经验又取决于回忆力量的大小,总的说来,也即取决于知识的支-配性[①]。

这样一种追问乃是那种寻求的抑制状态,即要寻求存在之真理在何处以及如何让自己得到建基和庇护。

寻求决不是一种单纯的"尚未拥有",一种匮乏。如此看法,寻求就一味地只是着眼于所获得的结果而被清算的。首先而且真正来说,寻求乃是挺进到真理自行开启或者自行拒绝的那个领域之中。

① 此处"知识的支-配性"原文为 Herr-schaftlichkeit des Wissens,英译本作 the masterfulness of knowing-awareness。——译注

寻求于自身中就是将来的，是一种向存在的接近。这种寻求首先把寻求者带向他自身，也就是把寻求者带入存在者之澄明与遮蔽得以在其中发生的此-在的自身性之中。

自身-存在(Selbst-sein)乃是已然处于寻求中的发现，是那种先于一切崇敬而闪闪发光的可靠光亮，唯有借助于这种光亮，我们才能向最独一无二者和最伟大者的回响开放。

251. 民族的本质与此-在[①]

唯当一个民族在寻找自己的上帝的过程中分得了自己的历史，它才成为一个民族；此所谓上帝是那个上帝，它迫使民族超越它自身，并且因而把它回置入存在者之中。唯有这样，一个民族才能避开那样一种危险，即围绕着自身打转，并且把仅仅构成自身持存之条件的东西当作自己的无条件的东西来加以偶像化的危险。但要是没有那些人们，他们为了一个民族而默而不宣地寻求，并且作为这种寻求者甚至表面看来必定对立于尚未具有民族性的"民族"，那么，一个民族该如何来寻找上帝啊！不过，这些寻求者本身必须首先存在；他们必须作为存在者得到准备。此-在：难道不就是对这种存在者之 399
存在的建基，对归属于最后之神的将来者之存在的建基么？

民族之本质建基于那些出于与上帝的归属状态而归属于自身的人们的历史性。从这种归属状态历史性地建基于其中的本有而来，才产生出那样一种基础论证[②]：为什么"生命"与身体、生育与性、世系血统——以基本词语来讲，即大地——归属于历史，并以自己的方

① 参看本书"建基"部分，"此在"；参看"思索"，V，第35—36页。——原注

② 此处"基础论证"原文 Begründung，有"论证、建基、理由说明"之义。英译本作 foundation。——译注

式重又把历史取回到自身之中，而且在所有这一切中仅仅效力于大地与天空的争执，带着那种最内在的胆怯，即惧怕总是会成为一个无条件者。因为它们的本质由于与这种争执亲密相关而总是切近于本有。

252. 此-在与最后之神的将来者

这个上帝将超越它的民族，把这些最简单的、但却极端的对立面树立为这个民族的漫游轨道——这个民族就在这些轨道上超出自身而四处漫游，为的是又一次找到它自己的本质，并且穷尽它的历史的时机。

世界与大地将在它们的争执中把爱和死提升到至高的境界上，并且将在对存在者之真理的多重掌握中，把爱和死一起联结起来，使之成为对上帝的忠诚和对纷乱的经受。

在这种争执的展开过程中，最后之神的将来者将争得本有，并且在最广阔的回顾中回忆那最伟大的受造者——后者乃是存在的被充实的一次性和唯一性。此外，巨量之物将释放出它那全部等级的汹涌，并且将冲垮所有不牢靠的和半拉子的东西，一切只会拿以往之物来敷衍的东西。那么，难道诸神之时代就将过去了，就将开始向那些贫于世界的生命体[①]的单纯生命的倒退，而对于这种生命体来说，大地只不过还是某种可利用之物？

抑制和隐瞒[②]将成为最后之神最亲密的庆典；它们将获得自己

---

① 此处“贫于世界的生命体”（*welt*arme Wesen）似也可直译为“世界贫困的生命体”，英译本作 beings who are *world*-poor。——译注

② 此处“抑制和隐瞒”原文为 Verhaltenheit und Verschwiegenheit，其中 Verschwiegenheit 应与动词 verschweigen（隐瞒）相关。——译注

对于事物之质朴性的信赖方式，以及它们自己那种涌动，即对于自己的作品的迷移着的移离之亲密性的涌动；真理之庇护将让隐蔽至深者隐蔽，并且因此赋予后者独一无二的当前性。 400

今天已经有少数这种将来者了。对于他们本身以及他们真正的不安来说，他们的预感和寻求几乎是不可认识的；不过，这种不安却是开裂的安宁持存性。它带有某种确信，后者[1]为最后之神的最胆怯和最遥远的暗示所击中，并且驶向本有之侵入[2]。这种暗示如何在抑制的隐瞒状态中作为暗示保存下来，以及这样一种保存如何总是同时处于告别与到达之中，尤其处于悲哀与欢乐之中，在那些抑制者的基本情调中——存有之开裂唯向这些抑制者开启自身和锁闭自身。果实与分得，突发与暗示。

这些少数的将来者把根本上不可显露者归于自身，他们不包含任何公共性，但却以自己内在的美，把最后之神的先行闪现聚集起来，并且又通过反射把它赠给少数者和稀罕者。他们全体都为此-在建基，神之邻近的齐奏[3]即通过这个此-在而回荡；而神之邻近既不会拔高自身，也不会逐渐地消失，而是已经把最亲密的畏惧的坚固性当作了最独一无二的回荡空间了。此-在——〈乃是〉对所有贯通最后之神的遥远和切近（突发）的关联的移置。

单纯存在者、非存在者整体的无度，以及存在的稀罕性——此即为何人们要在存在者范围内寻求诸神的缘故了。如果人们在寻求而又找不到，而且因此便把自身逼入强制性的谋制中，那么，〈就不会

---

① 在语法上应指前述的“确信”（Gewißheit），但此处上下文颇让人费解。——译注

② 此处“本有之侵入”（Einfall des Ereignisses）在英译本中作 the breaking-in of enowing。——译注

③ 此处“上帝之邻近的齐奏”原文为 der Einklang der Gottnahe，英译本作 the accord of the nearness of god。——译注

有〉对于一种照面和一种暗示的抑制性等待和可能期待的自由了。考虑到接合之慷慨和对暗示的坚实信赖,以及可怕之物展开出来的怒火,那就让此-在成为最内在的秩序吧——唯由之而来,那种争执
401 过程(*Bestreitung*)才能获得自己的法则。这种争执普照一切照面者,并且让我们经验到本质性的东西的质朴性。秩序乃是最质朴的自行显示者,并且容易错误地被看作某种在现象“旁边”和“高于”现象的东西,这也就是说,它并没有被看见。

将来者乃是以抑制心情内立于被建基的此-在中的那些人,唯有他们才能获得作为本有的存在(跳跃);作为本有的存在居有他们,并且授权给他们去庇护存在之真理。

荷尔德林〈乃是〉他们的远远而来、因而最具将来性的诗人。荷尔德林之所以是将来者当中最具将来性的,是因为他从最远处而来,而且由此远程而来,荷尔德林穿越最伟大者,转换最伟大者。

七、最后之神 403

此完全不同的神对立于
曾在的诸神
尤其对立于基督教的上帝[①]。

253. 最后者 405

〈最后者〉乃是那个东西，它不仅需要最长久的先-行[②]，而且本身就是(*ist*)〈这种先-行〉：不是终止，而是最深的开端，此开端伸展最广，最难被超过。

所以，最后者逃避一切计算，并且因此就必定能够忍受那最嘈杂和最常见的误解之重负。要不然，这个最后者又如何可能保持为赶超者呢？

如若我们至今几乎不能把握“死亡”的极端要义，那么，我们如何就想要去对付最后之神的罕有暗示呢？

254. 拒予

我们进入到关于诸神之逃遁和到达的决断的时间-空间之中。

---

① 此处“上帝”或译为“神”，同理，“最后之神”也可作“最后之上帝”。——译注

② 此处“先-行”原文为 Vor-läuferschaft，英译本作 fore-runnership。这里所谓“最后者”(das Letzte)需要“先-行”，“最后者”是“赶超者”(das Überholende)，与下文讲的“回行即先行”同趣。——译注

而这是如何发生的呢？难道一方或另一方[①]将成为一个将来的生发事件，难道一方或另一方必须来规定建设性的期待么？或者，这种决断就是为一种——实即那第一性的——被建基的存有之真理，即本有，开启一种完全不同的时间-空间？

倘若那个决断领域整体（即诸神的逃遁或者到达）正是这个终结本身，那又如何呢？倘若除此之外，存有必定首次在其真理中被把握为本有过程，而我们所谓有**拒予**就是作为这种本有过程而发生的，那又如何呢？

这既不是逃遁也不是到达，也不是既逃遁又到达，而倒是一个原始的东西，是在拒予中的存有之允诺的丰富性。具有将来风格的本源即建基于此，也即在存有之真理中的抑制状态的本源。

406 拒予乃是一种最高贵的赠予和自行遮蔽的基本特征，这种自行遮蔽的**敞开状态**构成存有之真理的原始本质现身。唯有这样，存有才成为奇异化（Befremdung）本身，即最后之神的掠过的寂静。

而此-在乃在存有中被居有，才成为对此种寂静之守护的建基。

现在，诸神之逃遁与到达一道进入曾在者之中，并且抽离于过去之物。

但将来之物，作为拒予的存有之真理，于自身中具有伟大性之保证[②]，并非空洞的和巨大的永恒性的保证，而是最短之轨道的保证。

不过，这种存有之真理，即拒予，却包含着对非存在者本身的掩饰，也包含着存有的被释放状态和挥霍。唯到现在，存在之离弃状态才必定保持下来。但被释放状态却不是空洞的任意和无序，相反地：现在一切都被装入一个可靠过程和一种"彻底"控制的被规划好的

① 此处"一方"应指"诸神之逃遁"，"另一方"应指"诸神之到达"。——译注

② 此处"伟大性之保证"（Gewähr der Größe）在英译本中作 the ensuring of greatness。——译注

可操纵性和准确性之中了。谋制把非存在者——具有存在者之假象——纳入存在者之保护中，而且这样一来，无可避免地，人类的被迫的荒芜化就通过“体验”而得到了补偿。

作为非本质，所有这一切必定变得比从前更为必然，因为最令人诧异者也需要这种最通行的东西，而且，存有之开裂不能通过臆想出来的均衡、“幸福”和虚假完满性之假象而被掩埋起来；因为，所有这一切是尤其为最后之神所仇视的。

然而，最后之神，难道不就是对神的一种贬抑，实即这种彻底的最大亵渎吗？但如果最后之神之所以不得不这样被命名，乃是因为说到底，那种关于诸神的决断安置和安插了诸神，并且因此把神本体[1]的唯一性的本质提升到至高境界，那又如何呢？

最后之神，如果我们在此进行计算性思维，并且仅仅把这个“最后的”看做终止和终结，而不是把它看做关于至高者（das Höchste） 407
的极端的和最简明的决断，那么，无疑地，一切关于最后之神的知识就都是不可能的了。然则在关于神本体的思想中，人们怎能想着计算，而不是对一种令人诧异和不可计算之物的危险作一番周全的沉思呢？

255. 本有中的转向[2]

本有在转向（Kehre）中有其最内在的发生和最广阔的伸展。在本有中本质性地现身的转向，乃是所有其他转向、循环和圆圈的隐蔽基础——即那些从属的、具有幽暗来源的、依然未经追问的、本身容易被看做“最后者”的转向、循环和圆圈的隐蔽基础（例如参照主导

---

① 此处“神本体”（Gottwesen）在英译本作 the divine being。——译注

② 在这里，本有乃着眼于人类而被看待的，而此人类乃根据本有而被规定为此在。——原注

问题结构中的转向；理-解中的循环）。

这种原始的本有中的转向是什么呢？唯有存有之突发作为“此”之本有过程[1]，才能把此-在带向它本身，并且因而把此-在带向那种内立地被建基的真理的实行（即庇护）——这种真理被建基于存在者之中，而这个存在者在“此”之被澄明的遮蔽中找到了自己的场所。

而且，在转向中：唯有此-在之建基，亦即准备那种对于进入存有之真理中的迷移着的移离的期备状态，方能带来倾听和归属于突发的本有过程之暗示的东西。

如果通过本有，此-在作为为真理建基的自身性的敞开中心才被抛向自己，并且才成为自身，那么，反过来，作为存有之有所建基的本现的隐蔽可能性，此在又归属于本有。

而且，在转向中：本有必定需要此在，在需要此在之际，本有把此在置入呼唤中，并且因而使此在直面最后之神的掠过。

转向在呼唤（归属者）与（被召唤者的）归属之间本质性地现身。
408 转向乃是反-转。[2] 对向本有过程的跳-跃的召唤[3]，乃是最隐蔽之自识的伟大寂静。

此-在之全部语言即由此获得其本源，并且因此在本质上就是沉默（参照抑制、本有、真理与语言）。

作为反-转，本有因而“是”对于曾在诸神之朝转[4]和逃遁的至高

---

① 此处“‘此’之本有过程”原文为 Ereignung des Da，英译本作 enownment of the t/here。——译注

② 此句原文为 Kehre ist Wider-kehre。英译本把这里的“反-转”译为 counter-turning。——译注

③ 此处“对向本有过程的跳-跃的召唤”原文为 Der *Anruf* auf den Zu-sprung in die Ereignung，英译本作 the call unto leaping-into enownment。——译注

④ 此处“朝转”原文为 Zukehr，词根与“反转”（Wider-kehre）同，都有一个“转”（Kehre）。——译注

主宰。这个极端的上帝需要存有。

呼唤乃是本有过程之神秘中的突发与缺失[①]。

在转向中运作的乃是最后之神的暗示,作为诸神之到达与逃遁及其主宰场所的突发和缺失。

在这种暗示中,最后之神的法则得到了暗示,那此-在中的伟大个体化的法则,牺牲的孤独状态、最短和最陡的道路的选择的唯一性的法则。

在暗示之本质现身中,含有最极端之疏远中的最亲密之切近的统一性的奥秘,对存有之最广大的时间-游戏-空间的测定。存有之本现的这种极端境地要求存在之离弃状态的最内在的急难。

这种急难必定归属于那种暗示的主宰地位的呼唤。在这样一种归属性(Hörigkeit)中响起来并且广为传播的东西,首先能够为大地与世界的争执、为"此"之真理——并且通过这个"此"——准备决断的时机之所,以及争执之展开的时机之所、因而也包括在存在者中的庇护的时机之所。

极端暗示的这种呼唤,最隐蔽的本有过程,是否向来依然敞开地发生,抑或是否急难默然无声,而一切主宰悬而未决;如果呼唤得以发生,是否它依然得到听闻;是否进入此-在的跳跃、因而包括从此-在之真理而来的转向依然会成为历史——所有这一切决定着人类之未来。还有几百年之久,人类会以自己的谋制洗劫这个星球,使之荒 409
芜,这种活动的巨大特征会"发展"为某种不可设想的性质,而且会取得一种表面的严格性形式,即对荒芜本身的惩处,而存有之伟大性依然保持锁闭,因为再也不能做出一种关于真理与非真理及其本质

① 此处"突发与缺失"(Anfall *und* Ausleib)在英译本中作 befalling *and* staying-away。——译注

的决断了。只有对谋制之成功与失败的清算还会得到计算。这种计算扩展为一种自以为是的“永恒性”——后者其实并不是一种永恒性，而只是极其荒芜而匆匆易逝者的无尽的延续。

只要存在之真理没有被意愿，没有被置入知识和经验的意志之中，也即没有被置入追问之中，在那里，所有的时间-空间就抽离于**时机**，也即抽离于存有之闪光[①]，后者乃出于质朴而绝不可计算的本有之持存性。

抑或，这个时机只还属于最孤独的孤独状态，而对这些孤独状态来说，对一种历史之创建的有所建基的理解却是失灵的。

但这些时机，而且唯有这些时机，却可能转变为那种期备状态，在其中，本有之转向展开和接合为真理。

不过，唯有在那无可抑制地质朴而本质性的东西范围内的纯粹持续性，才构成成熟的时机，足以去准备这样一种期备状态，而绝不是急忙离去和赶超自身的谋制的短暂易逝性。

256. 最后之神[②]

〈最后之神〉在暗示中，在曾在诸神及其隐蔽转变的到达和逃遁的突发与缺失中，有其**本现**。最后之神并不是本有本身，但可能需要本有——作为“此”之建基者[③]所归属的那个东西。

410 这种暗示作为本有把存在者置入极端的存在之离弃状态中，并

① 此处“存有之闪光”（Erblitzen des Seyns）在英译本中作 the en-lightning of being。——译注

② 参看本书“跳跃”部分，第 142 节，“存有之本质现身”；第 146 节，“存有与非存有”；以及本书“前瞻”部分，第 45 节，“决断”。——原注

③ “此之建基者”（Dagründer）英译本作 the founder of t/here。——译注

且同时照亮了存在之真理（作为存在之离弃状态的最亲密闪烁）。

在暗示之主宰领域，大地与天空重新会面而成最质朴的争执：最纯粹的锁闭与最高的美化[①]，最明媚的迷移与最可怕的移离。而且这一点向来又仅仅历史性地处于真理在一个存在者中的庇护的阶段、领域和程度中，唯由此，这个存在者才在所有无度的、但被伪装的向非存在者的消失中变得更具存在性。

在这样一种暗示之本现中，存有本身达乎其成熟。成熟乃是要变成果实和成就馈赠的期备状态。在此本质性地现身的乃是最后者（das *Letzte*），那种本质性的、从开端而来被要求的、没有被传送给开端的终结（das *Ende*）。在这里，存有最内在的有限性得到了揭示：在最后之神的暗示中。

在成熟中，在果实之强力和馈赠之伟大中，同时包含着"不"（das *Nicht*）（作为尚未和不再）的最隐蔽本质。

由此出发，存有中不之性质进入本现的过程[②]的亲密性才能得到猜度。然而，根据存有之本现，在突发与缺失的游戏运作中，"不"本身具有其真理的不同形态，相应地虚无亦然。如果这种虚无仅仅是"在逻辑上"通过对现成之物意义上的存在者的否定而得到清算的（参看"什么是形而上学？"一文作者样本上的评注[③]），并且肤浅地在字面上得到说明，换言之，如果这种追问根本上没有进入到存有之问题的领域里，那么，对虚无问题的一切反驳就都是一种无稽之谈了——这种无稽之谈始终恍惚于每一种可能性，即在某个时候突入

---

① 此处"锁闭"和"美化"原文为 Verschlossenheit 和 Verklärung，英译本作 closure 和 transfiguration。——译注

② 此处"进入本现的过程"原文为 Einwesung，英译本作 the swaying-into。——译注

③ 参看海德格尔：《路标》，中译本，孙周兴译，商务印书馆 2001 年，第 119 页以下。——译注

关于存有的最本质性的有限性问题的决断领域之中的可能性。

然而,唯有借助于对最后之神的一种持久预感的准备,上述领域才变成可进入的。而且,最后之神的将来者只有、而且首先是通过那
411 些人来准备的,这些人寻找、测定和建造那条从被经验的存在之离弃状态走出来的返回之路(*Rück*weg)。如若没有这些回行者的牺牲,甚至不会有最后之神的暗示的可能性的一种破晓。这些回行者乃是将来者的真正先-驱。①

[但这些回行者也全然不同于许多一味"反-动"(Re-aktiven)的人们,后者的"行动"只表现为盲目地墨守他们匆匆看到的以往之物。向未来之物蔓延的曾在者,以及呼唤着曾在者的未来之物,对他们来说从来都不是敞然显明的。]

最后之神有其最独一无二的唯一性,而且置身于那些计算性的规定之外,即由"一-神论"、"泛-神论"和"无-神论"之类的称号所意指的计算性规定。②"一神论"以及所有"有神论"种类,都只是在犹太-基督教的"护教学"之后才出现的,而这种"护教学"是以"形而上学"为其思想前提的。随着这个上帝的死去,所有有神论也就崩溃了。诸神之众多是不能被量化的,而是归结于在最后之神的闪现和遮蔽的时机之所中的基础与离基深渊的内在丰富性。

最后之神并不是终结,而是我们的历史不可估量的可能性的另一开端。为它之故,迄今为止的历史就不会完蛋,而倒是必定被带向其终结。我们必须提供出对其本质性的基本态度的转型,使之进入过渡和期备之中。

---

① 此处"回行者"原文为 Rückwegigen,"先-驱"原文为 Vor-läufer。在作者看来,唯有"回行"方能"先行",或者说"回行即先行"。——译注

② 此处"一-神论"(Mono-theismus)、"泛-神论"(Pan-theismus)和"无-神论"(A-theismus),作者都用连字符号做了分写。——译注

对于最后之神的显现的准备，乃是那种存有之真理的极端冒险（Wagnis），而唯借助于存有之真理，人才能成功地使存在者复原。

当本有作为踌躇着的自行拒绝提升为拒予时，最后之神的最伟大的切近才得以发生。这种拒予乃是与单纯的不在场根本不同的东西。对于归属于本有的拒予，我们只能根据更为原始的存有之本质现身来加以经验，情形恰如在另一开端的思想中所闪现出来的那样。

作为不可避免之物的切近，拒予使此-在变成被克服者，这意思 412
就是说：拒予并没有压倒此-在，而倒是把此-在提升起来，使之进入对其自由（Freiheit）的建基中。

但一个人是否能够掌握两者，即对作为拒予的本有之回响的经受与对向存在者之为存在者的自由的建基的过渡的实行，以达到那种基于大地之拯救而进行对世界的更新——谁能决定和知道这一点呢？而且这样一来，那些为这样一种历史及其建基殚精竭虑的人们始终还是相互分离的，犹如遥遥相隔的山巅。

在拒予中的最后之神的极端遥远，乃是一种独一无二的切近，一种不能通过任何“辩证法”而被破相和被消除的关联。

但基于存在之离弃状态的急难的经验，切近乃在存有之回响中回响。不过，这种经验却是那种进入此-在之中的狂飙（Sturm）的首次启程。因为唯有当人来自这种急难，人才能使那些必然性闪现出来，而藉着这些必然性，人才使那种对于存有之欢呼[①]的归属状态的自由闪现出来。

唯有过于短视地思想、也即没有真正地思想的人，仍然拘执于一种弃绝和否定咄咄逼人的地方，为的是从中获得绝望的动因。但这

① 此处“存有的欢呼”原文为 Jubel des Seyns，英译本作 exultation of be-ing。——译注

一点始终是一个证据，表明我们还没有估量全部的存有之转向，以便从中找到此-在的尺度。

拒予强制此-在达乎它自身，作为对自行拒绝的上帝的第一次掠过的场所的建基。唯从这个时机而来，我们才可能估量：作为那种强制的本有领域①，存有如何必须使存在者复原，对上帝的尊重必须在何种对存在者的掌握中得到实行。

我们置身于这样一种围绕最后之神的斗争中，这意思也即说，我们置身于那种围绕存有之真理的建基的斗争中——作为最后之神的掠过的寂静之时空(Zeitraum)的存有之真理(我们不能作围绕上帝
413 本身的斗争)，我们于是必然地置身于作为本有过程的存有的权力领域，因而置身于最鲜明的转向之旋涡的极端广度中。

我们必须为真理之建基做准备，而且这事看起来，就仿佛这样一来就已经预先决定了对最后之神的尊重，因而也预先决定了对最后之神的保存。同时我们必须知道而且坚持，把真理庇护入存在者之中，因而包括上帝之保存的历史，首先是由上帝本身所要求的，而且是通过上帝需要我们——为此-在建基的我们——的方式来要求的。此处所要求的不仅是一系列信条，相反，更原始地和根本性地是这样来要求的，即：上帝之掠过要求一种存在者的持存化，因而要求置身于存在者中间的人的持存化；唯在这种持存化中，存在者才向来以其重获的本质(作为作品、器具、事物、行为、眼光和词语)的质朴性，经受住那种掠过，因而并不是使这种掠过中止，而是使之作为行进而起支配作用。②

这里所发生的绝不是一种救-赎(Er-lösung)，也即根本上对人

① 此处“作为那种强制的本有领域”原文为 Ereignisbereich jener Nötigung，英译本作 the domain of enowning of that distressing。——译注

② 此句中的“掠过”(Vorbeigang)本身就以“行进”(Gang)为词根。——译注

的战胜,而倒是把更原始的本质(即此-在之建基)投入到存有本身之中:对于那种通过上帝而归属于存有的状态的肯定,上帝对自身及其伟大性毫不宽恕的承认,即承认需要存有。

前一种对存有的归属状态与后一种存有的需要,首先把在其自行遮蔽中的存有揭示为那个转向性的中心(kehrige Mitte),在其中,归属状态超越需要,而需要高耸于归属状态之上:作为本-有的存有,它出于它本身的这样一种转向性的过度(Übermaß)而发生,并且因而成为上帝与人之间的争执的本源,上帝之掠过与人之历史之间的争执的本源。

一切存在者,无论它们多么纠缠不休地、独一无二地、独立而持久地向失却神性的和非人性的计算和活动显现出来,它们都只不过是向本有的进入和站立[①],而在其中(在这种进入和站立中),最后之神的掠过的场所与人类的守护要寻求一种持存化,旨在持续地为本 414
有过程做好准备,并且不至于阻止存有——而这实际上是以往的存在者,即这个在以往的真理中的存在者,唯一地不得不从事的活动。

唯当在上帝之掠过中授权给人类、使之达到上帝之必然性的过程变得敞然显明了,因而在人类的归属状态与神性的需要之间那种转向的过渡中,本-有过程得以进入到敞开者中了,为的是要证明这种本-有过程的自行遮蔽乃是中心,为的是使这种本-有过程证明自己是自行遮蔽的中心,并且迫使那种深深的颤动出现,因此使自由一跃成为存有(作为"此"之建基)的基础——这时候,对存有之真理的启思才能获得成功。

最后之神乃是那种处于其最短轨道中的最长久历史的开端。为

① 此处"向本有的进入和站立"原文为 der Hereinstand in das Ereignis,英译本作 entry into and staying-in enowning。——译注

了最后之神的掠过的伟大时机，需要长久的准备。而且为了这种准备，民族和国家都太渺小了，也就是说，都过于强烈地已经被剥夺了一切生长，只还被交付给谋制了。

唯有那些伟大而隐蔽的个体，将为上帝之掠过创造寂静之境，并且在他们自身中间为做好准备的人们的默然齐奏创造寂静之境。

作为相对于虚无而言最独一和最稀罕的东西，存有将已经抽离于存在者之大量状态[①]了，而且，在一切历史下降到它们本己本质之中的地方，它们将仅仅效力于这样一种进入其丰富真理之中的存在之隐匿。但一切公开的东西都将纷纷去追逐自己的成功和失败，从而——合乎自己的种类特性——对要发生的事件**毫无**所知。唯在这种大众本质（Massenwesen）与真正被牺牲者之间，少数者及其同盟才能够找到自己，从而才能够猜度：某种遮蔽之物（即那种掠过）对他们发生出来，尽管一切"发生事件"（Geschehen）都被拉扯出来，被强行纳入快速的、同时完全可把握的并且能够无休止地消耗的东西
415 之中。对要求和要求领域的颠倒和混淆将不再可能，因为存有之真理本身以其开裂的最鲜明的脱落状态（Ausfälligkeit）已经把本质性的可能性带向决断。

这个历史性的时机并不是一个"理想状态"，因为理想状态总是与历史的本质背道而驰的；而毋宁说，这个历史性的时机乃是那种转向的本有过程，在此转向中，存有之真理达乎真理之存有——而这是由于上帝需要存有，作为此-在的人必定已经为那种归属于存有的状态建基了。于是乎，对这个时机而言，作为最亲密的"之间"，存有就类似于虚无，上帝压倒人类，而人类超过上帝，仿佛直接地，但两者

① 此处"存在者之大量状态"原文为 Massenhaftigkeit des Seienden，英译本作 the massivity of beings。——译注

都只是在本有中,在存有之真理本身所是的那个本有中。

然而,一直到这个不可计算的时机(它也绝不可能像某个“目标”那样的肤浅的东西),都将有一种漫长的、一再复发而又十分隐蔽的历史。只不过时时刻刻地,创造者必须怀着烦忧(Sorge)之抑制状态,为在那种掠过的时间-空间中的守护做好准备。还有,对这个唯一者(即存有之真理)的思想沉思,只可能有这样一条小路,在此路上,不可预先思考的东西却能得到思考了,也就是说,人与存有之真理的关联的转变得以开始了。

存有问题已然克服了关于存在者的问题,并且因而克服了一切“形而上学”。藉着这一存有问题,火炬已经点燃了,并且为长跑做了最初的助跑。接过火炬并且把火炬送到它的先行者那里的这个跑者在哪里呢?一切跑者都必定是先-驱;而且他们来得越迟,就越是更强大的先-驱——不是任何追随者,那些充其量只是“改善”和背逆最初之尝试的追随者。先-驱必定是开端性的,越来越比那些跑在“前面”(现在也即在他们后面)的人们更原始地是具有开端作用,必定要更质朴、更丰富、无条件地和唯一地思考有待追问的东西的一体性和同一性。他们通过抓住火炬而承担的东西,不可能是被言说的东西,作为“学说”和“体系”以及诸如此类的被言说之物,而是必 416
要之物(das Gemußte),它只向那些本身具有离基深渊般起源的、归属于被强制者的人们开启自己。

但具有强制作用的东西只不过是本有的不可计算性和不可制作性,是存有之真理。谁若得以归属于存有之开裂的不幸,从而成为一个聆听者(Höriger),去聆听那些孤独者的始终开端性的对话,那他就有福了——最后之神对这些孤独者发出暗示,因为它在自己的掠过中正是通过这种人而得到召唤的。

最后之神不是一种终结，而是开端于自身中的回荡[①]，因此是拒予的最高形态，因为开端性的东西逃避一切抓握，唯本质性地现身于所有那些东西的耸突（Überragen）中——这些东西已然作为未来之物而被捕捉入它之中，并且已然被托付给它那决定性的力量了。

只有当存在者挣脱了存有之真理，否定了每一种值得追问性，也即否定了每一种区分，从而得以在无穷的时间中、在如此这般被释放的无穷可能性中表现出来，这时候，终结才存在（*ist*）。终结乃是无休止的延续，是最后者作为最开端性的东西自始而且最久地逃避了的"无尽继续"。终结从来就看不到自己，而是把自身看做一种完成，并且因此将最少做好准备，既不能期待也不能经验这个最后者。

起于一种由"形而上学"规定的对存在者的态度，我们将只可能艰难而缓慢地知道另一点，即：无论在"个人的"还是在"群体的""体验"中，上帝都还不会显现，相反地，上帝唯一地只显现于存有本身的离基深渊般的"空间"中。所有迄今为止的"礼拜"和"教堂"以及诸如此类的东西，都根本不可能成为对于上帝与人在存有之中心中的碰撞的根本性准备。因为存有之真理本身必须首先得到建基，而且为了这样一项任务，一切创造都必须取得另一开端。

417 上帝等待着存有之真理的建基，因而等待着人进入此-在之中的跳跃——知道这一点的人是多么少啊。相反，看起来情形仿佛是，人必须等待上帝，并且会等待上帝。而且也许，这一点乃是最深刻的无神状态的最棘手的形式，也是昏聩无能之麻醉，即无能于忍受存有的那种"此"之穿插到来[②]的本有过程；正是存有才为存在者进入真

① 此处"开端于自身中的回荡"原文为 das Insicheinschwingen des Anfangs，英译本作 the beginning as it resonates unto and in-itself。——译注

② 此处"'此'之穿插到来"原文为 Da-zwischenkunft，中译文未充分显明其中的"之间"（zwischen）。英译本作 coming-between of the t/here。——译注

理之中并且在其中的站立提供一个场所,并且分配给存在者那种优先权,即置身于对上帝之掠过的最远的遥远之境中的优先权,而这种优先权的分配乃只有作为历史才发生出来:在那种对存在者的改造中,即把存在者改造为它的规定性的本质状态,并且使之摆脱谋制的滥用——那种在颠倒一切之际耗尽了存在者的益处的谋制。

419 # 八、存有

421 ## 257. 存有

这里满是一个采石场的石块,那是原岩破碎处。

思想。

存在之意指。

存在以及与存在者的区分。

存有之开抛。

存有之启-思。

存有之本现。

历史。

此-在。

语言与道说。

“存在者”。

过渡问题(为什么竟是存在者存在而无倒不存在?[①])。

存有历史(《思索》VII,第 97 页以下,“荷尔德林——尼采”)。存有历史的方位。

不可计算之物(《思索》VII,第 90 页以下)。

---

① 莱布尼茨关于形而上学的命题,可参看海德格尔:《尼采》下卷,中译本,孙周兴译,商务印书馆 2002 年,第 1098 页以下。——译注

258. 哲学

从今往后,对于哲学概念的本质性把握(因而也是对于哲学概念及其所有概念的概念性的预先规定),乃是一种**历史性的**把握(而不是一种历史学上的把握)。在这里,所谓“历史性的”(geschichtlich)指的是:归属于存有本身之本现,被嵌合到存有之真理的急难之中,因而被维系于那种根本上支配着历史之本质及其本现的决断的必然性。据此看来,哲学现在首先是要为哲学〈本身〉做准备工作,其方式是建造最切近之前庭,在此前庭的空间结构中,荷尔德林的诗句变得可听了,通过此-**在**而得到了解答,并且在这样一种解答中获得建基而成为将来人的语言。唯有这样,人才能踏上那条通向存有 422
的切近而从容的小径。荷尔德林在存有历史上的唯一性是必须首先得到建基的,一切“文学”史和诗歌史上的比较,一切“审美”判断和享受,一切“政治上的”评价,都是必须被克服掉的,方能使得那些“创造者”的时机获得自己的“时间”(参看《思索》VI, VII, VIII)。

哲学的历史性使命的极致,乃在于认识到倾听荷尔德林诗句的必然性。“能够-倾听”对应于一种从存有之可疑问性而来说话的“能够-道说”。因为这乃是为准备词语空间而必须完成的最低限度的东西了。(倘若并非一切都被颠倒为“学术的”和“文学史的”因素了,那么我们就可以说:必须提供出一种为荷尔德林解释而做的思想准备。诚然,“解释”在这里并不是指:使之变得“可理解”,而倒是指:把荷尔德林诗歌的真理之开抛建基于将来此-在于其中回荡的沉思和情调之中。)(参看《思索》VI 和 VII,“荷尔德林”)

这种对哲学之本质的历史性刻画把哲学把握为**存有之思想**。这种思想绝不能逃遁入一种存在者形态中,并且在此形态中经验那种从其被接合的幽暗所聚集的丰富性而来的质朴之物的一切光亮。这种思想也绝不能听从那种进入无形态之物的消解。这种思想必须超越形态和无形态(确实只是在存在者中),在形态之基础(Gestaltgrund)的离基深渊中捕捉其被抛状态的抛投之回荡[①],并且把它带入开抛之敞开者中。存有之思想完全不同于任何一种对对象的依循,必定归属于有待思想者本身,因为存有不能容忍把自己的真理当做附加物和被提供之物,相反,它本身就"是"真理之本质现身。真理,
423 即那种自行遮蔽者之澄明,在其敞开者中,诸神与人类为着它们的照-面而被居有;这种真理本身就开启出作为历史的存有。这种历史也许是我们必须思考的——如果我们要准备那个空间,这个空间在自己的时代里必须把荷尔德林的诗句(它重又命名着诸神与人类)的回声保存下来,方使得这种回声能调谐那些基本情调,后者规定将来的人进入对诸神之急需[②]的守护中。

这种对哲学的存在历史性的刻画需要有一种解说,后者求助于一种对以往思想(形而上学)的回忆,但同时也把以往思想与将来之物置回到历史性的共属一体性中。

在这里,"形而上学"这个名称毫无疑虑地被用于表示整个传统哲学史。这个名称没有被当做学院哲学的一门"学科"的称号;甚至于这个名称后来的、仅仅部分地人为的形成过程[③],我们也未加以考虑。这个名称要表示的是,存在之思想把在场者和现成者意义上的

---

① 此处"抛投之回荡"原文为 Wurfschwung,似可简为"抛荡"。英译本作 the resonating throw。——译注

② 此处"诸神之急需"(Notschaft der Götter)在英译本中作 gods' needfulness。——译注

③ "形而上学"(Metaphysik)是后人编辑亚里士多德哲学著作时采用的书名,表示"在物理学之后"(ta meta ta physica),近代才把它当作一个学科名称。故海德格尔在此说它是人为形成的。——译注

存在者当做出发点和目标，为的是那种向存在的超越，而这种超越同时立即又成为向存在者的回降了。

形而-上学[①]乃是通过对存有的不断逃遁而进行的对存在者之“物理学”的辩护。“形而上学”乃是未被承认的对于存有不知所措的窘境，也是那最后的存在者之存在离弃状态的基础。存在者与存在的区分被推入一种仅仅被表象的区分（一种“逻辑的”区分）的无关紧要状态之中，如果在形而上学内部，这种区分本身**作为**这样一种区分毕竟得到了认识的话——严格说来，这一点是没有发生的，也是不可能发生的，因为形而上学思想其实仅仅保持**在**这种区分**中**，但却是这样，即：存在本身以某种方式成了一种存在者。唯有向另一开端的过渡，对形而上学的初步克服（在过渡性地必然地保留其名称的情况下），才能把这种区分提升入知识中，并且因此首次把此区分置 424
于追问中；而且，并非把它置于一个任意的问题中，而是把它置于关于最值得追问者的问题之中。不论这种区分多么外部地、而且首先完全在表象性思维的意义上被采用为“存在学差异”，〈我们〉都必然地要从这种区分那里开始沉思。因为在这种表面上贫乏而无关紧要的“存在学上的”——也即支撑着存在学的——区分中，必定可以明见原始的丰富性，以及人之存在的所有危险中的危险，即人之本质建基与本质毁灭的危险。这种区分表面上掩盖了那种一直被指派给人类的至高的思想冒险的空间。

这种区分把形而上学的本质概括为在形而上学中决定性的、但绝不能由形而上学来决定的，并且通过形而上学也不可决定的生发事件（Geschehnis）。这种区分把形而上学的隐蔽历史（并不是形而

① 作者在此故意强调“形而-上学”（Meta-physik）的字面义：“物理之后”。——译注

上学学说的历史学意义上的历史）带到存有之历史那里，并且把这种历史推入西方存在思想的第一开端的作用空间里——这种存在思想被冠有“哲学”之名，其概念的变迁每每取决于存在之追问的方式和途径。

259. 哲学

哲学乃是对存在的追问。这个标志性的说法可以有双重解说。两种解说有其统一性，包含着以往哲学与将来哲学的本质，因而包含着对于从以往哲学向将来哲学的过渡的暗示。

首先而且贯穿从阿那克西曼德到尼采的漫长历史，对存在的追
425 问只不过是关于存在者之存在的问题。这个问题指向作为被问及者的存在者，并且要探问*存在者*是什么。所探问者被规定为一切存在者所共同的东西。存在具有存在状态（Seindheit）之特征。存在状态产生于这种追问的范围内——这种追问追随存在者，从存在者而来、又返回到存在者进行追问。而在被问及者和被探问者的范围内，存在状态作为一切存在者中最持久的在场者，乃是最具存在性者，因而是向来比每一个确定的个别存在者更早先者。一旦存在状态被把握为表象之对象，而表-象变成主体（Subjectum）意义上的于自身面前的摆置（Vor-sich-stellen），则更早先的存在（Frühersein）就获得了另一种秩序，变成表-象秩序中的先天性。可是，因为连这一表-象也朝向现成之物本身的当前化，所以，即使在这里，更早先的存在也意味着一种在场方面的优先地位，一种诚然不是通俗“时间性的”、但却带有时间意义的优先地位。不过，绝不是说，这种先天性（das Apriori）对于希腊人来说“依然”是“客观的”，而自笛卡尔以来才变成“主观的”，相反，无论前者还是后者都不是实情。而毋宁说，正是

在φύσις[涌现、自然]意义上，也即在存在(作为在场着的涌现)意义上，πρότερον τῇ φύσει[从自然出发早先的东西]才是本身存在着的，就如同存在状态一直是最具存在性者。

但自笛卡尔以来，先天性都不是“主观的”了，而恰恰是“客观的”，带有客体的客体性，在表-象中并且对表-象者而言的对象的对象性。只有当主体被误解为个别的、现成的自我之物(Ichding)，而表-象没有保持自己的本质，却被贬降入某个出现的特性之中时，这种“先天之物”(对象性意义上的存在状态)才可能完全主体主义地被误解为“纯然”主观的东西。不论康德的步骤是多么伟大，也不论后康德哲学的绝对唯心论与康德的区别是多么巨大，更不论一切都多么混乱地沉入有关先天性的“逻辑的”和“生物学的”解说的半拉子和无根性之中，并且以此为形态又一次在尼采那里重现，所有这些 426
区别都不能掩盖这种对存在的追问(对存在状态的追问，以“存在者是什么”为问题形态)的整个历史的简单统一性。**这种**关于存在的问题的历史乃是形而上学的历史，乃是那种**从存在者而来**，并且**向存在者而去**把存在思考为存在者之存在的思想的历史。这种对存在的追问不光是在其开端处被存在者占据了优势(此乃φύσις[涌现、自然]和ἀλήθεια[无蔽、真理]之权力受到剥夺的原因所在)，存在者的这种优先地位对形而上学来说都是本质性的，贯穿了形而上学的历史——在自希腊人以来存在问题最纯粹地得到实行之处，亦即在康德那里，以上情形的显现最令人难忘。与先验之物的发现一体地，经验被设定为唯一起决定作用的存在者领域。而存在状态作为经验对象的“可能性条件”，以及这种经验本身，在为应当被视为存在的东西提供尺度这一点上，又受制于存在者的优先地位。在康德的先验追问中，存在者，即“自然”，虽然是在牛顿物理学的视野里被看待的，但却是在形而上学上(在形而上学历史上)被意指的，是在φύσις

ὄν［自然存在者］意义上、最后是在φύσις［涌现、自然］的意义上被意指的。然而，看起来，绝对唯心论倒是对存在者之优先地位的克服。因为，根据对象性对对象所做的唯一规定（即对“物自体”的消除），意思实际上无非是把存在状态对于存在者的优先地位建立起来。因此，如若把感性对象纳入绝对精神之现实性中的过程，**不是预先**已经绝对地得到了思考，那么，举例来说，我们其实是不可能恰恰在其开端处（“感性确定性”[①]）一起来思考黑格尔的《精神现象学》的。除了表示存在者失去了对于存在的优先地位，这还能意味着什么呢？不过，在此种解释中或许含着对唯心论的真正误解。甚至唯心论也
427 保持着存在者对于存在状态的优先地位，只不过它把这种关系掩盖起来了，唤起一种相反的假象。任何一种对象性，任何一个对象性层次，诚然都是根据绝对的〈对象性〉来规定的。可是，对象性本身，仅就其本质来说——遑论它的存在历史性渊源了——，不只是与对象相关涉的，而且也是**从**对象**而来**得到规定的，即从某种起于存在者的关于存在者的特定解释而来得到规定的。通过向绝对知识的扬弃，对象性似乎消失了，但其实，它只是被扩展到自身意识和理性的对象性之中了。而正是这一点，即存在状态本身奠基于绝对主体性之中，表达了以下事实：**这个**存在者，即主体（Subjektum），作为一切于自身面前的摆置的关联中心（Bezugsmitte），决定了存在状态及其可能包含的东西，决定了被表象状态的本质形式和层次。因此，区别于希腊人，绝对唯心论甚至显示出存在者相对于存在状态的一种提高了的优先地位，只要存有是从主体（Subjekt）而来、同时亦即从客体而来得到规定的。在存在历史性的意义上，这样一种规定只不过是把持

① 黑格尔《精神现象学》第一部分“意识”之第一章为“感性确定性”。参看黑格尔：《精神现象学》上卷，中译本，贺麟、王玖兴译，商务印书馆 1983 年，第 63 页以下。——译注

久的在场状态变换为主体的于自身面前的被摆置状态（Vor-sich-Gestelltheit）。所以，在似乎把一切都消解掉而使之归于存在的绝对唯心论中得到贯彻的，乃是对存在的权力褫夺，为的是使存在者获得一种无可争议的和无限制的优势地位。

唯由于“认识论”在哲学上的幼稚，以及对于唯心论的“认识论”解释，才可能出现如下错误观点：“唯心论”是不现实的，必须有一种向“实在论”的突变来纠正唯心论。但是，19 世纪的“实在论”却是完完全全乞灵于绝对唯心论的。没有发生任何突变，而只是降格为对唯心论的非哲学解说，由此，确凿地，隐含于其中的对存在的权力褫夺看起来就得到了辩护，所依据的是对存在者的追逐；当这种追逐 428
依然保持着如此之多的审慎，以至于它认识到，甚至对现实和“生命”（也就是存在者）的无条件的肯定，也还需要非-存在者的某种踪迹，而对于这种非-存在者，人们当然不再能够把它认作存在了——这时候，这种追逐就必定会遁入价值思想之中。如若对形而上学历史的“考察”固守于“唯心论”和“实在论”的视角上，那么，“唯心论”在任何时候都会表现为一种在哲学上更为地道的姿态——只要在其中，存在依然是相对于存在者而得到表达的。尽管如此，我们仍然认为，在“唯心论”中完成的是对存在的哲学上的权力褫夺（而在实在论中则是一种对存在的无哲学的权力褫夺）。为了不至于立即误解从形而上学向另一种存在追问方式的过渡，我们是必须知道上面这一点的。

现在，对存在的追问成了对存有之真理的追问。现在，真理之本质现身是从存有之本现出发而得到探问的，被把握为自行遮蔽者的澄明，因而被把握为归属于存有之本质现身的。有关存有“之”[1]真

① 原文为德语单数中性定冠词第二格 des。——译注

理的追问揭示自身为有关真理“之”[①]存有的追问。(在这里,第二格的含义是原本的,绝不能通过以往“语法上的”第二格来把握。)现在,对存有的追问不再从存在者出发来思考了,而是作为存有之启-思(参看本书“存有”部分,第265节,“存有之启-思”),通过存有本身才成为必需的。存有之启-思使存有作为“之间”而跃起,在这个“之间”的自行澄明的本现中,诸神与人类互相结识,也即它们的归属状态得到了决断。作为这样一个“之间”,存有并不“是”存在者的补充,而是那个本质现身者,在后者的真理中,这个(存在者)才可能进入存在者之保存中。但是,我们不能以唯心论的方式在“先天性”(Apriori)意义上来误解这种“之间”的优先地位。以存有之真理的追问方式进行的关于存在的追问,根本上再也不能在某个层面上发
429 生了——在这个层面上,诸如唯心论和实在论之间的区分或许能赢获某个可能的基础。然而,于此还是留下了这样一个疑虑,即:并非从存在者出发,而是径直来思考在其本现中的存有本身,这究竟是否可能;是否每一种关于存在的追问都未必注定是一种从存在者而来的反问。实际上,在这里阻碍我们的是漫长的形而上学传统,以及由此传统而产生出来的思维习惯,尤其是在“逻辑”——本身就是原初的对存在和真理的夺权去势过程的一个衍生物——仍然被看做思想的一个绝对的、从天而降的法庭之时。这时候,“在逻辑上”确定下来的一点,也即最终确定下来的一点,就是:存在作为普遍者是从存在者出发被赢获的,即便当人们试图像对付一个存在者一样来确保在其持存中的存在时,情形亦然。但存有,这个必须在其真理中被启思的存有,并不“是”那种普遍者和虚空,而是作为那个唯一的和具有离基深渊特性的东西而本现出来的——历史的一次性发生在其中

---

① 原文为德语单数阴性定冠词第二格 der。——译注

得到了决断(可参看本书"存有"部分,第 270 节,"存有之本质现身(本现)")。当然啰,人们在这里不能停留在形而上学的存在问题的基地上,并且从这个立足点出发来要求一种知识,这种知识本质上包含着对这个立足点的离弃,也就是要求空间的空间化和时间的时间化①,两者在形而上学历史上绝不只是被遗忘了,或者只是没有得到足够的思考,而毋宁说,两者对于这一历史来说是不可通达的,也并非必然的。

离弃形而上学的立足点,这意思无非是说,服从于一种强制,后者源于某种完全不同的急难——这种急难诚然是通过形而上学历史而产生的,以至于它作为它所是的急难而自行隐匿起来,并且让无急难状态(着眼于存在和存在问题)变成一种占统治地位的状态。但事实上,无急难状态乃是这种首先作为存在者之存在离弃状态而变得可认识的急难的极端情形。

在从形而上学的存在问题向将来的存在问题的过渡中,〈我们〉 430
必须总是根据过渡来思想和追问。因此就排除了一种对另一种追问的单纯形而上学式的判断。但由此也没有证明另一种追问是"绝对的"真理,之所以没有,是因为对这样一种"真理"做这样一种证明违背了这种追问的本质。因为这种追问是历史性的,原因在于,在这种追问中,存有本身之历史作为最具离基深渊特性的唯一历史基础的历史变成了本有。此外,这种过渡性的思想总是首先完成对另一种追问的准备,也即对那种人之存在的准备——这种人之存在在其建基和看护方面当首先变得足够强大,变得有足够的意识,足以去接受那种久已被指明、但更久地被拒绝的存有之冲力,并且把对存有的赋

① 此处"空间的空间化"原文为 Einräumung eines Raumes(其中的"空间化"我们也译为"空间设置"),"时间的时间化"原文为 Zeitigung einer Zeit,英译本分别把两者译作 spatialization of a space 和 temporalization of a time。——译注

权——使存有达乎其本现的赋权——聚集到一个唯一的历史时机里。因此,这种过渡性的思想也不能通过某种暴力攻击来摆脱形而上学的习惯。的确,为传达之故,这种过渡性的思想还必须经常走上形而上学思想的道路,但总是另有所知了。这种真正历史性的思想又如何可能忽视以下事实:如若这种过渡要成为对历史有建基作用的,那么,未被预感者的突发性就如同那种对自身的缓慢超越的毫不起眼一样,都为这种思想保留下来了。而且,这种过渡性的思想又如何会不知道,为了让唯一者的历史之流进行它那一次性的进程,不断被指派给它的许多努力——实即大多数努力——有朝一日会成为多余的东西,倒退为附带的东西。尽管如此,这种过渡性的思想只要被一种远远而来的决断之风所吹拂,那就可以无惧于有所准备的区分和澄清方面的贫乏。唯有思想之勇敢的冷峻和追问之迷误的黑夜,才赋予存有之火以灼热和光明。

431 存在问题中的区分是某种历史性的区分,并且把形而上学的历史与将来的思想区分开来了。这种区分在其最初的实行中把过渡标识出来。然而,这种区分并不是以比较衬托的方式把某个过去之物和将来之物联结起来,把某种流逝的历史与某种即将来临的历史联结起来,而是把西方历史的两个根本不同的深度进程分离开来了。形而上学历史趋于终结(通过尼采),这绝不是说,从今往后,形而上学的(同时也是合理性的、逻辑的)思想就被根除掉了;相反地,这话倒是意味着:现在,形而上学的思想把它根深蒂固的习惯搬弄到世界观和对日常活动的日益增长的科学化过程的领域里了,就如同它已然在基督教组织中得到了固定,并且借助于后者过渡到基督教的"世俗化"形式中——在这些形式中,形而上学的思想本身又出现在它通过自身的基督教化(在柏拉图那里即已开始)而采取的形态中。

形而上学的历史没有终止[1],因为它现在过渡到无历史之物中——其实是首先开启出这个无历史之物。反过来,另一种追问的存在历史性思想现在决没有进入白昼之光明中。它依然在本己的深处遮蔽着,但现在,它不再像从西方思想的第一开端以来、在形而上学历史范围内那样,遮蔽于对它在未打开的本源中的锁闭状态的掩蔽,而是遮蔽于一种浓重黑暗的清明,即那种自知的,并且在沉思中形成的深度所具有的浓重黑暗的清明。

形而上学思想和存在历史性思想的历史特别是在它们不同的时代里发生的,所依据的是不同力度的存在对于存在者的优先地位、存在者对于存在的优先地位、两者的混淆以及在一切皆具有可计算的可理解性的时代里任何一种优先地位的消灭。我们知道存在历史的将来,那就是:如若存在历史还想成为历史,那么,存有本身就必须为自己居有思想。但是,没有人知道将来存在者的形态。也许只有这 432
一点是确定的:任何一种存有之启-思和一切源自存有之真理的创造——没有已然起防护作用的存在者之要求——都需要另一些追问和道说、抛投和承担的力量,不同于形而上学历史曾经能够产生出来的力量。因为就其最本己的因素来说,这些不同的力量还必须把与从明亮深处升起的第一开端的有所追问的对话及其历史纳入思想中,并且必须已经准备好,与最初思想中最孤独者一道,成为那个离基深渊的更孤独者——这个离基深渊在另一开端中不仅承担着所有的基础,而且也充溢着所有的基础。形而上学思想在其“作品”中表现出来的历史,对于那些纯粹然后来者依然是历史学上的博学和研究的对象,最终只还是传授课程的对象——这种历史必须首先成其

① 此处“终止”(aufhören)意味着:停止了、完蛋了。作者上面刚刚说过“形而上学历史趋于终结”,但这个“终结”(Ende)是在“完成”(Vollendung)意义上讲的,而非“终止”(aufhören)。——译注

为历史,在其中,一切都集中到其唯一性上,并且作为一种思想的光明,把存有之真理散发到其本己的未经穿越的空间中。因为在这里,思之此在[①]的伟大是存有本身所要求的,我们几乎不能根据荷尔德林的诗意此在和尼采的可怕漫游来预感这种伟大的形态,又因为这种伟大只还在存在历史性思想的空间中,所以,连有关这种伟大的谈论也还太少了,因此,为这种思想家做的准备就必须集中全部的无情和强硬,并且活动于最清明的区分中。因为只有这种区分才能给人勇气,使人内立于最值得追问者的冲力领域当中——这个最值得追问者为诸神所需要,为人类所遗忘,就是我们所谓的存有。

存在问题中的区分在形式上可以通过两个标题来加以把握;其一是:存在与思想,其二是:存在与时间。在前一个标题中,存在被理解为存在者之存在状态;在后一个标题中,〈存在〉被理解为存在,我
433 们要探问这种存在的真理。在前一个标题中,"思想"意指我们就其存在状态来考问存在时所依循的引线,即:表象性的陈述。在后一个标题中,"时间"意指对真理之本质现身的最初显示,此所谓真理之本质现身,则是在那个移离式的敞开的运作空间之澄明意义上讲的,在此运作空间中,存有自行遮蔽,并且在遮蔽之际首次特别地委身于其真理。因此,对这两个相互联系的标题,我们绝不能这样来解说,仿佛第二个标题中的"时间"只是代替了第一个标题中的"思想",仿佛这同一种对存在者之存在状态的追问,现在不是以陈述性的表象为引线来实行了,而是以那种还是立即根据通常的概念被思考的时间为引线来实行了。而不如说,思想这个"角色"与"时间"这个"角色"在两种情况下都是根本不同的;对它们的规定给予这两个标题

① "思之此在"原文为 denkerisches Denken,似也可从英译 thinking Dasein,译为"思想着的此在"。——译注

中的"与"以一种特有的明确性。但同时,"存在与时间"这个标题意义上的存在之追问已经创造了一种可能性,有可能更原始地、也即在存在历史意义上,来把握"存在与思想"这个标题意义上的存在问题的历史,并且通过指明在φύσις[涌现、自然]、ἰδέα[相、理念]和οὐσία[在场、实体]的本质现身意义上的在场现身和持存状态的支配作用,首先在存在的时间特性中来揭示在形而上学历史中必然未经追问的存在之真理。这种指明在存在历史上愈发具有决定性作用,因为在后来的存在问题历史中,存在状态的时间特征越来越被掩埋了,以至于那种想把存在(以及范畴和价值的无时间状态)与"时间"——无论以何种方式——联结起来的尝试,立即就会碰到一种抵御,这种抵御诚然只有在不愿进行追问的盲目性中才有其力量。因为存在本身的"时间"特征由于没有把握住存有之真理("意义")的问题,从而依然是完全令人诧异的,所以,人们就把存在与此在等同起来,由此来进行逃避——确实,此在现在由于以某种方式标志着人类存在,所以就在其"时间性"中变得可理解了。但这样一来,一切就都从存在问题的轨道中掉了下来,同时已经表明,如果没有至少 434
根据其意图来解说一个标题的努力和知晓,那么,一个标题本身是无所作为的。然而,这种知晓绝不能像关于现成之物的认识那样来传达和传播的。那些相互传递这种知晓的人们必定已经进入过渡中了,因为他们在预感到决断之际相互走近,却没有碰在一起。因为,为了让决断得以成熟,就需要有分散的个体。

但是,这些个体还一道带来了被遮蔽的存在历史的曾在之物,即那条弯路,无论它看起来如何,那是形而上学必须采取的通过存在者的弯路,为的是不触及存在,并因此达到一个终点,该终点之强大足以应付另一开端的急难,而这另一开端同时又有助于向第一开端之原始状态的回归,并且把过去之物转变为未丧失者。

然而,这条弯-路并不是那种意义上的弯-路,仿佛它错失了一条通向存有的直接道路和一条更近的道路。确实地,这条弯-路首先通向拒予之急难,通向一种必然性,即必须把**那种**东西提升为决断——即那种原初地只是对某个得不到把握和保存的赠品(φύσις[涌现、自然],ἀλήθεια[无蔽、真理])的暗示。

真正的过渡尤其包含着对于古老之物的勇气和对于新鲜之物的自由。但古老之物并非陈旧之物;一旦原初伟大之物,那根据其最初的开端性而处于其无与伦比的伟大性中的原初伟大之物,陷入**历史学上的**传统和否定之中,则陈旧之物就会不可避免地扩散开来。古老之物,也就是那个在本质性方面凭任何晚近年轻之物都不能超越的东西,唯对**历史性的**争辩和沉思才敞开自身。但新鲜之物也不是"现代摩登之物",后者总是在今日主流中获得尊重和偏爱,并且保持为一切决断因素的毫无自知之明的隐藏敌人。在这里,新鲜之物指的是重新开端之原始状态的鲜活生猛,它敢于冒险外出,深入到第
435 一开端的隐蔽将来之中,因此根本不可能是"新"的,而是必定比古老之物**更老的**。

过渡性的、本质上模棱两可的思想家们也还必须明确地知道**这一点**,即:他们的追问和道说对于其持续性不可计算的今日来说是**不可理解的**。而且这绝不是因为,对于所道说的东西来说,今日的人们太不聪明,所受的教育太过短浅了,而倒是因为,可理解状态已经意味着对他们的思想的毁坏了。因为可理解状态迫使一切都回到以往表象活动的范围内。这些过渡性人物的使命,就是把那些如此"热烈地"渴望"可理解之物"的人们转变成搞不懂者和尚未被告知者①,

① 此处"搞不懂者"和"尚未被告知者"原文为 Unverständige 和 Noch-nicht-Verständigte。——译注

后者不知道何去何从，因为他们已经完成了首先必然的东西，即：并不期待从某个存在者那里获得真理，而又没有陷于怀疑和绝望。这些尚未被告知者，他们尚未确保关于一切的约定，而是把第一位的和唯一的东西（即存有）保存于问题中；他们是原初的漫游者，来自至远，因此于自身中承担着最高的将来。

这些过渡性的人物最后必须知道一切对于可理解性的坚决要求首先认错了什么：任何一种存在之思，所有的哲学，**从来都不**能被“事实”所证实，也即不能被存在者所证实。使自己变得可理解，此乃哲学的自杀。“事实”的偶像崇拜者从来都没有看到，他们的偶像只能在一种借来的光辉中闪耀。他们大抵也是看不到这一点的；因为不然的话，他们一定会立刻变得不知所措，从而也变得毫无用场。而在诸神逃遁并且因此宣告**它们**的切近之际，偶像崇拜者和偶像就被派上用场了。

哲学从科学之奠基、文化之解释、为世界观效力、形而上学（作为哲学本身最初的向非本质退化的本质）之类的种种纠缠中解脱出
来，**这种解脱**只不过另一开端的**后果**，并且只有作为**这样**的一个后果 436
方能真正地得到掌握。另一开端乃是对哲学的隐蔽本质的更原始的接受，而此所谓哲学的隐蔽本质，本身乃起源于存有之本质现身，并且依照本源的当下纯粹性而依然切近于存有“之”思想的决断本质①。

这种解脱的第一个后果，乃是必然地重新适应对哲学恰好在总是持存的**日常**意见领域里所是的东西的表象：〈哲学〉再也不是思想体系，而是似乎偶然从某个采石场里坠落下来的石块——在采石场

① 此处“决断本质”（Entscheidungswesen）在英译本中作 essential decision（本质性的决断）。——译注

里，矿石被破碎了，却见不到粉碎机和铁撬棒。有谁能知道这些石块是一些锁闭的形态，还是一座看不见的桥的笨重载体呢？

在另一开端中的哲学以探问**存有**之真理的方式来进行追问。从那种已经变得明确的存在者与存在的区分的视野出发来看，并且在进行历史学比较之际，根据形而上学及其在**存在者**那里的出发点来清算，另一开端中的追问（存有历史性的思想）或许会表现为一种简单的、在此也即粗暴的**倒转**（*Umkehrung*）。但恰恰是存有历史性的思想知道这种单纯倒转的本质，知道在这种倒转中是最强硬和最棘手的奴役在发挥作用；知道这种倒转并没有克服什么，相反，在此倒转中，唯有被倒转者才取得了权力，并且获得了它前所未有的加强和完备。

对存有的存有历史性的探问并不是对形而上学的倒转，而是决-断，后者乃作为对那种区分之基础的开抛——甚至连倒转也还必须保持在这种区分中。凭借这样一种开抛，这种追问根本上就到那种关于存在者与存在的区分之外了；而且，它现在因此也把存在书写为"存有"①了。这就可以表明，存在在此再也不是在形而上学上被思考的。

437 根据其先行解释方面的必然性，存有历史性的思想可能在四个方面变得**值得**追问：

一、从诸神而来。

二、从人类出发。

三、在对形而上学历史的回顾中。

四、作为存有"之"思想。

只是**在表面上**，上面这四个角度似乎可以相互分开来探讨。

---

① 指作者此时以德文的 Seyn（存有）替代前期哲学中的 Sein（存在）。——译注

关于一。从诸神而来把握存有之思想,〈这种做法〉立即就会表现为任意的和“异想天开的”,只要一方面,〈这种做法〉是径直从神性的东西出发的,仿佛这个神性的东西是“被给定的”,仿佛对于这个神性的东西,每个人都能与其他所有人达成一致;但〈这种做法〉还会显得更加古怪,只要另一方面,它是从“诸神”出发的,并且把一种“多神论”设定为“哲学”的“出发点”。然而,这里关于“诸神”的谈论并不是指对某个“多数”(与某个唯一者相对)的现成存在的明确断言,而是意味着对诸神之存在的不确定状态的提示,无论是只有一个神还是有多个神。这种不确定状态本身包含着值得追问状态,也即值得一问:诸如存在这样的东西究竟是否可以在不毁坏全部神性的情况下被赋予诸神?哪一位神以及一位神是否会在极端急难中再度复活,对于何种人类之本质以及以何种方式复活——这种不确定状态已经用“诸神”之名而得命名了。然而,这种不确定状态并没有仅仅被表-象为决断的空洞可能性,而是预先被把握为这种决断,被决断者或者完全无所决断状态正是从这种决断中取得自己的本源的。这样一种预先-思想,作为进入对这样一种不确定状态的决断之中的先行坚持,并没有把某些个诸神预设为现成的,而是敢于冒险进入那个值得追问者的领域里,对于这个领域来说,答案只能来自这个值得追问者本身,而绝不能来自追问者。只要在这样的预先-思想中,存有先行被拒绝给予“诸神”,那就是说,一切关于诸神之“存在”和“本质”的陈述,不仅对诸神、亦即那个有待决断者没有道说什 438
么,而且还伪装出一个对象性的东西——在后者那里,一切思想都破灭了,因为它们立即被逼上了邪路。(在形而上学的考察中,上帝必须被表象为最具存在性者、存在者的第一根据和原因、无条件者、无-限者和绝对者。所有这些规定都并非源起于上帝的神性,而是源起于存在者之为存在者的本质——只要存在者,作为持久在场者、对象性的东西，是全然自在地被思考的，并且在表-象性的说明中作为最清晰者而被归于上帝这个对-象。）

剥夺“诸神”之存在，这首先只是意味着：存在并不“凌驾”于诸神；但诸神也并不“凌驾”于存在。不过，很可能“诸神”是需要存有的，存有之言说已经思考了存有“之”本质现身。“诸神”需要存有，并非以之为自己的所有物，诸神自己就在其中找到一个位置。诸神需要存有，为的是通过这个不属于诸神的存有而归属于自身。存有乃是为诸神所需要者；存有是诸神之急难（Not），而且存有之急需（Notschaft）所命名的是存有之本现，即为“诸神”所需要者，但绝非可引发者和可制约者。“诸神”需要存有，这一情况把诸神本身推移入离基深渊（自由）之中，并且道出了对所有论证和证明的拒绝。而且，不论存有之急需对于思想来说依然多么晦暗，它都会给出最初的依据，支持我们把“诸神”思考为那些需要存有的东西。我们因此就完成了存有历史中的最初步骤，存有历史性的思想因此才得以开始；而想把这个开端中所言说者强行转变为一种惯常的可理解状态的任何努力，都是徒劳无益的，并且首要地是反对这种思想的。但如果存有是诸神之急需，而存有本身却只能在启-思中找到其真理，而这一
439 思想就是哲学（在另一开端中），那么，“诸神”就需要存有历史性的
思想，也即需要哲学。“诸神”需要哲学，并不是说仿佛他们本身为了自己的神化之故而必须进行哲思；而不如说，如果“诸神”还要再度进入决断之中，而历史要获得其本质根据，那么，哲学就必须存在。从诸神而来，存有历史性的思想被规定为那种存有之思想，这种思想把存有之急需的离基深渊把握为首要之物，并且绝不在作为据说最具存在性者的神性本身中寻找存有之本质现身。存有历史性的思想处于一切神学之外，但也不知道什么无神论，在某种“世界观”或者以某种其他方式形成的学说意义上的无神论。

把握存有之急需的离基深渊,这意思就是说:被置入那种必然性中,必须为存有建立真理;不是要抵抗这种必然性的本质后果,而是要直面这些本质后果来进行思想,并且因此要知道,通过那种必然性,一切存有之思想都避开了任何单纯人类的活动,而没有沦于对“绝对性”的诉求。

但从诸神而来对存有历史性思想的把握,与从人类出发指明这种思想的本质的尝试,却是“同一回事”。

关于二。但在这里同样可以说,没有一种现行的和惯常的人类理解可以充当出发点,因为与急需相关的思想之必然性所要求的首要之物,必须在以往人类的一种本质转变中得到实现。为什么呢?

如果我们足够明确地来思考人之本质,哪怕只是在几百年以来人们已经习以为常的 animal rationale[理性的动物]这个规定的范围内来思考,那么,我们在思想中也不能放过那种久已变得单调而空洞的与存在的关联——这种关联依然是在人这个生命体的“理性状态”中被意指的。在快速增长的面对“形而上学的”理性之本质所表现出来的束手无策状态中,人们可以逃向尼采的决定性的最后一步, 440
就是把“理性”(以及顶着其他名目活动于生命体的这一“特性”中的一切东西)回溯到“生命”那里。用不言自明和容易证明之物的精神加以证实之后,人们得以冒险前行,把理性冒充为“生命”的单纯发散,因此把它冒充为一个事后追加的东西,人们因此能够促使这种思想方式概无例外地变成一种普-遍表象中的流行状态,但尽管如此,这丝毫都没有改变在存在者之存在的知觉意义上的“理性”的合本质状态。倘若那个依赖于“生命”的东西——就像理性一样——并没有在自身中首先承担和全盘支配着人之本质,也即说,它处于在存在者中间并且与这个存在者之为存在者相对待,它是一个存在者,实即那种现代的规定在“主体”意义上所把握的“这个”[①]存在者，那么，“生命”的所有那些优先地位本身，就都落入虚无之中倒塌了。无论上面这个规定后来多么经常地求助于“生命”，但它依然是最强大的、只不过相应地变得越来越盲目的对形而上学上的人之本质的证明——所有“生命”之活动和任何“世界”之设置，都力求遗忘这种本质，并且保持在遗忘状态中。

但现在，如果存在——尽管未被认识到——赋予理性之本质以基础，如果存在不是随便什么东西，而是本身可能在其本质现身中从根基上要求着人，如果人要在另一种原始状态中再度赢回他本己的、完完全全被用滥了和被碾碎了的本质，如果这种本质的赢获必定在于为存有之本现所要求，如果存有本身只有在这样一种人之转变中才能为其本质现身的真理建基，而一种原始的存有“之”思想能够冒险一试这样一种转变，那么，从人出发就昭示出一种改变了的存在之思想。
441 不过，现在同样马上可以明见的是，这种从人出发的哲学规定绝不意指“这个”[②]自在的人，而是意指历史性的人——这种人的历史虽然对我们蔽而不显，但在历史学的表-象中却依然是流行而紧迫的。[③]

260. 巨大之物

〈巨大之物〉被规定为那个东西，通过它，“量”被转化为一种本己的“质”，即一种“伟大”[④]。因此，巨大之物并不是某种始于一种

① 此处“这个”原文为 der，为德语阳性定冠词第一格，一般情况下，“存在者”的德语原文 Seiende 的冠词是中性定冠词 das。——译注

② 此处“这个”原文为 den，为德语阳性定冠词第四格。——译注

③ 上文讲的四点中的第三点和第四点，本节未作讨论。——译注

④ 此处“伟大”（Größe）或译为“大”。——译注

相对高的数字(总数和尺寸),尽管表面上可能表现为一种"量"。巨大之物基于"计算"的确定状态和无例外状态,并且植根于主体性的表-象向存在者整体的扩展。其中也含有走向一种"伟大"的可能性,这种"伟大"在这里是在历史性的(历史学上的)意义上被意指的。"伟大"在此意味着:存有之树立,即植根于一个通过自身而得到建基、必定使要被视为存在者的东西得以产生的基础之中的存有之树立。在巨大之物中,显示出那个对自身确信的、把一切都建造在它本已的表象和置造之上的"主体"的"伟大"。

巨大之物的显现形式是不同的;首要地,巨大之物并不以其每一种形式径直地和"压倒性地"跳入眼帘的。为自己的可表象性而要求大数字和大尺度的东西,只不过是巨大之物的假象,这个假象当然也是属于巨大之物的,因为它提出那种本质上以放置和表象为依靠的"伟大"作为要求。

巨大之物的形式包括:

1. 历史之延缓(*Verlangsamung*)(本质性决断的悬缺直至无历史状态)的巨大之物,〈这种历史之延缓〉处于"历史学上的"发展及其预先认识的快速和可操纵性的假象中。

2. 公众状态(*Öffentlichkeit*)的巨大之物,〈这种公众状态〉乃作 442
为对一切共属一体之物的概括,为的是掩盖对每一种关于本质性的聚集的毁灭和损害。

3. 自然性(*Natürlichkeit*)之要求的巨大之物,〈这种自然性〉处于不言自明之物和"逻辑之物"的假象中;存在的可疑问性完全被置于追问之外了。

4. 存在者整体之萎缩(*Verkleinerung*)的巨大之物,〈这种萎缩〉处于那种借助于无条件的可控制性对存在者整体的无限扩展的假象当中。唯一不可能的东西乃是"不可能的"这个词语和这个观念。

在所有这些相互关涉的巨大之物的形式中，存在者之存在离弃状态本质性地现身；而且不再只是以存在者之可疑问性的悬缺的方式，而是以那种被设立起来的驱除为形态的，即驱除任何对“行为”（也就是被计算的、始终“大规模的”活动）和“事实”的无条件优先地位的基础的沉思。

巨大之物在计算因素[①]中展开自身，并且因此总是使“量”显露出来，但它本身作为表象和置造的无条件统治地位，却是一种为了“理性之物”和“被给予之物”而对存有之真理的否定，一种不能掌握自身并且在最高的自身确信中恰恰从来不能自知的否定。巨大之物实现着人的形而上学基本立场的完成，这种基本立场进入到对其形态的倒转，并且把所有“目标”和“价值”（“理想”和“理念”）都解释为单纯的、“永恒的”的自在生命的“表达”和畸形产物。巨大之物的种种表层显现是要尽可能迫切地使这个“生命”中的“本源”成为可表象的，亦即在历史学意义上为了这个巨大状态的时代把这个“本源”确-定下来，并且在它处于其“活力”中的自身面前证实这个时代。无论“价值”和“目标”是否由“理性”来设定，抑或产生于“自然
443 的”和“健康的”自在生命的“本能”，在这里，“主体”（人）都展开自身为存在者之中心，而且这样一来，一切文化和政治的构成形式就都以同样的方式，而且同样必然地使巨大之物获得强力，并且推动了对历史的历史学计算以及对历史的错误估计（作为对无目标状态的掩蔽），并且往往毫不显眼地和毫无意识地保障了对本质性决断的回避。

在巨大之物身上，我们可以认识到，历史中任何一种“伟大”皆产生于对发生事件的未经明言的“形而上学”解释（理想、行为、创

① 此处“计算因素”原文为 das Rechenhafte，英译本作 the calculative。——译注

造、牺牲），因此并不是真正地具有历史性的本质，而倒是具有历史学上的本质。存有的隐蔽历史并不知道“大”与“小”的计算因素，而倒是“仅仅”知道在被决断、未被决断和无决断的东西中合乎存有的因素。

261. 关于存有的意见

存有——谁人关心存有呢？人人都在追逐存在者。

人们如何也能够关心存有呢？在这事还能发生的地方，存有也只是那个人们不需要关心的“存在者”——总是假定这种关心可以适当地决定什么存在（*ist*）和什么应当存在。如果人们最终还是承认，存在不“是”存在者，那么，存在就仍然是一个空洞的“表象”[①]，是一种提供出虚无的“带到自身面前”[②]，是一种表-象活动的自行跳越，这种表-象活动——因为它在任何时候、在任何地方、在任何时机都可能对立于每个存在者——与存在者相关，乃是对一切存在者来说最普通的东西，但因而却是“空无所有的”。最后，存在还被当做一个再也不能命名什么的名称，但却依然在使用中，被用作表示一切存在者中最无关紧要的东西的符号。

上面这种关于存有的意见首先不需要详细地论证其正确性。通 444
过某些尝试，它的正确性会得到最好的证明；这些尝试也许对立于这种意见，但却受缚于这种意见的视野，难以为这个空洞的名称提供一点儿丰富性。人们把对象性地现成之物意义上的存在者看做毫无疑问的和不可触犯的东西；而如果现成之物概无例外地变成了径直上

① 此处“表象”（Vorstellung）也可译为“观念、想法”。——译注

② 此处“带到自身面前”原文为 das Vor-sich-bringen，译文中引号为译者所加。——译注

手之物,并且后者是在完全技术的意义上得到设置的,那么,对于这个东西来说,人们却依然是最相称的。

人们如此这般地来看待存在者,并且允许存在成为恰恰在“思想”中尚可意指的东西,于是证明了存在就是最普遍者。

但为什么我们不打起精神,来动摇一下这些诚然十分流行和十分广泛的“预”设的“前提”(存在者是对象性的东西,对存有的把握乃是一种对最普遍者及其范畴的空洞意指)?因为我们几乎难以认识为此需要些什么:需要动摇这个“我们”,这个现代人,后者作为“主体”已经变成了那些前提的**这个唯一**安全之所,而且在那些前提(西方和现代的凝固了的存在理解的前提)得到承认的统治地位中,人本身的主体特征有了自己的起源,也有了他那牢不可破的权力的**唯一**支撑。在此应当怎样达到一种动摇,它本质上必定更为丰富,甚于对一种在通常不受干扰地继续起作用的“主体”范围内的存有概念之意见的单纯改变?通过对这些“前提”的透视,我们可以多么清晰地看到,那种对存有的漠不关心在任何时候都是正确的,尤其是当它慷慨地把存在研究转让给一种重新具有学术能力的“存在学”的概念分解,或者——这是同一回事——赞同那种把任何一种作为存在之“理性化”的“存在学”都宣布为不可能的观点。因为以这样一
445 种或者-或者,每每都是在存在学的基地上,人们对存在以及有关存在的意见做出了决断,那是如此不言自明的决断,以至于人们几乎再也不能——而且是完全合理地——在这里找到和承认决断的“特殊”必然性。

那么,为什么我们竟还给予这种存在学式的对存在的**漠不**关心以最小的关注呢?肯定不是为了探讨,甚或改变人们提出来的各种关于存有的意见和学说,或者对这样一种学说的拒绝,而是为了把沉思引导到那个方向上,看到一切通常的关于存在的意见(包括各种

存在学和反存在学[①])本身都是以存在及其特定的历史性的“真理”的统治地位为起源的。(在反存在学中,对存在问题的漠不关心被推向登峰造极的地步。)

但在此将面临另一种误解:就是那样一个观点,认为人们现在应当“指明”那种关于存在的意见的“人类学”前提,并且借助于这种指明,把那种意见看做“已经得到反驳的”。不过,这样一个观点恰恰只是那种关于存在的意见的进一步结果。

其实,“人类学”本身也是受那种存在解释控制的东西。所以,人类学绝不能被用作反对那种存在解释的证据,更不用说对某种意见赖以确立的无论何种“前提”的证明根本还没有对这种意见的“真理性”做出决断,根本上这些前提本身还不构成任何抗辩。

要紧的是另一回事:在对存有的漠不关心中见出一种必然的状态,其中遮蔽着存有本身之历史的某个别具一格的阶段。从这种也许在当今事态范围内全部事件中最无关紧要的东西当中,要听出决定性的本有的回声。

沉思必须认识到,那种已经变成完全无害的对于存在的漠不关 446
心状态(它在“存在学”中找到了自己学术上合适的“代表”),是丝毫不亚于计算之强力的极端提高的。在此起作用的,乃是对不可计算之物的最漠然的和最盲目的否定。

然而,沉思并不认为,上面这一点乃是某种“错误”,以及某种只还要横加谴责的“耽搁”,相反,沉思倒是把这一点看做一种历史,这种历史的“现实性”本质上超越了所有其他的“现实之物”;因此,只有极少数人能认识这种历史,而在极少数人中间,又只有极稀罕者能把这种历史把握为已然自行开启的本有——存在者整体即在此本有

---

① 此处“反存在学”原文为 Antiontologie,作者极少使用该词。——译注

中对自己的真理作出决断。

存在者当中的事件不能〈把人〉带入存有之真理的领域里，甚至不能把现代人带入存有之真理的领域里。但除了洞见西方历史的这个状态之外，还有什么是更为本质性的呢？——我们已然作为有所决断者置身于这个状态中了，通过那种漠然的意见的无决断状态，我们绝不只是掩盖了这种状态，而是把其决断之孕育状态[①]提升到这样一个地步，即：沉思或者无沉思已经一道落入决断中了，甚至再也不能被当做一种偶然的、附加的或者缺席的观察的形式了。

这是这样一个地方，存有本身在这里借助于自己的历史，把关于存在的知晓逼入一种决断必然性的急难之中，并且要求这种知晓从自身那里获得对在其中作为存在之“开抛”而发生的东西的清楚了解。

262. 存有之“开抛”与作为开抛的存有

思想跃“入”存有之真理中，必定同时也使真理之本质现身跃起，在一种开抛之抛投中确定自身并且成为内立的。

447 对有关存在者的经验以及存在者之真理的庇护来说，“开抛”只不过是暂时的，它随即继续过渡到那种东西，即那种在开抛之领域里可建立、可保存并且作为保存（*Verwahrung*）接受存有之印记的东西。

在思想性的知晓中，开抛并不是对于他者而言暂时的东西，而是在自身中作为被建基的存有之真理而本质性地现身的独一的、最终

---

① 此处“决断之孕育状态”原文为 Entscheidungsträchtigkeit，英译本作 deciding potential。——译注

的、因而最稀罕的东西。

在这里，开抛不是任何仿佛仅仅落在存在者"之上"的东西，不是一个只是被提供给存在者的"视角"。因为，每一个"视-角"都已经要求适合于其视线的穿行之物了[1]。而且正是这一点，即：先行地并且决定一切地，有一种深度撕裂（*Durchriß*）炸开了这时才进入敞开者之中而昭示自身为一个"存在者"的东西，有一种迷误（*Irrnis*）在有所澄明之际于自身中把一切都撕扯到真实者的可能性中——此即存有的思想性开抛必须完成的事情。是"完成"么？当然啰，但不是一种制作，也不是一种无约束的臆想意义上的虚构。

存有之开抛是只能由存有本身来抛投的，而且必须有一个好时机，得以成就那个居-有作为本-有的存有的东西，也即得以成就此-在。

思想的探问乃作为行动着的、朝向拒予的、因此把拒予纳入光明之中的放弃。

无论是谁，只要他想要直面存有之历史，意在经验存有如何在它本己的本质空间中悬缺并且长久地使这个本质空间委身于非本质，即"存在者"之扩展推到自身面前来的那种非本质，甚至于是为了依然把非-本质（Un-wesen）保留于它所归属的本质身上，那么，他首先就必须能够理解，诸种开抛乃被抛投入那个东西之中，后者因为它们的澄明后来变成存在者，甚至对于存有，也只还像由"抽象"虚构出来的它的一个增补来加以忍受。

根据一种显而易见的习惯，我们把此类开抛设想为使对象之照面成为可能的表象形式：康德的先验条件。而且，我们蛮有理由依据 448

---

① 此句中的"视-角"（*Per*-spektive）前缀为 per-，有"通过"之义，所以说它要求"穿行之物"（das *Durch*gängige）。——译注

这种有关作为对象性的存在状态的解释，来熟练对于存在者之为存在者的思考。不过，这种康德式的解释立足于主体的“基础”之上，处于表-象范围之内。“开抛”之标识便在最佳意义上成为“主观的”，亦即并不是“自我性的”，并不是在认识论上“主体主义的”，而倒是在形而上学上作为主体（*Subjektum*），作为未经追问和不值得追问之物而具有奠基意义。由此而来，对康德思想的解释就可能经历一种本质性的澄清，并且可能导致如下洞见，即：即使在这种主体的地位上，哲学思考也绕不开离基深渊（Abgründen）（图形和先验想象力）。然而，为了不只把这样一种康德观看做一种过度的奇怪事物，而是要严肃地实行对离基深渊的提示，我们必须已经对其他领域形成疑问了。

说到底，只有当我们根本上已经不再“主观地”阅读康德，而是已经根据此-在来重估康德时，我们才能成功地做到这一点。

在一条历史性的道路上，这是为了进入那种思想的切近处的一个步骤，这种思想不再把开抛理解为表象之条件，而是把它理解为此-在（Da-*sein*），理解为一种已经得到实现的澄明的被抛状态——这种澄明的首要之事依然是允诺遮蔽、因而使拒予敞开出来。

尽管如此，对于今天的人们来说，要从根据作为拒予的本-有过程之本质来经验作为本有的开抛，这在任何角度来看都还是有困难的。为此所需要的无非是使存有远离任何错乱，并且知道在人类制品范围内这个最强大者会变成最脆弱者，尤其是因为，长久以来人们已经习惯于用衡量存在者之力量的砝码来称量存有之统治地位，只是如此这般来称量，而从不冒险一试最值得追问的东西。

449 此外，自古至今，我们都活动于一种存有之开抛中，而这种开抛作为开抛向来未能成为可经验的。（存有之真理不是一个可能的问题。）

这个问题的悬缺对于形而上学的基本立场来说乃是一种持续的推动力，后者本身对于这种历史来说不仅是晦暗不明的，而且甚至于一直是**离失的**，因此，绝对唯心论的形而上学才可能在它本己的发展史中，并且作为形而上学的完成而构造自身。

主体的主体性最后展开为绝对的主体性，这只不过是一个模糊的标志，标明开抛自从存在历史之开端以来是如何持续地本现的，如何昭示自身为非-制作和不可-制作的东西，以及它最后仍然根据那个恰恰也限定着存在的无条件者而得到说明。以这种"说明"，哲学便碰到终点了。尼采的反叛只不过是这种状况的倒转而已。

但这当儿，存在者以对象之物和现成之物的形态变得越来越强大了。存有被限定于最抽象的普遍概念的最终苍白上面，而每一个"普遍者"都被怀疑为无力的和不现实的，只是"人类的"、因而也是"疏离于本质的"。因为存有已经被置入最普遍者和最空洞者的面具之中了，所以，它甚至再也不需要一种为了存在者而做出的明确拒绝。人们走到了没有"存有"也能凑合的地步。人类历史的这种独一无二的状态几乎没有被人类认作"幸运"，更遑论被把握甚或被采纳到历史的意志之中了。人类首先严酷无情地追逐其最切近的结果。现在，人们旋即变得甚至没有存在者也能凑合了，满足于对象了，也就是说，在**推动和追逐**对象之物的过程中寻找全部"生活"和全部现实。一下子，程式、设置、调解和驱逐变得比所有这些所针对 450
的东西更加重要了。"生命"与体验交织在一起，[①]而体验本身提升入体验之**组织**中。体验之组织是使"人们"得以聚在一起的最高体验。存在者只还是这种组织的一个动因，这样，存有在这里还能是什

① 此处"体验"(Erleben)为"生命"(Leben)之"实行"，也可译为"生命体验"。——译注

么呢？然而在这里，对于沉思来说，历史的关键点进入视野中了，而且有一种知晓开始唤醒，认识到：唯有通过穿越极端的决断，才还能鉴于无历史状态的巨大性而拯救一种历史。

因此之故，为了碰触作为开抛的存有本身，我们徒劳地搜寻历史（Geschichte），也即它的通过历史学的（historisch）传承。倘若向来有一种对于这种存有之本质现身的暗示能够切中我们，那么，我们就必须已经准备好去原初地经验ἀλήθεια［无蔽、真理］。但我们离这种经验有多远，在多大程度上可能最终远离于这种经验呢？

"形而上学"的统治地位尽管已经被彻底扰乱，变得无法识别了，但依然未曾中断——这种统治地位已经导致了一点，即：存有只是作为关于存在者之为存在者的表象的陪送物向我们表象出自己。这是出于那种西方的基本规定（起初依然真正地作为οὐσία［在场、实体］），进而得出存在者解释的全部变式。

这里也包含着一个原因，说明为什么我们首先同样在经验（启-思）存有之真理的必然性范围内，还明显地活动于具有表-象性质的东西[1]之中。我们对"存在学因素"的把握——尽管作为"存在状态上的因素"的条件——[2]，其实只是把它把握为存在状态上的因素的一个增补，并且还再次把"存在学因素"（根据存在状态对存在者的开抛）当做它自身身上的自我应用来加以重复：根据存有之真理对作为存有的存在状态的开抛。从形而上学的视界来看，要从根本上使得存在问题变成一项可把握的任务，首先还根本没有其他的道路。

451 通过这种做法，存有本身看起来依然被弄成一个对象了，获得了存有问题的开头已经向自身开启出来的东西的最确定的对立面。可

① 此处"具有表-象性质的东西"原文为（Vor-stellungsmäßigen）。——译注

② 此处"存在学因素"和"存在状态上的因素"原文为das Ontologische和das Ontische，英译本作the ontological和the ontic。——译注

是,《存在与时间》却意在把“时间”证明为存有之开抛领域。确实如此。但倘若不能坚持这一点,则存在问题就绝不会作为问题、因而作为最值得追问者的启思而得到展开了。

因此,在这个关键地方,要紧的是克服必然首先具有如此这般性质的存在问题的危机,而且首要地,要避免一种对存有的对象化,一方面是通过抑制对存有的“时间状态上的”解释,同时是通过尝试使存有之真理独立于此而成为“可见的”(《论根据的本质》[①]一文中面向根据的自由,但恰恰在这篇文章第一部分中,依然完全保留了这个存在状态上的-存在学上的模式)。通过一种在所设定的问题方向上单纯的继续思考,这种危机并没有得到克服;倒是不得不冒险一试向存有本身之本质现身的多重跳跃,它同时也要求一种向历史的更原始的嵌入。与开端的关联,把ἀλήθεια[无蔽、真理]当做存在状态之本质特征来说明的尝试,对存在与存在者之区分的奠基。[②] 思想越来越成为历史性的了,也就是说,历史学上的考察与体系化的考察之间的区分,变得越来越站不住脚,越来越不相称了。

存有本身昭示自己历史性的本质现身。但在这里,过去有、现在仍然有一个基本困难:存有应当在其本质现身中被开抛,而开抛本身却是存有之“本质现身”,〈是〉作为本-有过程的开-抛(Ent-wurf)。

存在问题之展开为存有之启思——这种启思越是内立于存有中,则这种展开就必定越是毫无顾忌地抛弃任何表象性的接近,并且
学会知道,要紧之事乃是为一种只能历史性地来承受的历史性的 452
决-断做准备,这就是说:启思之尝试并没有逾越它本己的历史性尺度,并因此重新陷入过往之物中。

---

① 参看海德格尔:《路标》,中译本,孙周兴译,商务印书馆 2001 年,第 142 页以下。——译注

② 此句三个成分为并列结构,原文即没有动词。——译注

这种过渡位置必须同样清醒地思索两者：一是存有之开抛的渊源，另一个则是作为开抛的存有，在其中，连开抛之本质同样也不再能根据表象性的东西来规定自己了，而是要根据存有之本-有特征来规定自己。

然而，一旦——而且只要——存有之启思成功地做到了跳跃，它就把它本己的本质现身规定为“思想”，从那个居有作为本-有的存有的东西而来，也即从此-在而来的“思想”。

263. 每一种开抛都是一种被抛的开抛

因此，没有一种关于被给予之物的断定能达到真实者。而且，根据被给予之物的表-象性定向更不能揭示真实者的本质（即真理），而始终只能揭示正确性。

但“被抛的开抛”说的是什么呢？一种开抛何时以及如何才能成功呢？

“开抛”就是：人抛脱存在者而进入存有之中，而存在者作为这样一个存在者并没有得到开启。不过在这里，一切都还是模糊不清的。难道人竟是一个被束缚者吗？当然是被束缚于这个（存在者），而且这只是因为，人同时也与“存在”相对待（例如语言），只是因为这种与存有的关联说到底乃是某种姿态行为中的某种关系的基础。

由于人抛脱“存在者”，人才首先成为人。因为只有这样，人才回转到存在者那里，并且作为一个回转者而存在。问题依然是：这种抛脱如何原初地发生，以及这种开端如何为历史奠基？

453 以往的人乃是：在抛脱中立即回转者，他以此方式首次跨越存在者与存有的区分，而没有能够经验这种区分本身，甚至也没有能够为这种区分本身建基。

但回-转[①]！人们预先必须知道栖留和随礼[②]的方式，以及在回-转中先前具有束缚作用的东西如何首先被发现，存在者被看做什么，什么被看做存在者；人作为回转者保持着何种存在眼光。

进而，〈人们必须知道〉这种回转的情形如何，抛脱如何被遗忘，一切如何变成一种现成的、可订-置的、可置造的占有物，人本身最终如何声称自己就是这样一个东西（主体）；如此一来，一切如何被毁掉了；一种巨大的错乱如何贯穿于人类的所有进步；存有本身如何作为谋制置自身于非本质之中。

而且，所有这一切〈的发生〉，都是因为人类不能主宰回转关系[③]；这个"不"乃是人类迄今为止的西方历史的基础，也许历史的本质依然必定隐藏在这种西方历史中；所以，这个"不"也不是什么单纯的虚无。

正如从柏拉图以来所确定的那样，存在之认识并非基于一种ἀνάμνησις[回忆]，而是基于一种遗忘，一种对回转关系的遗忘。但这种遗忘只不过是因为不能保持回转。而这种"不能保持"起于"抛脱不能持守于抛脱之离基深渊中"。不过，这种不能持守并不是一种虚弱，而倒是那种必然性的结果，即首先把存在者和存在者保存到最初的、本身还不可把握的区分中去的必然性的结果。

因此依然只是回转：保持存在状态（ἰδέα[相、理念]），后者乃是一种自行居有的东西的遗忘。

因为当其时也，抛脱作为被抛的抛脱，已经是本-有，但还完全隐而不显（历史的本源）。

---

① 此处"回-转"（Rück-kehr）英译本作 re-turn。——译注

② 此处"栖留"（Verweilung）和"随礼"（Mitgift）在英译本中 dwelling and concomitant gift（伴随的礼物）。——译注

③ 此处"回转关系"原文为 Rückkehrerschaft，英译本作 retunership。——译注

但要如何更确定地来把握这一点，即自身抛脱(Sichloswerfen)
454 呢？我们必须小心谨慎，防止现在就从某种人类的“特性”和“能力”中(譬如在理性中)寻求避难所。撇开这些东西本身不再照亮这一事实不说，就它们来说，它们其实首先是从人之规定性的未知基础上成长起来的，即作为觉知者、因而已经从开抛中回转者的人的规定性的未知基础。

于是，如果我们得不到任何解释性的依据，那么，这个首要的、规定着人类之本质的东西应当怎样来道说呢？我们不能把人看做在迄今为止熟知的特性中先行给定的，从而在人身上来寻求开抛，相反：自身抛脱本身必定首先为我们奠定人类之本质的基础。但这是如何可能的呢？

自身抛脱、冒敞开者之险，这既不属于一种对立面(Gegenüber)，也不属于自身，倒是这两者——但不是像客体和主体——知道自己在敞开者中面-对(Ent-gegend)，并且猜度到，在其中抛脱自身的东西，以及它由以抛脱自身的那个东西，具有与对立面相同的本质。

面-对乃是在此还根本没有寻求的遭遇的基础。

面-对乃是那个“之间”的撕开①，相互对立(das Gegeneinander)即作为需要某个敞开域的东西进入其中而发生。

然则在这里什么是属于“人”的呢？什么是被抛弃的呢？在自身抛脱中，人把自身建立在那个东西中，这个东西不是人能制作成的，人只能把它当做可能性冒险一试，那就是此-在(Da-*sein*)。

无疑地，只有当人绝不再回转到它自身，回转到在最初的抛脱中作为对立显现出来的它自身，回返到φύσει ὄν[自然存在者]、ζῷον

---

① 此处“‘之间’的撕开”原文为Aufreißen des Zwischens，英译本作rending open the “between”。——译注

[生命]那里时,上述情形才会发生。

要紧的是:在敞开者之奇异作用中的人类之本质的抛脱和建基。现在才开始了存在历史与人类历史。那么存在者呢?存在者再也不在一种回转中达乎它的真理,而是作为对奇异者的保存,而且这个奇异者能直面本-有过程,并且让神在其中找到自己。

只靠人类的单纯推动和开启,抛脱是绝不会成功的。 455

这种抛投乃是在本-有过程之摆动中的被抛的抛投。这就是说:存在击中人,把人推移到那种转变中,推移到一种最初的收获中,推移到人之本质的漫长损失中。

这种对本质迷误的穿越,作为人类历史,是不依赖于所有历史学上的历史的。

而且是当诸神在存有之拒绝[①]的非保障状态中没落之际。

264. 存有之开抛与存在理解

按照《存在与时间》的引论,存在理解具有一种过渡性的和模糊的特征;与此相应的是人的标识("人类此在",人身上的此在)。

一方面,可以说在形而上学意义上回顾之际,存在理解被把握为先验之物(以及一般地存在状态之表-象)的实际上未经建基的基础(直至回到ἰδέα[相、理念])。

另一方面(因为理解被把握为开抛,而开抛被把握为被抛的开抛),存在理解乃是对真理之本质的建基的显示(可敞开状态;"此"之澄明;此-在)。所谓归属于此-在的存在理解——此种讲法是多

① 此处"拒绝"(Versagnis)为海德格尔生造的一个词,德语中有Versagen(拒绝)一词。——译注

余的，它两次讲了同一回事，甚至是以冲淡了的方式。因为，此-在恰恰就“是”作为本有的存有之真理的建基。

存在理解活动于存在状态与存在者之区分中，而并没有就使这种区分的本源从存有的决断之本质现身[1]中发挥出“效力”。

但与那种使存在理解依赖于人类意指活动的做法相比，存在理
456 解往往就是它的对立面，甚至其实是与之根本不同的东西。在主体之破碎起作用的地方，存在何以还要被搞成“主体的”呢？

265. 存有之启-思[2]

〈以“存有之启-思”一说，〉我们命名的是一种也许在过渡中起决定作用的方式，将来的西方人将以此方式来接受存有之真理的本质现身，并且因此才成为历史性的：存有之启-思（*Er*-denken）。所谓“成为历史性的”意味着：源起于存有之本质现身，因此始终归属于存有之本质现身；而并不是指：被转交给过去的和历史学上可确定的东西。

但现在，对形而上学历史的历史性沉思表明，贯穿其整个历史，主导问题的实行皆以思想为主导线索（存在状态与思想）。从这种沉思中生发出一个洞见，即：思想的统治地位（以关于某种普遍之物的表象为形态，思想本身成了主导线索）越来越把有关存在者之存在状态的解释挤逼入那个方向（*die* Richtung）之中，据此方向，最终必定会出现把存在与存在者之对象性（即一般被表象状态）等同起来的做法。而且，这一洞见也告诉我们，思想及其统治地位（在主导

---

① 此处“决断之本质现身”（Entscheidungswesen）在英译本作 the deciding-essential sway。——译注

② 参看《思索》VII，第 78 页以下［《海德格尔全集》第 95 卷］。——原注

问题的处理和主导线索的选择中)最终阻断了任何一条通向存有之真理问题的道路,或者说,阻断了任何一条通向对存有之真理问题的可能强制的道路。而现在,启-思(Er-*denken*)是否当成为进入存有之真理的通道呢——不只是思想而已,而倒可以说是对思想之统治地位的最高提升,亦即那种仿佛传达出存有之于思想的完全依赖性的启-思?如果我们从对主导问题及其主导线索的历史性沉思出发,那么,情形看起来就是这样,而且必定是这样的。

不过只是看起来如此而已。这里有一个假象,仿佛只是对于基 457
础问题而言才尤其要求主导问题的主导线索——根据前述,这却是不合情理的——,为避免这个假象,从一开始就必须有一个区分,正是对这个区分的耽搁也往往把对主导问题及其主导线索之选择的历史的沉思搞糊涂了。

一方面,思想(1)是指表示追问方式的名称,因而一般地就是表示人与存在者之存在的探问关联的关系方式的名称,亦即在"思想家"(哲学家)的基本态度意义上的思想(思想作为存在问题之追问)。

而另一方面,思想(2)是指表示思想(1)所使用的主导线索的名称,思想(1)需要这个主导线索,方得以拥有一个视野,据以着眼于存在状态来解释存在者之为存在者(思想作为那种追问的主导线索)。

现在,通过一种特定的存在解释(作为ἰδέα[相、理念]),巴门尼德的νοεῖν[觉知、思想]变成柏拉图的διαλέγεσθαι[对话、论辩]的νοεῖν[觉知、思想]了。赫拉克利特的λόγος[逻各斯]变成作为陈述的λόγος[逻各斯],变成"范畴"的主导线索了(柏拉图:《智者篇》)。把两者结合为 *ratio*[理性],也就是对νοῦς[奴斯、心灵]和λόγος[逻各斯]的相应把握,这事在亚里士多德那里得到了酝酿。自笛卡尔以降，ratio[理性]变成“数学的”了；而这一点之所以可能，只是因为这种数学本质自柏拉图以来就得到了安置，而且作为一种可能性建基于φύσις[涌现、自然]的ἀλήθεια[无蔽、真理]中。陈述意义上的“思想”(2)变成西方思想家的思想(1)的主导线索。进而，这种思想(2)最终也为把思想(1)解释为哲学基本态度的做法提供了指引。(与此紧密联系地，是那种对思想及其所思本身的思考的特有统治地位，也就是近代哲学中的自我(Ich)和“自身”(Selbst)意识的特有统治地位——这种统治地位随着那种把作为绝对者的现实性(即存在)与无条件的思想等同起来的做法而登峰造极了；甚至在尼采那
458 里，而且恰恰就在尼采那里，存在与陈述-逻辑的单一关联仍然起着支配作用。)

如果说在这里，在另一开端的酝酿中，哲学之本质保持为对存在的追问(双重意义：对存在者之存在的追问与对存有之真理的追问)——正如它必须得到保持的那样，恰恰是因为对存在的原初追问虽然已经达到了它的终结、但并没有因此进入其开端中——，那么，把哲思活动称为思想的做法也必须继续得到保留。不过，这一点还根本不能决定：思想(1)的主导线索现在是否也就是思想(2)，在这里，诸如一个主导线索之类的东西是否根本上就像在处理主导问题时那样得以运作起来。现在，在向另一开端的过渡中，存在的问题确实变成了关于存有之真理的问题，使得这种真理作为真理之本质现身归属于存有本身的本现。主导线索的选择变成多余的了，实际上现在自始就是不可能的了。现在，存在不再被视为存在者之存在状态，不再被视为从存在者角度被表象、同时展现为存在者(在场者)之先天性的增补(*Nach*trag)了。而毋宁说，存有现在先行在其真理中本现。这也意味着，思想(1)现在也唯一地先行从存有之本质现身而来得到规定，而绝非像从柏拉图以来那样，作为从存在者出发

对存在者的被净化了的表象。对存在的觉-知(*Ver-nehmen*)并不是根据对ἰδέα[相、理念]的κοινόν[共相、普遍者]意义上的存在状态的把握而得到规定的,而是从存有本身之本现而来得到规定的。后者①必须原始地、开端性地得到发起,才得以可以说从自身出发做出决断:思想(1)与思想家的本质必须“是”(*sein*)什么。这种多重的“必须”昭示着一种急难的固有必然性,后者本身只能归属于存有之本质现身。

然而,我们却是太过长久和坚定地固守于传统了,以至于凡在提到“思想”之处,我们无不首先一道意指关于某个普遍之物的表象, 459
因而意指关于按照种类被归属和被分类的被区分之物的统一性的表象。尤其是当思想被把握为存在之思想时:存在便被视为万物中最普遍者。每一种对存在的追问都处于这样一种关于最普遍者的追问的假象当中,而对于这个最普遍者,人们只能通过对其特殊性及其关系的把握来加以捕捉。这时候,把握这个最普遍者,其实只是意味着,一任它处于其不确定性和空洞中,并且把它的不可确定性设定为唯一的确定性,也就是径直去表象它。

因此,通过通常的思想概念(“逻辑”的概念),人们就又一次先行对存有之本质现身做了决断,这样一来,这种本质现身也就预先被意指为某种表象活动的对象。

然而,我们甚至于不得不摆脱掉这个思想概念,方得以让存有本身获得在思想(启-思)之本质的刻画方面的具有调谐和规定作用的力量。那种关于作为ἕν[一]的ὂν ᾗ ὄν[存在者作为存在者]的希腊解释,那种迄今为止一直晦暗不明的优先地位,即一(das Eine)和统一性(die Einheit)在存在之思想中普遍具有的优先地位,固然是不

---

① 应指前句中的“存有”。——译注

能从逻辑和作为陈述的λόγος[逻各斯]的主导线索作用中推导出来的,因为这种优先地位其实是以一种对ὄν[存在者](ὑποκείμενον[基体、根据])的确定解释为前提的。更深刻地观之,上面讲的那种统一性只不过是从聚集着的表-象(λέγειν[言说])角度来看的在场现身本身的表层——在这种在场现身中,存在者已经聚集于其“什么”(Was)**和**“如此”(Daß)中了。在场状态可以被理解为聚集,因而被把握为统一性,即便有λόγος[逻各斯]的优先地位也必定如此。但统一性本身并非自发地就是一种原始的对存在者之存在的本质规定。不过,原初的思想家们必然会碰触到这种统一性,因为对他们和他们的开端来说,存在之真理必定还保持着遮蔽,因为为了从根本上把握存在,要紧的是把在场现身确定为存在之涌现中第一位的东西和最切近的东西;因此才有这个ἕν[一],但始终并且同时在与“多”
460 的关联之中,这种“多”即是露面者、产生者(生成者)和离开者、消逝者(在**在**场状态本身中出场和离场:阿那克西曼德、赫拉克利特、巴门尼德)。从另一开端而来,那种未曾动摇的、从未被追问的关于存在(统一性)的规定,也还能够成为,并且必须成为一种值得追问的东西,进而把统一性引回到“时间”之中(时间-空间的离基深渊般的时间)。但这样一来,也就显而易见,藉着统一性植根于其中的在场状态(当前)的优先地位,某种东西已经得到了决断,那就是:**在这种最不言自明的东西中隐藏着最令人诧异的决断**;这种决断特征根本上乃归属于存有之本现,并且暗示着存有本身的当下唯一性和最原始的历史性。

即便以一种对存有之历史的约莫了解,我们也已经可以从中获悉,存有恰恰从来没有最终成为可道说的,并且因此也绝不仅仅“暂时”成为可道说的,一如那种解释(它把存有搞成最普遍者和最空洞者)想要伪装出来的那样。

存有之本质现身绝不是最终可道说的，这并不意味着什么缺失，相反地，并非最终的知晓恰恰能持守[1]**离基深渊**，并且因此能持守存有之本质现身。这种对离基深渊的持守乃属于此-在之本质——作为存有之真理的建基的此-在。

对离基渊深的持守同时也是那种向存有之本现的跃入，其方式是存有本身把它的本质力量展开为本-有，展开为上帝之急需与人之看护的"**之间**"。[2]

存有之启思，存有之本质现身的命名，无非是那样一种冒险，它冒险把诸神救出而入于存有之中，并且为人类准备好了真实者之真理[3]。

我们用思想所"思考的"的东西来定义思想。**这种**关于思想的"定义"完成了对所有"逻辑的"思想解释的完全抛弃。因为此乃西方哲学的最大偏见之一：思想必须"在逻辑上"亦即着眼于**陈述**而得 461
到规定（对思想的"心理学上的"说明其实只不过是"逻辑上的"说明的一个附属，而且是以后者为前提的，即便在"心理学上的"说明自认为可以代替逻辑上的说明的地方，也依然如此；"心理学上的"在这里表示生物学和人类学上的）。但是，上述偏见的不利一面也只在于，当人们现在**拒绝**对思想的"逻辑上的"解释时（亦即对与存在的关联的"逻辑上的"解释；参看"形而上学是什么？"[4]），便感到了畏惧，或者更确切地说，是感到了恐惧，害怕这会危害思想的严格性

① 此处"持守"原文为 halten，英译为 hold fast。——译注

② 此处"急需"（Notschaft）和"看护"（Wächterschaft）在英译本中作 needfulness 和 guardianship。——译注

③ 此处"真实者之真理"原文为 die Wahrheit des Wahren，似也可译为"真之真理"。——译注

④ 参看海德格尔：《路标》，中译本，孙周兴译，商务印书馆 2001 年，第 119 页以下。——译注

和严肃性,会使一切全都听任感觉及其“判断”。究竟谁来宣布,谁向来已经作出证明,逻辑上所指的思想是“严格的”思想呢?如若真是这样,那就只有在如下前提下才有可能,该前提就是:对存在的逻辑上的解释兴许是唯一可能的解释;但这愈加是一个偏见了。着眼于存有之本质现身,也许恰恰“逻辑”才是具有最少严格性和严肃性的本质规定方式,并且只是一个假象——诚然,比起康德在存在者整体的可能对象化领域里所揭示的“辨证假象”来,这个假象具有还更深刻的本质。在与存有之真理的本质建基的关联方面,“逻辑”本身乃是一个假象,但却是存有之历史直到现在才得以认识的最必然的假象。“逻辑”在黑格尔的形而上学中达到了它的最高形态;“逻辑”本身的本质只有从存有之思想的另一开端而来才能得到把握。但是,这种思想的离基状态也使所谓逻辑敏锐的严格性(作为真理之追寻的形式,不只是所追寻之物的表达的形式)显现为一种不能控制自身的小把戏,它进而也可能退化为哲学上的博学,任何人都可以凭借某种敏锐在这种博学里面瞎兜一圈,而从不为存有所震动,从不猜度存有之问题的意义。

462 但现在相应地,存有之启思也是稀罕的,也许只是首先在迈向对它的准备工作的粗笨几步中被赐给我们的——如果这种朝向离基深渊的跳跃的冒险可以叫做一种恩赐的话。

唯有这种存有之思才是真正无条件的,也即并不是由在它(以及从它而来有待思想的东西)之外的一个有条件者来制约和规定的[①],而是唯一地由在它之中有待思想的东西来规定的,是由存有本身来规定的——而存有本身却不是什么“绝对者”。然而,由于思想

① 此处未能完全显明“无条件的”(un-bedingt)、“有条件者”(Bedingtes)和“制约”(bedingt)等词语之间的字面和意义联系。——译注

(在启-思意义上)是从存有中获得其本质的,由于此-在——它的**一种**内立状态必定是启思——首先而且只是通过存在而被居-有的,**这种**思想即哲学,就从它自身而来,从在它之中有待思想的东西而来,达到了自己最本己的和最高的本源。唯现在,哲学才完全不受那些考虑目标和用场的评价和估价的侵蚀,也就是说,哲学就像艺术一样,被误弄成一种文化成就,或者最后只还成了文化表达,同时又被置于种种无理要求之下,这些无理要求表面看来傲然耸立于哲学之上,但实际上却远远要比哲学低下,它们把哲学之本质强行拽入通俗易懂的东西中,并且在这种歪曲中把哲学之本质推入尚可忍受和遭人讥讽的东西中。

从这样一种贬降来看,要维护哲学的无条件的本源,必定还是何种狂妄啊。不过,即便根据一种更高的评价层面,实即根据任何一种仅只以某种方式被尝试的评价层面,我们也无法达到另一种不必把"巨大之物"(das Titanische)一并收入眼帘的对于哲学的本质洞察。在形而上学中并且贯穿形而上学史,这一点始终被掩蔽着,而且最终被削减成一种纯然在认识论上可疑的越界。然而,如果在摆脱形而上学的过渡阶段,思想必须自行决断而成为存有之启思,那么,走向那种不可避免的狂妄的危险就得到了本质性的增加。诚然,关于这种危险的知晓也会发生变化,因为它几乎没有命名这种危险,把本质 463
性的危害隐瞒起来了。这种提示也属于那种过渡的歧义性,在此过渡中,沉思总是还必须轻轻触及那个在过渡之实行过程中立即越来越多地置入单纯行为中的东西。这种歧义性在哲学中持有一种特别的顽固,因为恰恰只要它具有无条件的本源,并且越来越原始地是这种东西,那么,它作为有所思想的追问就必然把自身推移入自己的知晓之中。

形而上学把存有视为最普遍和最流俗的东西。在形而上学的过渡阶段,存有的唯一性将在一种相应地唯一的诧异和晦暗中达乎本现。在过渡性的思想中,一切属于存在历史的东西就都具有一种唯一和一次性的东西的非同寻常。因此,存有之启-思在它得以成功的时间和地点上,就达到了一种历史性的尖锐性和鲜明性;而对于这种历史性来说,道说仍然缺乏语言,也就是缺乏对存有来说充分的命名和倾听能力。

存有之启-思并没有凭空构想出一个概念,而倒是争取那种摆脱单纯-存在者的解放。这种解放适合于根据存有对思想的规定。启-思向那种历史展示出来,这种历史的"本有事件"①无非就是本-有过程本身的冲击。我们能够道说这一点,办法只有一个,即我们说:这实情发生了②;以及这个"这"是什么呢?实情是,荷尔德林诗意地表达了将来的诗人,他本人作为第一个诗人而"存在"(ist),第一个把曾在的和将来的诸神的切近和遥远带向决断(可参照"存有历史的方位")。

如果在从形而上学向存有之启思的过渡当中,这样一种关于存有历史的第一个"如此实情"③的提示,被视为完全是任意的和不可理解的,那么,谁又会感到奇怪呢?不过,倘若我们解释说,我们必须
464 远离所有"文学史的"、诗歌史的和"精神史的"考察方式,以此来对付之,那也几乎无济于事。在这里,向存有及其真理的跳跃已经被要求了,有了那样一种经验:在荷尔德林的名义下,那种唯一的"置于

---

① 作者在此使用了复数的 Ereignisse,在通常情况下用的是单数的 Ereignis(本有)。——译注

② 此处"这实情发生了"原文为:*daß* sich dies ereigne。——译注

③ "如此实情"原文为 Daß,相当于英文的 that,指前段文字中讲的 Daß。引文为译者所加。——译注

决断"[1]正在发生——是正在发生,而绝非已经发生了。我们可以来尝试一下,历史性地把这种"本有"在其唯一性中突显出来,因为我们看到它处身于那个东西的中心,即那个在其最高的提高和最丰富的展开中依然是过往之物的东西的中心:在德国唯心论形而上学的中心,在歌德宇宙观形态的中心,在与荷尔德林鸿沟相隔的东西的中心(在"浪漫派"那里)——如果说这个东西也以历史学的方式"影响"了他[2],作为这个名称的载体,而不是作为存有的看护者。但这样一种对照有什么用呢?充其量,它只能达到一种新的误解,仿佛荷尔德林在那种形而上学和艺术的历史内部是某种"独特的东西";在那儿重要的其实不是"内部",但也不只是例外式的"外部",而是那种不可推导的存有本身的冲力,这种冲力必须在其最丰富的"如此实情"中被截获,那就是:现在以及此后,那种决断立身于西方历史中,不论它是否——以及是否能够——被依然延续着的时代所听闻和接受。

这种决断首次围绕存有本身来设置时间-空间,这个时间-空间是与时间一道从存有中伸展出来的——而时间在这种时间-游戏-空间的原始统一性中使存有到时。

从现在起,任何一种思想,任何一种从存在者出发又离开存在者而意指着存在状态的思想,都还在这种历史之外——在这种历史中,作为本有的存有以此在式的东西及其所包含的东西为形态,为自身而居有思想。为了存有来拯救其历史的唯一性,此乃思想的使命,再也不是使思想的本质蒸发于含糊不清的范畴"普遍性"的构架中。但因此之故,有识之士就认识到,在那种期备状态的建基意义上(为

① 此处"置于决断"(Zur-Entscheidung-Stellen)为一个词。引号为译者所加。——译注

② 这个"他"应指荷尔德林。——译注

465 了把存有之真理保存于如此这般才形成的存在者中),对这种存有之历史的准备将是一个十分漫长,并且远未得到认识的准备。那些做准备的人们,如果他们想要——哪怕只是远远地——遭受存有之拒予的冲力,并且因此成为预感者,那么,他们就还必须能够与建基者们远远地分离开来。存有之启思的道说始终是一种勇敢,以至于它被称为一种排忧解难(Hinaushelfen),一种深入到诸神之寓所与人类之诧异之中的排忧解难(可参照作为本有的存有)。

266. 存有与"存在学差异"。"区分"

这个区分**承载着**形而上学的主导问题:存在者是什么?但在主导问题的实行中,这个区分没有作为这样一个区分而特别地被提升到知晓水平,甚至没有被确定为一个值得追问的东西。是这个区分承载着主导问题,抑或是主导问题首先承载着这个区分呢——尽管是以不明确的方式?显然是后者罗。因为在主导问题的视野内,并且首先同样地对于对主导问题有所澄清的沉思而言,这个区分看起来就像某种最终之物。不过,它却只能是表层浅显的东西(为什么?),在这个表层的东西中,(追问存有之真理的)基础问题的**发端**能够得到一种导引性的解说。

倘若存有问题没有立即被推向有关"存在学差异"之**起源**的追问,那么,作为基础问题的存有问题,就无法把握到它自己的最值得追问的东西。"存在"**与**"存在者"的区分(亦即存有**突显**于存在者),如若存在者之为存在者也无非是通过存有而得到建基的,那么,这个区分就只能在存有之**本现**中找到它的起源。这种突显的本质和基础乃是**那种**晦暗,它包含于一切形而上学之中——它越是令

人诧异,形而上学就越是确定地附着于有关存在状态的思想方式 466
(Denkmäßigkeit)中,尤其是附着于绝对思想意义上的思想方式。这种突显的本质和基础,乃是作为本-有过程的存有。作为澄明着的"之间"本身,存有自行推移入这种澄明之中,并且因此——作为本有过程向来都没有被认识和猜度——从表象性思维出发作为一般存在而成了可区分的和被区分的东西。这已然适合于作为φύσις[涌现、自然]的存有的原初本现了,这种φύσις[涌现、自然]乃作为ἀλήθεια[无蔽、真理]而显露出来,但同时由于那个本身通过φύσις[涌现、自然]才成为可觉知的存在者而受到遗忘,并且被重新解释为最具存在性的存在者,一种最高的存在者方式。这里同时也蕴含着一个原因,说明为何存在学差异本身没有得到认识,因为从根本上讲,始终只有在存在者与存在者(最具存在性者[①])之间才必须有一种区分。从广为流传的"存有"和"存在者"之类的名称使用方面的混乱中,人们可以见出这个后果;这两个名称任意地互相替换,以至于人们虽然意指的是存有,但实际上只是表-象一个存在者,并且把它描述为一切表-象活动的最普遍者。存在(作为 ens qua ens[存在者作为存在者]—ens in commune[普遍存在者]),只不过是存在者最稀薄的稀薄化[②],本身仍旧是这样一个存在者,而且由于它规定着每一个存在者,因而是存在者中最具存在性者。即便人们有了《存在与时间》对这个区分的确定命名之后,现在努力追求一种更细致谨慎的语言用法,那也依然毫无所获,绝没有证明:一种关于存有的知晓和追问已经变得活跃了。相反地,现在危险倒是增加了,存在本身更可能被当做、被处理为一个自为的现成之物了。

---

① 此处"最具存在性者"(Seiendsten)似也可译为"最高存在者"。——译注

② 此处"存在者最稀薄的稀薄化"原文为 die dünnste Verdünnung des Seienden,英译本作 the thinnest thinning of a being。——译注

说到底，只有当这种“区分”从一开始就起源于关于“存有之意义”的问题，亦即关于存有之真理的问题，而且当这个问题并没有被理解为一种任意的问题，而是作为历史性地决定了形而上学，并且对
467 形而上学及其追问做出决断的这个问题而受到追问，当存有本身成了急难，而这种急难又自为地在其使命方面调谐着归属于急难的思想——唯有在这个时候，对这种“区分”的强调才可能在思想上有所道说。

“存在学差异”乃是一条通道，如果说基本问题之追问的必然性要从主导问题而来方可明见，那么，这条通道就将成为不可避免的了。那么，主导问题本身呢？只要根本上还必定有一条道路受到确保，它从有所追问的形而上学思想依然如此贫困的传统出来，通向必然未经追问的存有之真理的问题，那么，这项任务[①]就是无法回避的。

但是，这样一种对“存在学差异”本身的特性刻画，以及出于形而上学之克服的目的对“存在学差异”的确定，表面看来首先导致了相反的效果：结果是现在更要在“存在学”中安营扎寨了。人们把这种区分视为存在学考察的一个教本和一把钥匙，而遗忘了关键所在，即：这种区分有其通道性质。

于是人们先行摆脱了任何辛劳，压根儿不必把这种区分当做一种表-象性的区分来实行了——在这种表-象性的区分中，被区分者同样地被置入同一个被区分状态的层面中(虽然是完全不确定的层面)；而实际上，这种在形式上被看待和随便说说的区分只可能是一个指示，表明与存在的关联是另一种关联，不同于与存在者的关联，而且这种关联上的不同乃属于那种对被区分者的有所区分的自行关涉[②]。与

① 指追问主导问题的任务。——译注

② 此处“对……的自行关涉”原文为 Sichbeziehen auf，即“自相关于……”。——译注

存在的关联作为被建基的关联乃是此-在中的内立状态，是内立于（作为本有的）存有之真理中。

与存在者的关联是存有之保存的创造性保持，[①]也即创造性地保持于依照这种保存而自行置入"此"之澄明中的存在者那里。

在关于存有之真理的追问范围内向此-在的过渡当中，没有其他任何可能性，而只能首先转换表象活动，使得与存在的关联被确定为开抛，从而被确定为理解的唯一特征（此-在的存在理解）。不过，468
这样一些规定，不管它们对于有关存在问题的完全不同的追问的初次澄清来说多么具有决定性意义，但从存有及其本现的值得追问性（Frag*würdig*keit）角度来看，却只不过是最初的一步，有如在一个长长的跳板上所做的探索性的最初一步——在这个步子里，在跳板尾端为起跳所必需的要求几乎没有被觉察到。不过，人们甚至不能把这一步看做一个漫长的"路途"的第一步，而是要把它看做最后一步，为的是在所道说的东西中把自己设置为某种特定的"学说"和"观点"，并且藉着这些"学说"和"观点"、从历史学的角度来传达一切事物。抑或人们会拒绝这种"学说"，自以为借此已经对存在问题作出了某种决断。

然而，从根本上讲，对"存在学差异"的强调只不过是提供了一个证据，表明对于更为原始的存在问题的尝试，同时必定是一种更为本质性的对形而上学历史的居有。但把这两者统一起来，或者说已然把两者合为一体：在完全的他者中开始，与本质上超越以往所有历史学搞法的对于第一开端之历史的忠诚，以及排外者同样坚决的控制和主张——这对于历史学和系统学（Systematik）的习惯来说是如

① 此句中的"存有之保存的创造性保持"原文为 die schaffende Bewahrung der Verwahrung des Seyns，英译本作 the creating preserving of the preservation of be-ing。——译注

此令人诧异，以至于历史学和系统学根本就想不到可以要求这样一个东西。（但“现象学的解构”此外意欲何求呢？）

正因此，“存在学差异”也悬于不确定性中。看起来，仿佛至少从柏拉图开始，这种“存在学差异”就已经被认识了，但在那里，它只是被实行了，可以说被使用了。在康德那里，“存在学差异”是在“先验”概念中被认识的，但又没有被认识，一方面是因为存在状态被把握为对象性（Gegenständ*lichkeit*）了，另一方面是因为这种对存在状态的解释恰恰切断了任何存在问题。再者，看起来也有这样的情况，仿佛“存在学差异”是某种“新东西”，某种它不可能成为、也不愿成
469 为的“新东西”。“存在学差异”只是命名了那样一个东西，它承载着整个哲学史，并且作为这种承载者，对作为形而上学的哲学来说绝不能成为有待探问、因而有待命名者。“存在学差异”是在从形而上学之终结通向另一开端的过渡当中的一个过渡性的东西。

然而，这种区分能够被命名为西方形而上学的领域结构，而且它必须在这个不确定的形式中得到命名——这一情况在存有本身的原初历史中有其根据。在φύσις［涌现、自然］中包含着下面这一点，即：对最普遍的表象（思想）来说，存在乃是最持久的最具在场特性的东西，①并且作为这个东西，它可以说成了当前状态本身的空虚。只要思想落入了“逻辑”的宰治中，那么，一切在场者（现成者）的这个当前性，就被弄成了最普遍者和“最一般者了”——尽管亚里士多德做出了抵抗，说它不是γένος［种、属］。如果我们从存有历史本身出发来思量存在学差异的这个历史性来源，那么，对于这个来源的知晓就已然迫使人们走向那种对存在之真理的归属状态的近处②，迫

① 此处“最持久的最具在场特性的东西”原文为 das ständigste Anwesendste。——译注

② 此处“近处”原文为 Vorferne，日常德语中未见此词，英译本作 near-distance。——译注

使人们达到那样一种经验，即：我们受到在一切人之存在（作为与存在者的关联）中的"存在学差异"的支撑，我们依然由此更为本质性地遭受到存有之强力——比在任何一种依然如此"活生生的"与某个"现实之物"的关联中更为本质性。

而且这一点，即人的这种被存有本身所贯通和调谐的状态，必须通过对"存在学差异"的命名而获得经验——也就是在存在问题本身作为问题被唤醒之时。然而另一方面，着眼于形而上学之克服（第一开端与另一开端的历史性传送），"存在学差异"必须在其对此-在的归属状态中得到澄清；由此来看，存在学差异便移置入此-在本身的一个"基本结构"的形式之中——实即此-在本身的这个唯一"基本结构"的形式。

267. 存有[①] 470

（本有）

存有是本-有（*Er-eignis*）。"本-有"这个词语以思想的方式命名存有，把存有之本现建基于它本己的、在本有之多样性中得以显示自身的关节构造中。

本有乃是：

1. 本-有过程（*Er-eignung*），即是说，在诸神据以需要存有的那种急需中，这种存有为建立它本己的真理而必须此-在，并且因此让"之间"，即通过诸神对此在的本-有过程以及诸神向它们自身的归本，本质性地现身为本有。

① 参看存有"之"道说，本书第 499-500 页。——原注

2. 本-有过程之本有[①]于自身中包含了那个决-断(*Ent-scheidung*):即作为离基深渊般的基础,自由让一种急难产生,而根据这种作为基础之满溢的急难,诸神与人类进入分离状态而显露出来。

3. 作为决-断的本-有过程使分离者对-峙(*Ent-gegnung*):即最广大的急迫决断的这种相互-接近必定处于极端的"对立"中[②],因为它在所需要的存有的离-基深渊上架设桥梁。

4. 对-峙乃是争执的本源,这种争执由于把存在者从其失落状态开设入单纯的存在状态之中而本质性地现身出来。这种开-设(*Ent-setzung*)标识着在其与存在者之为存在者的关联中的本-有。此-在的本-有过程让此-在变成内立的,内立于面对每个存在者的非同寻常之物中。

5. 但从"此"之澄明来把握,释放同时也是本有之隐-匿(*Ent-zug*);即本有隐匿于一切表象性的计算,并且作为拒予而本质性地现身。

6. 如此丰富地被接合并且无形象地本现,存有却落在它自身及其单纯性(*Einfachheit*)中。很可能,"之间"(诸神与人类之间)的特性可能诱使人们,把存有当做单纯的关联,当做相关者之关系的后果
471 和结果。然则本-有实即这种关联(Beziehen)——如果这个说法竟还是可能的话——,这种关联才把相关者带向它们自身,为的是把它们的急需和守护放置入对峙者和分离者的敞开域中;它们并不首先把这种急需和守护当做特性来采纳,而毋宁说是从中汲取自己的本质。存有乃是诸神的急难;而且,作为此-在的这样一种急需,存有

① "本-有过程之本有"原文为 das Ereignis der Er-eignung,英译本作 the enowning of en-ownment。——译注

② 此处"相互-接近"(Zu-einander)和"对立"(Gegen)是两个被用作名词的介词。——译注

比一切可以被叫做存在者,并且不再能通过存有来命名的东西更具离基深渊的特性。存有之被需要,乃诸神的急需,但它却不能从诸神中推导出来,而恰恰相反地,在其本质现身的离基状态(作为基础)中,存有是优越于诸神的。存有居有此-在,但并不是此-在之本源。作为在其中对-立者的基础,“之间”(das Zwischen)未经中介地本现。这就决定了它的单纯性,后者并非空洞,而是那种起于作为争执之照-面的丰富性的基础。

7. 存有的单纯性本身具有**唯一性**(*Einzigkeit*)的印记。它根本不需要显突和区分,甚至不需要与存在者的区分。因为只有当存在本身被标记为一种存在者,因而决没有被当做唯一者而保存下来,而是被普遍化为最普遍者时,这种区分才是被要求的。

8. 存有的**唯一性**为存有的**孤独性**(*Einsamkeit*)建基,与此相应,存有唯一地只把虚无抛到自身周围;而虚无的邻近保持为最真实的,并且最忠实地保护了孤独性。依照孤独性,存有始终只是间接地通过世界与大地的争执而本现为“存在者”。

在上列种种名称和说法中,存有之本质现身都没有得到完全的思考,但又在每一种名称和说法中得到了“整全”的思考;“整全”在这里说的是:存有“之”思想每每都被存有本身撕扯入它的非同寻常状态中,并且被褫夺了任何来自存在者的解释性帮助。

本有始终意味着作为本-有过程、决-断、对-峙、开-设、隐匿、单纯性、唯一性、孤独性的本有。这个本现的统一性乃是非对象性的,只有通过那种思想才能得到知晓,这种思想必定要冒险一试非同寻常的东西,倒不是作为奇特显眼之物的特殊性,而是作为极不显明之 472
物的必然性——而在此种极不显明的东西中,离基深渊般的基础向诸神的无根状态和人类的建基(Gründerschaft)开启自身,并且把形而上学绝不能知道的那个东西(即**此-在**)指派给存有。

基于对那个古老的、直到尼采这个终点都一直流行的区分(存在与生成[①])的回忆,人们或许会同样地把有关作为本有的存有的规定,当做一种对作为"生成"("生命"、"运动")的存在的解说。完全撇开那种向形而上学的倒退,以及向"运动"、"生命"和"生成"观念与作为存在状态的存在的依赖性的倒退不说,这样一种对本有的解说也会全然远离于本有,因为它关于本有的陈述犹如关于一个对象的陈述,而不是让这种本现本身——而且只是让这种本现——说话,使得思想保持为一种存有之思想,后者不是关于存有做出陈述,而是在一种道说中言说存有,这种道说归属于所道说者[②],并且拒绝一切对象化和歪曲——把它歪曲为稳定之物(或者"流动之物")——,因为由此立即就进入表-象层面,否定了存有的非同寻常性。

在本有之真理中的存有之完全本现让我们认识到,存有并且唯有存有才存在(*ist*),存在者并不存在。以这样一种对存有的知晓,思想才获得在那种摆脱形而上学的过渡中的另一开端的踪迹。对于形而上学来说要紧的是:存在者存在,非-存在者也"存在",存有是最具存在性的存在者。

与此相反:存有是(*ist*)唯一的,而且因此绝不"是"一个存在者,更不是最具存在性者。而存在者不存在,并且恰恰因此,遗忘存有的、有关存在状态的思想,就把存在状态当做最普遍的特性判归存在者了。这种判归在通常的表象中有其合法性,而且因此与这种表象相对,人们必定会说:存有本现;存在者"存在"。

---

① 此处"生成"(Werden)或译为"变易"。——译注

② 此句中的"道说"(Sagen)和"所道说者"(das Er-sagten)有相同的词根 sagen。海德格尔在1950年代集中讨论了作为"道说"(Sage, Sagen)的语言,主要可参看海德格尔:《在通向语言的途中》,中译本,孙周兴译,商务印书馆2005年。——译注

存有存在①。巴门尼德不是说过同样的话:ἔστιν γὰρ εἶναι[因 473
为存在存在]吗?不;因为恰恰在这里,εἶναι[是、存在]已经表示着ἐόν[存在着]②,存在在这里已经是最具存在性的存在者了,即ὄντως ὄν[真正存在者],后者很快变成了κοινόν[共相]、ἰδέα[相、理念]、καθόλου[一般]。

存有存在——这意思是说:唯存有才使它自身的本质现身(本有)本现出来。③ 存有本现④——当人们从形而上学出发来说话时,无疑必须这样来说;对于形而上学来说要紧的是:存在者"存在"(过渡性思想的歧义性)。

存在者存在;这是根据最含混不清的形而上学基本立场来说的,它让人发现最切近的存在者,并且让人从这个存在者出发,又回到这个存在者那里。因此,在这里,这个句子的陈述特征不同于如下说法:存有存在。"存在者存在"必须作为具有正确性的陈-述(Aussage)来实行;既已朝向存在者,那就是对存在者的存在状态做了报道。⑤ 在这里,陈-述(λόγος[逻各斯])绝没有仅仅被视为一种表-象活动的事后追加的语言表达,而不如说,陈-述(ἀπό-φανσις[陈-述])在这里本身就是那种与存在者之为存在者的关联的基本形式,因而也是那种与存在状态的关联的基本形式。

---

① 此处"存有存在"原文为 *das Seyn ist*,英译本作 Be-ing is。——译注

② 此处εἶναι[是、存在]为希腊文的系动词,ἐόν[存在着]则是系动词εἶναι的分词形式。可参看海德格尔:《林中路》,中译本(修订本),孙周兴译,世纪出版集团·上海译文出版社 2008 年,第 291 页以下。——译注

③ 此处"本质现身"原文为 das Wesen,"本现出来"原文为 wesen(作及物动词用)。——译注

④ 此处"存有本现"(*Das Seyn west*)中的"本现"(wesen)又作不及物动词用。——译注

⑤ 此处未显明"正确性"(Richtigkeit)、"朝向"(richten)与"报道"(berichten)之间的字面联系以及可能有的意义联系。——译注

按道说来讲(参看《思索》IV,第1-2页),“存有存在”这个说法是完全不同的。诚然,我们在任何时候都可以把这个说法当做一个命题和陈述句。于是,以形而上学的方式来思考,我们必须得出一个结论:存有因此就成为存在者,相应地就成为最具存在性的东西了。然而,道说并没有关于存有把某种普遍适宜于存有、在存有身上现成的东西陈述出来,而倒是从存有本身而来道说了存有本身;〈这种道说道出,〉唯存有能支配其本质现身,恰恰因此这个“存在”[1]绝不可能成为仅仅适宜的东西。在这种说法中,存有是从“存在”(ist)而来被道说的,可以说是被置回到“存在”(ist)之中被道说的。但这同时也就描绘了一切“从”存有“而来”的道说——更准确地说:一切存有之道说——必须采取的基本形式。因为这种存有“之”道说并没有
474 把存有当做对象,而是起源于存有,以之为自己的本源,因此——如果存有“之”道说要命名这个本源的话——总是回到本源中来说话。所以,在这里,一切“逻辑”都“思考”得太短浅了,因为作为陈述的λόγος[逻各斯]再也不可能成为存在之表象的引线了。但道说立即就被拉扯入陈述的模棱两可之中,存有“之”思想本质上变得更困难了。而这一点只是证明了向存有之遥远的第一次切近:存有乃“是”拒予和解除本身,必定作为这样一个东西而被保存在本有中,因而必定始终是困难的,必定成为一种斗争,一种在极端深处作为离基深渊的游戏而敞开自身的斗争。

而如果存在者不存在,那么,这意思就是说:存在者归属于存有而成为对存有之真理的保存,但绝不能把自己安置入存有之本现中。不过,存在作为这样一个存在者得以区分自身,却是从与存有之真理的当下归属性以及那种被排除于存有之本现之外的状态的角度。

---

① 指上句“存有存在”(das Seyn ist)中的动词“存在”(ist)。——译注

现在,存在者与存有的区分变成了什么呢?我们现在把这种区分把握为一种仅仅在形而上学上被理解的、因此已经被误解的决-断的表层——这种决-断就是存有本身(参看上文第2条)。我们再也不能从存在者出发、通过推进到对存在者之存在的突出的普遍化,来解读这种区分了。因此,指出“我们”(谁?)必须理解存在,我们方能把一个存在者经验为这样一个存在者——这样的说明也是绝不能为这种区分作出辩护的。这一点固然是正确的,而且对此所作的说明,在任何时候都可以充当对存在以及存在者与存有的可区分性的一个初步指明,但是:这里所得出来的,这里已经被设为前提的,即关于存在状态的形而上学思考,是不能作为那个基本轮廓而持存的——以此基本轮廓,存有以及在其本现中的存有之真理的本质现身,方能在存在历史意义上按照此在的方式得到把握(参看本书“存有”部分,第271节,“此-在”)。尽管如此,向另一开端的过渡只能以下面的方式得到准备,即:在过渡中对于古老之物(原初之物)的 475
勇气得以发挥作用,并且因此首先做出努力,要使这个在其本己法相中的古老之物超越自身:存在者、存在、存在之“意义”(真理)超出自身:存在者,存在,存在的“意义”(真理)(参看《存在与时间》)。但从一开始,就这种更为原始的重演来说,我们就得知道,这种重演要求人向此-在的一种完全的转变,而且这种转变已经产生了,因为有待开启的存有之真理将带来的无非是存有本身的更原始的本现。而这就意味着:一切都转变了,曾经的依然通向存有的小路不得不被中断了,因为另一个时间-空间通过存有而被开启出来,这个时间-空间使一种新的存在者之建造和建基成为必需的。并非在存在者的任何地方,而仅仅一度在存有那里,那处于一切本质现身之亲密性中的可怕之物的柔和性(die Milde)以每每不同的方式、作为一种风暴而与人类和诸神相遭遇。

唯在存有中，可能之物才作为其最深的裂隙(Klüftung)而本质性地现身，以至于以可能之物为形态，存有首先必须在另一开端的思想中得到思考。(但形而上学却把作为存在者的“现实之物”弄成存在之规定的起点和目标。)

可能之物，甚至于地地道道的可能之物，唯在尝试中开启自身。这种尝试必须已经完全为一种先行的意志所贯通和支配。这种超出自身之外的意志立身于一种超出自身的存在中。这种立身乃是存有进入其中而耸立起来的时间-游戏-空间的原始设置[①]，那就是：此-在。它作为冒险(Wagnis)而本质性地现身。而且，唯在冒险中，人才能进入决-断之领域。唯在冒险中，人才能权衡斟酌。

存在存在[②]，因此不会变成一个存在者，这一点最鲜明地表达在：存有是可能性，是绝不现成的东西，但总是在本-有过程的拒予中有所允诺和有所拒绝者。

唯当思想已经冒险去思存有本身，而没有把存有歪曲为存在者
476 的一种单纯回响，这时候，人才能意识到，存在者从来都不足以让存有哪怕只是得到猜度。

因此，当存有被思为“之间”，即诸神已经被逼入其中的“之间”，以至于存有对人类来说成了一种急难，这时候，诸神和人类是不能被当做“被给予的”、“现成的”。在那种思想的开抛中，诸神和人类各各不同地被接受为历史性的东西，后者本身唯从“之间”之本有而来才能达乎其本现。但这就意味着：达乎围绕本己的本质现身的斗争，达乎对于某种被掩蔽的可能性的决断之持存性[③]。

---

① 此处“设置”原文为 Einräumung，前面我们也把它译为“空间设置”。——译注

② 原文为：das Sein ist。——译注

③ 此处“决断之持存性”原文为 Bestädnis der Entscheidung，英译本作 steadfastness of deciding。——译注

如若存有之真理没有在其中得到表达,那么,“人”和“神”就是无历史的词语外壳。

存有作为神与人的“之间”而本质性地现身,但却是这样,即:这个“之间”空间首先为神和人设置了本质可能性,那是这样一个“之间”,它向其河岸奔腾,由于这一奔腾才首先让河岸成为河岸,它总是归属于本-有之河流,总是遮蔽于神和人的丰富可能性中,总是那些不可穷尽的关联的此岸与彼岸——在这些关联的澄明中,世界得以接合和沉没,大地得以展开自身并且忍受毁灭。

然则即便以这样那样的方式,存在首要地也必定保持为不可解释的,是反抗虚无的冒险——存有的本源即归于这种虚无。

最大的存有之危险(因为它始终起源于存有本身),一种作为存有的时间-空间而归属于存有的危险,就是把自己弄成“存在者”并且忍受来自存在者的证实。形而上学的历史,在存在者对于存在的优先地位意义上的形而上学本身,见证了这种危险以及经受住这种危险的困难。存在者与存在之区分的歧义性把存在分配给存在者,却又伪装出一种分离性,一种并非从存有本身而来得到建基的分离性。

但形而上学使存在具有存在性,亦即说,使存在成为一个存在 477
者,因为它把作为“理念”的存在设定为存在者的目标,随后又可以说把“文化”挂在这种目标设定上面了。

但存有阻止一切“目标”,拒绝任何可说明性。

268. 存有
(区分)

存有作为诸神与人类向着它们之间的对-峙(Ent-gegnung)的

本-有过程而本质性地现身。世界与大地的争执产生于这个“之间”之遮蔽的澄明,而这个“之间”起于有所对峙的本有过程并且与这种本有过程相随而来。而且,唯有在这种争执的时间-游戏-空间当中,才有本有过程的保存和丧失,那个被称为存在者的东西才进入那种澄明的敞开者之中。

存有与存在者根本不能直接地区分开来,因为说到底它们没有直接地相互关联起来。尽管存在者作为这样一个存在者唯一地在本有过程中回荡,但存有却以离基深渊的方式远离于一切存在者。按照对两者的命名方式,把两者一起表象出来,这样一种尝试来自形而上学。确实,形而上学甚至处处都有自己的标志,表现在:关于存在与存在者的区分,不论它是多么不清晰和多么不明确地得到完成的,都被当做一种直接的区分。存在被视为存在者的普遍化;以表象的方式,存在与存在者一样都是可把握的,只是存在“更为抽象”。存在再度是存在者,可以说只是有所稀释了;但存在却又不是存在者,因为成为现实之物乃是存在者的保留节目。而另一方面,根据思想(以κοινόν[共相]和καθόλου[一般、普遍]对某物的表象)的支配地位,存在作为存在状态却又自以为具有某种优先地位,这种优先地位进而在被区分者的关系的当下规定中显露出来。

478 存在乃是存在者的条件,存在者因此已经预先被确定为物(现成的在场者)了。存在限定存在者[1],要么作为存在者的原因(summum ens[至高存在者]——δημιουργός[创世者]),要么作为在表-象中的物之对象性的基础(经验的可能性条件,或者一般地首先作为借助于其更高的持续状态和在场状态——依照其普遍性——的

① 此处“限-定”原文为 be-dingen,中译未充分传达出它与前句的“条件”(Bedingung)的联系。——译注

“早先者”)。在这里,用柏拉图和亚里士多德的方式来思考,限定(*Bedingen*)作为存在之特征,仍然最能满足其最切近的原初本质(在场状态和持存状态),但这也不能做进一步的说明了。所以,如果人们把这种原因特性甚或“先验的”条件置回到希腊人所指的存在与存在者的关系上来加以解说,那么,这总归是走了样的,破坏了希腊思想的原始性和小心谨慎。但甚至后来的限-定方式,即通过存在把存在者限定为这样一个存在者的方式,无疑也是由希腊解释预先确定和要求的——只要存在状态(ἰδέα[相、理念])是真正被制作之物(ποιούμενον[被制作者]),并且因此是构成和做成存在者的东西;另一方面,只要ἰδέα[相、理念]同时也是νοούμενον[被知觉者]、被表象者本身,也是在所有表象活动中预先被看见的东西,那么情形就是这样了。形而上学哪儿都没有超越存在与存在者的区分以及对两者关联的把握的这样一些方式;确实,形而上学的本质在于,通过对这些思想方式的混合为自己找到一条出路,并且在极端的立场(即存在状态的无条件性与存在者本身的无条件性)之间来回摇摆;由此出发,“唯心论”和“实在论”这些意义模糊的名称,就分得了一种清晰的形而上学含义。这样一种对存在和存在者的形而上学把握的一个结果,就是把两者划分为领域(区域)和层次,而这同时也包含着形而上学中体系思想的展开的前提。

与之相反,以形而上学的概念和思想方式,作为本有过程的存有之开抛却是无可比拟的,是从来都不可把握的——这种开抛本身把 479
自己经验为被抛的开抛,并且远离于任何一种被制作物的假象。在这里,存有在那种本现中揭示自身,而正是基于这种本现的离基状态,那些对峙者(诸神与人类)和争执者(世界与大地),就在其介于存有与存在者之间的原始历史中达到本质现身,并且只承认关于存有和存在者的通常命名是最值得追问和最分离的东西。

但是，由于诸神与人类在存有之急难中达到对峙，人类就从他迄今为止的、现代西方的地位中被抛了出来，被置回到自身之后，进入完全不同的规定空间中了，在其中，动物性就如同理性一样不能拥有一个本质性的位置，即便今后对现有人类身上这样一些特性的确定有其正确性（在此始终还得追问，是谁发现这种东西是正确的，是谁甚至把生物学和人种学之类的"科学"建立在这种正确性基础上，并且似乎还要用这些科学为"世界观"奠基——这样一种奠基始终是每一种"世界观"的野心所在）。

藉着作为本有的存有之开抛，基础以及相应地历史的本质和本质空间才得到了预感。历史并不是人类的权利，而是存有本身的本质现身。历史唯一地在诸神与人类之对峙的"之间"（作为世界与大地之争执的基础）中运作；历史无非是这个"之间"的本有过程。所以，历史学从来都够不着历史。存有与存在者的区分乃是一种从存有本身之本质现身而来作出的，并且远远地耸立着的决-断①——而且只有这样才能得到思考。

不论存有以何种方式被提升为一个条件，存有都已经被贬降到存在者的奴仆和增补地位上了。

480 另一开端中的思想并不知道通过存在者对存在的说明，至于通过存有对于存在者的限定，它也是一无所知的；这种限定始终也使存有物化为存在者②，为的是进而又一次以"理想"和"价值"为形式（ἀγαθόν［善、价值］即是开端）给予存在者以一种提高。

---

① 译文未显明此处"区分"（Unterscheidung）和"决-断"（Ent-scheidung）之间的字面和意义联系。——译注

② 注意此句中"限定"（Bedingnis）和"物化"（verdingen）的词根联系，以及两者与"条件"（Bedingung）的词根和意义联系。英译本把 Bedingnis 译为 en-thinging，把动词 verdingen 译为 en-thing。——译注

诚然,根据形式来看,按照形而上学造成的长久的表象习惯,并且在那种恰恰由形而上学所烙印的语言和意义凝固的支持下,任何关于存有的言谈都**可能**被误解,被误解为条件与被条件限定者的流俗关系。这一危险是不能径直碰到的;不如说,它必须作为形而上学的嫁妆一道被接受下来,而当历史的本质在原始的存有之开抛中首先进入游戏运作时,**这个时候**,形而上学的历史是不能被拒斥的。

269. 存有

人必定要"经验"与一切存在者相比完全非同寻常的存有,为这种非同寻常性所居-有,进入存有之真理中。

存有令人忆及"虚无",而极少令人忆及"存在者",与之相反,任何存在者都使人想起并且带来自己的同类。存在者造出一种表象习惯,这种表象很快沦于这样一种看法,即:把存在(作为最普遍者以及彻底被回忆的东西,参照柏拉图的ἀνάμνησις[回忆],后者道出这样一种习惯)也看做一个存在者,即"最具存在性者"(das Seiendste)。

存有令人忆及"虚无",而且因此,虚无就归属于存有。[①] 关于这种归属性,我们所知甚少。然而,我们却知道这种归属性的后果之一,这个后果也许只是看起来如其自身展现出来的那样浅显:我们畏惧"虚无",厌恶"虚无",并且以为我们必须随时为这样一种谴责而 481
努力,因为虚无就是全然空无的。但是,倘若对(被误解的)"虚无"的逃避的真正原因不是求"肯定"的意志和求"存在者"的意志,而是

① 此句中前一个"虚无"原文为副词 nichts,后一个"虚无"原文为名词 das Nichts。英译本未作区分,均译为 nothing。——译注

对“存在之非同寻常性”的逃避,那又如何呢?——那么,结果就是,在对于虚无的通常态度中,只不过隐藏着对于存有的通常态度,以及对于那种真理之冒险(Wagnis)的躲避,一切“理想”、“目标设定”、“愿望”和“听天由命”都将因这种真理而破灭,沦为无足轻重和多余的东西。

于是,存有相对于一切存在者的完全非同寻常性也要求“存有之经验”的非同寻常性;此种经验和知晓的稀罕性因此也是不奇怪的。这种知晓是不能径直办到的。替代对这样一个目标的错误而徒劳的谋求,我们必须尝试进行质朴的思想,思考这样一种对彻底非同寻常之物的知晓包含着什么。

如果我们把存有称为非同寻常的东西,那么,我们就把任何种类和范围的存在者都把握为寻常之物了,即使在存在者领域里出现一种迄今未知的和全新的东西,并且推翻了过往之物;我们也总是逐渐容忍存在者,把存在者嵌入存在者。但存有却是那种非同寻常的东西,它不仅从来不在存在者范围内出现,而且根本上逃避任何一种对存在者的容忍。

存有是非同寻常的东西,意思是说,存有始终是任何通常状态所不能触动的。因此,为了知晓存有,我们就必须摆脱一切通常状态。而由于这种通常状态乃是我们的固有成分,也是我们的活动,所以,我们绝不能靠我们自己来摆脱它。存有本身必定把我们从存在者那里置放出来,把身处存在者之中的我们从这种簇拥状态中开-设出来[①]。存在者对人的这样一种簇拥在于两件事:人作为存在者本身是存在者中的一员,归于存在者;而同时,人向来在某个整体(世界)

① 此句中的两个动词“置放”和“开-设”原文分别为 heraussetzen 和 ent-setzen,英译本作 set out 和 set free。——译注

范围内，公然在自身周围、在自身面前、在自身之下和背后，拥有存在
者之为这样一个存在者。但这种“簇拥”仍然并不意味着或许在一 482
种偶然的和不得体的负担意义上要消除的东西，而不如说，它一道归属于那个东西，即构成人（作为在存在者中间的某个存在者）与存在者的相互争辩[①]的那个东西——这种争辩绝不只是人的作用（*Wirken*）方式（在“生存斗争”意义上），而是人之存在的一个本质关节。不过，依然存在着那种摆脱存在者的开-设过程（Ent-setzung），它并不消除这种争辩，而是为这种争辩建基，并且因此赠予这种争辩以建基的可能性——在此建基中，人才超出自身而进行创造。

然而，这种开-设只是基于存有本身而居有自身，其实存有本身无非就是开-设者和要求开-设者[②]。

开-设就在于此在的本-有过程，而且，在如此这般自行澄明着的“此”中（在无支撑和无保护之物的离-基深渊中），这个本-有过程自行隐匿。开-设与隐匿属于作为本有的存有。所以，在存在者范围内什么也没有发生，存有依然不可显现，但却能够与存在者之为存在者一道发生出来，即存在者被移置入非同寻常者的澄明之中，抛弃其寻常性，并且必须对它如何满足存有作出决-断。但这并不是指存在者如何适合和适应存有，而是指存在者如何保存、如何丧失存有之本现的真理，如何在其中获得它本已的本质（后者就在这样一种保存中）。而这种保存的基本形式却是某种世界化[③]整体的开启（即世界），以及在一切开抛面前的自行锁闭（即大地）。这两种基本形式首先让保存得以源起，而且本身就处于争执中，即从本有之本有

① 此处“争辩”（Aus-einander-setzung）在英译本中作 coming-to-grips-with。——译注

② 此处“开-设者和要求开-设者”德文原文为 das Ent-setzende und Ent-setzliche，英译本作 what sets-free 和 what calls for setting-free。——译注

③ 此处“世界化”为动名词 das Welten，英译本作 worlding。——译注

过程的亲密性而来本质性地现身的争执。我们在形而上学上当做感性与非感性来加以认识的东西,向来都处于这种争执的某个方面。

483 但为什么恰恰是这种世界与大地的争执呢?因为在本有中,此-在被居有并且变成人之内立性,因为从存在者整体而来,人被召唤向存有之守护。但我们必须据以在存有历史上来思考人及其"身体"、"灵魂"和"精神"的那个争执之物又如何呢?

存有开-设[①],是由于存有居有此-在。这种开-设乃是一种调谐,其实就是具有调谐作用的东西本身的原初轮廓。只要这种开-设在原初意义上起无化作用(nichtet),解除存在者之为存在者,则畏(Angst)这种基本情调就忍受这种开-设。[②] 也就是说,这种无化(Nichten)并不是某种否定,而不如说——如果竟可以根据一种表态行为来做一个解说的话——它是一种对作为被解-除者的存在者本身的肯定。不过,无化恰恰就是解-除本身,由于这种解-除,作为开-设的存有把自身转本于被居有的"此"之澄明。

再有,在隐-匿(Ent-zug)中的存有之无化,完全被虚无所照亮,使存有本质性地现身。而且,只有当我们已然从那种基于存在者对虚无的误解中摆脱出来之际,只有当我们根据虚无之无化[③]来规定"形而上学",而不是反过来根据形而上学以及在形而上学中起作用的存在者之优先地位,把"虚无"贬低为关于存在者之规定性和中介作用的单纯否定(像黑格尔以及他之前的所有形而上学家一样),只有在这时候,我们才会猜度,何种内立状态之力量从"开设/惊恐"而

---

① 此句原文为:Das Seyn ent-setzt,英译本作 Be-ing sets-free。——译注

② 此句中的"解-除"(ab-setzt)和"开-设"(Ent-setzen)有着相同的词根 setzen,英译本分别作 dis-engage 和 setting-free。——译注

③ 此处"虚无之无化"(Nichtung des Nichts),英译本作 the nihilating of the "nothing"。——译注

来被注入人之存在中——这种"开设/惊恐"现在指的是存有之"经-验"的基本情调。[①] 通过形而上学(这同时也意味着通过基督教),我们已然受到误导,习惯于猜测:在"开设/惊恐"之中——如同虚无归属于存有,畏归属于开设/惊恐——只有荒漠和残暴,而没有经验那种进入存有之真理中的规定(*Be*stimmung),没有从存有之真理而来内立地知晓存有之本现。

在第一开端中,由于φύσις[涌现、自然]进入ἀλήθεια[无蔽、真理]之中并且作为这种ἀλήθεια[无蔽、真理]而闪亮,所以惊讶就成了基本情调。另一开端,存有历史性思想的另一开端,则是由"开设/惊恐"来"校音"与"预先定调"的。这种"开设/惊恐"为无急难状态之急难开启此-在,而存在者之存在离弃状态就隐藏于无急难状态的保护中。 484

270. 存有之本质现身[②]
(本现)

本现意味着存有本身的存在方式,亦即存有。存有"之"道说。

存有作为在此在之守护中的上帝之急需而本质性地现身。

这种本质现身乃是作为本有的"本-有"[③],在这种本有的"之间"中,世界与大地的争执被争得了,而且由之而来,世界与大地的争执本身才被争得而达乎其本质现身(这种争执从何而来又如

---

① 此处"开设/惊恐"原文为 Entsetzen。我们上面把作者意义上的 Ent-setzen 译为"开-设",合乎其字面意义,但德语中的 Entsetzen 也有"惊恐"之义,故在此上下文中,我们把 Entsetzen 译为"开设/惊恐",似也可译作"开设性惊恐"。英译本作 freeing dismay。——译注

② 参看本书"存有"部分,第 267 节,"存有(本有)"。——原注

③ 此处"作为本有的本-有"原文为 das *Er-eignis* als das Ereignis。——译注

何？)：存有，即诸神与人之对峙的有所争得的本-有过程。

存有不是什么“自在”的东西，也不是“为”某个“主体”的什么东西。只有存在状态才能作为这样一个“自在”的东西而产生，以已经被褫夺权力的φύσις[涌现、自然]为形态，作为καθ' αύτó[就其自身]的ἰδέα[相、理念]，作为被表-象之物和对象。一切意在把“存在”及“其规定性”(即范畴)当做某个现成之物来寻找的尝试，都已经极端地纠缠于对象之物中了。

每一种存有之道说[存有“之”道说，参看本书“存有”部分，第267节，存有(本有)，本书第499-500页]都必定要命名“本-有”，命名上帝与此在、世界与大地的“之间性”的那个“之间”，[1]而且都必定总是根据之间之义、决定性地把作为离基深渊的“之间基础”[2]提升到具有调谐作用的作品中。若取通常言说的表面上直线式的单义性，则这种道说就绝不是单义明晰的，但它同样不像日常言说那样只是多义的和含混的，而不如说，它唯一地和内立地命名着有所争得的本有过程的那个“之间”。

485 这个“之间”乃是简单的爆破，它居有存有，在其本己本质一直被扣留的、尚未如此这般得到命名的存在者中居有存有。这种爆破乃是对于被遮蔽者的澄明。但爆破并非消散，澄明也不是单纯的空洞。

具有爆破作用的“之间”聚集着被它推移入其有争执的和有所拒予的归属之敞开者中的东西，使之向着离-基深渊聚拢，由此离-基深渊而来，每个东西(上帝、人、世界、大地)都回到自身而本质性地现身，因而让存有获得本-有过程的唯一决断状态。这样一种本

[1] 此处“之间性”原文为Inzwischenschaft，英译本作Inbetweenness；“之间”原文为Zwischen，英译本作between。——译注

[2] 此处“之间基础”原文为Zwischengrund，英译本作between-ground。——译注

现的存有,本身在其本质现身中就是唯一的。因为存有作为那种冲力(Stoß)而本质性地现身,这种冲力也许已经宣告自己为西方历史的极端的决断可能性,是这样一种可能性,即:存有本身起源于这样一种本质现身——作为需要人之守护的上帝之急需。这种可能性本身乃是存有“之”本源。而且,在这里根据以往关于存有的意见而似乎已经被冠以最普遍者和超历史者之名的东西,完全而且首先是地道历史性的和唯一的东西。

考虑到这样一种关于存有之真理的追问全然无依无据,则我们以什么为依据,来猜测存有之冲力已经把一种最初的震荡投入我们的历史中了?这种猜测又依据于一个唯一的东西,即:荷尔德林必定会成为他所是的那个道说者。

存有乃是有所争得的本有过程,它原始地把它所居有的东西(人之此-在)与它所拒予的东西(上帝)聚集于其“之间”的离基深渊中;而在这个“之间”的澄明中,世界与大地争得了其本质的归属状态,即其本质对于“时间-游戏-空间”的归属;真实者在“时间-游戏-空间”得到保存,而在这种保存中,真实者作为“存在者”为其本质的单纯性而适应于存有(本有)。

如此这般陈述存有,并不意味着要做出某个概念规定,而是要为跳跃之调谐做准备,从这种跳跃之调谐而来,并且在这种跳跃之调谐 486
中,存有本身得以作为开抛而跳将出来,为的是一种知晓,一种只有从这种存有之真理中才得以被指派给其本质的知晓。

居有与争得,历史性之建基与决断,唯一性与统一性,“之间”特性与断裂,这些从来都不是命名作为各种特性的存有之真理,而是命名着在其本质现身的当下**整体**本现中的存有之真理。关于一方的道说意味着不仅从根本上一道意指着另一方,而倒是在它们的本现之强力[1]的一种历史一次性当中使它们自身达到知晓。这样一种知晓并不为认识提供任何对象，也不是一种对道德状态和道德态度的召唤和诉求，而是存有本身之冲力的转送——存有本身作为本有之冲力为真实者建立“时间-游戏-空间”。

在这里，倘若举出一些可直观之物会有若干助益的话，那么，我们可以来说一下火。火首先烧灼自己的炉灶，进入火焰某个地方的相应烈度；火焰升腾的燃烧在其光芒的明亮中耗尽自己，并且在其中让灼热的黑暗发出红光，为的是作为炉火守护那个“之间”的中心——对诸神而言，这个“之间”成为并非情愿的、但必需的居所，而对人而言，它则成为某个东西之保存的自由之境，这个东西以大地与世界的双重性保存着真实者，同时在这种自由中作为存在者而产生和消逝。唯当历史性的人后来命名的存在者粉碎于作为上帝之急需的存有之际，每个事物才被抛回到被赋予给它的本质的分量之中，因而成为一个语言可命名的东西，并且归属于隐瞒——在此隐瞒中，存有逃避存在者中间的一切计算，但依然把自己的本质挥霍到朝向离基深渊的建基中，即诸神与世界、大地与人的亲密性的建基。

存有乃是处于诸神之居所中心的炉火，这个居所同时也是人的
487 奇异之处［即这个“之间”，恰恰当人亲熟于存在者的时候，人在这个“之间”中依然是一个（那个）异乡人］。

如何找到存有呢？为了找到火，我们必须点一把火？或者，难道我们不是必须更多地服从，首先去**守护黑夜**吗？借此或可防御日常生活中那些虚假的白昼，而其中最虚假者乃是这样一些人：当他们用借来的光照亮了黑夜，驱除了黑夜时，他们以为也认识和拥有了黑夜。

---

[1] 此处“本现之强力”（Wesungsmacht）英译本作 essential swayong power（“本现着的强力”）。——译注

271. 此-在[①]

〈此-在〉乃是在本有中被居有者。而且唯基于这样一种本质现身，此-在才具有其本己因素，即那种有所建基的、并且把“此”保存下来的拒予之守护的本己因素。

但此-在乃是作为放弃而被居有的。放-弃（Ver-zichtung）让拒予（即本有过程）耸立起来而进入其决断状态的敞开者中。

这样一种放弃之让耸立[②]本质上提升了这种放弃，使之摆脱了任何一种单纯否定和被否定的东西。放弃乃是一种原始的站立：毫无支撑地在无防护之物中（此-在之内立状态）。

这种站立坚持着可能性；并不是坚持一种任意的可能性，也不是坚持“这种”一般可能性，而倒是坚持着可能性之本质。而这就是本有本身，作为隐匿入极端中的对于本-有过程中最独一无二者的能力。这样一种隐匿发送出针对这种放弃的最尖锐风暴，并且赠予这种放弃以离-基深渊之切近，因而也赠予存有之开裂[③]。无疑地，此乃此-在的别具一格之处，就是能通过毫无防护和毫无支撑的东西落入离-基深渊之中而“站立”，并且在其中赶超诸神。

对诸神的赶超乃是在存有之真理的建基状态中的下降。[④]

---

① 参看本书“建基”部分。——原注

② 此处“放弃之让耸立”原文为 Ragenlassen der Verzichtung，英译本作 letting-soar of renouncing。——译注

③ 此处“存有之开裂”原文为 Geklüfte des Seyns，英译本作 the cleavage of be-ing。作者在本书中一般不用 Geklüfte，而用 Zerklüftung，英译本把两者都译为 the cleavage（开裂）。——译注

④ 此句中的“赶超”（*Über*treffung）、“建基状态”（Gründerschaft）和“下降”（*Unter*gang）在英译本依次作 *sur*passing，groundership，going-*under*。——译注

488 但存有为自己居有此-在，以达乎对其真理的建基，亦即对其澄明的建基，因为若没有这种对其自身的有所澄明的分离性决-断，[1]即进入上帝之急需以及进入此-在之守护中的分离性决断，则存有就不得不在它本己未释放的余火的火焰中耗尽自己。

我们怎能知道这一点不是已经多么经常地发生了呢？倘若我们知道此事，那么，就没有必要思考在其本质现身之唯一性中的存有了。

作为内立状态，此-在把离-基深渊建基于人本身所是的那个存在者中——这个离-基深渊被本有过程中的存有所抛出来、却又为存有所承荷。但这个存在者的存在本身首先取决于此-在，只要从此-在而来人被转换到诸神之急需的守护中。具有这样一种首先属于将来的本质的人（作为存在者）并不原始地“存在”（ist），因为只有存有才存在（*ist*）。然而，根据此-在来规定的人却又是别具一格的，区别于一切存在者，只要这个人的本质被建立在存有之真理的开抛之上，而这种建基又把人当做间接地被居有者托付给存有本身了。人如此这般地被排除出存有之外，但却径直被抛入存有之真理中，以至于这种排除作为一种具有存在特性的排除，此在式地在放弃中得到经受。人就像一座持久的桥处于那个“之间”中，本-有就是作为这个“之间”，通过把人托付给此-在，得以把诸神之急难抛投给人的守护。这样一种使被抛状态得以产生的具有抛投作用的托付，把那种进入存有的移离带入此-在之中，而这种移离作为存有之真理的开抛，在前景中向我们显现出来，在最前面和最容易的依然转向形而上学的前景中，乃作为存在理解向我们显现出来。然而，在这里哪儿

---

[1] 此处“分离性决断”原文为 Ent-scheidung，译文从英译 separating-deciding。——译注

也没有为把人解释为“主体”的做法留下任何余地，不论是自我性意义上的主体还是群体性意义上的主体。而所谓移离也不是人以一种脱离自身的方式出离自身（Außersichsein）。而毋宁说，移离为自身性之本质建立基础，这就是说：只要人把自身建基于此-在中，人就 489
具有自己的本质（即存有之守护），以之为自己的本己性（Eigentum）。不过，所谓以本质为自己的本己性却意味着：必须内立地去实行那种占有和遗失，亦即对人是这个被居有者（被移离入存有中）这样一种“如此”和“如何”情况的占有和遗失。成为本真的（*eigentlich*），特别地成为本质的拥有者，向来按照本有过程之离-基状态内立地经受或者不经受这种本真性[1]——这构成了自身性的本质。自身性既不能从“主体”出发来得到把握，甚至也不能从“自我”或者“人格性”出发来得到把握，而不如说，它只不过是在守护性的归属状态（即守护性地归属于存有）中的内立性（Inständnis），但这也就是说，它是根据诸神之急需的抛投（Zuwurf）的内立性。自身性乃是本质之本己性[2]的展开。人以自己的本质为本己性，这话说的是：人的本己性处于不断的遗失危险中。而且，这种遗失就是本-有过程的回响，是向存有的托付。

通过过渡性的本质转变，人向着此-在而变成内立性的。唯在此-在中，一种存有之保存才可能成功，那就是把存有保存到这样一个由此首先作为存在者显现出来的东西中。当我在《存在与时间》中说道，唯有通过“实存论分析”，非人的存在者的存在才变成可规定的，我这话的意思并不是：人是那个最早和首先被给定者，以之为

---

① 此处“本真性”（Eigentlichkeit）似更应译为“本己性”或“本己状态”，英译本作ownedness。——译注

② 此处“本己性”原文为Eigentumschaft，作者在上下文中多用Eigentum一词，我们在此未作区分，一概译为“本己性”。——译注

标尺,其他存在者才能获得自己的存在的赋形(Prägung)。这样一种“解释”假定,人**始终依然**要以笛卡尔及其全部后继者和单纯的反对者(连尼采也属此列)的方式被思考为主体。然则最切近的目标却在于:根本上不再把人设定为一个主体,因为人首先是根据存在问题被把握的,而且只是这样被把握的。但如果此-在依然获得了优先地位,那么这就是说:此-在式地被理解的人,把自己的本质及其本己性建立在存在之开抛上,并且因此——以全部的行为和全部的抑
490 制——持守于存有之澄明的领域里。不过,这个领域完完全全不是属人的,亦即是不能通过 animal rationale[理性动物]来规定和承担的,同样地也是不能通过主体来规定和承担的。这个领域根本不是一个存在者,相反,它归属于存有之本现。此在式地被理解,人就是那个存在者,它在存在之际有可能遗失掉自己的本质,并且因此向来最不确定地和最大胆地确信于自身——而这一点却是基于那种向存有之守护的托付。此-在之优先地位不仅仅是任何种类的人之人化的反面;这种优先地位为一种完全不同的人的本质历史奠定了基础,而这种人的本质历史不是从形而上学角度、因而也不是从“人类学”的角度可以把握的。这并不排除、而倒是包涵了下列情况:人现在对于存有而言变得**更为**本质性的了,而同时从“存在者”角度被评估为更不重要的了。

此-在乃是对存有之离基深渊的建基——通过对人提出要求,要求人成为这样一个被托付给存有之真理的守护的存在者。以此-在为基础,人才转变为那个从存有之关联那里接受了决断之物的东西,这也就指示着,有关一种存有之关联的谈论把真正有待思想的东西表达为它的反面了。因为存有之关联实际上就是存有,是作为本有而把人推移入其关联之中的存有。因此,有多重误解包围着那种由“人与存有”这个名目显示出来的“关系”(参看本书“存有”部分,

第272节,“人”,第273节,“历史”)。

272. 人[①] 491

谁若已经把人的历史把握为人之本质的历史,那么,“人是谁”的问题就只能意味着一种追问的必然性,就是要出乎迄今为止形而上学的逗留区域来对人进行追问,在追问之际把人指引入另一种本质中,并且因此把这个问题本身克服掉。这种追问不可避免地依然受“人类学”假象的影响,并且处于人类学式误解的危险中。

1. 为了自由地综览处于其本质急难[②]中的人,我们必须登上哪个极顶呢?那就是:人的本质乃是人的本己性,也就意味着丧失,而且是从存有之本现而来的。

为什么这样一个极顶是必需的呢?它意味着什么?

2. 人已经固执地迷失于“单纯”存在者之中了吗,抑或人为此已经为存有所驱逐,抑或人已经为存有所剥夺,并且被迫委身于一种自私了?

(这些问题活动于存在与存在者的区分中。)

3. 人,思想动物,作为激情、欲望、目标设定和价值设定的现成源泉,被配置了某种特性,如此等等。这种在任何时候都可确定的东西,信赖于所有人的理解,尤其是当所有人都达成一致,不再进行追问,不让任何有别于每个人的东西存在:

a)作为什么我们遇见人。

b)我们遇见人的如此实情。[③]

---

① 参看本书“存有”部分,第276节,“存有与语言”,本书第525-527页;《思索》VI-II。——原注

② 此处“本质急难”原文为(Wesensnot),英译本作essential distress。——译注

③ 此处“作为什么”原文为als was,“如此实情”原文为daß,即英文的that。——译注

4. 人,在抛脱(被抛的开抛)中返回者;我们必须理解存在,如果……①

5. 人,存有之真理的守护者(此-在之建基)。

492 6. 人,既非历史的“主体”亦非历史的“客体”,而只是被历史(本有)所吹拂,并且被一道撕扯入存有之中,归属于存有者。急需之呼唤,被送交入守护状态。

7. 人,作为在已实行的抛脱中的奇异者(der *Fremde*),他不再从离-基深渊中返回,并且在这个异乡保持与存有的遥远的近邻关系。

273. 历史

迄今为止人类还从来没有历史性地存在过,恰恰相反,人类“曾经拥有过”,并且“现在也拥有”一种历史。不过,这种对历史的拥有立即透露出在这里唯一地意指的“历史”的种类。所到之处,历史都是从“历史学”角度被规定的,即便在人们自以为在把握,并且在本质上界定历史性的现实本身的地方也是如此。此事的发生有时候是“在存在学上的”,即:历史性的现实作为生成之现实;有时候则是“在认识论上的”,即:历史作为可确定的过去之物。两种解释都取决于那个使“存在学”和“认识论”成为可能的东西,即形而上学。历史学的前提条件也要在此来寻求。

不过,如果人类要历史性地存在,历史之本质要得到认识,那么,人类之本质就必定会尤其成为可疑的了,而存在必定成为值得追问的,首次成为值得追问的。唯有在存有本身之本质中,而且同时也即在存有与人类的关联中(人类能胜任这样一种关联),历史才可能已

① 原文如此。——译注

经得到了建基。

诚然,人类是否获得历史,历史之本质是否攫住存在者,历史学是否能够被消灭掉——这是不能计算出来的;这要取决于存有本身。

仅就这些问题的首次揭示而言,就已经有一个主要困难构成了障碍,即:我们几乎不能摆脱历史学,因为我们已然再也估计不到,历 493
史学以多样隐蔽的方式在多大程度上控制着人类的存在。“现代”[1]并非偶然地把历史学带向真正的主宰地位。在今天,在现代的决定性阶段的开端中,这种主宰地位延展到了如此深远的地步,以至于通过由历史学所规定的历史观,历史被排挤入无历史之物中了,而历史的本质就在其中被寻求。血统和种族成为历史的载体。史前史[2]赋予历史学以现在有效的特征。人类推动和算计自身的方式,人类使自己大出风头和相互对照的方式,人类把过去之物当做自己的当前状态的背景来安排的方式,人类把这种当前夸张为一种永恒的方式——所有这一切都显示出历史学的支配作用。

但在这里历史学意指的是什么呢?〈指的是〉对过去之物的有所断定的说明,所根据的是对当前的计算性运作的视野。存在者在此被预设为可订置的、可生产的和可断定的东西(ἰδέα[相、理念])。

断定(*Fest*-stellen)服务于一种保持,这种保持并不想让过去之物滑落,而倒是要把作为这种现成之物的当前之物永恒化。永恒化作为追求,始终是历史学之主宰地位的后果,是一种表面上献身于历史的对历史的逃避。永恒-化乃是一种疏远于历史的当前的“未摆脱自身”[3](作为一个现成之物的自身)。

---

[1] “现代”(Neuzeit)指欧洲文艺复兴后的历史时期,在汉语语境里常被称为“近代”。——译注

[2] “史前史”(*Prae*historie)或译为“史前学”。——译注

[3] 此处“未摆脱自身”为“一个词”,原文为 Nicht-von-sich-Loskommen,英译本作 not-getting-free-of-itself。——译注

作为这样一种断定,历史学乃是一种持续不断的比较,是对他者的援引,而人们就在他者身上照出自己是继续者;这种比较撇开自身进行思考,因为它对付不了自身。

历史学散布着一种关于一切现实均可控制的幻觉,因为它依循一切表面之物,并且把表面之物本身当做唯一充足的现实性来加以
494 倒卖。在历史学中蕴含着一种认识的无边界性,即在所有方面、用所有描述手段对一切事物的认识的无边界性;对一切事实的占有和支配导致一种对历史的隔离,后者越是明确,就越不能为被隔离者所识别。

在其预备形式中,在其向科学的发展过程中,在把科学敉平和简化为普通计算的过程中,历史学完全是形而上学的一个后果。但这就是说:〈它是〉存有之**历史**〈的一个后果〉,是作为历史的存有〈的一个后果〉,而在其中,存有与历史却是完全隐而不显的,〈两者〉实际上甚至把自身抑制于被遮蔽状态之中。

作为本-有的存有乃是历史;历史的本质,无赖于变易和发展观,无赖于历史学的考察和说明,必须由此出发来规定。所以,当人们不是从历史学的(斟察的)"主体"出发,而以历史学的"客体"和对象为定向时,历史的本质也是得不到把握的。历史学的对象究竟是什么呢?"客观的历史学"是一个**不**可达到的目标吗?它根本就不是一个可能的目标。那么,也绝不存在"主观的"历史学。历史学的本质要义在于,它植根于主体-客体关系;它是客观的,因为它是主观的,而且只要它是主观的,也就必定是客观的;所以,"主观的"与"客观的"历史学之间的一种"矛盾"压根儿没有什么意义。一切历史学都终结于人类学-心理学的传记主义(Biographismus)。

274. 存在者与计算

规划性的计算使存在者变得越来越可表-象，在每一个可能的
说明角度都越来越可通达，而且这样一来，这些可控制性（Beherrsch-
barkeiten）本身相互间达成统一，变得更加通行，并且因而把存在者
扩展到表面上无界限的东西中；但只不过是表面上。实际上，随着研 495
究（最广义的历史学）的不断深化，得到完成的是一种对巨大之物的
移置，即把它从屈从于规划的东西移置入规划本身中。而且，在规划
和计算已然变得巨大无比之际，存在者整体便收缩了。“世界”变得
越来越小，绝不只是在量的意义上，而是在形而上学的意义上，即：存
在者之为存在者，亦即作为对象性的东西，最后如此这般地被消解于
可控制性中，以至于存在者的存在特征似乎消失掉了，存在者的存在
之离弃状态得到了完成。

“世界”的形而上学上的缩小产生了一种对人的掏空。与存在者之为存在者的关联在存在者中并且与存在者一道丧失了任何目标，这种关联作为人之行为只还关涉自身及其实行的合规划性。感情之感受只还感受到感受，[①]而感情本身变成了享受对象。“体验”获得其本质的极端，体验被体验了[②]。在存在者之中的迷失状态被体验为一种能力，即能够把“生命”转变到那种围绕自身的空洞循环的可计算的旋涡中，并且能够使这种能力作为“接近现实生活的能力”而变得可信。

---

① 此句原文为 Das Fühlen des Gefühls fühlt nur noch das Fühlen，英译本更绝，译作：The feeling of feeling feels only feeling，几近绕口令了。——译注

② 此处“体验被体验了”原文为 die Erlebnisse werden erlebt，英译本比较笨拙：lived-experiences are lived。——译注

275. 存在者

存有之保存(本有历史性地〈来思考的〉保存)。为何之故呢?为了使诸神在存在者中达乎**真理**,自发地彻底得到调谐,为了使存有渐渐燃尽而又不至于熄灭。但危险!

存在者"整体"么?现在"整体"还有一种必然性吗?难道它不是作为"体系"思想的最后残余而分崩离析了吗?

496 ὅλον[整体]在**存在历史**中有多么古老呢?像ἕν[一]一样古老吗?(φύσις[涌现、自然]藉以聚集到在场现身之持存状态中的第一个概念。)

"存在者"——为什么我们首先总是把它理解为恰恰就在此时此地现成的东西呢?(**当前**之优先地位从何而来?)通向对象之物的道路何时不再是一条通向存在者的道路了?

何时"自然",φύσις[涌现、自然]的一个紊乱了的后裔,已经回归到**自己的**开端之中,不再下降到存在者之中——只还被今人视为对存在者的布置和表象?仿佛作为自然科学的对象和作为技术的开发过程,"自然"依然以某种方式遭遇存在者,抑或也只是如此这般地,使得"哲学"可以用来作它的补充——这种"哲学"早已经把自己弄得只在这些对象的对**象性**①中才游刃有余了(认识论的、存在学的,亦即合乎表象的)。

但如果我们通过返回到歌德的自然观来挽救自己,进而也把"大地"和"生命"弄成一种理论〈那又如何呢〉?

---

① 此处"对**象性**"(Gegen*ständlichkeit*)重点号在-ständlichkeit上,强调的是"持立状态",故似乎更应译为"对立性"。——译注

如果在非理性之物中的倒腾开始了,现在尤其是一切都保持着以往之物的老样子,而以往之物现在终于毫无限制地得到了证实〈那又如何呢〉?这一点是必定还会到来的,因为若是没有它,现代就没有获得自己的完成。

浪漫主义尚未达到终结。浪漫主义再度尝试一种对存在者的美化(*Verklärung*),但这种美化只还作为对普遍的说明和计算的反动,努力超过这种说明和计算把自己构造起来,或者努力在这种说明和计算旁边把自己扩建起来。这种美化"号召"对"文化"的历史学更新,推动它在"民众"中的植根,并且追求那种向所有人的传达。

"形而上学"的这样一种大众化导致一种对以往之物的激活;荒废之物重又得到重视和保护,并且被带向一种享受和一种振作。而
且,在与表面上已经变得陈旧不堪的东西的比较中,某种全新的东西 497
似乎要建立起来了。然而,只要存在者本身依然未着眼于存有而得到追问,并且——尽管有展开和激活——毫不显眼地消失了,只留下对象性的东西作为自己的假象,那么,一切就都还活动在无决断状态中。

276. 存有与语言[①]

1. 语言作为陈述和道说。

2. 存有之道说。

3. 存有与语言的本源。语言〈作为〉归属于本有的回响,在此回响中,本有作为进入争执本身(大地-世界)之中的争执之展开而赠予自身(结果:对语言的消耗和单纯使用)。

---

① 参看本书"存有"部分,第267节"存有(本有)",本书第499-500页。——原注

4. 语言与人类。语言随人类一道被给予,抑或人类随语言一道被给予？或者,一方通过另一方,两者根本不能变成、根本不是两个不同的东西？那是为什么呢？因为两者同样原始地归属于存有。为什么人类对于语言之本质的规定是“本质性的”——人类作为？存有之真理的守护者。

5. animal rationale[理性动物]与语言的误解。

6. 语言与逻辑。

7. 语言与存在状态与存在者。

在形而上学历史的范围内(因而一般地也就是在以往哲学当中),关于语言的规定是受λόγος[逻各斯]引导的,λόγος[逻各斯]被当做陈述,而陈述被当做表象的联系。语言承担对存在者的陈述。同时,语言——又作为λόγος[逻各斯]——被分配给人类(ζῷον λόγον ἔχον[具有逻各斯的动物])。语言的基本关联,语言的“本质”和“本源”得以从中推导出来的那些基本关联,通向存在者之为存在者,也通向人类。

498 每每根据对animal rationale[理性动物]的解释,每每根据(话语的)ratio[理性]与存在者和最具存在性者(deus[上帝])的联系,形成了“语言-哲学”的转变。甚至在这个名称没有被专门使用的地方,语言也作为一个现成对象(工具——具有构形能力的产物和造物主的礼物),与其他对象(艺术、自然等等)一道进入哲学考察的领域里。尽管人们多么确定地承认,这种特殊产物其实又伴随着一切表象活动,因而作为一种有关存在者的表达方式伸展到整个存在者领域之外,但这种考察并没有因此逾越那个原初的语言规定,后者把语言置入与存在者和人类的十分不确定的关联之中。人们几乎未曾尝试过,倒转过来,出乎这种与语言的关联,并且从语言而来,更原始地来把握人类的本质以及人与存在者的关系。因为这种做法已经提出一个要求，要人们仿佛无关联地[1]来设定语言。但既然语言的现成存在本身明显地与任何经验相违逆，那么，语言该当建基于何方呢？

再者，如果我们来思量一下，绝不存在“这种”一般语言，相反，语言只能作为非历史性的语言（所谓原始民族的“语言”）和历史性的语言而存在，如果我们此外还来估量一下，尽管有明明白白的历史学学科，但历史的本质对于我们来说依然是多么模糊不清，那么，一切要把握语言之“本质”的尝试，似乎就立即会在道路的开端处陷于错乱；而且，所有历史学上关于以往语言观的资料汇集，尽管不乏教益，但绝不能超出已经确定下来的有关语言与人类和存在者之关联的形而上学领域。但这一点实为第一个现实的问题：藉着从λόγος［逻各斯］出发的、在历史性意义上甚至在开端性意义上必然的语言解释，藉着这种如此这般被先行描绘的对形而上学关联领域的适应， 499
语言的本质规定的可能性是否被限制到形而上学的沉思空间里了？而现在，如果形而上学本身，及其根本上限制于存在状态问题上面的追问，已经得到了认识，而且我们也已经成功地洞识到，在这种关于存在者整体的形而上学追问中，依然并非一切都得到了探问，恰恰最本质性的存在之物，亦即存有本身及其真理，仍然是没有得到探问的，那么，在这里就开启出了另一种前景：存有，或者不如说存有最本己的本现，或许根本就不能构成语言的那样一个基础，由此基础而来，语言创造了它的本己化[2]，即首先自发地规定自身的本己化；而正是与这种本己化相关联，语言就在形而上学意义上得到了说明。

第一个现实的问题使一切语言哲学本身（亦即作为语言形而上

① 此处“无关联地”原文为 bezugfrei，英译本作 free of relation。——译注

② 此处“本己化”（Eignung）在英译本中作 owning。中译文未能尽显它与“本有”（Ereignis）和“本有过程”（Ereignung）的字面和意义联系。——译注

学以及相应地作为语言心理学等等)同时都失效了;它乃是关于语言与存有之关联的问题,是这样一个问题,它以此形式固然还根本不能切中它要追问的东西。但这种关联却不能通过某个途径得到说明,这个途径同时还关注着在迄今为止的语言考察中始终起主导作用的领域。

根据得到正确理解的、直到今天仍有效的有关作为 animal rationale[理性动物]的人的规定,语言乃是与人一道被给予的,而且这一点是如此确定,以至于也可以反过来说,人只是随着语言被给予的。语言与人类相互规定。这是何以可能的呢?难道两者在某个方面是同一个东西吗?在哪个方面两者是同一个东西呢?根据两者对于存有的归属性。归属于存有——这话意味着什么?作为一个存在者,人归属于存在者,因而从属于那个最普遍的规定,即关于人存在以及如此这般地存在的规定。只不过,这并没有把人彰显为人,而只是把人与一切存在者等同起来了。但只要人从这种归属状态中、并
500 且恰恰从后者中创造出自己最原始的本质,那么,人就能够归属于存有(不只是从属于存在者):人理解存有(参看《存在与时间》);人乃是存有之开抛的地方长官[①],存有之真理的守护构成基于存有、并且“仅仅”基于存有而被把握的人之本质。人归属于存有而作为为了存有之真理的建基而为存有本身所居有者。如此这般被居有,人就被托付给存有,而且此种托付指引着对这种人之本质的保存和建基,使之进入人本身首先必须占有的那个东西之中,进入人必须赖以更本真地和更非本真地存在的那个东西之中:进入此-在之中,后者乃是真理之建基本身,乃是由存有(本有)抛出来和承担的离-基深渊。

---

① 此处“地方长官”原文为 Statthalter,其字面意义为“地方/场所持有者”,英译本作 governor。——译注

但语言对于存有的关系如何？如果我们不能把语言算作一个被给予的、因而在本质上已经被设定的东西（因为要紧的是首先“找到”这个本质），而且，如果存有本身比语言“更具本质性”（只要语言被看作被给予者，即存在者），那么，上述问题必须有另一种问法。

存有对于语言的关系如何？不过，即便这样发问，这个问题依然是易致误解的，因为它现在只是表现为对前一种关系的单纯颠倒，语言又被当作某个与存有发生关系的被给予之物。存有对于语言的关系如何？——这就是要问：语言之本质如何起源于存有之本现吗？但这样一来，不是已经预先说出了答案：语言只是起源于存有？不过，任何一个地道的本质问题，被规定为出于有待开抛者的开抛的本质问题，都预先说出了答案。语言的本质除了通过指出它的本源，绝不可能有其他规定办法了。所以，人们不能发布语言的本质规定，不能把关于语言之本源的问题宣布为不可解答的。本源问题诚然在自身中包括了关于本源和起源本身的本质规定。但所谓“起源”（Entspringen）意味着：在最后提出的那个问题意义上归属于存有：语言 501
如何在存有之本现中本质性地现身？而先行的考察已经说明了，语言与存有的这种关联根本上并不是一种任意的发明。因为实际上，那种形而上学的双重关联（只是没有被回溯到本源中），即语言与存在者本身和人类（作为 animal rationale［理性动物］，ratio［理性］——基于存在状态即存在而进行的存在者解释的引线）的形而上学双重关联，意思无非是说：语言完完全全地关联于存在，而且恰恰是在形而上学据以规定语言的角度上〈关联于存在〉。但因为形而上学毕竟只有出于对于存在一筹莫展的窘困状态才成为它所是的东西，所以恰恰**这种**关联，尤其是对它的正确理解，绝不能通达其追问的领域。

语言起源于存有，因此归属于存有。所以，一切又全取决于存有

"之"开抛和思想。但现在我们必须这样来思考这种存有,即我们在此同时要回忆语言。然则在没有先行把握首先要赢获的本质规定的情况下,我们现在应当如何来把握"语言"呢?综上所述,情形显然是这样:语言在其与存有的关联中方得经验。但如何做到这一点呢?"这种"语言乃是"我们的"语言;所谓"我们的"语言不光是作为母语,而且也是作为我们的历史的语言。而且这样一来,最后的值得追问的东西就在关于"这种"语言的沉思范围内向我们袭来。

我们的历史——并非作为历史学上为人熟知的我们的命运和成就的过程,而不如说,我们本身就在我们与存有的关联的时机中。我们第三次掉入这种关联的深渊中了。而且这一次,我们不知道答案了。因为一切对存有和语言的沉思,其实只是一种推进(Vorstoß),旨在切中我们在存有本身中的"方位",因而切中我们的历史。不过,即使我们想要在其与存有的关联中来把握我们的语言,这种追问也依然不能摆脱传统形而上学语言规定的流俗因素——对于这种规
502 定,我们也不能径直说,它是完全不真实的,尤其是因为它其实恰恰也看到了(尽管是隐蔽地)在其与存在(与存在者本身,以及与表象、思考存在者的人)的关联中的语言。除了语言的陈述特征[最广泛意义上的陈述,语言,即被道说的和未被道说的东西,意指某物(存在者),表象某物,在表象之际对某物进行赋形或者掩盖,诸如此类],语言作为人类的财产和工具而为人所熟知,同时又作为"作品"而为人所熟知的。但语言与人的这种联系被看得如此紧密,以至于甚至人本身的基本规定(又是作为 animal rationale[理性动物])也被挑选出来了,用以标识语言的特性。人的身体-灵魂-精神本质在语言中被重新发现:语言-(言语)-身体、语言-灵魂(情绪和情感差别,以及诸如此类的东西)和语言-精神(被思考者和被表象者),乃是一切语言哲学的流俗规定。此种语言解释,人们可以把它称为人

类学的解释，其极致是在语言本身中看到了人之本质的一个象征。如果在这里撇开象征思想的可疑问性（在形而上学中起支配作用的那种对于存有一筹莫展的窘困状态的一个真正后裔）不谈，那么，人就必须被把握为那样一个存在者，它的本质在于自身本己的象征中，也就是说拥有这种象征（Λόγον ἔχον[具有逻各斯]）。这样一种在形而上学上彻底地根据象征来思考的语言解说，在存在历史性思想中能够在多大程度上被超越，从而使得一种卓有成效的东西生长起来，这一点我们姑且搁一搁。不可否认的是，藉着在语言中支持人们把语言把握为人类之象征的东西，人们已经切中了确实为语言以某种方式所特有的东西，即：语音和声音，语调和词义，而同时我们又已经在起于形而上学的观点的视界内、也即在感性之物、非感性之物和超感性之物的角度进行思考了——即便我们并没有用“言语”来意 503
指单个的词语[1]，而是指对被道说者和未被道说者的道说和沉默，以及这种未被道说者本身，情形亦然。语音可以回溯到人类身体的解剖学的和生理学的特性上，并且据此得到说明（语音学——声学）。类似地，语调、言语节奏和道说的情感重音，也是生理学说明工作的对象；而语义则是逻辑的-语音学的-修辞学的分析的课题。这样一种对语言的说明和分析与有关人类的理解方式的依赖关系是显而易见的。

但现在，如果说随着形而上学的克服，人类学也垮台了，如果说人类的本质要从存有角度来得到规定，那么，那种人类学的语言说明就再也不能成为决定性的了；它丧失了自己的根基。不过，那个在语言中被当做语言的身体、灵魂、精神而得到掌握的东西，甚至于恰恰到现在才获得了登峰造极的权力。那是什么呢？现在，难道我们不

[1] 此处“言语”（Wort）是单数，“词语”（Wörter）是前者的复数形式之一。——译注

是能够简单地,相应地在存在历史意义上进行思考之际,如此这般地来处理,即根据存在历史性的人类规定来解说语言的本质吗?不能啊。因为这样的话,我们始终还陷身于象征思想中;而首要地,我们或许就没有严肃地对待那项任务,即:要从存有本身的本现中看出语言的本源。

277. "形而上学"与艺术作品的本源

有关艺术作品之本源的追问,并不是要达到一种关于艺术作品之本质的永远有效的断言,后者同时可以充当对艺术史的历史学回顾和说明的引线。这种追问最紧密地联系于一项克服美学的任务[①],而这项任务同时也是要克服某种有关作为对象性地可表象之
504 物的存在者的理解。对美学的克服又必然地起于与形而上学本身的历史性争辩。形而上学包含着西方式的关于存在者的基本态度,因而也包含着西方艺术及其作品的迄今为止的本质的基础。形而上学之克服意味着开放出存在之真理的问题相对于任何一种"理想的"、"因果的"、"先验的"和"辩证的"存在者说明的优先地位。但形而上学的克服并不是对传统哲学的排斥,而是跃入哲学的第一开端,又不想革新这个开端——这在历史学意义上是不现实的,而在历史性意义上还是不可能的。尽管如此,对第一开端的沉思(出于为另一开端做准备的强制性)却导致一种对于原初的(希腊的)思想的表彰,从而促成一种误解,即以为藉着这种回溯,人们就可以力求达到一种哲学中的"古典主义"了。但实际上,通过这种"重演的"亦即更

① 海德格尔在此首次提出了"美学之克服"的思想任务。即便在其公开发表的"艺术作品的本源"中,海德格尔也未曾明言此点——虽然其中已经包含了这项思想任务。——译注

原始地开始的追问，倒是开启出第一开端与它全部历史性后果之间的孤立和遥远。再者，另一开端与第一开端诚然处于一种必然的和内在的关联之中，但却是一种蔽而不显的关联，它同时包含着两者依照各自的本源特征而形成的完全的隔离状态。于是乎，恰恰在准备性的思想最可能进入另一开端的本源范围内的地方，就会出现一种假象，仿佛只是要革新第一开端，而另一开端只不过是对第一开端的一种历史学意义上得到改善的解释而已。

适合于一般"形而上学"的东西，终究也适合于对"艺术作品的本源"的沉思，而这种沉思可为一种历史过渡性的决断做准备。即便在这里，为直观起见，也最有可能选择第一开端的早先之物，但同时要知道，通过我们必须当做关于"这种"艺术的本质知识来加以阐发的东西，希腊艺术的本质因素是绝不可能找到的。

然而，在这里事关宏旨的始终是，要历史性的思想，也即历史性 505
地存在，而不作历史学上的计算。"古典主义"的问题，以及克服对于"古典性"的"古典主义"误解和贬降，同样地把一种历史标识为"古典的"，此类做法不是对艺术的态度问题，而是一种决断，一种赞成或者反对历史的决断。

有的时代通过历史主义认识了许多事物，而且很快认识了一切。这些时代将不能理解，一个具有无-艺术的[①]历史的时机，可能比有着膨胀艺术行业的时代更具历史性和更具创造性。在这里，无艺术状态并非起于无能和沉沦，而是起于有关本质性决断的知识的力量，那种迄今为止——十分稀罕——作为艺术而发生的东西必定要经历此类本质性的决断。在这种知识的视野里，艺术失去了与文化的关

① 此处"无-艺术的"原文为形容词 kunst-los，下文讲的"无艺术状态"是它相应的名词 Kunstlosigkeit，英译本作 the lack of art。——译注

联;艺术在这里只是作为一个存有之本有事件[①]而开启自身。无艺术状态植根于这样一种认识,即:基于极完备的对规则的精通而施展卓越的能力,即便按照迄今为止最高的尺度和典范来看,也绝不可能成为"艺术";有规划地安排那种与以往"艺术作品"及其"目的"相合的东西的制作,这可能会获得内涵丰富的成果,而艺术之本质的原始必然性,把存有之真理带向决断的必然性,在任何时候都不会从一种急难中产生出来;一种对作为企业工具的"艺术"的忙碌,已经把自身置于艺术之本质之外了,从而恰恰是太盲目和太虚弱了,经验不到——或者哪怕只是"承认"也不可能——无艺术状态及其被指派给历史酝酿者和存有的权力。无艺术状态植根于这样一种认识,即:那些享受和体验"艺术"的人们的认可和赞成根本不可能来作出决断,来决定享受对象究竟是否源于艺术的本质领域,抑或只不过是历
506 史学意义上的历史性的一个虚假产物,带着种种主配性的目的设定。

由于这种认识,无艺术状态已经是历史性的,而没有在一种持续增长的"艺术活动"范围内变成为公众所熟知的和得到承认的——但这样一种认识本身,本质上归属于一种原始的本有过程,我们名之为此-在,从这个此-在的内立状态而来,存在者之优先地位的毁灭得到了酝酿,因而也就酝酿着"艺术"的另一个本源的非同寻常的和非自然的东西,那就是:一种隐蔽历史的开端,即诸神与人类的一种对峙(一种朝向离基深渊的对峙)的隐瞒之隐蔽历史的开端。

278. 艺术作品的本源

一、申克尔的句子:"藉着那种意向,即希腊民族所到之处都要

---

① 此处"存有之本有事件"(Ereignis des Seyns)或译为"存有之本有",英译本作enowning of be-ing。——译注

把自己的此在和劳绩留下来的意向,产生了多样的艺术活动……”①

1. 藉着哪种意向:是“偶然地”抑或“出于”哪种意向?

2. 难道重点仅仅放在艺术之多样性的形成或者艺术本身的形成的说明上了?

3. 艺术活动:是“艺术”和艺术中的活动,抑或是让艺术的本质本身首先作为必然的东西而产生?

艺术中的活动,不同于“基础”的东西,乃是关于“形成”之论证的不同方向和层面。

a)本质基础(来自存有之本现的本质之起源),参看下文第四点。

b)动因、使命、模仿。

c)发动与推动(需要与欲求)。 507

d)条件(天资、技能)。

e)ἀγών[竞赛、斗争]②,自我逾越,但那也不是作为纪录,而是δόξα[荣誉、意见]。

f)ἀγών[竞赛、斗争]的形而上学基础。

4.“后世”,不确定的:

a)根据现代并且在历史学上来思考,西方,历史学上的教养,“永恒化”。

b)希腊地看,对于本己的民族来说,但这时也即没有“永恒”,并非恰恰后来者(任意的甚或西方)历史地具有某种相关的记忆、“追忆”,而倒是要保持希腊人本身作为他们的所有物;依然在场着在其

① 申克尔(K. F. Schinkel):《申克尔遗稿选。旅行日记、书信和箴言》,由沃尔措根(A. v. Wolzogen)传达。据1862年版印行。米腾瓦尔德1981年,第III卷,第368页。——编注

② 希腊文的ἀγών有“集会、运动会、竞赛、斗争、辩论”等义。——译注

在场现身(*Anwesung*)中(δόξα[荣誉、意见]),也不是“理性地”而是形而上学地。

二、δόξα[荣誉、意见]与ἰδέα[相、理念],荣誉和赞美的希腊意义:走出来入于显现中,也即一道归属于本真的存在者,一道规定这个存在者(κλέος[光荣、名声]),并且因此被分派给诸神。δόξα[荣誉、意见]:在本己的自行展开着的本质的在场现身中的当前性,以及对于这个本质的归属状态。

但是:

三、鼎盛的希腊时代(品达和早期人物)与柏拉图,余音,“荣誉”已然〈成了〉名声。

而且首要地:

四、即便在最鼎盛期也只有时机、唯一性,而没有一种状态和常规,没有理想。

五、强调活动的现代观点,作品的成就特征,“天才”,以及相应地作为成就的“作品”。最后就是作为文化政治之工具的一般艺术。

六、本源问题:“这个”本源始终是历史性地在下述意义上讲的,即:本质现身本身是历史性的和具有本有特性的。

希腊人的ἀεῖ[永远、永恒]并非在历史学上被思考的进步的和无限的延续的期限,而是不可尽穷的本质之在场现身的持存性。

508 希腊人乃是非历史学的,ἱστορεῖν[探索、探询、叙述][①]指向当前-现成之物,而非指向过去之物本身。

但希腊人却是历史性的[②],如此原始地,以至于对他们来说,历

---

① 此处希腊文ἱστορεῖν[探索、探询、叙述]是希腊文ἱστορία(研究、历史)的动词形式。——译注

② 上句中的“非历史学的”原文为 unhistorisch,此处“历史性的”原文为 geschichtlich。——译注

史本身依然是蔽而不显的，也就是说，历史本身没有变成他们的"此在"的构成过程的本质基础。

ἀεί[永远、永恒]并非延续者的在场，而是那种聚集入当前之中的简化，即对向来本质性的东西（作为ὄν[存在者]的ἕν[一]）的简化。

279. 但诸神的情形如何？[①]

诸神并非来自"宗教"；并非作为现成之物；并非作为人类的权宜之计；而毋宁说，它们来自存有，作为存有之决断，它们以最后者之唯一性而成为将来的。

为什么必须冒险一试这种决断呢？因为这样一来，存有之必然性就被提升到至高的值得追问的状态，人的自由——即人能够最深刻地投入自己的本质之实现中——就被深深地推入离-基状态之中，而这是由于存在由此被带入其本-有过程的最质朴的亲密性的真理之中了。这时候，什么"存在"（ist）呢？只有在这时候，这个问题才是不可能的，在这时候，在某个时机，本-有乃是本有。[②] 这个时机乃是存在之时间。

但存有乃是上帝的急-需（Not-schaft），上帝在此急需中才找到自身。不过，上帝是为何之故呢？急需从何而来？是因为离基深渊隐而不显吗？因为有一种逾-越[③]，所以，那些被逾-越者〈是〉依然更高者。逾-越、离-基深渊、基础、存在从何而来？诸神的神性何

---

① 参看本书"最后之神"部分。——原注

② 此句中出现了两个"本有"，只是前者多了一个连字符，为"本-有"（Er-eignis），后者为"本有"（Ereignis）。——译注

③ 此处"逾-越"（Über-treffung）或可译为"超-越"，英译本作 surpassing。——译注

在？存有为何之故呢？是因为诸神吗？诸神为何之故呢？是因为存有吗？

509 本-有与为何之故(das Warum)的可能性！这个“为何之故”还可能被弄成一个法庭，而存有必须被置于这个法庭面前么？

但存有之真理为何之故？它属于存有的本质现身！

存在者为何之故？是因为有一个至高的存在者把它引发、生产出来了？

但撇开制作方面的不适当性不谈，最高的存在者，即 summum ens[至高存在者]，更是属于存在者的。何以应当由此来解答“为何之故”〈的问题〉呢？存在者为何之故？为何之故？为什么？在何种意义上？基础！基础与为何之故的本源。每每越出了存在者。何往？因为存在本质性地现身。存有为何之故？从其自身而来。但什么是它自身？对存有、存有之基础的探-基乃是作为离-基深渊的存有之“之间”。朝向离基深渊的知晓作为此-在。此-在作为被居有的此-在。无根的；朝向离基深渊的。

280. 过渡问题

过渡问题(为什么竟是存在者存在而无倒不存在？参看 1935 年夏季学期讲座①)追问存在者，因而首先唯一地〈是〉有待展开的，为的是在不知不觉中置身于某个本质性的步骤面前——存有之飘荡②。

正如对此问题的形而上学追问，由于被带入极端之境(与中世

① 1935 年冬季学期讲座《形而上学导论》(《海德格尔全集》第 40 卷)。——原注

② 此处“存有之飘荡”原文为 die *Schwebung* des Seyns，英译本作 the *hovering* of being。——译注

纪和莱布尼茨、谢林的差异),已经把它置入存有之“空间”中了,为进入存有的跳跃而做的助跑亦然。

该问题的形而上学形态:最高原因,ens entium[一切存在者之存在者]! 不是答案,因为没有追问过。

那么虚无呢? 它的持存? 以及这个为何之故? 它的基础? 还有这个问题本身? 作为存有“之”[①]思想。

281. 语言
(它的本源) 510

如果诸神召唤大地,而且在此召唤中有一个世界发出反响,因此这种召唤作为人的此-在而回响,那么,语言就作为历史性的语言、作为为历史建基的话语而存在。

语言与本有。大地的开幕[②],世界的反响。争执,对开裂的原始庇护,因为那最内在的裂隙(*Riß*)。敞开的地方。

语言,无论是被言说出来还是被归于沉默,都是最初的和最广的对存在者的人化。看起来似乎就是这样。但它恰恰也是对人的最原始的非人化——作为现成生命体和“主体”,以及迄今为止所有的名堂。而且因此就有了此-在之建基与存在者之非人化的可能性。

语言建基于沉默。沉默乃是最隐蔽的节-制[③]。沉默掌握分寸,因为它首先设定了尺度。于是,语言就是最内在和最广大意义上的

① 这个“之”为冠词第二格(属格)des。——译注

② 此处“开幕”(Aufklang)在英译本中作 fleeting shimmer,可供参考。——译注

③ 此处“节-制”(Maß-halten)也可译为“适可而止、掌握分寸”,英译本作 measure-holding。——译注

尺度-设定(Maß-setzung),作为关节及其接合(本有)的本质现身[①]。而且,只要语言是此-在的基础,那么在此-在中就包含着适度的调节,并且乃作为世界与大地之争执的基础。

① 此处"本质现身"原文为 Erwesung,作者在本书中经常使用的是 Wesung(本现)。英译本把这里的 Erwesung 译为 enswaying。——译注

编者后记 511

《哲学论稿(从本有而来)》是马丁·海德格尔的又一部主要著作,成稿五十多年后,在这位思想家诞辰100周年之际首次面世。[①] 随着本书的发行,《海德格尔全集》第三部分[②]诸卷本的出版工作开始了。

海德格尔在《存在与时间》中形成了存在问题的第一个、基本存在学意义上的开端,自那以后,《哲学论稿》乃是**首次全面的尝试**,即同一个问题的第二个、存有历史意义上的、同时也"更为原始的"开端和阐述,海氏在其中追问作为存有之真理和本质现身(即本现)的存有之意义,而且把这种存有之真理或本现思为本有。因此,"公开的书名"《哲学论稿》理当有一个相称的副标题"从本有而来"。尽管其中要实行的思想把自身理解为"一种作为本有的存有之本现的开抛",但它"还不能从存有本身而来把存有之真理的自由关节接合起来"。思想只还在通向这种接合的途中。可是,《哲学论稿》中有关存在问题的历史性阐述,首次达到了被分成六个部分的"轮廓"的结构。这个"轮廓"据说"乃采自这种过渡本身的历史性的尚未掌握的平面图",而此所谓过渡,就是那种"从形而上学到存有历史性的思想的过渡"。在这个"轮廓"范围内,存有历史性的追问开始于"在存在离弃状态之急难中的存有之'回响'",实行于"第一个开端与另一个开端的相互'传送'",作为"进入存有之中"的思想"跳跃",作为

① 本书出版于1989年。——译注

② 海德格尔《全集》第三部分为"未出版的论著、演讲和笔记"。——译注

"存有之真理"的思想"建基",以及作为对"'将来者'和'最后之
512 神'"的思想"准备"。先于这个"轮廓"的是"前瞻",它对"轮廓"整体作了展望;接着"轮廓"之后,《哲学论稿》最后部分"存有",是要回顾性地"再度把握全体的尝试"。关于作为本有的存有之本质现身的思想,思考的是"存有与为之而被居有的此-在的转向性关联的丰富性",因此它是根据转向来思考人之本质,即此-在,而这种转向本身乃归属于作为本有的存有之本质现身。

《全集》序言里的箴言"道路——而非著作"在《哲学论稿》开篇便得到了阐释。《论稿》不是一部"具有传统风格的'著作'",因为存有历史性的思想乃是"一种思想-进程","通过它,迄今为止完全隐而不显的存有之本现的领域得以穿越,因而才得以澄明,并且才获得其最本己的本有特征"。

在《关于人道主义的书信》的一个"作者边注"里,海德格尔本人指出了《哲学论稿》在他的思想道路中所占据的突出地位。据他所记,在《关于人道主义的书信》所讲的东西"不是首先在本文写作时"也即 1946 年想出来的,而是基于"一条道路的行进,这条道路 1936 年就开始了,那是在一种要质朴地道说存在之真理的尝试的'时机'"(《路标》,《全集》第 9 卷,第 313 页)。① 这条始于 1936 年的思想道路,其开端正是同年开始的手稿《哲学论稿》的撰写。《关于人道主义的书信》的另一个"作者边注"对上面第一个边注做了补充,称"自 1936 年以来,'本有'就成了我的思想的主导词语"(同上书,第 316 页),②所谓"自 1936 年以来",意思就是从《哲学论稿》的起草

① 参看海德格尔:《路标》,中译本,孙周兴译,商务印书馆 2001 年,第 366 页。——译注

② 参看海德格尔:《路标》,中译本,孙周兴译,商务印书馆 2001 年,第 370 页。——译注

工作开始。

这个具有开辟道路意义的大型手稿并没有在《全集》出版工作之初、而是在十四年以后方才面世,这是有原因的,其原因可见于海
德格尔为其全集编辑工作所作的、对他来说特别重要的指示中。根 513
据这个指示,要在第二部分的讲座稿出版完之后,方可开始出版按计划放在第三部分和第四部分中的著作。海德格尔对他这个决定做了解释,指出对讲座文本的了解、掌握和研究乃是理解那些生前未出版的著作(特别是30年代和40年代前半期的著作)的前提条件。这个指示一直都得到了遵守,因为从1975年11月《全集》出版工作启动以来的十四年间,大多数讲座稿已经面世了,或者将在作者百年诞辰纪念年里面世,从而只有少数讲座稿,虽然眼下尚未出版,但已交付编辑和加工,将在不远的将来面世。

对海德格尔1930年代讲座稿的研究乃是对《哲学论稿》的理解的必要前提,其中尤为突出的是1937/1938年冬季学期讲座《哲学的基本问题。"逻辑问题"选讲》[①]。因为在这个讲座中,海德格尔把真理问题当做有关存有的基础问题的先行问题展开出来,由此以一种讲座风格、从而也照顾到教学活动的要求,把《哲学论稿》的重要思想面貌传达出来了。因此,对这本在1984年作为《全集》第45卷出版的讲座稿的研究,乃是为理解《哲学论稿》所做的最直接、因而也最重要的准备。我们尤其可以做一种对照,把在第45卷附录中公之于世的文本"根据第一个草案"以及放在这个文本之前的关于有待阐述的真理问题的完整划分,与《哲学论稿》作一番比较,即可表明
这些文本是怎样从当时刚刚起草好的《哲学论稿》中产生出来的。 514

① 现被辑为《全集》第45卷,冯·海尔曼编,美茵法兰克福1984年。——译注

*

《哲学论稿》手稿总共由八个部分组成,计有 933 页,用的是 A5 尺寸的稿纸,只在少数例外情况下是用较小些的稿纸;手稿分成 281 节长短不一的文字,每节各有自己的标题。每一节的第一页左下角标有序数号,若一节文字有多页,则在每一页的右上角标有序数号,并且在每一页左上角标有连贯的页码。

在手稿八个部分的排列上,以及相应地在这八个部分的章节的计数上,接着“前瞻”的是作为第二部分的“存有”。然而,在“目录”打印稿的结尾处,我们可以看到海德格尔于 1939 年 5 月 8 日做的一个注释:“‘存有’作为第二节[第二部分]是不正确的排列;作为再度把握全体的尝试,这个部分不该放在这儿的”。所以,根据这个注释,编者现在就把“存有”这个部分放到了最后,也就是放到“轮廓”最后一部分之后了。把手稿中“存有”这个部分归入《哲学论稿》,这是肯定不会有错的,这一点清楚地表现在海德格尔在这个部分手稿的标题页上亲手写的一个评注上,其中说明这个部分“是为了《哲学论稿(从本有而来)》”。通过调整,这部分手稿现在不再构成第二部分,而是成了第八部分,序数号也从第 50 节开始变化了。因为“前
515 瞻”部分有 49 节;无论在手稿中还是在打字稿中,“存有”部分都是从第 50 节开始的,而现在经过重新调整后,从第 50 节开始了“轮廓”的第一部分“回响”

作者亲笔写的全部手稿的标题页有一个标题:《哲学论稿(从本有而来)》。所以,这个手稿的标题不仅理当有一个“公开的标题”,也该有那个“相称的”副标题,但后者被海德格尔加上了圆括号。标题页说明这个手稿的起草时间为 1936/1937 年。这个时间说明针对的是“前瞻”和“轮廓”的六个部分。“存有”部分是接着在 1938 年才

写成的，可见，1936—1938 年是《哲学论稿》全部手稿的成稿时间。

受马丁·海德格尔的委托，他弟弟弗里茨·海德格尔（Fritz Heidegger）在手稿完成后立即就开始做打印稿，最迟于 1939 年 5 月完成了打印工作。手稿的连贯页码被标在打印稿的右上角。因为打印稿一页的内容常常超出了手稿的一页，所以，在打印稿的右上角常常可见到对应手稿的两个甚至三个连续的页码。手稿的序数号位于打印稿中每一节文字第一页的左上角。根据手稿录入的完整打印稿没有自己连贯的页码。不过，第一至第五部分以及第八部分各有自己的新页码，第六部分（“将-来者”）和第七部分（“最后之神”）有自己连贯的页码，标于打印稿上方居中位置。八个部分前面的罗马数字未见于手稿，而倒是出现在由弗里茨·海德格尔制作的副本和由他编制的目录当中。

手稿第 656a 页被弗里茨·海德格尔称为“纸条”，就在弗里茨· 516
海德格尔制作这个打印稿时，该页的上半页被他对角撕掉了。本书第 273 页上标有[*]的“而且”一词之前的一段文字因此丢失了。①

海德格尔于 1939 年 6 月 3 日写的一个笔记表明，打印稿“曾据原稿做过校对”。校对由他们兄弟俩合作进行，由弗里茨·海德格尔朗读打印稿，马丁·海德格尔则把朗读内容与手稿进行对照。

*

为准备本书付印稿样，编者又逐字逐句对打印稿与 933 页手稿做了对照。这一番对照又一次证明，弗里茨·海德格尔总是十分细心地抄录他哥哥的手稿的。少数几处遗漏和误读，属于手稿转录时

① 见本书“跳跃”部分，第 139 节。——译注

自然难免的情况，即便马丁·海德格尔本人在对照打印稿与原稿时也没有发现。对于这些遗漏和误读，编者不得不做了补充和纠正。有14处明显的误植，同样也得到了纠正。写法上的特殊性尽可能地得到了保持。“存有”(Seyn)和“存在”(Sein)的变化写法，即便在考察主题是“存有”而非“存在”的地方，即便在海德格尔书写时也许时不时没有一贯地保持不同写法的地方，我们也予以原封不动地保留下来。大量的词语速写，马丁·海德格尔用于引证自己的著作和手稿，特别是用于表示他的思想的基本词语，连弗里茨·海德格尔在其
517 打印稿中也把它们几乎全部保留下来了；这次为付印，编者不得不把它们消除掉。在弗里茨·海德格尔的打印稿中保存了马丁·海德格尔做的少数手写的附注，编者把它们录入付印稿样中了。

由于打印稿原封不动地保留了手稿中经常不完备的标点符号用法，所以为了付印，编者按照作者的指示对这些标点用法做了补充，并且进行了全盘检查。手稿中的下划线，在弗里茨·海德格尔做的打印稿中多半改用疏排来表示，但偶尔也用下划线来表示。后一种情况也许是事后的修正，因为弗里茨·海德格尔在录入时并非总是及时地注意到疏排。由于马丁·海德格尔确定了斜体字为《全集》版诸卷本唯一的重点号标识，所以为了付印，所有在打印稿中用疏排和下划线标示的文字，都统一改用斜体字来表示。① 现在付印的按照段落对每一节文字内容的划分，吻合于手稿的段落划分。

用来为章节排序的序数号，以及——正如前面已经描写的那样——在手稿中总是每节文字首页左下角的序数号，付印时总是被标在每节文字的标题前，而在弗里茨·海德格尔的打印稿中，它们则处于章节标题的左上角，只是在目录中位于章节标题之前。但由于

① 在中译本中一概改用重点号标识。——译注

许多标题在字面上多有重复,所以必须给它们加上序数号,方能清晰地区分那些具有相同的标题、却又独立的章节,从而避免混乱。

所有带一颗小星的脚注①,取自海德格尔在手稿中做的文献交叉指引,或者是对《哲学论稿》内部章节的指引,或者是对他自己的其他著作和手稿的指引。在手稿中,这些文献指引要么被附加于某个标题,要么位于文本中。弗里茨·海德格尔在其打印稿中则原封 518
不动地保留了这些文献指引;而这次为了付印,编者把所有这些文献指引中简化的说明都做了完备化处理。这方面的做法包括:通过文章对手稿各部分的标题做补充,对章节标题做字面上的完备化处理,以及添加序数号。只有当一个章节标题在手稿某个部分中多次重复出现,我们不能可靠地确定该标题指引着哪个章节时,我们才放弃添加序数号。只要海德格尔指引的其他手稿已经在《全集》中出版,或者已经确定地被归入《全集》尚未出版的卷本中,则编者就在圆括号中标出卷数,来注明这种情况。

少数被编了号的脚注是由编者补充的②,是对海德格尔在文中引用的其他作者的引文的书目说明。

海德格尔反复地引用了两个弗莱堡演讲,涉及已经出版的后期稿本的尚未出版的早期稿本。作于1930年的弗莱堡演讲《论真理的本质》乃是后来经过多次审查,并且在1943年作为单篇著作以相同标题首次出版的文本的初稿,1967年起也收入《路标》中(《全集》第9卷)。弗莱堡演讲《论艺术作品的本源》(1935年)乃是1936年三个法兰克福演讲《艺术作品的本源》的底本,1950年收入《林中路》中(《全集》第5卷)。这两个弗莱堡演讲的原稿迄今为止未出版,将

---

① 在中译本中被标识为“原注”。——译注

② 在中译本中被标识为“编注”。——译注

在《全集》第三部分的《演讲集》[①]一卷中公诸于世，该卷将把海德格尔生前尚未发表的全部演讲稿汇集在一起。

519 至于《哲学论稿》中提到的其他手稿，将在《全集》第三部分中出版的有：《ἀλήθεια[无蔽、真理]。对第一个开端的回忆》；《φύσις[涌现、自然]之权力褫夺》(1937 年)；《沉思》(1938/1939 年)。将收在《全集》第四部分中出版的有：1937 年夏季学期练习课《尼采的形而上学基本立场。存在与假象》笔记，以及 1937/1938 年冬季学期练习课《西方思想的形而上学基本立场(形而上学)》笔记；为自然科学-医学系讲师工作小组《现代科学》准备的笔记(1937 年)。此外将在《全集》第四部分中出版的手稿还有：《关于〈存在与时间〉的连续评注》(1936 年)；《关于〈论根据的本质〉的评注》(1936 年)；《一种对〈存在与时间〉的辨析》(1936 年)；《思索》，其罗马数字标识的是笔记本的顺序。对《论根据的本质》一书之"作者样书"的参引，涉及到 1929 年第一版的夹订有空白页的样书，以及在其中记录下来的大量作者边注，这些作者边注已经以脚注形式(用小写字母按序排列)在《路标》(《全集》第 9 卷)刊出。

*

在"编者后记"的结尾部分，编者要表达的感谢是多方面的。首先我要感谢海尔曼·海德格尔博士(Hermann Heidegger)，他是马丁·海德格尔遗嘱中指定的遗稿保管人，感谢他决定在这位哲学家诞辰 100 周年之际出版《哲学论稿(从本有而来)》，这是马丁·海德格尔守护了几十年之久的一部手稿，而哲学圈内早已期待着它的出版了。

---

① 被辑为《全集》第 80 卷。——译注

而倘若没有一些个人和机构的理解和合作，本卷就还不可能在 520
百年诞辰庆祝年之初准时出版。为了本卷的编辑工作，编者需要一个学期学术休假，暂时摆脱我在大学里的教学任务。因此，我要感谢阿尔伯特-路德维希-弗莱堡大学哲学系和校务委员会，以及巴登-符腾堡州科学和艺术部，他们批准给我一个学期条件优厚的学术假。衷心感谢巴登-符腾堡州科学和艺术部部长赫尔穆特·恩格勒教授（Helmut Engler），弗莱堡大学校长福尔克尔·舒普教授（Volker Schupp）和克里斯托夫·鲁夏特教授（Christoph Rüchardt），大学校务长弗里德里希·威廉姆·西布尔格博士（Friedrich Wilhelm Siburg），以及我的同事格罗尔德·普罗斯教授（Gerold Prauss）和克劳斯·雅可比教授（Klaus Jacobi），感谢他们慷慨支持，批准了本人的申请。

作为当时的手稿保管者，西韦奥·菲塔教授（Silvio Vietta）友好地把这份手稿提供给我影印，对此我深表谢意。

编者在此特别要感谢现在业已退休的马堡德意志文学档案馆的
老馆长伯恩哈特·策勒教授（Bernhard Zeller），以及他的接班人乌尔
里希·奥特博士（Ulrich Ott），这两位新老馆长为我提供了十分优越
的工作条件，使我得以为《全集》的继续编辑工作做准备。我们全体
编者要深深地感谢马堡德意志文学档案馆的全体同事，自《全集》出
版工作开始，他们一直怀着巨大的参与热情，以多样的方式为各卷的
编辑工作（也包括本卷）提供了文献基础，从而对全集版卷本的持续
增长做出了决定性的支持。他们当中主要有：约阿希姆·施托克博
士（Joachim W. Storck）、乌特·多斯特尔女士（Ute Doster）、英格·
席默尔女士（Inge Schimmer）、温弗里德·法伊费尔先生（Winfried 521
Feifel）、英格丽德·格吕宁格尔女士（Ingrid Grüninger）、乌苏拉·法
尔兰德女士（Ursula Fahrländer）、埃尔弗里德·伊勒女士（Elfriede
Ihle）、贝亚特·屈斯特斯女士（Beate Küsters）等。

哈特穆特·蒂特延博士(Hartmut Tietjen)在识读和转译海德格尔的字体笔迹方面极富经验,这次蒙他支持,帮助编者解决了几处辨认方面的困难,在此谨表谢意。汉斯·赫尔穆特·岗特博士(Hans-Helmuth Gander)以极大的细心最后通读了本书的付印稿样;他和弗兰茨-卡尔·布卢斯特博士(Franz-Karl Blust)一丝不苟地参与了本书校勘工作,在此一并致谢。

冯·海尔曼

1988年2月于弗莱堡

附录一：几组重要译名的讨论[①]

马丁·海德格尔（Martin Heidegger）的《哲学论稿（从本有而来）》（*Beiträge zur Philosophie*（*vom Ereignis*）），即出版于1989年的海德格尔《全集》第65卷，被认为是海德格尔后期最重要的著作。虽然我早知道此书的重要性，但说实话，在英译本出版之前（1999年），我一直未敢贸然动手翻译这本书——我一直指望着英译本能为我们提供一些理解和解释方面的有力帮助。圈内学人都说这是一部"不可译的"奇书。根据我现在的初步经验，这本书大概是可以列为哲学史上翻译困难之最的。我进一步的想法是，如果说在印欧语系内部做这本书的翻译还是有可能的，毕竟在词源和文法上有着直接或间接转换的可能性，译者只要用心做就可能做个八九不离十出来，那么，在德语-汉语之间，我想这种翻译的可能性必定要大打折扣了——我们能做成多少？能做到哪个份上？实在不是可以轻易回答的。

---

① 本文原为作者在香港中文大学现象学与人文科学研究中心主办的"现象学汉语翻译问题工作坊"（2006年12月13-15日，香港）会议上的报告。报告内容受到与会代表关子尹教授、张灿辉教授、倪梁康教授、陈嘉映教授、邓晓芒教授、杜小真教授、汪堂家教授、姚治华博士、方向红博士等同仁的批评和建议，特此志谢。关子尹教授等建议把Ereignis译为"本然"（我译为"本有"），颇有道理，似得到比较普遍的赞同；而倪梁康教授甚至建议我在把Ereignis译为"本然"之外，再把动词ereignen译为"本有"。有关其他译名，会上也有所涉略，兹不一一列举。两年后，《哲学论稿》译事已有所进展，本人对于一些译名的考虑也有了变化，但歧义、疑问、顾虑甚多，故重审此报告，并对文后的译名对照表进行了清理和扩充，一并公布于《世界哲学》（2009年第4期，第101页以下），原是希望得到学界人士的指教。至全书译文完成（2011年），此间又对本文内容做了清理和确认，现作为本书之附录发表，以供读者参考。

实际上这个书名的翻译就颇令人沮丧。首先是主标题 Beiträge zur Philosophie，以前译为《哲学文集》，不好；我现在考虑把它译为《哲学论稿》，但也不是十分理想，至少是没有显出 Beiträge 的双重意思（“贡献”与“稿件”），英译本倒是简单，径直把它译为 Contributions to Philosophy，与德文的 Beiträge 是十分对应的。我们译为《哲学论稿》就失了“献”的意义。我本来想把它译为《哲学献文》，又觉得太夸张了些，而且差不多失了“稿件、论文”的意义。另外我们也注意到，在 Beiträge 的双重含义中，海德格尔强调的主要还是“论稿”的含义，不然的话，他就不会在本书开篇就说：“这个公开的书名现在听起来必定是苍白的、寻常的和无所言说的”。[①] ——如果我们刻意把这个书名译得怪怪的，则这本书的第一句话就不能成立了。所以，我们仍旧想以平常书名译之，为《哲学论稿》。至于副题 vom Ereignis，英文本直接译为 From Enowning，我们译之为“从本有而来”，都是有一些损失的，失了德文介词 von 的“关于”之义——虽然海德格尔是经常强调 von 的“从……而来”或者“归属于……”的意义的。

英译者在前言中讨论了 12 组重要的译名：一、Ereignis 及相关词语。二、Sein 及相关词语。三、Wesen 及相关词语。四、Werfen 及相关词语。五、Grund 及相关词语。六、Bergen 及相关词语。七、Besinnung 及相关词语。八、Rücken 及相关词语。九、Da 及相关词语。十、Zeit-Raum 及相关词语。十一、Gott 及相关词语。十二、Leben 及相关词语。这十二项的选择是有道理的，基本涵盖了《哲学论稿》翻译中值得讨论的基本词组。我觉得对于汉语翻译来说，其中最关键、也最头疼的是前面八项。我想在这里按照上列次序作初步的讨论，

---

① M. Heidegger, Beiträge zur Philosophie (vom Ereignis), GA. Bd. 65, Frankfurt a. M. 2003, S. 3.

参照《哲学论稿》英译本的英文译名,提出我们的汉译建议,以此求教于方家。[①]

一、Ereignis 及相关词语

关于海德格尔的 Ereignis 的中文译名讨论,已经引起了巨大的混乱,圈内同仁可以说人言人殊,差不多每个人都提供了自己的特殊译法。我自己早先把 Ereignis 译为"大道",后来倾向于"本有",个中缘由我已在别处陈说,此处不赘。[②] 在此我只对照《哲学论稿》英译本,进一步来支持"本有"这个译名,并明确相关词语的汉译。

英译者伊曼德(Parvis Emad)和马利(Kenneth Maly)在讨论 Ereignis 这个译名时,首先做了一个翻译上的说明:原来设想"不予翻译",直接保留德文原词算了,因为海德格尔本人曾有言,Ereignis 与希腊的λόγος(逻各斯)和中文的 Tao(道)一样是不可译的。[③] 英译者终于决定翻译这个 Ereignis,是出于如下三条理由:一是因为在文本中保留原词 Ereignis,就需要做一种"解释",故"不予翻译"本身仍旧是一种翻译了。二是如若对 Ereignis 不加翻译,那么,与之相关的一系列词语("词族")也就难以翻译了,诸如 Ereignung, Eignung, Zueignung, Übereignung, Eigentum, ereignen, zueignen, übereignen, eignen 等。三是翻译这个词并不是为了解决 Ereignis 之不可翻译的

① 虽然下面讨论的八组词语是最基本的,但海德格尔在《哲学论稿》中对思想语言的改造可以说是全方位的,字里行间处处可见出海氏这种用心的试验。本书"附录二:德-英-中译名对照表"意在确定该书基本词语的汉译。但毫无疑问,这是一个充满危险的试验。

② 参看孙周兴:"大道与本有:对海德格尔 Ereignis 之思的再考察",载香港中文大学现象学与人文科学研究中心编:《现象学与人文科学:现象学与道家哲学专辑》,台北 2005 年,第 195 页以下。

③ M. Heidegger, Identität und Differenz, Klett-Cotta, 2002, S. 29.

难题,而是要尝试一种接近这个德文词语的丰富性的可能性。①

我认为英译者提供的理由是相当充分的。就中文翻译来说,对Ereignis“不予翻译”的理由就更不充分了:因为英、德文字母基本相合,英文读者是有可能把Ereignis读成一个母语词语的,而汉语读者若在译本中读到Ereignis,是不可能把它读成一个汉词的。在我看来,负责任的翻译必须坚持“母语优先”的原则,“难译”甚或“不可译”,都不是我们不译的理由。这是我在翻译问题上的第一个主张。我愿意重申的第二个主张是“字面义优先”的原则,大意是:译名选择时要尽可能地采取“字面义”,而不是取“解释义”。比如,我以前把海德格尔的Ereignis译为“大道”,可能就在一定程度上违背了我自己的这个主张,主要是取“解释义”了。

也正是从这个角度来看,我认为英译者把Ereignis译为enowning,是十分可取的,是采取了“字面义”。以英文的前缀en-来译Ereignis的前缀er-,以owning来译Ereignis中的词根eignen或eignis,首先表现了字面上良好的配合性和适恰性。英译者在做了义理上的论证之后,又进一步反驳了event(事件),appropriation(占有、居有)、befitting(适宜)三个英文译名。② 反观我们的中文翻译,由于语系的根本差异,我们无法像在英-德文之间那样进行前缀、词根和后缀上的对应翻译。因此,如若从根本上讲,我们对欧洲语言的翻译是不可能遵循“字面义优先”的原则的。但我们仍不能不译。

落实到Ereignis的汉译上来,我个人认为选取Ereignis的中文译名必须考虑到以下几个因素:首先,我们必须考虑到海德格尔的Er-

---

① M. Heidegger, Contributions to Philosophy (From Enowing), trans. by Parvis Emad and Kenneth Maly, Indiana University Press, 1999, xx.

② M. Heidegger, Contributions to Philosophy (From Enowing), Indiana University Press, 1999, xx-xxi.

eignis 既是一个“大词”又是个“小词”,也就是说,它是思想的“基本词语”,是一个甚至可以与“逻各斯”(Logos)和“道”(Tao)同值等位的“大词”,而另一方面,它又是一个非形而上学的“小词”,含着日常的含义,可以说是一个“日常词语”,因此我们在考虑译名时需要注意大小伸缩的语义空间。其次,我们必须考虑到 Ereignis 是在一个词族中出现的,我们的译名最好能体现出整个词族的相关性。最后,我们必须考虑到 Ereignis 这个词虽然是非形而上学的,但仍旧是与“存在”(Sein)和“存有”(Seyn)之思相关甚至相通的,因此最好能在字面上对此关联有所体现。

如此看来,也许我们就只能采取字面义与解释义结合的折中策略了。我们这种策略的结果就是:把 Ereignis 译为“本有”。在这个译名中,“本”是对词根 eignis 的翻译,应该说是十分适宜的;前缀 er-的意义,我们大概只好放弃了。至于“有”,我们的主要考虑是海德格尔在《哲学论稿》中对于作为 Ereignis 的“存在”(Sein)或“存有”(Seyn)的思考和言说。补充一句,“本有”这个译名的最大缺失自然还是它过于名词化、静态化了——不过,话又说回来:海德格尔的 Ereignis 本身不也是一个德文名词么?

英译者在反驳 event(事件),appropriation(占有、居有)、befitting(适宜)三个英译名时指出,这三者均无法表现出一系列与 Eeignis 相关的词语的“现象学联系”,一方面是名词的 Ereignung,Eignung,Zueignung,Übereignung,Eigentum,另一方面是动词的 ereignen,zueignen,übereignen,enteignen,eignen。这个想法是完全正确的。而英译者取 enowning 这个译名后,就可以相应地把 Ereignung 译为 enownment,把 Eignung 译为 owning,把 Zueignung 译为 owning-to,把 Übereignung 译为 owning-over-to,把 Eigentum 译为 ownhood。与此相对应的动词也有了相关的英文翻译。

我们的中译名呢？如果把 Ereignis 译为“本有”，则上列相关词语则该如何译法？显然我们的问题仍旧是汉语没有与印欧语系语言相应的前缀-词根组词法；不过，好在我们汉语也有相当灵活的构词法。我们把 Ereignung 译为“本有过程”，把 Eignung 译为“本己化”，把 Zueignung 译为“归本”，把 Übereignung 译为“转本”，Eigentum 译为“本己性”，相关动词 ereignen，zueignen，übereignen，enteignen，eignen 亦作相应的处理，ereignen 译为“居有”，zueignen 译为“归本”，übereignen 译为“转本”，enteignen 译为“失本有、出离本己”，eignen 译为“居有”。不难看出，这个词族的词根“本”（eigen、eignis）我们基本上是坚持下来了，唯两个动词 ereignen 和 eignen，我们只好都处理为“居有”。

二、Sein 及相关词语

大家知道，近几年国内哲学界十分热烈地讨论了 Sein 以及相关的 Ontologia 的汉译。到如今似乎已经尘埃落定，比较普遍地认同“是”（Sein、Being）和“是论”（Ontologia）的译法了。本人一向反对把 Sein、Being 完全等同于系词 sein、to be，然后把两者统一译为“是”——这样一来真成了黑夜观牛，全无差别了。我的理由在别处说过一些，这里不再重述。① 我这里的讨论差不多已经预设了一个前提，即：我仍坚持“存在”（Being）、“是”（to be）、“存在学（存在论）”（Ontologia）的译法。

在《哲学论稿》中，与 Ereignis（本有）一致地，海德格尔提出了

① 参看孙周兴：“在何种意义上讲哲学是西方的？”，载拙著《我们时代的思想姿态》，北京 2001 年，第 3 页以下；又参看孙周兴：“形而上学问题”，载《江苏社会科学》，2003 年第 5 期，第 7 页以下。

Seyn 这个新词。其实也不能叫新词,而是 18 世纪德语正字法(orthography)的 Sein 写法。海德格尔的用意极为清楚:当他用 Seyn 代替 Sein 时,他是想表明,在这里 Sein 不再是在形而上学意义上被思考的。[①] 即是说,海德格尔是想用 Seyn 一词来克服传统形而上学所思考的"存在"范畴。然而,诚如英译者所指出的,海德格尔在此并不是想构造一种对立,并没有把 Sein 与 Seyn 用作两个词。[②] 因此英译本并没有主张以两个不同的英文词语来翻译 Sein 与 Seyn,而只是用一个加了连词符号的 be-ing 来翻译 Seyn,以便在字面上区别于 being(即 Sein)。

英译本的做法当然是值得借鉴的,我们在汉译时本来也可以考虑把 Sein 译为"存在",而把 Seyn 译为"存-在"。然而我们最后仍决定把 Seyn 译为"存有",大抵基于以下理由:一是"存有"这个译名听来较古朴,可显示 Seyn 相对于 Sein 的古旧义,恰好与海德格尔的基本用心相合;二是"存有"可在中文字面上显示 Seyn 与同样非形而上学意义上的 Ereignis(本有)的联系。相应地,我们把 Seinsgeschichte 译为"存在历史",而把 Seynsgeschichte 译为"存有历史"。

此外值得一提的是 das Seiende, das Seiendste, seiender 的译法。Das Seiende 是"存在者",应该没有什么问题;而把 das Seiendste 译为"最具存在性者",把 seiender 译为"更具存在性的",妥否?在此也请各位同仁指正。

---

① M. Heidegger, Beiträge zur Philosophie (vom Ereignis), GA. Bd. 65, Frankfurt a. M. 2003, S. 436.

② M. Heidegger, Contributions to Philosophy (From Enowing), Indiana University Press, 1999, xxii.

三、Wesen及相关词语

在《哲学论稿》中,与 Wesen 相关的词语主要有:Wesung, Wesensmöglichkeit,Wesensmitte, Wesensgewinnung,Unwesen 等。但毫无疑问,这里最重要、也最繁难的是 Wesen 和 Wesung 的翻译,确定了这两个词语,其他就比较容易了。英译者甚至说,对于《哲学论稿》全书的翻译来说,最关键的词语是 Wesen 和 Wesung,然则 Wesen 和 Wesung 是极难确定的。我们先来介绍英译者的译法,然后再试着提出汉语译名。

英译者正确地看到了海德格尔所使用的 Wesen 一词的歧义性和多义性。海德格尔有时是在通常的形而上学意义上使用 Wesen 的,因而就是 essentia 和 essence。不过,海德格尔更多地把 Wesen 看作是从动词 wesen 派生出来的,从而具有 abiding,enduring,swaying, in-depth-swaying 等意义。于是,英译者就建议把 Wesen 译为 essential sway,把 Wesung 译为 essential swaying。[①]

英译者这个建议固然有其道理,但我以为仍然不够痛快。把 Wesen 和 Wesung 译为"本质性的摇动"、"本质性的颤动",实在是过于复杂和臃肿了。我想采取一种比较简洁的译法:当海德格尔在通常的或者在形而上学意义上使用 Wesen 时,我们仍一概译为"本质";而在动词性意义上使用 Wesen 时,则一概译为"本质现身"或"本现"。[②] 这里留下两种选择,难就难在:何时译"本质"或"本质现

① M. Heidegger, Contributions to Philosophy (From Enowing), Indiana University Press, 1999, xxvi.

② 记得张灿辉教授曾在早些年的一次会议上建议把 Wesen 译为"本现",当时很不以为然,如今只好赞成了。

身”,何时译“本现”? 我想只好根据上下文见机行事了。

有了 Wesen 的区分性译法,其他相关的词语就可以做相应处理了。名词 Wesung 因为与动词 wesen 直接相关,故可译为“本现”。Wesensmöglichkeit 是“本质可能性”或“本现可能性”。Wesensmitte 是“本现中心”。Wesensgewinnung des Menschen 是“人之本质的赢获”,如此等等。

四、Werfen 及相关词语

海德格尔在《哲学论稿》中使用了以 werfen 为词根的一组词语,主要包括 entwerfen, loswerfen, Entwurf, Entwerfer, Entworfenes, Werfer, Wurf, Gegenwurf, Loswurf, Geworfenheit 等。这些词语按说都有“抛”(werfen)这个词根,但英译者却做了一个区分:以 projecting-open 翻译 Entwurf,以 to project-open 翻译 entwerfen;除这两者之外,上述其他带有 werfen 的词语则统统以英文 throw 和 throwing 译之,也即以“抛”译之。

我原先比较赞同英译者的这种做法,稍做修正,把动词 entwerfen 和名词 Entwurf 译为“筹划”(或“筹划性开启”),因为正如英译者指出的,这两者指的是一种为存有所居有的开启和揭示行为;其他诸词则以“抛”为字根译之。但有专家指出:为何 entwerfen 和 Entwurf 就不是“抛”呢? 想想也有道理。因此也许可以把 entwerfen 和 Entwurf 译为“开抛”,或可取其“开启性的抛投”之义;而其他各项,loswerfen 为“抛脱”,Entwerfer 为“开抛者”,Entworfenes 为“被开抛者”,Werfer 为“抛者/抛投者”,Wurf 为“抛投”,Gegenwurf 为“反抛”,Loswurf 为“抛脱”,Geworfenheit 为“被抛状态”。

五、Grund 及相关词语

与 Grund（根据、基础）相关的词语主要有：Abgrund, Ab-grund, Ungrund, Urgrund, gründen, Gründer, Gründung 等。这组词语也不好办。Grund 本身就是多义的，至少有"根据"、"基础"、"原因"三项基本含义。不过最繁难的还是其中的 Abgrund，海德格尔也用作 Ab-grund。通常我们把 Abgrund 或 Ab-grund 译为"深渊"，即英文的 abyss，但这个译法无论在字面上还是义理上都是不到位的。在字面上，若我们取"深渊"译名，则如第 242 节上所讲的"Der *Ab*-grund ist Ab-*grund*"[①]如何翻译？译为"深-渊是深-渊"么？不通。

关键在于，诚如英译者正确地指出的那样，我们不能把 Abgrund 或 Ab-grund 误解为某种否定性的东西，不能用"深渊"（abyss）或"无基础"（non-ground）来翻译之，因为 Ab-grund 乃是在"离开"（staying away）之际"盛行、呈现"（prevails）的"基础"，而 abyss 和 non-ground 均不能反映 Ab-grund 所具有的"离开"（staying away）中的"逗留"（staying）之义。[②] 总之，Abgrund 和 Ab-grund 并不是 Grund 的"消散"和"消失"。

那么到底怎么来翻译 Abgrund 呢？这里仍旧显示出同属印欧语系的英-德互译的好处了。英译者建议干脆把 Abgrund 译为 abground。这个 abground 虽然是生造的，但英文前缀 ab-同德文前缀 Ab-，词根 ground 又是现成的，故英语的读者对 abground 的理解是不

---

① M. Heidegger, Beiträge zur Philosophie (vom Ereignis), GA. Bd. 65, Frankfurt a. M. 2003, S. 379.

② M. Heidegger, Contributions to Philosophy (From Enowing), Indiana University Press, 1999, xxxi.

会有太大障碍的。英译者认为 abground 可以表示 Abgrund 的这样一种意思,即:一个在离开之际又以某种方式存在的"基础"。回到汉语翻译来说,我们就没有这份亲属血统上的便利了,勉为其难,也许就只好造词了。我以为,也许最佳办法仍旧是遵循"字面义优先"的原则,因此建议把 Abgrund 译为"离基",把 Ab-grund 译为"离-基"。上列的"Der *Ab*-grund ist Ab-*grund*"就不妨译为"离-基是离-基",虽然仍旧费解,但毕竟有了解释空间。

其他一些相关的词语倒是相对简单些了,Ungrund 为"无基、非基础",Urgrund 为"原基础、原始基础",动词 gründen 为"建基、奠基",Gründer 则为"建基者",名词 Gründung 为"建基、奠基"。

六、Bergen 及相关词语

这一组词语的翻译似乎并不是特别艰难,核心是动词 bergen 和 verbergen。我们把动词 bergen 译为"蔽护"或者"庇护",动词 verbergen 译为"遮蔽",意思大抵是可以贯通的。名词 Bergung 译为"蔽护",动词 verbergen 和名词 Verbergung 译为"遮蔽",而 Sichverbergen 译为"自行遮蔽",Sichverbergende 译为"自行遮蔽者",Verborgenheit 则译为"遮蔽状态"。

七、Besinnung 及相关词语

英译者提供讨论的与 Besinnung 相联系的词族有四个词语:Besinnung, Selbstbesinnung, Reflexion, Selbstreflexion 等。汉语学界通常把它们译为"沉思、思索"、"自我沉思"、"反思"、"自我反思"。实际上英译者主要反对的是把 Besinnung 译为 reflection,或者把它译

为 meditation,因此特地把这组词语提出来讨论。英译者在此引用了海德格尔的一段话:“开端性思想的 Besinnung 是如此原始,以至于它首先要追问这个自身(*Selbst*)如何得到奠基……因此成问题的是,我们是否能通过对‘我们’(uns)的反思(Reflexion)找到我们的自身(*Selbst*)……”①

这里明显传达了 Besinnung 与 Reflexion 的区别。Besinnung 是指向“自身”(Selbst)的,而“反思”则是指向“自我”(Ich)的。英译者建议以英文的“留心、留意”(mindfulness)来翻译 Besinnung,表示一种开放、留神、关心的原始意识状态。英译者并且也反对把 Besinnung 译为 meditation,认为后者难脱与笛卡尔哲学背景的联系。

我同意英译者的基本考虑,但仍旧建议把 Besinnung 译为“沉思”。因为在我看来,在汉语中以“沉思”与“反思”来分别对译海德格尔所用的 Besinnung 与 Reflexion,已经足以把两者区分开来了,并且也不至于引起太大的误解,倒是“自身”与“自我”的区分是我们要强调和坚持的。我们把 Besinnung, Selbstbesinnung, Reflexion, Selbstreflexion 依次译为:“沉思”、“自身沉思”、“反思”、“自身反思”。

八、Rücken 及相关词语

在清理《哲学论稿》基本词语之译法的过程中,我深感头疼的是与 rücken 相关的一组词语,至今还没有让自己满意的想法。这组词语主要包括:rücken, entrücken, Entrückung, verrücken, Verrückung, Ruck, Rückung, berücken, Berückung 等。这组词语又是相当重要的,

① M. Heidegger, Beiträge zur Philosophie (vom Ereignis), GA. Bd. 65, Frankfurt a. M. 2003, S. 67。参看 M. Heidegger, Contributions to Philosophy (From Enowing), Indiana University Press, 1999, xxxii.

而我们想从英译本中获取帮助的企图也几近失败,因此尤为痛苦。

先说说英译法。英译者基本上使用了 move, displace, shift 三个词来译这组词语的词根 rück(ruck),把 rücken 译为 move, remove,把 entrücken 译为 to remove unto,把 Entrückung 译为 removal unto,把 verrücken 译为 displace,把 Verrückung 译为 displacing,把 Ruck 译为 shift,把 Rückung 译为 shifting,把 berücken 译为 moving that charms,把 Berückung 译为 charming-moving-unto。[①] 我们不准备采用英译本的这种做法,而是把 rücken 词根统一译为中文的“移”,因为英文的 move, displace, shift,其实都是一种“移”。

下面是我们对这组词语提出的汉译建议:rücken 为“推移”或“挪移”,动词 entrücken 和名词 Entrückung 均为“移离”,动词 verrücken 为“移置”,名词 Verrückung 为“移位”(自然也可以与动词 verrücken 统一译为“移置”),Ruck 和 Rückung 为“推移”,动词 berücken 和名词 Berückung 均为“迷移”。特别需要解说的是最后这个“迷移”。在日常德语中,berücken 的意思是“迷住、逗引、迷惑”,故英译者译之为 moving that charms;我们在汉语中也许可以考虑把它译为“迷离”(表示“迷住且使之出离”),但为字面统一之故,建议为“迷移”,几近生造了。

① M. Heidegger, Contributions to Philosophy (From Enowing), Indiana University Press, 1999, xxxiii.

附录二:德-英-中译名对照表[①]

Abgrund, abground, abyss,离基、离基深渊、深渊

Ab-grund, ab-ground, abyss,离-基、离-基深渊

Abgründigkeit, abgroundness,离基状态

Absprung, leaping-off,起跳

Ahnung, intimation,预感

Anfang, beginning,开端

anfänglich, inceptual, 开端性的、原初的

Angst, anxiety, 畏

Anklang, echo,回响、谐音

anwesen, present,在场

Anwesung, presence,在场现身

Auseinandersetzung, deciding encounter/ setting apart/ debate, 争辩

Augenblick, moment, 时机、瞬间

Augenblicksstätte, site of the moment, 时机之所、瞬间场所

begreifen, grasp,把握

Begriff, concept,概念

---

① 本表的制订参考了伊曼德(Parvis Emad)和马利(Kenneth Maly)的《哲学论稿》英译本前言中的译名讨论,以及瓦莱加-诺伊(Daniela Vallega-Neu)所著《海德格尔的〈哲学论稿〉》(*Heidegger's Contributions to Philosophy*)一书所附的译名对照表。——译注

Berechnung, calculation, 计算

bergen, shelter, 庇护

Bergung, sheltering, 庇护

berücken, moving that charms, 迷移

Berückung, charming-moving-unto, 迷移

Besinnung, mindfulness, meditaion, 沉思、冥思

Betrieb, operation, 运作、企业活动

Bezug, relation, 关联

Da, t/here, Da, "此"

Dasein, Being-t/here, Dasein, 此在

Da-sein, Being-t/here, Da-sein, 此-在

Daheit, t/hereness, 此性

Dagründung, grounding of the t/here, 此之建基

Dagründer, founder of t/here, 此之建基者

denkerisches Sagen, thinking-saying, 思想道说

Destruktion, destruction, 解构

eigen, own, 本己的

eigentlich, authentic, 本真的、真正的

Eigentlichkeit, authenticity, 本真性

Eigentum, ownhood, 本己性、所有物

Eignung, owning, 本己化、居有

Einfachheit, simpleness, 纯朴性、单一性

einräumen, make space, 设置空间

Einsamkeit, aloneness, 孤独性

Einzigkeit, uniqueness, 唯一性

entbergen, unconceal, 解蔽

Entbergung, unconcealing, 解蔽

Entborgenheit, unconcealment, 解蔽状态

enteignen, expropriate, dispossess, 失本有、出离本己

Entfremdung, alienation, 奇异性

Entgegnung, countering, 对峙

entrücken, to remove unto, 移离、绽出

Entrückung, removal unto, 移离、绽出

Entscheidung, decision, 决断

Entschiedenheit, decidedness, 决断状态

Entschlossenheit, resoluteness, 决心

Ent-setzen, set-out, set-free, 开设、解除

entwerfen, to project-open, 开抛、筹划性开启

Entwerfer, thrower, 开抛者

Entworfene, what is thrown, 被开抛者

Entwurf, projecting, projecting-opening, 开抛、筹划性开启

Entzug des Seyns, withdrawal of Be-ing, 存有之隐匿

Er-ahnen, deep foreboding, 猜度、预感

erdenken, opening-think, 启思

Er-denken, opening-thinking, 启-思、开启之思

ereignen, enown, 居有

Ereignis, Enowning, event, appropriation, event of appriation, 本有、本有事件、居有事件

Er-eignis, En-owning, 本-有

Ereignung, enownment, 本有过程、居有过程

Ergründen, engrounding, projecting-grounding, 探基、探究

Erlebnis, lived-experience, life-experience, 体验

Erschrecken, startled dismay, 惊恐

Erschweigung, being silent forth, 静默

Erstaunen, deep wonder, 惊奇

Existenz, existence, 实存

Existenzial, existentiale, 实存论性质、实存论环节

existenzial, existential, 实存论的、实存论上的

existenziell, existentiell, 实存的、实存状态上的

existieren, exist, 实存

Fuge, jointure, 关节、接缝

Fügung, joinings, 接合、接缝、命运安排

Gefüge, jointure, 接缝、接合、结构

Gegenwart, present, 当前

Gegenwurf, counter-throw, 反抛

Geschehen, happening, 发生

Geschehnis, occurrence, 生发

Geschichte, history, 历史

Geschichtlichkeit, historicality, 历史性

Gewesenheit, having been, 曾在状态

Gewißheit, certainty, 确信、确定性

Geworfenheit, thrownness, 被抛状态

Gott, God, 神、上帝

der letzte Gott, the last God,最后之神
das Gotthafte, Godly, 有神性者
Götter, Gods,诸神
Götterung, godding, divine unfolding,神化、神性化
Grund, ground,基础、根据
gründen, to ground / to found,建基、奠基
Gründer, founder,建基者、奠基者
Grundfrage, grounding question,基础问题
Grundstimmung, fundamental/ grounding Attunement,基本情调
Gründung, grounding, 建基、奠基

Historie, history,历史学

Innigkeit, intimacy,亲密性
Inständigkeit, inabiding, 内立状态
Inständlichkeit, inabiding,内立性

Kehre,turning, 转向
Kehre des Ereignisses,turning in enowning, 本有之转向

Leitfrage, guiding question, 主导问题
Leitstimmung, guiding Attunement,主导情调
Leere,empty, 空无
Lichtung,lightening, 澄明
lichten, to light,澄明、照亮
loswerfen, throwing free,抛脱

Loswurf, free-throw,抛脱

das Machen, making,制作

Machenschaft, machination,谋制、制作状态

Metaphysik, metaphysics,形而上学

Möglichkeit, possibility,可能性

das Nein,the no, 否定

das Nicht, the not,“不”

Nichten, nihilating,无化

nichthaft, in terms of the not,不性地,具有不之性质地

das Nichthafte, not-character,不性、不之性质

das Nichtige, nihilating,虚无化

Nichtigkeit, nothingness, 虚无性、不之状态

das Nichts, nothing,虚无

Nichtsein, not-being,非存在

Nichtseyn, not-be-ing,非存有

Nihilismus, nihilism,虚无主义

Not, Distress, 急难

Notschaft, needfulness,急需

das Offne,the open, 敞开者、敞开域

die Offenbarkeit, manifestness,可敞开状态

die Offenheit,openness, 敞开状态

Ontologie, ontology,存在学、本体论

ontologisch, ontological,存在学的、存在学上的

Raum, space, 空间
Räumung, spatializing, 空间化
Reflexion, refection, 反思
das Riesenhafte, Gigantic, 巨大之物
rücken, move, remove, shift, 挪移、推移
Ruck, shift, 推移
Rückung, shifting, 推移
Ruf des Gewissens, Call of conscience, 良知的呼声

Sagen, saying, 道说、言说
Scheu, Awe, 畏惧
Schrecken, startled dismay, 惊恐
Seiendheit, Beingness, 存在状态
Schweigen, 沉默
das Seiende, a being / beings, 存在者
seiender, more being, 更具存在性的
das Seiendste, most being, 最具存在性者
Sein, being, 存在
sein, to be, 存在、是
Sein bei..., being with..., 寓于……存在
Seinsgeschichte, history of being, 存在历史
Seinsvergessenheit, Forgottenness of being, 存在之被遗忘状态
Seinsverlassenheit, Abandonment of being, 存在之离弃状态
Seinsverständnis, understanding of being, 存在理解
Sein-zum-Tode, Being-towards-death, 向死而在、向死存在

Selbst, self,自身

Selbstheit, selfhood,自身性

Selbstbesinnung, self-mindfulness, 自身沉思

Selbstreflexion, self-reflection, 自身反思

Seyn, be-ing, 存有

Seynsgeschichte, history ofbe-ing, 存有历史

Seyn-zum-Tode, Be-ing-towards-death,向死而有、向死存有

Sichversagen, self-refusal,自行弃绝、自行拒绝

Sigetik, sigetic,秘默学

Sorge, Care, 烦忧

Sprung, leap,跳跃

Sucher, seekers,寻求者

Tode, Death,死、死亡

Transzendenz, Transcendence,超越、超越性

transzendent, transcendent,超验的

transzendental, transcendental, 先验的

übereignen, own over to,转本

Übereignung, Owning-over-to, 转本

Übergang, transition,过渡

Ungrund, unground, 无基、非基础

die Untergehenden, those who go under,没落者

Unverborgenheit, unhiddenness,无蔽、无蔽状态

Unwesen, what is not ownmost, non-essence, disessence, 非本质

Urgrund, urground, 原基础、原始基础

verbergen / Verbergung, sheltering-concealing,遮蔽

Verbergung, concealing,遮蔽

Verborgenheit, concealment, hiddenness,遮蔽、遮蔽状态

Vergangenheit, past,过去

Verhaltenheit, reservedness,抑制

das Vorhandene, the present-at-hand,现成者、现成之物

Vorhandenheit, presence-at-hand,现成状态

Vermögen, capacity,能力

verrücken, displace,移置、移位

Verrückung, displacing, displacement,移置、移位

Versagen, failure of language,失言、拒绝

Versagung, refusal,弃绝、拒绝

Verschweigung,隐瞒

Verweigerung, refusal, not-granting,拒予、拒绝

Vorbeigang, passing, 掠过、穿越

vorstellen, represent,表象

Vorstellung, representation,表象、观念

Wächter,Guardians, 守护者

Wahrheit, truth,真理

Wahrer, preservers,保存者、保藏者

Weg-sein, Being-away,离失之在、离开之在

Werfer/ Entwerfer, thrower, 抛者、抛投者

wesen, essential sway,本现,本质性地现身

Wesen, essence, essential sway, essence of being, presence of being,

本质现身、本现、本质

Wesensgewinnung des Menschen, gaining of man's sway of being, 人之本质的赢获

Wesensmöglichkeit, Essential possibility, 本质可能性

wesentlich, essential, 本质性的

Wesung, essential swaying, 本现、本质现身

Wesung des Seyns, essential swaying of Be-ing, 存有之本现

Wesensmitte, Swaying mid-point, 本现中心

Wiederholung, repetiton, retrieval, 重演、重复

Wink, Hint, 暗示

Wissen, knowing, 知晓、知识

Wurf, throw, 抛投

der geworfene Entwurf, thrown projecting-open, 被抛的开抛

Zeit, 时间

Zeitlichkeit, temporality, 时间性

Zeit-Raum, time-space, 时间-空间、时空

Zeitraum, a span of time, 时段

Zeit-Spiel-Raum, time-play-space, 时间-游戏-空间

Zerklüftung, cleavage, 开裂

zueignen, own to, 归本

Zueignung, Owning-to, 归本

Zugehörigkeit zum Seyn, Belongingness to Be-ing, 归属于存有的状态

Zukunft, future, 将来

die Zukünftigen, the ones to come, 将来者、未来者

Zuruf, call,呼唤、召唤

Zuspiel, playing-forth, 传送

das Zwischen, Between,"之间"

译后记

一

德国思想家马丁·海德格尔(Martin Heidegger, 1889–1976 年)的《哲学论稿(从本有而来)》(*Beiträge zur Philosophie* (*vom Ereignis*))可能是 20 世纪最奇怪、最艰涩、最神秘的一本书了。这本书是在 1989 年出版的,其时海德格尔离开人世已经有 13 个年头。1989 年恰好是海德格尔诞辰 100 周年。显然在编者冯·海尔曼眼里,这时候出版这本书,可以成为对这位大思想家最好的纪念。其实海德格尔早在 1936 年至 1938 年间就已经写下了这本书。但为什么一直压下未发?是思想未显成熟吗?是思想家后来放弃了其中的思想么?抑或是另有隐情?这些,思想家生前未有明白交代,我们今天似乎也无从索解了。

这本《哲学论稿》公开出版之后不久,即被不少研究者认定为海德格尔最重要的两部著作之一,可与《存在与时间》并举。① 不过在这里我们说"部"都是成问题的,因为作于 1927 年的《存在与时间》是未完成的,只写了规划中的"第一部分"——甚至连"第一部分"的第三篇("时间与存在")也未写出来,因此顶多只能说是"半部"。至于眼下这本《哲学论稿》,就更不能被称为"一部"著作了。首先它

① 若从后哲学思想前景的开启这个角度来看,这本《哲学论稿》的意义显然还比海德格尔前期的《存在与时间》更大些。

应该说也是“未完成的”，在一定程度上是一个“残篇”，许多地方的表达明显带有草稿（准备稿）性质；其次，它是由 281 节长短不一的文字构成的，看起来更像是思想笔记和札记，而不是合乎通常所谓学术规范的专门著作。①

海德格尔在书中说到“体系”，明确断言：“体系时代”已经过去了。《哲学论稿》诚然不是一部体系化的著作。不过，我们也看到，海德格尔依然把全书的 281 节文字分划为八大部分，这八个部分各有标题，甚至 281 节文字也被各各立了题目。在八个部分中，除了开头的“前瞻”（Vorblick）和末尾的总结性的“存有”（Seyn），中间六个部分被海德格尔称为“关节”（Fuge）——“关节”是我的一个大胆译法，德语 Fuge 的日常含义为“接缝、复合处”，以及音乐里的“赋格曲”。这六个“关节”依次为：“回响”——“传送”——“跳跃”——“建基”——“将来者”——“最后之神”。于此我们已经可以看出，这本非体系化的《哲学论稿》也绝非完全随意的，而是有思想的“严格性”的。

如何来理解这六个“关节”或者由它们构成的思想呢？首先是要找到“关节点”和贯穿其中的“脉络”。我认为，它的“关节点”——或者说“总关节”——是“本有”（Ereignis）之思；而它的基本“脉络”，则是由“第一开端”到“另一开端”的“存有历史”（Seynsgeschichte）观。

---

① 个中情况差不多接近于 20 世纪另一位用德语写作的思想大家维特根斯坦后期的《哲学研究》，而且海德格尔的《哲学论稿》也与维特根斯坦的《哲学研究》一样地具有“非哲学”性质，也就是说，海氏的《哲学论稿》虽名为“哲学”，其实也是“反哲学”或者“后哲学”的。我以为，把海德格尔和维特根斯坦这两“部”著作放在一起加以比较和讨论，一定是一个有趣而且有意义的课题。

二

首先是“本有”(Ereignis)。这是一个神秘莫测的词语。或问“本有”是什么？一问就错了。“本有”是不能看作一个“什么”的。就其日常含义来讲,Ereignis是“事件”。但海德格尔并不把Ereignis了解为通常的“事件”,倒是赋予它我们眼下这个中译名所取的两个自然含义,即:“居有本己(本身)”与“本来就有”。也就是说,我们提出的“本有”这个中译名的赋义,可以暗示出海德格尔“本有”的基本意义指向:“有自己”和“有本来”。在技术时代里这两点其实都已经成了大问题,无论是“有自己”还是“有本来”,都不是容易的事了,都处于危机中了。我们这个时代已经完全放肆无度了,物质畸变,心思漂浮,而海德格尔却以“本有”之思提醒我们去“持守”——守持“本己”,居有“本来”。海德格尔并且猜度我们今人所处时代——存在历史的“另一个开端”——的“基本情调”是“抑制”(Verhaltenheit)。显然,在海德格尔看来,唯“抑制”方可“本有”。[①] 我认为,必须从这个方向上来了解海德格尔的“本有”,方可避免重归形而上学的高估解释或者过于浅显的日常化的低估理解。[②]

前面已经说到,“本有”之思有六个“关节”,即“回响”—“传送”—“跳跃”—“建基”—“将来者”—“最后之神”,把它们贯通起来的“基本脉络”乃是“存在(存有)历史”,这就是说,只有在“存有历

---

① 正是在此意义上,海德格尔说“最后之神的主宰地位唯有朝向抑制才出现”,见《哲学论稿》,第13节。

② 以前译解《在通向语言的途中》时,我把这个Ereignis译为“大道”,似乎较合乎海德格尔后期语言之思的语境,但离此词的字面义和基本义远了、隔了,若放在《哲学论稿》的上下文里肯定是行之不通的。现在译为“本有”,虽缺其动词义,但感觉比较稳重,也合乎字面(有如英译的enowing)。

史”意义上，我们才能了解海德格尔对这六个“关节”的布置和安排。海德格尔的存有历史之思描述了在两个“开端”之间伸展的存有思想进程。“存有历史”的“第一个开端”的历史是关于存在者之存在的追问的历史，即形而上学的存在问题的历史；而在“另一个开端”中，存在不再仅仅被经验为存在者之存在和存在者之存在状态了，而是被经验为在其无蔽状态中和在其历史性“本质现身、本现”（Wesen，Wesung）中的“存在本身”，海德格尔也称之为作为“自行遮蔽之澄明”的“存有之真理”——即“本有”。这两个“开端”各有自己的“基本情调”，“第一个开端”的基本情调是“惊奇”，而“另一个开端”的基本情调则是“抑制”。我们今天处于“过渡”当中，即在“存在历史”的“第一个开端”的“终结”（形而上学的终结）向“另一个开端”的“过渡”中。这种从“第一个开端”向存有之本现的“另一个开端”的“过渡”，无疑就成了存在历史性的思想的焦点所在。

第一个“关节”是“回响”（Anklang）。所谓“回响”不是人的声音，而是“本有”之响，指在“存在离弃状态之危难”（Not der Seinverlassenheit）中的“存有之回响”。[①] 关于存在者的“存在离弃状态”的经验构成了存在历史性的思想的起点。在海德格尔看来，在“存在离弃状态”中回响着“存有之本现”（die Wesung des Seyns），其方式是“拒不给予”或“拒予”（Verweigerung）。这是就存有（存在）本身来说的，而就人方面来说，对应的是我们已经耳熟能详的“存在之被遗忘状态”（Seinsvergessenheit）。在这个“关节”里，海德格尔还提出两个基本词语，一是“谋制”（Machenschaft），[②]二是“体验”（Erlebnis）。“谋制”作为一种存在本现的方式，显然与希腊的 techne（技

---

① 海德格尔：《哲学论稿（从本有而来）》，德文版，美茵法兰克福，2003 年，第 7 页。

② 此处“谋制”是我的试译，Machenschaft 是日常德语中没有的词，但在英语中有 machination 一词（《哲学论稿》英译本也以此对译），其意为“阴谋诡计”。

艺)和 poiesis(制作)相关,是指存在者的被制作(制作)存在,由此引出海德格尔对于现代技术和虚无主义的沉思。至于“体验”,海德格尔指的是存在的“谋制”本质在现代的表现。

第二个“关节”是“传送”(Zuspiel)。何谓“传送”?简单说来,就是两个“开端”之间的“传送”。因为在“回响”中关于“存在离弃状态”的经验指引着“第一个开端”的历史,又指引着“另一个开端”,所以存在历史性的思想必定活动在两个开端的“相互传送”中。“开端性思想之历史的传送……乃是对另一个开端的准备”[①]。如果我们理解了海德格尔赋予“历史”(Geschichte, Geschehen)的发生性意义(不同于线性历史发展观),我们就不难了解他所谓的“传送”了。

第三个“关节”是“跳跃”(Sprung)。思想使两个开端相互“传送”,从而就准备了“跳跃”。不过,“跳跃”是要跳入“存有之本现”中,以海德格尔本人的说法,作为“跳跃”的思想首次开启出“那种与在其完全本现中的存有(作为本有)的归属性”[②],亦即人之本质对于作为本有的存在之本现的归属性。显然,这样一种作为“跳跃”的思想也暗示着海德格尔本人前、后期思想的“转向”,意味着海氏对他前期此在—存在学的“先验”开端的克服。现在,海德格尔不再突出“此在”的别具一格地位,而是强调人对于存有(本有)的归属性,人是为存有(本有)所居有、所需要的。

第四个“关节”是“建基”(Gründung)。海德格尔以此讨论的是存在(存有)之真理与人之存在(此一在)的关联性。存在之真理乃是具有建基作用的基础,但这个基础是通过此在的方式来建立的。海德格尔说,存在之真理的建基本质上包含着“真理进入存在者之

① 海德格尔:《哲学论稿》,第 169 页。
② 海德格尔:《哲学论稿》,第 227 页。

中的庇护/蔽护”,不过这种“庇护/蔽护”却是“保存”,是通过大地与世界的“争执之纷争来实现的本有之保存”。[①] 我们知道,在“艺术作品的本源”一文中,海德格尔认为最基本的真理“保存”方式——在那里的说法是存在之真理把自身建立在存在者之真理之上的方式——有:艺术、思想、建国、牺牲等。[②]

第五个“关节”是“将来者”(Die Zukünftigen)。前两个“关节”显然已经含着对人之存在的重新定位。在前期《存在与时间》中,海德格尔对人之存在的本质的规定是“实存”(Existenz);而在这本《哲学论稿》中则强调“实存”的“绽出性”(ekstatisch, Entrückung),而更有甚者,海氏创设了一个新词 Intändigkeit——我们试译为“内立状态”——,以此思考将来此—在的“内立本质”。海德格尔有言:“将来者乃是以抑制心情内立于被建基的此-在中的那些人,唯有他们才能获得作为本有的存在(跳跃);作为本有的存在居有他们,并且授权给他们去庇护存在之真理。”[③]这种“将来者”到底是谁?海德格尔也明说了:诗人荷尔德林是最具将来性的人。

第六个“关节”是“最后之神”(Der letzte Gott)。这一“关节”自然必定与上一个“关节”紧紧贯通,因为“将来者”接受和保存那种“对于本有的归属状态”,并且因此“站到最后之神的暗示面前”。[④]在这一“关节”中,海德格尔所思乃“一个神从作为存在之本现的本有而来的可能显现”。[⑤]

通过上述粗线条的概述,我们已经可以看到海德格尔《哲学论

① 海德格尔:《哲学论稿》,第 390、392 页。

② 参看海德格尔:“艺术作品的本源”,载《林中路》,德文版,美茵法兰克福 1994 年,第 49 页。

③ 海德格尔:《哲学论稿》,第 401 页。

④ 海德格尔:《哲学论稿》,第 82 页。

⑤ 参看冯·海尔曼:《通向本有之路》,德文版,美茵法兰克福 1994 年,第 366 页。

稿》的“轮廓”(Aufriß),也就是“存在历史性的思想”的“轮廓”。这个由六个“关节”组成的“轮廓”是清晰的,甚至是“统一的”,六个“关节”之间固然有其内在贯通的“脉络”,体现了一种相互生发、相互激荡的力量,但并不构成一个逻辑推演意义上的“体系”。因为思想的“关节”本身应合于“存在”(“本有”)的“关节”。

三

我在翻译海德格尔《哲学论稿》时形成的一个疑难问题是:纯形式地描述存在-存有-本有,这是如何可能的?这里所谓“纯形式地”,并不是在形式科学或逻辑意义上讲的,而是指不含实质地,没有道具,全无事例,无可援引,甚至也不是采取隐喻、转喻等文艺的修辞手法。我们知道海德格尔 30 年代以后经常涉及艺术、诗歌,也比前期(20 年代)更多地关注思想史和哲学史,专题讨论了差不多全部欧洲哲学大家;但在这本《哲学论稿》中,海德格尔却并没有这样做,既没有突出地关注、引用诗艺(虽然最后部分已经有此苗头了),也没有太多的思想史文本的引证和论述。

我认为这是海德格尔自早期弗莱堡讲座时期(1919 年始)开始专注的一个核心问题,也就是说,海德格尔在其中的用力仍可与他早期的“形式显示的现象学”相贯通。问题在于:如果我们不再能够以传统哲学、逻辑和科学的方式/方法来处理动态的、不确定的、发生性的个体化生命经验和生活世界的事件,那么,我们是否以及如何可能另辟蹊径,去通达和描述原始生命经验和原始存在/存有事件呢?也可以换种表达:对于不确定的、发生性的生命经验和存在事件,个体性的思与言是否可能以及如何可能获得普遍意义?用后期海德格尔的话来说,就是:一种非对象性(非客观化的)的思与言是否可能以及如何可能？[①]

如果说在《存在与时间》中，海德格尔已经实施了一种与课题域的转换相关的哲学（思想）表达（语言）的变革，但囿于当时海氏的实存哲学倾向，他这种变革更多地是“旧瓶装新酒”意义上的对传统哲学概念词语的改造，那么，在《哲学论稿》中，海德格尔在思想语言的变革尝试方面就大大推进了。以我的总结，海德格尔在《哲学论稿》中的“语言革新”主要有如下三个方面：

首先，动词化倾向。赋予名词以动词含义，从相应的动词形式出发来重解名词的意义，甚至于重新启用名词的相应动词形式，这是海德格尔语言用法的一个最大特点，意在动摇传统形而上学概念方式的名词化模式。典型的例子是从动词“本现、本质性地现身”（wesen）意义上来使用名词 Wesen（本质、本质现身）和 Wesung（本现），从动词“居有”（ereignen）意义上来使用名词“本有”（Ereignis）。在海德格尔那里，一些基本词语虽然在语法形式上讲是名词，但我们却必须在动词意义上理解它们。

其次，拆解词语。海德格尔在《哲学论稿》中广泛地使用连词符号“-”，以显示相关词语的前缀与词根的联系或分离，或表示作者意义上的用法有别于传统和惯常，如 Da-sein（此-在）、Er-eignis（本-有）、Ab-grund（离-基）等等。这种用法在书中差不多已经成了一种令人讨厌的个人癖好，在中译文的转达中我们只好保留原样。我们不妨把这种“词语拆解”手法视为海德格尔思想“解构”策略的一部分。

再次，重赋意义。在词语创新方面，海德格尔还是愿意维护母语

---

① 参看海德格尔：《路标》，中译本，孙周兴译，商务印书馆 2001 年，第 75 页以下。——译注

的稳定性的，并没有完全新创的词语，即便在《哲学论稿》中亦然。但通过对词语的重新赋义，海德格尔仍旧在很大程度上"创造"（stiften）了一批新词，它们脱离了原先的日常含义，也不再是以前的哲学史上使用的基本含义。这些通过海德格尔重新赋义的"新词语"为我们的翻译工作带来了巨大的困难，最典型的仍旧是"本质"（Wesen），海氏重新赋予它"现身"的动词义，但也在传统哲学意义上使用之，这种情况使得我们经常难以做出明确的区分性翻译。

在《哲学论稿》中译本中，我们也不得不"创造"了一些日常汉语或者目前汉语学术语言中没有的"新词"，以对应于作者所做的德语语言革新，举其要者，比如："本有"（Ereignis）、"存有"（Seyn）、"本现"（wesen，Wesen，Wesung）、"拒予"（Verweigerung）、"开抛"（Entwurf，entwerfen）、"迷移"（Berücken）、"离基（深渊）"（Abgrund）、"谋制"（Machenschaft）、"急难"（Not）、"关节"（Fuge）、"启思"（Erdenken）、"探-基"（Er-gründung）等等。这些新译名多半是尝试性的，能否顺利进入汉语思想表达体系，是译者还没有把握的；译者只希望它们不至于给读者造成太多的和阅读和理解上的困难。

四

本书初版于 1989 年，被编为《海德格尔全集》第 65 卷，编者为《海德格尔全集》主编冯·海尔曼教授（Friedrich-Wilhelm von Herrmann）。中译文是根据 2003 年德文全集版（第三版）做的；翻译过程中参考了伊曼德（Parvis Emad）和马利（Kenneth Maly）的英译本（*Contributions to Philosophy*（*From Enowing*），Indiana 1999）。这个英译本被指有不少失误和错讹，但它对文本的理解依然为我的中文翻译工作提供了许多有益的、提示性的帮助，也让我充分体会到，翻译本就是一种理解和解释了。

本书为海德格尔生前未出版的手稿,不少地方缺乏表达方面的完整性和稳靠性。为方便读者阅读和理解,中译者在一些必要的地方做了文字上的补充,并用括号〈〉加以标识(多数也参照了英译者的做法)。译者一向主张要尽量忠实于原文,不要在译本中增加译者猜测的内容和文字,但这次出于无奈,只好"违规"了。

本书原版的注释分为两个部分,一部分是经过编者加工的海德格尔本人所做的参引说明,另一部分则是编者做的文献说明(数不在多),中译本分别标识为"原注"和"编注"。中译者做的注释则以"译注"标识。大多数"译注"主要是对译名和译词的说明,不少地方还列出了相应的英译法,以方便读者参照。

在本书"附录"部分,我添加了两项内容:"附录一"是"几组重要译名的讨论","附录二"是"德—英—中译名对照表"。两者都是我参考英译本以及其他相关资料完成的,同样意在为中文读者和研究者提供方便。

五

这本书的翻译经历了好几个年头,集中做事首先是在 2006 年上半年至夏天。此后可谓进展缓慢。译事原计划与我的同事柯小刚博士合作,柯博士也试译了若干个段落;但因感觉译文风格和品质难以达成统一,最后决定放弃了合作,仍由我一人独译。我在此也感谢柯小刚博士的理解和支持。

2008 年 8 月中旬至 9 月中旬,承蒙香港道风山汉语基督教文化研究所总监杨熙楠先生的热情关照,给予我两个月的访问机会,使我得以有一段整块的安静时间从事本书的翻译和研究。本书的一半多译文初稿就是在此间完成的。当时该研究所的林子淳博士和陈国富博士多次与译者讨论相关问题和相关译名,使译者受益匪浅。在香港访学期间,我也曾多次到深圳,与张志扬教授、王庆节教授等讨论过本书中的若干译名,受到不少启发。

2009年春季学期,我在同济大学人文学院哲学系开设《德国哲学原著选读》博士生讨论班,研读海德格尔《哲学论稿》第八部分。参加者有我的博士生张振华、陈祺、刘海伟、郭熙明等,主要译读了其中"存有"部分的第259、262、265、267、269节。课堂里的细读和讨论对于译文的改进自然是大有裨益的。

2010年暑期,我有一段集中的时间来校改、整理译文。至8月初完成了全部译稿。初译稿完成后,我把打印稿寄给倪梁康教授、陈嘉映教授、王庆节教授、张志伟教授等,请他们提供批评意见。倪梁康教授当即提出了几点书面意见;其他同事也在不同场合多多少少给过建议。在此感谢诸位同仁的赐教。初译稿也请内子方红玫女士从编辑角度看过一遍。

2010年10月至12月,又蒙友人杨熙楠先生邀请,我在香港道风山下住了二月多,得以最后校订本书译稿。多年以来,熙楠兄给予我兄长般的关怀和照顾,是我铭记于心的。这次在道风山访问期间,我曾把译稿打印稿交林子淳博士看过,也与他有过相关的讨论。

本书最后的修订工作是译者2011年6月底至9月中旬在德国柏林和法国巴黎访学期间完成的。我在此要感谢德国洪堡基金会提供的资助,感谢基金会斯退芬·梅利希先生(Steffen Mehlich)的好意,感谢柏林自由大学哲学系汉斯·费格尔博士(Dr. Hans Feger)的支持,以及刘永强博士和安格拉·博丝儿小姐(Angela Bösl)的帮助。我在法国逗留期间(7月中旬),友人司徒立教授(Prof. Szto Lap)给予热情接待,让我能以最安静的心思进行了本书的部分审校工作。译文中留下若干个疑难问题,是我9月初在杜塞尔多夫逗留期间,请老友彼得·特拉夫尼博士(Dr. Peter Trawny)帮忙解决的。译稿第二稿(校订稿)完成后,又请我的博士生马小虎、高琪、曲立伟、王晓艳、刘小川等分工阅读部分译文,从中文通达角度提出意见。在此一并感谢。

这项译事也已经拖得太久了,商务印书馆译作室的陈小文博士不断地催促,说是压力,也是好事。只是因为本书的艰难,也因为本人的拖沓,让商务印书馆的出版计划一再延迟,实在是惭愧得很。

本书的翻译工作受到文汇·彭心潮优秀图书出版基金的资助,在此谨向友人王国伟教授和基金会潘大明先生表示感谢。

本人坚持认为学术翻译的第一要求是"硬"(严格),第二要求才是"通"(可读),两者不可或缺,不然就失了学术翻译的基本意义。海德格尔的文字公认"不可译",本书又是"不可译"的海氏著作中最为艰难的一本。想来我译是译了,意义有没有基本传达好,有没有弄成一本"硬通货",却是不敢说了。时与事都到了这一步,也只好这样了,我自然期待着读者朋友的批评指教。不过,这回还要斗胆地补充一句:有鉴于原著的"不可读",读者若感觉中译文的怪异、艰涩、费解,甚或感觉到"鬼话连篇"(这是完全可能的),我作为译者,却仍希望获得一定的同情——因为错不全在译者。

孙周兴

2006年7月28日于沪上康桥

2010年11月27日再记于香港道风山

2011年9月18日再记于柏林南星

《现象学原典译丛》已出版书目

胡塞尔系列

现象学的观念
现象学的心理学
内时间意识现象学
被动综合分析
逻辑研究（全两卷）
逻辑学与认识论导论
文章与书评（1890—1910）
哲学作为严格的科学
关于时间意识的贝尔瑙手稿

扎哈维系列

胡塞尔现象学
现象学入门

海德格尔系列

存在与时间
荷尔德林诗的阐释
同一与差异
时间概念史导论
现象学之基本问题
康德《纯粹理性批判》的现象学阐释
论人的自由之本质
形而上学导论
基础概念
时间概念
哲学论稿（从本有而来）
《思索》二至六（黑皮本 1931—1938）

****

来自德国的大师	〔德〕吕迪格尔·萨弗兰斯基 著
现象学运动	〔美〕赫伯特·施皮格伯格 著
道德意识现象学	〔德〕爱德华·封·哈特曼 著
心的现象	〔瑞士〕耿宁 著
人生第一等事（上、下册）	〔瑞士〕耿宁 著
回忆埃德蒙德·胡塞尔	倪梁康 编
现象学与家园学	〔德〕汉斯·莱纳·塞普 著
活的当下	〔德〕克劳斯·黑尔德 著
胡塞尔现象学导论	〔德〕维尔海姆·斯泽莱锡 著

图书在版编目(CIP)数据

哲学论稿:从本有而来/(德)海德格尔著;孙周兴译.—北京:商务印书馆,2012(2023.6重印)
(中国现象学文库·现象学原典译丛)
ISBN 978-7-100-08801-5

Ⅰ.①哲… Ⅱ.①海…②孙… Ⅲ.①海德格尔,M.(1889~1976)—哲学思想 Ⅳ.①B516.54

中国版本图书馆CIP数据核字(2011)第246707号

中国现象学文库
现象学原典译丛
哲 学 论 稿
(从本有而来)
〔德〕海德格尔 著
孙周兴 译

商 务 印 书 馆 出 版
(北京王府井大街36号 邮政编码100710)
商 务 印 书 馆 发 行
北京虎彩文化传播有限公司印刷
ISBN 978-7-100-08801-5

2012年5月第1版 开本880×1230 1/32
2023年6月北京第4次印刷 印张19⅝

定价:96.00元